IDC

DE L'IMPRIMERIE DE Et. IMBERT,
RUE DE LA VIEILLE-MONNAIE, N°. 12.

RECUEIL GÉNÉRAL

DES

ANCIENNES LOIS FRANÇAISES,

Depuis l'an 420 jusqu'à la révolution de 1789;

CONTENANT LA NOTICE DES PRINCIPAUX MONUMENS DES MÉROVINGIENS, DES
CARLOVINGIENS ET DES CAPÉTIENS,

ET LE TEXTE DES ORDONNANCES, ÉDITS, DÉCLARATIONS, LETTRES-PATENTES,
RÉGLEMENS, ARRÊTS DU CONSEIL, ETC., DE LA TROISIÈME RACE,

Qui ne sont pas abrogés, ou qui peuvent servir, soit à l'interprétation, soit à
l'histoire du Droit public et privé,

Avec notes de Concordance, Table chronologique et Table
générale analytique et alphabétique des matières;

PAR MM.

JOURDAN, Docteur en droit, Avocat à la Cour royale de Paris;
DECRUSY, Avocat à la même Cour;
ISAMBERT, Avocat aux Conseils du Roi et à la Cour de Cassation.

> « Voulons et Ordonnons qu'en chacune Chambre de nos Cours de
> Parlement, et semblablement ez Auditoires de nos Baillis et
> Sénéchaux y ait un livre des Ordonnances, afin que si aucune
> difficulté y survenait, on ait promptement recours à icelles. »
> (Art. 79 de l'Ordonn. de LOUIS XII, mars 1498, 1re. de Blois.)

TOME I.

420—1270.

PARIS,

Chez { BELIN-LE-PRIEUR, LIBRAIRE-ÉDITEUR, QUAI DES AUGUSTINS, N°. 55.
{ VERDIERE, LIBRAIRE, QUAI DES AUGUSTINS, N°. 25.

PROLÉGOMÈNES,

Par M. ISAMBERT,

AVOCAT AUX CONSEILS DU ROI ET A LA COUR DE CASSATION.

> ...C'est surtout la grande antiquité des lois qui les rend saintes et vénérables.
> (J.-J. ROUSSEAU, *Dédicace du discours sur l'inégalité.*)

De l'importance de l'Étude des anciennes Lois françaises.

N°. 1er. L'ÉTUDE des monumens législatifs de l'ancienne Monarchie française, n'est pas seulement un objet de haute curiosité pour les hommes jaloux de s'instruire.

Elle est pour les publicistes, pour les magistrats, pour les fonctionnaires administratifs, et pour les jurisconsultes, un besoin de tous les jours.

L'auteur de la CHARTE, en *appréciant les progrès toujours croissans des lumières*, nous avertit qu'il a *puisé dans les monumens vénérables des siècles passés.*

En rétablissant la Pairie, il a voulu, par cette institution vraiment nationale, *lier tous les souvenirs à toutes les espérances, en réunissant les temps anciens et les temps modernes;*

En créant la chambre des Députés, il avait présentes à sa pensée, « ces anciennes assemblées des champs » de mars et de mai, et ces chambres du Tiers-État, » qui ont si souvent donné tout à la fois des preuves » de zèle pour les intérêts du peuple, de fidélité et » de respect pour l'autorité des Rois. »

Ceux qu'il a appelés au partage de la puissance législative, ne dédaigneront pas plus que lui l'étude approfondie des anciennes lois.

2. Les Pairs de France, y trouveront, dès le XIe. siècle, l'origine de leur haute magistrature ; ce n'est pas au moment où ils recouvrent l'exercice des fonctions législatives et judiciaires, que, dans son premier âge, la pairie partageait avec le monarque, qu'ils méconnaîtront l'intérêt qu'inspirent encore ses annales.

Ils aimeront à retrouver dans les travaux des siècles postérieurs, les titres que la Cour des Pairs avait acquis à l'estime de la Nation, et les causes de cette illustration, qui ne cessa d'environner la Pairie dans son second âge, depuis que, par la chute des grands vassaux, elle eut perdu cette puissance qui la rendait si formidable au trône, que toute entière d'institution royale, elle en devint le plus ferme appui.

Ils n'ignorent pas qu'en eux résident ces grandes notabilités, source de la vraie noblesse, de cette noblesse qui ne périra jamais, et qui permet au troisième âge de la Pairie, une illustration non moins grande, et une coopération plus réelle et plus efficace dans les affaires de l'état.

Les Députés se souviendront qu'ils sont les représentans directs de ces fidèles communes, que nos Rois ont affranchies, et qui ont rendu de si grands services à la royauté, en la dégageant peu à peu des liens dont la féodalité l'avait enveloppée, et en faisant prévaloir les intérêts généraux de la nation sur les priviléges particuliers.

Dans le peu qui nous est resté des travaux des assemblées nationales, on retrouve les principes du véritable système représentatif, les idées les plus sages, en législation et en droit public, le germe de toutes les institutions généreuses, des moyens victorieux pour repousser les abus.

Les cahiers et les doléances des états, sont encore,

aux yeux des hommes méditatifs et éclairés, la source la plus pure, où des législateurs puissent venir puiser; c'est là qu'on apprend à connaître le bon esprit et le patriotisme de nos ancêtres.

3. Dans l'exercice de leurs fonctions législatives, les membres des deux chambres, n'ont pas de meilleur moyen, pour se préserver des fautes qu'on a commises, et pour améliorer ce que les temps antérieurs nous ont laissé de bien, que de se pénétrer de l'ensemble et des détails de notre ancienne législation. Devrait-on écrire ou parler sur les matières soumises à une discussion publique, sans s'être auparavant rendu un compte fidèle de tous les *précédens?*

Le mérite d'un législateur consiste moins à créer, qu'à profiter de ce qui est, pour asseoir un édifice solide et durable.

Si tout n'est pas bon, tout n'est pas mauvais, dans les anciennes lois; et telle disposition législative, qui n'a pas produit le bien qu'on en attendait, n'a besoin, pour être utile, que d'être modifiée, ou mieux appliquée. Cette manière de procéder est souvent préférable aux innovations.

Croit-on, par exemple, qu'il serait bien difficile d'adapter au système de la Charte, le régime (1) municipal de saint Louis? La célèbre Pragmatique, promulguée au milieu des ténèbres du XIIIe. siècle, ne vaut-elle pas celle du XVIe., époque de la renaissance des let-

---

(1) *V.* M. Guichard, *Des Communes*, et surtout le président Henrion, *Du pouvoir municipal*, liv. 1er., chap. 1er., parag. 5 et 6, qui réclament le droit d'élection pour les officiers municipaux, et une candidature pour le maire.

(*V.* les ouvrages que le concordat de 1817 a fait éclore; et surtout ceux de MM. *Lanjuinais* et de *Pradt.*)

tres? Les institutions de Charlemagne, de ce prince qui ne savait pas écrire, sont-elles donc si inférieures, sous les rapports purement politiques, à celles de Louis XIV?

4. Il y a dans le dépôt immense de notre ancienne législation, une foule de trésors enfouis; — c'est aux conseillers de la couronne, dépositaires de l'initiative des lois, à les y chercher.

Si le gouvernement médite un projet de loi, ou un réglement, les conseillers d'état, chargés de la rédaction, et de la première discussion, ne peuvent mieux éclairer la religion du monarque, qu'en recherchant tout ce que la monarchie a laissé de monumens sur la matière, et en la combinant avec notre état politique.

C'est un usage parlementaire en Angleterre, que l'auteur de toute proposition, que les rapporteurs de toutes les commissions, rendent un compte fidèle et complet de tous les *précédens*.

On ne souffrirait pas un orateur qui ne parlerait à la tribune que de l'expérience de trente années, dans un pays formé en corps de nation depuis treize ou quatorze siècles.

Dans toutes les affaires importantes, au parlement ou dans les cours de justice, on remonte jusqu'à la grande Charte de 1215, souvent jusqu'à la conquête en l'an 1100, et quelquefois même jusqu'aux lois d'Edouard-le-Confesseur, ou du grand Alfred.

5. Il est vrai que nos voisins ont leurs raisons pour être plus attachés que nous à ces anciennes lois. Constitués de bonne heure, ils ont eu plutôt à défendre les anciennes maximes de leurs pères, qu'à courir après les innovations. S'ils ont ajouté de nouvelles garanties à leur constitution, c'est que la couronne avait cherché à se soustraire à l'exécution d'engagemens précédem-

ment contractés. Aussi le cri des Anglais est-il aujourd'hui, comme était celui du parlement de *Merton*, sous Henri III : *Nolumus leges Angliæ mutare*. L'idée d'une réforme, quelque nécessaire qu'elle paraisse, éprouve dans ce pays une résistance presqu'invincible.

Chez nous, au contraire, l'esprit d'innovation a été permanent. — Il a été favorisé par nos Rois, d'abord pour secouer le joug féodal, et ensuite pour diminuer les prérogatives d'une noblesse et d'un clergé trop puissans. On a marché dans cette voie jusqu'au moment où le gouvernement est devenu pour ainsi dire absolu dans leurs mains; alors on a voulu s'arrêter; mais l'impulsion était donnée : le peuple, qui avait été de moitié dans la lutte du pouvoir royal, voulut, à son tour, conquérir un état politique, et participer au gouvernement; la révolution éclata; une constitution fut pour ainsi dire improvisée sur les débris dispersés de l'ancienne monarchie; la haine des anciennes institutions s'est montrée à un degré qu'on n'avait pas connu dans la révolution d'Angleterre; les principes politiques des deux derniers siècles avaient inspiré aux amis des institutions nouvelles, une défiance universelle; peu s'en fallut qu'on n'abrogeât d'un seul coup toute l'ancienne législation. Cette œuvre insensée aurait été accomplie, s'il eût été possible de remplacer par des improvisations, les lois civiles et administratives, fruit de tant de méditations et de tant d'années d'expérience.

6. Mais, parce que le système politique de Louis XIV et de Louis XV, a fait place à un autre, conforme aux nécessités du siècle où nous vivons, est-ce donc une raison, pour que nous dédaignions l'étude des monumens des siècles passés? Et lorsque l'auteur de la CHARTE va chercher les bases de l'organisation

sociale dans les assemblées des champs de mars et de mai, pourquoi donc répudierions-nous l'héritage de nos ancêtres? Pourquoi n'invoquerions-nous pas avec un légitime orgueil nos antiques libertés et franchises?

Si les Anglais citent avec tant de complaisance leur grande Charte, bienfait auquel, pour le dire en passant, l'un de nos plus grands Rois s'est associé, nous pouvons citer des monumens bien plus antiques, et certainement aussi respectables; le pacte de la loi Salique, et les Capitulaires de Charlemagne, ces lois dont l'autorité n'a connu d'autres bornes que celles de l'empire, c'est-à-dire de presque toute l'Europe.

Et qu'on ne dise pas que cette autorité ne dépendit que de la force! De même qu'aujourd'hui, les codes français, après la chute du conquérant de notre âge, sont restés en vigueur dans les pays un moment soumis à sa domination au point de s'établir jusque dans l'Orient (1), les institutions de Charlemagne, se sont maintenues, partout où elles ont pénétré, en Allemagne, comme dans cette partie des Gaules, qui a perdu pour la deuxième fois, le bonheur d'être française; et ce qu'il y a de remarquable, c'est que toutes les nations germaniques révendiquent Charlemagne, comme la souche de leurs maisons souveraines (2).

Les Anglais, si fiers de leurs lois, et des privilèges de la nationalité, n'ont-ils pas vécu sous les institutions françaises et parlé notre langue depuis la conquête, jusqu'au milieu du XIV°. siècle?

Qui pourrait comparer la législation de saint Louis

---

(1) Le Code de Commerce français est en vigueur dans la Grèce.
(2) V. à cet égard Meyer et Sismondi.

avec celle de l'Angleterre à la même époque ? S'ils ont obtenu la confirmation définitive de leur grande Charte, sous Edouard Ier. à la fin du XIIIe. siècle, nous obtînmes du second des Valois, vers le milieu du XIVe, l'Ordonnance de 1356, qu'un illustre Pair appelle la grande Charte des Français (1).

Nos états-généraux ne furent ni moins éclairés, ni moins dévoués aux intérêts nationaux, que les parlemens de la Grande-Bretagne.

Aucune de leurs cours de justice ne peut entrer en parallèle avec le parlement de Paris, pour la sagesse et l'autorité de ses arrêts; aucune du moins n'a eu l'honneur d'être choisie pour arbitre par les nations étrangères.

L'inamovibilité des juges est devenue, chez nous, un principe fondamental dès le règne de Louis XI (1467); en Angleterre elle n'est encore assurée par aucun statut positif : et tandis que, d'après le témoignage non suspect de leur plus grand historien (Hume), les libertés anglaises étaient attaquées sourdement par les chicanes des officiers de la couronne et des légistes, en France, la magistrature et le barreau, furent les plus fermes appuis et les plus courageux défenseurs des droits des citoyens.

7. Si l'Angleterre est parvenue plus tôt que la France, à l'établissement du véritable système représentatif, par le partage du pouvoir législatif en trois branches, c'est qu'elle a eu plus à se plaindre de ses Rois, et qu'elle a dû chercher plus tôt des garanties contre l'arbitraire.

---

(2) M. de *Lally-Tolendal*, Rapp. à la Chambre des Pairs sur le projet de loi relatif à la responsabilité des Ministres, 10 décembre 1816.

La législation française, sous Henri IV, était plus vantée que celle de la Grande-Bretagne, et d'aucun autre état de l'Europe; la France était plus libre peut-être, plus heureuse, du moins.

C'est à l'influence de ce règne glorieux, à l'habile politique de Richelieu, à l'éclat prodigieux dont brilla le long règne de Louis XIV, que la nation dut de ne pas s'apercevoir que les institutions politiques s'étaient altérées, et que l'autorité royale avait tout envahi, au point que la monarchie n'était plus tempérée que par les mœurs, sans qu'aucune institution fût assez forte pour résister à l'ascendant de la couronne.

Quoi qu'il en soit, nous n'avons rien à envier à nos voisins, si ce n'est, peut-être, leur éducation politique. Comme lois écrites, et malgré leurs imperfections, la première constitution politique de 1791, et la CHARTE, sont bien supérieures à tout ce que l'Angleterre pourrait nous montrer en ce genre.

Nos lois civiles ont une supériorité incontestable, et reconnue par toutes les nations.

Sous le rapport de la rédaction, qui voudrait mettre en parallèle les lois des deux pays ! Un Anglais ne l'oserait pas. Le lord Stanhope, qu'on n'accusera pas d'engouement pour la France, a fait, le 3 mai 1816, à la chambre des Pairs d'Angleterre, une motion, pour demander la correction des lois de son pays; et pour justifier sa motion, il en attaquait surtout la phraséologie, et démontrait ses vices par la comparaison qu'il faisait de quelques dispositions de la grande Charte, et des statuts parlementaires, avec la Charte française et quelques articles du Code civil des Français.

Un autre étranger, qui a étudié profondément les institutions des divers peuples de l'Europe, et qui les a exposées dans un ouvrage très-estimé, a rendu hommage à l'excellence de notre législation.

« Lorsqu'on compare l'histoire de ce royaume, avec
» celle de toute autre partie du continent, on y trouve
» le pouvoir des Rois bien plus affermi, les lois plus
» positives, les institutions plus fortes. »

» ... C'est plus particulièrement par la législation,
» que, dès les premiers siècles de la 3e. dynastie, la
» France a exercé une influence très-marquée sur le
» reste de l'Europe, influence que l'universalité de la
» langue française a beaucoup augmentée par la suite. »

(*Meyer*, membre de l'institut des Pays-Bas, des Inst. judiciaires, tom. III, p. 3 et 4.)

Comment donc ce qui est un titre de gloire pour la France, aux yeux des étrangers, serait-il l'objet du mépris ou de l'indifférence des Français?

8. Est-ce une étude frivole pour les publicistes, dignes de ce nom, que de rechercher quel fut l'état des personnes et des biens sous la première et sous la seconde races?

Quel fut l'établissement monarchique des Mérovingiens et des Carlovingiens?

Comment se fit la révolution qui porta la famille de Pepin sur le trône?

Comment le plus haut pouvoir, dans les mains d'un prince conquérant et guerrier, put se concilier avec le retour périodique des assemblées nationales de la nation, sous Charlemagne?

Quel fut l'effet politique de l'hérédité des bénéfices; comment le système féodal s'établit et se consolida; comment il s'assit sur le trône avec Hugues Capet; comment il se maintint tout-puissant en Europe, l'espace de trois ou quatre siècles; comment il s'affaiblit, par l'affranchissement des communes, sous Louis-le-Gros et ses successeurs, par l'appel des justices seigneuriales sous saint Louis?

Comment l'autorité royale parvint à reprendre quelque force sous Philippe-Auguste; comment elle s'agrandit sous saint Louis; et comment elle obtint tout son développement sous Philippe-le-Bel?

Quelles furent les circonstances politiques et religieuses, qui forcèrent ce prince, jaloux de son pouvoir, à rétablir les anciennes assemblées nationales avec la division en trois ordres, sous le titre d'*états-généraux*?

Quel fut l'effet de la séparation du conseil-d'état d'avec le parlement; pourquoi et comment ce dernier corps, devenu sédentaire, devint la cour des Pairs?

Quelles furent les tentatives essayées pour établir un système permanent de représentation nationale, sous les premiers et sous les derniers des Valois?

Les réclamations faites au sein des états-généraux, sur les droits de la nation, au sujet de la régence, sous la minorité de Charles VIII, et l'exemple mémorable de l'exercice du droit de pétition dans la personne des enfans d'Armagnac?

L'ordre de succession à la couronne, dans la ligne masculine, à l'exclusion perpétuelle des femmes, établi par argument de la loi salique, ou comme une coutume *non écrite*, sous la première et la seconde races, confirmé par deux décisions solennelles, en la personne de Philippe-le-Long et en celle de Philippe-de-Valois, et sanctionné définitivement, en faveur de Henri IV, par le fameux Arrêt de 1593, sans avoir été érigé, en loi positive, avant la révolution de 1789?

La majorité des Rois fixée à quatorze ans sous Charles V, les régences des Reines-mères et des Princes du sang, produites par les minorités, les absences des Rois, les croisades, la captivité du Roi Jean et celle de François Ier., et par la démence de Charles VI?

Le vote de l'impôt, réservé à la Nation, à toutes les époques; et enfin les modifications successives introduites dans la constitution politique de la monarchie, aux diverses périodes de notre histoire?

9. Le diplomate cherchera, dans les traités conclus par la France depuis le 16e. siècle, les règles écrites du droit des gens.

Il ne dédaignera pas de reporter quelquefois ses regards en arrière, et de les arrêter sur cet autre droit des gens intérieur, résultat nécessaire du gouvernement féodal, et de la puissance des grands vassaux, état qui a tant d'analogie avec celui des petites maisons princières de l'Allemagne, à l'égard des grandes puissances de la confédération germanique.

10. Les personnes livrées à l'étude des matières ecclésiastiques, rechercheront soigneusement dans les monumens des siècles passés, les principes de l'Église universelle, et ceux qu'on a décorés du titre de *libertés gallicanes*; ces principes reposent dans plusieurs constitutions des Mérovingiens; dans les Capitulaires de Charlemagne; dans la plupart des lois, ou plutôt des synodes de Louis-le-Débonnaire; dans la Pragmatique de saint Louis; dans les actes relatifs aux démêlés de Philippe-le-Bel avec le pape Boniface VIII; dans la Pragmatique de Charles VII; dans le Concordat de François Ier. ou plutôt dans les courageuses remontrances qui éclatèrent à cette occasion; Dans la déclaration du clergé de 1682, expliquée et défendue par le génie de Bossuet, confirmée par Louis XIV, principal objet des sollicitudes des parlemens, de l'université, et de tous les ordres de l'état.

Il n'est pas de matière où l'étude des anciens monumens soit plus nécessaire, ainsi que l'ont prouvé les discussions sur le Concordat de 1817.

Rome ne peut être avantageusement combattue, et avec les égards qui lui sont dus, que par l'autorité de la tradition qu'elle est obligée de respecter.

11. Nos magistrats surtout trouveront dans nos annales législatives, leurs plus beaux titres de gloire.

C'est du sein de la magistrature que sont sortis presque tous les chanceliers, les *L'hopital*, les *Lamoignon*, les *Daguesseau*, les *Malesherbes*, et tant d'hommes distingués qui ont siégé dans les conseils du prince.

Ce sont eux qui ont rédigé ces belles ordonnances, qui ont donné à notre législation civile et commerciale, cette supériorité que l'Europe entière a reconnue; ce sont eux qui sont les véritables auteurs des codes français.

La magistrature n'a pas seulement servi aux progrès de la législation, par les hommes qu'elle a fournis aux conseils du souverain, mais aussi par ses avis, par ses remontrances, et surtout par la jurisprudence de ses arrêts.

« Les méditations d'un grand magistrat, a dit M. Garat (Nouv. Rep^{re}. v°. *Ministère public*, §. 5), sont les plus belles richesses de la législation. Si son siècle les dédaigne, la postérité n'osera pas concevoir un projet de loi, sans les interroger. Plusieurs Codes ont déjà été cités, dans les assemblées nationales, au tribunal de Montesquieu. »

Personne n'ignore, que sous les Capétiens, les ordonnances étaient délibérées, au parlement et à la chambre des comptes. De cette participation au pouvoir législatif, ces grands corps, le parlement surtout, ont retenu le droit de faire des réglemens. Ils ont publié sur presque toutes les matières, des arrêts qui, plus tard, ont servi de base aux ordonnances judiciaires, et préparé les travaux législatifs des règnes de Louis XIV et de Louis XV.

C'est aussi aux commissaires, choisis principalement dans la magistrature, qu'est due la rédaction des coutumes, commencée sous Charles VII, continuée dans les 16e, et 17e. siècles.

Nous aimons à penser que nos magistrats n'ont point perdu de vue, l'étude des anciens monumens : sans doute, il existe encore parmi eux des hommes, qui, à l'exemple des *Montesquieu*, des *Bignon*, des *Brisson*, en font l'objet spécial de leurs méditations. Nous en pouvons citer un (quoique vivant), qui marche dignement sur leurs traces, le président *Henrion de Pensey*, qui, dans son *Autorité judiciaire*, s'est placé au premier rang de nos publicistes-jurisconsultes, et qui, par ses profondes connaissances, la simplicité de ses mœurs, l'autorité de son nom, ses vertus et son grand âge, rappelle si bien les magistrats d'autrefois.

12. Les officiers du ministère public se distinguèrent toujours en France par l'étendue et la variété de leurs connaissances.

Chargés surtout de défendre la prérogative, et de représenter le Roi, ou son gouvernement, dans les tribunaux, comment pourraient-ils négliger l'étude des anciennes institutions de la monarchie, qui leur offrent tant de points de comparaison, et tant de beaux exemples à suivre et à imiter?

Cette étude n'a rien qui ne se concilie parfaitement avec les principes de la Charte. Quoique nos cours n'aient plus d'attributions purement politiques, la connaissance du droit public, ne leur est pas moins nécessaire qu'autrefois; elle leur fera éviter plus d'un écueil dans l'exercice de leurs importantes et délicates fonctions.

13. Avons-nous besoin de dire que les jurisconsultes doivent, par-dessus tous les autres, s'appliquer à l'étude des anciennes lois ?

Appelés journellement à donner leur avis sur toutes les matières du droit, comment pourraient-ils remplir leur ministère, s'ils y restaient étrangers, s'ils ne cherchaient pas à se familiariser avec elles.

Sans doute, les codes actuels suffisent à la solution d'un grand nombre d'affaires. Mais combien de questions graves, pour lesquelles il faut recourir aux anciens principes ? C'est en ce point surtout que les cliens ont le besoin d'être éclairés, puisqu'ils ne peuvent se suffire à eux-mêmes.

Les lois anciennes, d'ailleurs, ne sont-elles pas les meilleurs interprètes des lois nouvelles ? Et n'est-ce pas dans le rapprochement successif et en quelque sorte historique, des variations législatives, que se manifeste le mieux l'esprit des lois qui nous régissent ? *Il faut*, dit Montesquieu, *éclairer les lois par l'histoire et l'histoire par les lois.*

On ne peut espérer au barreau de véritables succès, si l'on ne s'est formé un corps de doctrine ; on ne peut prétendre au titre de jurisconsulte, si l'on ne connaît l'ensemble et les détails des actes législatifs qui constituent la science des lois.

Sans doute, un sens droit, un jugement sain, sont les premiers guides, dans l'interprétation des lois ; mais pour en saisir l'esprit, pour en tirer de justes conséquences, il faut les avoir étudiées dans leur simplicité native, dans les modifications qu'elles ont subies, avant d'arriver à leur dernière rédaction.

Cujas et Dumoulin ont prouvé ce que l'érudition et la

saine critique pouvaient fournir de moyens pour éclairer les parties les plus épineuses du droit.

Ces lumières de la jurisprudence ne se sont pas fiés à leur seul génie; ils ont consacré presque toute leur vie, à la recherche et à la méditation des monumens législatifs; c'est à l'étendue de leur science, à la force de leur doctrine, qu'ils doivent cette autorité, que si peu d'entre les jurisconsultes postérieurs ont obtenue.

Ce n'est pas aux charmes de l'éloquence, ni au prestige d'une brillante improvisation, mais à la variété et à l'immense étendue de ses connaissances, c'est aux travaux les plus sérieux et les plus assidus que le dernier éditeur du Répertoire de jurisprudence, a dû l'avantage de briller au premier rang d'une cour qui compte autant de jurisconsultes que de magistrats; d'y faire admirer pendant quinze ans son érudition profonde et cette logique qui empruntait tant de force de la connaissance intime de tous les monumens législatifs de notre pays; de voir son autorité, malgré la défaveur qui s'attache à la personne d'un banni, invoquée, devant tous les tribunaux du royaume.

Nous pourrions encore citer l'exemple d'un homme qui doit la plus grande partie de ses succès au barreau, à ces études fortes et complètes, qui seules peuvent donner les moyens d'aborder publiquement les questions délicates du droit public, et de les traiter avec la mesure qu'elles comportent.

Mais il ne nous appartient pas de dispenser la gloire aux hommes vivans.

Assez d'illustrations se font remarquer aujourd'hui dans la magistrature et le barreau, pour que *Laurière* ne soit pas à nos yeux, comme à ceux de M. le président *Henrion*, le dernier des jurisconsultes. Cet arrêt est trop sévère, suivant nous. C'est pure modestie de la part de l'auteur des *Dissertations féodales*, de l'*Autorité judiciaire*, de la *Compétence des juges de paix*, et du *pouvoir municipal*, qui ne le cède point à Laurière en érudition, et qui lui est supérieur sous d'autres rapports.

14. Ce n'est pas seulement aux jurisconsultes, ce n'est pas seulement aux avocats, engagés dans les discussions orales du barreau, c'est à tous les hommes livrés par état à la pratique des lois, que l'étude dont nous parlons est nécessaire. Ils y trouveront l'origine et les attributions successives des divers offices ministériels, et des fonctions publiques qui en dérivent, et par conséquent les moyens de les défendre, si elles venaient à être attaquées ou méconnues. Pour connaître ce qu'on est, il faut savoir ce qu'on a été. Cette réflexion s'applique à toutes les institutions qui nous gouvernent.

Ces officiers, d'ailleurs, sont fréquemment consultés, même sur des matières étrangères à leurs fonctions; il leur serait honorable de pouvoir répondre à la confiance qu'on leur témoigne. C'est le meilleur moyen d'augmenter leur considération personnelle.

15. Dans l'ordre administratif, la connaissance des anciennes lois est plus nécessaire, plus indispensable encore que dans l'ordre judiciaire. Malgré toutes les variations que l'organisation administrative a subies, combien de matières sont encore régies, en tout ou en grande partie, par des réglemens antérieurs à 1789?

Pourquoi? C'est que les choses n'ont pas changé, ni pu changer. Les domaines, les eaux et forêts, la police rurale, la voirie, les dessèchemens, les mines, etc., sont restés à peu près ce qu'ils étaient.

La marine et les colonies sont presqu'entièrement régies par les anciennes ordonnances. — Il en est de même de la comptabilité générale et municipale, de la guerre et de tant d'autres parties importantes de l'administration.

Ceux qui les dirigent, et les nombreux agens placés sous leurs ordres, doivent donc s'attacher à lire dans les textes, leurs devoirs et leurs attributions, et surtout se pénétrer des garanties que le législateur a établies pour la protection des diverses natures de propriétés soumises à leur action.

16. Enfin les gens de lettres et les curieux en tous genres, aimeront à retrouver dans la série des actes législatifs, l'origine et les progrès de tous les établissemens d'instruction et d'utilité publique.

M. de Sismondi vient de prouver, par la publication des annales des Mérovingiens et des Carlovingiens, que l'histoire de France était surtout celle de ses lois et de ses institutions.

Des Collections de Lois publiées jusqu'à ce jour.

17. Pour satisfaire un besoin si universel et si grand, des essais ont été tentés sans doute, des collections ont été entreprises, et par des personnes plus capables que nous de les diriger.

Mais il n'existait pas de recueil général pour l'espace de temps que nous avons embrassé; en sorte que, pour avoir l'ensemble des anciennes lois françaises, depuis l'an 420 jusqu'à 1789, il faudrait réunir, à très-grands frais, un nombre considérable de volumes (trois ou quatre mille peut-être), de tous les formats.

Les collections académiques, faites sur un plan très-vaste, ne sont pas destinées à devenir le manuel des personnes livrées à l'étude des lois. Ce sont d'immenses archives, où l'on recueille, autant les monumens historiques, que les monumens purement législatifs : d'ailleurs, l'une est déjà interrompue ; l'autre, commencée depuis un siècle, marche très-lentement, et doit s'arrêter au XVIe. siècle.

18. Quant aux collections particulières, elles laissent plus ou moins à désirer.

La faute n'en est pas, nous aimons à le dire, aux hommes laborieux qui nous ont précédés dans la carrière, et qui ont si bien mérité de la science ; elle est due tout entière, aux temps où ils travaillaient, à l'absence des matériaux, et aux difficultés qu'il y avait pour eux à rassembler le corps complet des lois françaises, alors disséminées et comme perdues dans les archives publiques et particulières.

Ils écrivaient d'ailleurs pour les besoins du temps ; et si nos goûts ont changé, ou si l'étude de la législation générale est vue aujourd'hui sous un autre aspect, nous ne sommes pas autorisés à leur reprocher la stérilité apparente de leurs compilations.

Ils ne pouvaient prévoir qu'une révolution terrible viendrait porter la hache au sein de cette législation, ferait place à un système de gouvernement, où la discussion des principes du droit public est l'occupation presque exclusive de ceux qui se livrent à la science du droit, et reléguerait les priviléges des corps et des personnes au rang de ces futilités, que tout le monde dédaigne, parce que l'égalité des droits est dans nos mœurs, aussi-bien qu'elle est écrite dans la loi fondamentale.

19. Les observations critiques auxquelles nous allons nous livrer ne sont donc pas dirigées contre eux ; elles

sont uniquement relatives aux défauts que le laps de temps a fait apercevoir dans ces ouvrages, par rapport à nos besoins actuels.

Nous devons, dans cette revue, suivre, autant qu'il est possible, l'ordre chronologique de la législation et non l'époque précise des diverses publications.

Les monumens de la première et de la seconde races, ont été recueillis par *Baluze*, par dom *Bouquet*, et par de *Brequigny* et *Laporte-Dutheil*.

20. *Baluze* a publié son édition sous le titre de *Capitulaires*, en deux volumes in-f°. en 1677. — Une seconde édition a été mise au jour par *Chiniac*, en 1780, avec quelques additions; l'ordre des pages de la première édition y a été conservé, pour faciliter la vérification des citations.

Cet ouvrage est un modèle en son genre, et, bien que ce ne soit qu'une compilation, il a placé son auteur au rang des critiques du premier ordre.

Baluze a rendu compte, dans une savante préface, en français et en latin, des peines infinies que lui coûta la recherche des divers monumens et la collation des manuscrits. Cependant il a donné comme authentiques des actes apocryphes, tel par exemple, qu'un prétendu pacte de confirmation des donations faites aux papes par Charlemagne et Pepin, acte qu'il date de l'an 817, et qu'il attribue à Louis-le-Débonnaire. Nous devons ajouter que, si la collection de *Baluze* peut être considérée comme complète, quant aux ordonnances générales des Rois de la seconde race, il n'en est pas ainsi pour celles des Mérovingiens.

On n'y trouve pas l'indication de la première rédaction de la Loi Salique, en 422 ou 424, ni des révisions successives de Clovis, Dagobert, etc., quoiqu'on ait celle de 650; Baluze n'a fait connaître que la réformation de Charlemagne.

On n'y trouve pas la loi des Visigots, qui cependant a été en vigueur dans tout le midi de la France, jusqu'à la fin du XIe. siècle, ni la loi des Bourguignons, qui a régi les contrées orientales du royaume, ni la loi des Francs ripuaires, ni plusieurs autres monumens appartenant aux trois premiers siècles de la monarchie française.

21. C'est dans le précieux recueil des historiens des Gaules et de la France, commencé par dom *Bouquet* et aujourd'hui continué par M. *Brial*, de l'Institut, sous la surveillance de l'Académie des Inscriptions et Belleslettres, qu'il faut chercher les actes de la législation générale des deux premières races, et du commencement de la 3e., qui manquent dans Baluze, et dans la Collection des ordonnances du Louvre.

Quoique dom Bouquet et ses continuateurs aient recueilli les chartes et diplômes les plus importans, depuis le commencement de la monarchie, jusqu'au commencement du 13e. siècle, il est cependant encore deux ouvrages qu'il est indispensable de consulter et qu'il faut avoir sous la main, pour embrasser la série complète des monumens de ces siècles reculés qui ont échappé à la destruction.

22. L'un est la *table*, et l'autre la *Collection* des Chartes et diplômes.

Le premier volume de la table, sorti des presses de l'Imprimerie Royale, en 1769, format in-f°., contient le catalogue des pièces relatives aux origines françaises et gauloises, depuis l'an 142 de l'ère vulgaire, jusqu'à l'an 1031, c'est-à-dire, jusqu'aux premiers temps de la 3e. race. — Il a été commencé par Secousse, continué par Sainte-Palaye et publié par Brequigny, tous académiciens.

On verra, par les détails que nous donnerons ci-après sur les chartes mérovingiennes, que l'on ne connaît rien d'authentique, avant le règne de Clovis; c'est pourquoi la plupart des pièces indiquées dans ces tables, et dans les premiers volumes du recueil chronologique manuscrit de M. de Saint-Genis, sont apocryphes ou étrangères à la France.

Nous citerons, entre autres, une prétendue loi des Francs, antérieure à l'an 426, par laquelle la majorité aurait été fixée, chez les Germains, à vingt-cinq ans. *Goldast* en est le seul garant, et son témoignage est justement suspect.

Le 2e. volume, publié en 1775, contient la série des monumens de l'an 1032 à l'an 1136; — on s'aperçoit déjà comme le nombre en est augmenté.

Le 3e. volume, contient l'indication de toutes les pièces des années 1137 et suivantes, jusqu'à 1179; ce volume a paru en 1783, sous le nom de *Brequigny*, et de *Mouchet* son adjoint.

Le 4e. volume, du même format que les précédens, n'a point été achevé; il n'est point dans le commerce, mais on en trouve un exemplaire à la bibliothèque de l'Institut, qui l'a recueilli de l'ancienne académie des inscriptions. Il est étonnant que *Camus*, qui en était membre, n'en ait point parlé, dans la notice des diplomes (n°. 1252, de la Bibliothèque de droit, édition de M. Dupin). Ce 4e. volume contient le catalogue des Chartes de nos Rois, et des principaux dignitaires du royaume, depuis l'an 1180, jusqu'à 1213, sous Philippe-Auguste. La grande collection des historiens, dont il a déjà paru 17 vol. grand in-f°. n'a point encore dépassé cette époque.

23. L'avantage que nos savans et nos publicistes, les *Bignon*, les *Mably*, les *Montesquieu* ont su tirer de l'étude des formules de Marculfe, et autres titres privés, pour l'éclaircissement des points les plus obscurs de notre droit public, et de l'état des personnes sous la première et la seconde races, faisait regretter qu'on n'eût pas donné le texte entier de ces chartes, monumens bien plus importans encore, dont on avait si laborieusement recherché les titres.

Cet important travail fut entrepris, mais trop tard, pour être poussé aussi loin que la collection des ordonnances, et celle des historiens.

Deux membres de l'Académie des Inscriptions et Belles-Lettres, de *Brequigny*, déjà connu par ses succès en ce genre, et *Laporte-Dutheil*, digne de marcher sur ses traces, furent chargés de cette tâche délicate et pénible.

Leur travail était soumis à la révision d'un comité de savans, présidé d'abord par le ministre *Bertin*, et ensuite, par le vice-chancelier et le garde-des-sceaux.

Le 1er. volume de cette collection fut publié, format in-fo., à Paris, en 1791 ; il contient toutes les chartes et diplômes des Mérovingiens.

Il est précédé d'une préface, chef-d'œuvre de science et de critique.

Il est fâcheux qu'une collection aussi précieuse, qui aurait comblé le vide, que l'ouvrage de *Baluze* et le recueil des historiens, laissaient encore parmi les monumens de la seconde race et de la troisième, jusqu'à St.-Louis, n'ait pas été continuée. Des trois volumes dont se compose la collection des diplômes, un seul est consacré aux Chartes des Rois et des particuliers. Les deux autres se composent des lettres des papes et autres documens purement historiques,

La création de l'Ecole des Chartes a, sans doute, pour but principal de rassembler les monumens épars et encore inédits de la seconde race, entre lesquels la nouvelle Académie des Inscriptions et Belles-Lettres aurait à choisir les matériaux du second volume. Il paraît qu'il avait été commencé, puisque les éditeurs du 1er. volume annoncent qu'ils avaient réuni à peu près toutes les Chartes des deux premières races : elles auront été dispersées par la révolution et par la suppression des anciens corps littéraires.

Jusqu'à ce que ce travail ait été repris et publié, il faudra se contenter du petit nombre de celles que renferme la collection des historiens, pour toute la seconde et pour les commencemens de la troisième race.

24. Ceux qui ont compilé les monumens législatifs de la 3e. dynastie, sont bien plus nombreux; mais on va voir combien ils sont restés en deçà du but que nous nous proposons d'atteindre.

Guillaume du *Breuil*, avocat au parlement de Paris, est le premier qui se soit occupé de les recueillir.

Les lois forment la 3e. partie, et servent comme de preuve, à *l'ancien style* du *parlement* dont il est l'auteur.

Comme il n'a donné que les ordonnances de Saint-Louis, de Philippe-le-Hardi, de Philippe-le-Bel et de Louis-le-Hutin, *Dumoulin*, son éditeur, a pensé que cette compilation fut composée vers l'an 1315 (1).

Mais puisque du Breuil cite des arrêts qu'il a vu

---

(1) Tome 2, p. 407 des œuvres de *Dumoulin*, préface de l'édition de l'ancien style. Cette opinion est partagée par *Laurière*, préface du premier vol. des Ordonnances, p. 1, et par M. de *Pastoret*, préface du 15e. vol. de la même collection, p. 1.

donner en 1327 (sous Charles-le-Bel), nous devons en conclure avec le savant *Pasquier* (Dialogue des avocats, p. 233 de l'édition de M⁰. *Dupin*), et avec M. *Dupin* lui-même (p. 45 de sa notice bibliogr. sur l'ancien style, ensuite des *lettres sur la profession d'avocat*), qu'il écrivait sous Philippe-de-Valois, vers l'an 1330.

Cependant l'erreur de Dumoulin se retrouve répétée par Camus, pag. 166 de sa Bibliothèque de droit (édition de 1818).

25. Dumoulin, dans l'édition qu'il a donnée vers l'an 1549 de l'ouvrage de Guillaume du Breuil, ajouta plusieurs dispositions d'ordonnances latines de Philippe-de-Valois, du roi Jean, de Charles V, Charles VI, Charles VII, Louis XI et Charles VIII. Mais il la divisa par ordre de matières en cinquante titres.

26. Vers la même époque, il sortit des presses des Etienne, une collection sans nom d'auteur, mais par ordre chronologique, en deux petits volumes in-f°.; dont le 1ᵉʳ. contient quarante-cinq ordonnances, presque toutes françaises, des rois de France de la 3ᵉ. race, jusques et y compris, Louis XII, et le second, les ordonnances de François Iᵉʳ. depuis 1514 jusqu'en 1546.

27. En 1549, P. *Rebuffe* distribua de nouveau, par ordre de matières, quelques articles de ces ordonnances, et des lois postérieures. Cette collection, réimprimée à Lyon en 1573, et en 1580, a été mise en oubli, depuis que celles de *Fontanon* et *Guénois* eurent paru. Cependant *Laurière*, connaisseur en ce genre, pense qu'il y a de bonnes choses, dans les commentaires dont elles ont été accompagnées.

28. *Fontanon*, avocat au parlement de Paris, voulant remédier aux lacunes qui se faisaient remarquer dans ce recueil, entreprit avec le célèbre Pierre *Pithou*,

avec Bergeron et autres savans jurisconsultes de son temps, une grande collection, qu'il publia en 1580.

Quoique *Laurière* ait été autorisé à reprocher à ce compilateur, d'avoir *divisé*, *coupé* et *dispersé* les grandes ordonnances, pour les ranger sous les diverses rubriques, ou livres qu'il avait imaginés, et que Fontanon ait en effet porté la bizarrerie jusqu'à placer le préambule de l'ordonnance de 1302 et de beaucoup d'autres, dans sa table chronologique, séparément des articles, ce recueil n'en est pas moins très-précieux, parce qu'au moyen des grandes divisions qu'il adopta, il a, plus rarement que les autres, morcelé les ordonnances, et qu'on en saisit assez bien l'ensemble et les détails.

29. En cela il est fort supérieur à *Guénois*, dont la conférence publiée pour la première fois en 1 volume in-f°. en 1596, et réimprimée en 3 volumes in-f°., à Paris, 1678, ne peut être consultée que comme une table, et ne peut pas être considérée comme un recueil des ordonnances, tant elles y sont découpées et divisées.

Guénois, dont le but principal était, ainsi que son titre l'annonce, de *conférer* seulement les ordonnances entre elles, ne paraît pas même s'être attaché à en conserver le texte, ce qui rend sa collection justement suspecte.

Fontanon, bien plus exact que *Guénois*, a encouru, de la part de *Laurière*, le reproche très-grave d'avoir fait imprimer un certain nombre d'ordonnances sur des copies si pleines de fautes et si tronquées, qu'il est souvent impossible de les entendre.

30. *La Roche-Maillet*, qui revit l'ouvrage de Fontanon, par ordre du chancelier de *Sillery*, et qui en publia une seconde édition en 1611, en 4 vol. in-folio (ils se relient en 3), ne se donna pas la peine de les collationner; il

commit les mêmes fautes dans les pièces qu'il ajouta et qu'on trouve à la fin de l'ouvrage.

Cet appendice, assez important par les documens qu'il contient, n'a point été fait dans l'ordre adopté par *Fontanon*, ni même dans l'ordre chronologique, ce qui fait qu'il a été de peu d'usage.

Malgré ces défauts, cette collection est encore celle qu'il faut consulter avec le plus de confiance, jusqu'au règne de Louis XIII; *Guénois*, postérieur de quelques années, peut le suppléer en certains cas.

31. C'est improprement qu'on range dans la classe des recueils d'ordonnances, les *Basiliques* du président *Brisson*, publiées en 1587, et connues sous le nom de *Code Henry*, parce qu'il fut rédigé par les ordres du roi Henri III.

Cet ouvrage de l'un de nos plus savans magistrats, réimprimé après sa mort, par *Frérot*, en 1611, par *Carondas* en 1615, par *La Roche-Maillet* en 1622, n'est qu'un projet de code, imité de celui de *Justinien*. Daguesseau remarque (tom. 1er. de ses œuvres, pag. 397), que le président Brisson a travaillé en législateur, plutôt qu'en compilateur, et qu'il faut vérifier les ordonnances qu'il rapporte. *Corbin*, dans l'avertissement du Code de Louis XIII, observe qu'en effet « ce » ouvrage n'est pas composé du vrai texte, mais d'un mé» lange et nouveau langage, que l'on espérait faire passer » comme nouvelles ordonnances et les faire vérifier au » parlement, ce qui n'a pas été fait et ce qui aurait eu » lieu peut-être, si Henri III eût vécu, ainsi que le pré» sident Brisson lui-même. »

32. *Corbin* en dit autant du Code de Henri IV, qui d'ailleurs ne contient pas un seul texte de lois, mais au contraire « une nouvelle composition et mélange du droit romain avec nos ordonnances. »

33. Le recueil de *Corbin*, publié à Paris, en 1628, en un volume in f°., contient les ordonnances de Louis XIII, distribuées en 26 livres, par ordre de matières.

Ce code ne comprend pas toute la durée du règne, puisque Louis XIII a régné jusqu'en 1643.

34. Louis XIV a rendu un si grand nombre d'ordonnances sur toutes les matières, que personne n'a eu le courage d'en publier la collection complète.

35. En 1720, *Laurière* et *Ferrière*, publièrent en 2 volumes in f°. une nouvelle édition du recueil des édits et ordonnances royaux, originairement compilé par *Néron* et *Girard*; recueil qu'ils augmentèrent d'un très-grand nombre d'ordonnances et de quantité de notes, de conférences et commentaires.

Cette compilation, entreprise dans l'ordre chronologique, est celle qui a obtenu le plus de succès, « tant il » est vrai, dit *Laurière*, et répète après lui M. de *Pastoret*, que ceux qui s'appliquent à l'étude des lois, veulent les lire de suite et telles que le souverain les a données. »

Malheureusement ce recueil, si utile dans la pratique, ne contient que les ordonnances qui règlent les matières les plus fréquentes au palais. Les ordonnances relatives à l'administration générale et au droit public ne s'y trouvent pas, non plus que les grandes ordonnances du règne de Louis XIV.

Il ne commence qu'au règne de Philippe-de-Valois, et par conséquent laisse dans l'oubli les précieux monumens des règnes précédens, la grande Ordonnance de 1302, si souvent citée au barreau, et les Etablissemens de saint Louis. On pourra juger de l'importance de ces omissions, par le nombre de pièces que contiendront nos trois premiers volumes.

En conférant les textes avec ceux de la grande collection académique du Louvre, nous nous sommes assurés, que le style avait été changé, et rajeuni : quoique le sens de la loi n'en soit pas altéré, ce n'en est pas moins une infidélité, qui doit le rendre suspect jusqu'à un certain point. Peut-être aussi les éditeurs n'ont-ils pas eu, plus que *Fontanon* et la *Roche-Maillet*, la faculté de collationner les copies sur les registres du parlement.

Quelquefois les ordonnances sont mal datées ; la première pièce de ce recueil n'est pas du 9 mai 1332, mais bien de 1330.

Néron et *Girard* n'ont publié que douze ordonnances antérieures à François Ier. Leur recueil est beaucoup plus complet pour les règnes suivans, mais le choix des pièces n'est pas toujours heureusement fait, surtout à compter du règne de Louis XIV, où ils ont rapporté des pièces fort peu intéressantes. Cette collection finit aux premières années du règne de Louis XV (mars et septembre 1718).

La législation relative aux protestans, qui se compose de cinquante-cinq pièces, est placée séparément dans l'ordre chronologique, à la fin du 2e. volume.

Enfin les éditeurs ont donné, dans le même volume, au moins trois cent cinquante arrêts du conseil d'état, et arrêts de règlement du parlement intervenus en interprétation des édits et ordonnances contenus dans le recueil.

36. *Girard*, collaborateur de *Néron*, a fait entrer dans son recueil des offices un grand nombre d'édits de création.

Jolly, qui revit cet ouvrage, et le publia en 1645 et 1647, en 2 gros volumes in f°., y ajouta beaucoup de pièces, mais, dit *Laurière*, comme elles étaient hors de leur place et sans aucun ordre qui pût les faire retrouver, elles n'ont été presque d'aucun usage (1).

37. Toutes ces collections, plus ou moins abrégées, plus ou moins défectueuses, faisaient depuis long-temps désirer un recueil complet.

Guillaume Blanchard, avocat au parlement, en jeta les bases, dans la table chronologique qu'il publia à Paris, en 1687, un vol. in 4°. Pour ce travail, *Blanchard* ne se contenta pas de dépouiller les registres du parlement et des mémoriaux de la chambre des comptes; il étendit ses recherches sur tous les recueils particuliers, et il parvint ainsi à dresser un catalogue fort étendu, qui comprend tous les principaux actes des rois de la 3e. race, depuis 1115.

Dans une seconde édition, publiée en 1715, il l'augmenta beaucoup, et la fit remonter jusqu'au règne de Hugues-Capet. On a reproché à cette table d'être défectueuse, et pour le prouver, on a cité (2) une lacune qu'on a cru trouver dans le règne de Louis XI, du 6 février 1467 au 14 octobre 1468, parce que, dans cet espace de neuf mois (l'année commençait alors à Pâques), Blanchard n'a indiqué que quatre ordonnances. Mais on peut s'assurer, en parcourant le XVII°. vol. des Ordonnances du Louvre, que M. de *Pastoret* n'en a pas donné davantage, l'intervalle étant rempli par des *Chartes*.

Ce laborieux compilateur, réduit à ses seules forces, a rempli sa tâche avec un courage et une exactitude remarquables : s'il a commis des fautes, c'est qu'il était

---

(1) C'est le reproche encouru par La Roche-Maillet.
(2) Ce critique est *Camus*, Biblioth. de droit, n°. 604. Ed. de M. Dupin.

impossible qu'il en fût autrement dans un travail de ce genre. Les savans éditeurs de la collection des ordonnances du Louvre, quoique mieux secondés, n'en ont pas été exempts eux-mêmes, ainsi que le témoignent assez leurs notes et leurs supplémens.

Blanchard a eu la modestie de convenir que le travail de rassembler toutes les lois était infini, et que sa table même en fournirait une démonstration très-sensible.

Il n'en a pas moins rendu un service immense et jusqu'à présent mal apprécié, en réunissant dans un ordre chronologique l'ensemble des actes royaux, depuis l'an 987 jusqu'à 1715. — Dans les dernières années, il a négligé de renseigner le f°. des registres du parlement où se trouvent les ordonnances citées; c'est un inconvénient, parce que, comme il l'observe lui-même, les actes royaux ont été transcrits sur les registres, suivant la date des arrêts d'enregistrement, c'est-à-dire quelquefois dix-huit mois ou deux années après qu'ils avaient été expédiés en la chancellerie.

Le plus grand mérite de la compilation de Blanchard, c'est qu'elle a une table des matières, assez étendue quoique sommaire, qui donne les moyens de retrouver les actes les plus importans.

38. La première édition de ce répertoire démontrait assez l'impossibilité, qu'un particulier entreprît de publier le texte d'environ vingt mille ordonnances qu'il avait indiquées. Le gouvernement s'en chargea, et pour lui donner plus de perfection, le chancelier de *Pont-Chartrain*, d'après les ordres de Louis XIV, ordonna de rechercher dans les greffes de tous les tribunaux et dans les archives des corporations, toutes celles qui étaient échappées aux ravages du temps.

« On ne jugea pas à propos, dit *Laurière*, de remonter
» jusqu'aux actes des Rois des deux premières races,
» soit parce que la plupart de ces lois sont si différentes
» de celles aujourd'hui en usage parmi nous, qu'il
» semble qu'elles aient été faites pour d'autres peuples,
» soit (et cette raison est beaucoup meilleure), parce
» qu'on ne pouvait rien ajouter aux recueils imprimés
» de ces ordonnances, qui ont été donnés sous le titre
» de *Lois anciennes* (1); et des *Capitulaires* des rois de
» France (2). Le commencement du règne de Hugues-
» Capet, fut donc l'époque que l'on jugea à propos de
» donner à cette nouvelle collection. »

Lorsqu'on crut avoir épuisé les recherches, on en publia une table chronologique en un vol. in 4°. Il est fort surprenant que les éditeurs de cette table, les avocats Berroyer, Loger et de Laurière, n'aient fait aucune mention du travail publié par Blanchard dès l'an 1687.

On aurait l'explication de ce singulier oubli, si cette table avait paru en 1686, comme il est dit (n°. 38 de la préface de Laurière, 1er. vol. des ordonnances); car alors elle serait antérieure au travail de Blanchard, et celui-ci serait le copiste.

Mais la date de 1686 est fausse; il est certain qu'elle n'a paru qu'en 1706, ainsi que M. de *Pastoret* lui-même l'a remarqué dans la préface du tome XV.

On est donc en droit de reprocher aux trois commissaires, d'avoir entièrement passé sous silence un travail aussi important et dont leur propre table n'est guère qu'une nouvelle édition pour l'espace de temps qu'elle comporte, c'est-à-dire depuis 987 jusqu'en 1400.

---

(1) Par *Lindenbroeck*, Francfort, 1613, in-folio.
(2) Baluze.

39. *Laurière*, qui, après la mort de Loger, et par la retraite de *Berroyer*, demeura seul chargé de la publication, aurait dû réparer l'omission, lorsqu'il mit au jour le premier vol. de la collection, qui parut en 1723, puisque *Blanchard* avait alors publié sa seconde édition.

Un homme du mérite de *Laurière* pouvait avouer le service de *Blanchard*, sans rien perdre de la gloire que ses travaux lui méritaient.

Du reste, *Laurière*, déjà fort âgé, n'eut que le temps de préparer les matériaux du second volume : ce volume parut après sa mort, en 1729, sous les auspices de *Secousse*, ancien avocat comme lui, mais, de plus, académicien distingué, lequel fut choisi par le chancelier d'*Aguesseau*.

40. Secousse fut seul éditeur des tomes III, IV, V, VI, VII et VIII. S'il n'est pas aussi érudit que *Laurière*, et s'il n'a pas donné autant que lui de notes et d'éclaircissemens sur le texte, il a du moins enrichi chacun des volumes de préfaces où se trouvent éclaircis les points les plus obscurs de notre ancien droit public.

41. *Secousse* n'eut pas le temps d'achever le IX°. volume, qui parut en 1755, par les soins de *Villevault*, magistrat de la Cour-des-Aides, commissaire au Trésor des Chartes, et depuis maître des requêtes, choisi pour cet important travail, par le chancelier.

Celui-ci a fait très-peu pour la collection ; car, à l'exception d'une préface fort médiocre, que contient le tome IX, il se fit adjoindre pour le tome X, de *Brequigny*, membre de l'Académie des Inscriptions et Belles-Lettres ; c'est à ce dernier qu'on doit réellement le travail des tomes X, XI, XII, et XIII, quoique le nom de Villevault soit toujours adjoint au sien, sans doute par politesse.

42. Quand *Laurière* avait entrepris ce grand travail, il avait exclus de sa collection, toutes les chartes, et diplomes, et s'était borné aux ordonnances générales.

Secousse n'avait pas tardé à s'apercevoir qu'il y avait un vice dans ce plan. N'était-ce pas en effet un véritable contre-sens, que d'avoir omis, dans un recueil législatif, les monumens des règnes de Louis-le-Gros, Louis-le-Jeune, et Philippe-Auguste, époque si remarquable par l'affranchissement des communes.

Si *Laurière* lui-même eût été fidèle à son plan rigoureux, de ne donner que des ordonnances générales, il aurait dû ne commencer qu'au règne de Philippe-le-Bel; car les ordonnances de saint Louis, ne sont réellement que des statuts pour ses domaines. On avait promis au public tous les monumens de la 3e. race; pourquoi donc n'y trouve-t-on rien des règnes de *Hugues-Capet* et *Robert*? pourquoi n'y rencontre-t-on qu'un acte de Henri Ier. et de Philippe Ier., trois actes de Louis-le-Gros et cinq de Louis-le-Jeune? si les monumens de ces époques ne sont pas nombreux, ils ne manquent pas d'une manière absolue. Il aurait mieux valu dire que la collection ne commençait qu'au règne de saint Louis; et dans le fait, malgré les additions de *Brequigny*, elle n'est un peu complète qu'à compter de cette époque.

C'est pour suppléer cette lacune, que *Secousse* s'occupa de réunir les matériaux du recueil des diplomes; travail qui, comme nous l'avons dit, est ensuite passé à de *Brequigny*, éditeur des quatre volumes de tables des Chartes, et des derniers volumes de la collection des ordonnances.

C'est en se livrant au travail des Chartes, que *Brequigny* publia le supplément contenu dans les XIe. et XIIe. volumes.

Par ce moyen, le plan de *Laurière*, déjà altéré par ses deux premiers continuateurs, a été tout-à-fait changé : au lieu d'être un recueil d'ordonnances générales, la collection du Louvre est devenue un recueil général des Chartes et diplomes de nos Rois.

Mais, tout en regrettant que les éditeurs de la collection du Louvre aient négligé tout-à-fait les monumens des premiers Capétiens, nous croyons qu'on peut leur reprocher d'avoir donné beaucoup trop de Chartes, à compter du règne de Philippe-de-Valois, parce que l'autorité royale, affermie depuis un demi-siècle, était dès-lors en possession de faire des lois générales, et qu'elles y sont fort nombreuses.

L'insertion des Chartes dans la collection académique, était donc inutile; elle présente à peu près les inconvéniens qui rendent aujourd'hui notre Bulletin des Lois si volumineux et si difficile à consulter.

Les Chartes étant en bien plus grand nombre que les ordonnances, leur publication a nui à la célérité et à l'unité de l'entreprise.

Laurière a renfermé dans un seul volume toutes les ordonnances générales, et même un assez grand nombre de Chartes des Capétiens, jusqu'à 1328, c'est-à-dire qu'il a embrassé un espace de près de 350 années; encore ce volume est-il surchargé de très-longs commentaires. Pour le siècle suivant, c'est-à-dire de 1328 à 1422 (commencement du règne de Charles VII), les éditeurs de la collection du Louvre ont employé deux volumes in-f°.

Le règne de Charles VII, à lui seul, a fourni deux volumes; ce sont les XIII°. et XIV°., dont l'un a paru en 1782 et l'autre en 1790. En suivant cette progression, la collection aurait de deux à trois cents volumes in-f°. avant d'atteindre l'époque de 1789.

43. Le recueil des ordonnances en était au XIVe. volume, lorsqu'à la révolution l'entreprise fut suspendue. Mais aussitôt après sa création, l'Institut s'occupa de sa continuation. Elle fut, dès l'origine, confiée à deux de ses membres, MM. de *Pastoret* et *Anquetil*. — Celui-ci fut remplacé par M. *Bigot de Préameneu*, qui lui-même, appelé à de hautes fonctions, eut pour successeur le savant *Camus*, alors garde-général des Archives. M. de *Pastoret*, nous apprend que son collègue s'occupait avec beaucoup de zèle de rassembler avec lui les matériaux du XVe. volume, lorsque la mort vint le frapper vers la fin de 1805. Néanmoins ce tome XV, ouvrage de la collaboration commune, à l'exception de la préface, qui est toute entière de M. de *Pastoret*, n'a paru qu'en 1811. Les tomes XVI et XVII, publiés l'un en 1814, l'autre en 1821, appartiennent tout entiers à M. de *Pastoret*, que l'Institut chargea seul de ce travail, à la mort de *Cumus*.

Ces trois volumes ne contiennent guère que la moitié des ordonnances de Louis XI, puisqu'ils s'arrêtent au commencement de l'année 1474.

Le XVIIIe. volume est sous presse, et s'avance aussi rapidement que le permet un travail de cette nature et de cette importance, confié à un savant qui remplit de si hautes fonctions dans l'État.

M. de *Pastoret*, dans ses doctes préfaces, nous paraît avoir au moins égalé *Laurière* et ses continuateurs. — Quant aux notes, elles sont, pour la partie philologique, dignes d'un membre de l'Académie des Inscriptions et Belles-Lettres; et, pour la partie législative du savant auteur de l'*Histoire de la Législation*.

44. *Camus*, qui devait être bien instruit, annonce

dans sa Bibliothèque de droit, qu'après la publication des ordonnances de Louis XI, on devait donner de nouveaux supplémens pour les règnes antérieurs; nous croyons qu'on y a renoncé.

C'est lui aussi qui nous a appris que la collection ne devait être poursuivie que jusqu'au règne de François Ier.

On conçoit qu'autrement cette collection n'aurait plus de fin, et que l'abondance des matériaux multiplierait singulièrement le nombre des volumes.

D'un autre côté, à moins qu'un si grand travail ne soit divisé entre un très-grand nombre de savans, auquel une tâche spéciale serait imposée, qui pourrait se flatter de voir arriver à son terme une collection qui comprendrait un si grand espace de temps et un nombre d'actes dont la liste seule, d'après Blanchard, est effrayante?

Depuis la découverte de l'imprimerie, ce qu'il y a de plus important a vu le jour. Une foule de recueils spéciaux ont été publiés; l'Institut a donc dû naturellement borner sa tâche aux monumens législatifs de nos Rois antérieurs à l'an 1516, parce que ceux-là ou n'ont point été publiés, ou ne l'ont été qu'imparfaitement.

45. Vers l'époque où la Collection du Louvre était parvenue à son IXe. volume, et où de Villevault, publiait la table chronologique des premiers volumes, un avocat au parlement, *Coqueley de Chausse-Pierre*, dont Linguet prononçait, dit-on, le nom d'une manière si plaisante, commença, en 1758, la publication d'un recueil des principaux édits, déclarations, ordonnances, arrêts et règlemens, sous le titre de Code de Louis XV.

Cependant ce recueil ne commence qu'au 29 septembre 1722 et s'arrête au mois de novembre 1740 il se compose de 12 volumes in-12, et ne comprend que les matières de justice, police et finances.

46. Un autre recueil, publié sous le même titre et bien plus abrégé encore, contient en deux volumes in-12, les ordonnances principales, intervenues depuis le 29 septembre 1722, jusqu'en 1773.

47. Dès 1767, *Simon*, imprimeur du Parlement, proposa par abonnement, l'envoi de tous les édits, règlemens, en un ou plusieurs volumes in-4°. avec des tables chronologique et des matières, à la fin de chaque année.—Cette collection a été continuée par *Nyon*, son successeur, jusqu'à la suppression du Parlement; elle est fort utile, et l'on peut la considérer comme complète. Mais quand on veut l'acquérir, il faut avoir soin de colationner les pièces de chaque volume sur la table; les pages n'étant pas numérotées.

48. Enfin le *Boucher*, libraire à Paris, publia, de 1785 à 1788, 16 volumes de format in-32, contenant le tableau des successions, la coutume de Paris et les principales ordonnances omises dans le recueil de Néron et Girard. Ce petit recueil, très-commode par son format, le choix des ordonnances et les tables ou matières, est dû aux soins de *Boucher d'Argis*, avocat.

En l'absence d'un recueil complet, si nécessaire dans l'immense ressort du Parlement de Paris, *Girard* et *Prault* avaient formé une collection de toutes les ordonnances et règlemens connus. Celle de *Girard* ayant été vendue, celle de *Prault* est devenue l'unique; elle forme aujourd'hui le fonds du dépôt des lois, acquis en 1793 par *Rondonneau*, et exploité aujourd'hui par *Decle*.

Elle est en feuilles séparées. Ce n'est pas la seule ni la plus complète de celles qui existent à Paris. Outre les collections que possèdent les archives du ministère des finances, de la guerre, de la marine, de l'intérieur, de la justice et des affaires étrangères, lesquelles ne sont point ouvertes au public, on trouve trois collections principales, en feuilles détachées, l'une aux Archives du royaume, renfermée dans six cents cartons étiquetés, l'autre à la bibliothèque de la cour de cassation, et la troisième à la bibliothèque du conseil d'État, aux archives du Louvre.

Ce sont les plus complètes que nous connaissions : il n'est pas inutile de les consulter, même pour les temps compris dans la collection du Louvre, parce qu'on y trouve des documens qu'on chercherait vainement ailleurs.

49. La collection des archives, déposée à l'hôtel Soubise, dont nous devons la communication à la bienveillance de M. le chevalier de la *Rue*, garde-général, est la plus riche en pièces, elle commence à l'an 1160; nous y avons particulièrement remarqué les ordonnances relatives aux chambres des comptes, dont la suite paraît complète, et qui nous rappelle une autre collection de ce genre, en feuilles, mais reliée en sept vol. in-4°., qui est à la bibliothèque du conseil-d'état, parmi les imprimés provenant de M. de St.-Genis; elle est connue sous le nom de Recueil *Gosset*.

La collection des archives est, comme toutes les autres, fort incomplète jusqu'au règne de Louis XIV; mais ensuite elle se poursuit avec assez d'exactitude jusqu'à la révolution.

50. La collection de la cour de cassation se compose de vingt vol. in-12, contenant diverses pièces depuis 1371 jusqu'à 1635. Cette collection est rarement consultée.

Vient ensuite une série de 203 vol. in-4°., contenant une série de pièces depuis 1643, jusqu'en 1789. Il y a un volume pour chaque année, jusqu'à 1700; deux volumes depuis 1740, jusqu'à 1750; trois et quelquefois quatre vol. depuis 1750, jusqu'à 1789.

Le 1er. volume de cette collection contient une table manuscrite des ordonnances enregistrées au parlement de Paris, commencée par le greffier du *Tillet*, depuis François Ier., jusques et y compris Henri IV, et partie du règne de Louis XIII.

On trouve à la même bibliothèque une 2e. collection in-4°., en seize vol., contenant diverses pièces, depuis 1636, jusqu'à 1758, et une 3e. collection, intitulée Imprimerie Royale, en 32 volumes, qui fait, en quelque sorte, suite à la précédente, et remonte jusqu'à 1720.

Enfin, on a réuni au parquet un grand nombre de volumes séparés, qui peuvent servir de supplément aux collections ci-dessus.

Ces diverses séries ont été formées pour l'usage de la cour de cassation, par les soins du respectable M. *Breton*, son bibliothécaire, qui n'a rien négligé pour rendre complet un recueil aussi nécessaire aux travaux journaliers de la cour et du parquet.

51. La collection de la bibliothèque du conseil-d'état a été formée par les soins de *Gillet*, avocat, et de *St.-Genis*, auditeur des comptes; elle a été acquise, en 1814, par la maison du Roi, sur la proposition du savant bibliographe, M. *Barbier*, conservateur de cette bibliothèque et de celles des châteaux royaux.

Elle se compose 1°., d'une table alphabétique des matières (manuscrite), comprenant toutes les pièces indiquées dans le recueil, depuis l'an 305, jusqu'en

1783, de 85 vol. ou boîtes in-folio, dont les dix premiers, conduisant jusqu'à l'année 1684, contiennent tout à la fois la date et le sujet de chaque ordonnance, etc. Les volumes subséquens renvoient seulement à l'année.

2°. D'une table chronologique des matières, aussi manuscrite, en dix volumes, comprenant depuis 1684, jusqu'à 1786.

Il est à regretter que ces deux tables ne s'étendent pas jusqu'à 1790. M. *Barbier* annonce, dans la notice qu'il en a donnée (annales de *Millin*, année 1817), qu'elles seront complétées.

3°. D'une table imprimée, en six volumes, format in-4°., comprenant un espace de vingt-neuf ans, de 1721 à 1750.

Ces tables forment, sauf une légère lacune, la continuation naturelle de celle de Blanchard, à compter de 1715.

4°. D'un recueil, tant manuscrit qu'imprimé, depuis l'an 305, jusqu'en 1790, formant 413 volumes in-4°., reliés uniformément, et de 300 volumes environ de pièces supplémentaires, auxquelles les tables manuscrites renvoient souvent.

Cette collection ne contient que fort peu de pièces antérieures à l'année 1640 (c'est cependant la seule où nous ayons trouvé les jugemens d'Oléron); mais comme elle renvoie aux collections civiles, politiques et ecclésiastiques, imprimées, elle devient par cela même, et surtout par ses tables des matières, la plus précieuse de celles existantes; aussi est-elle consultée fréquemment par les conseillers d'état et maîtres des requêtes, chargés de la rédaction des projets de lois et d'ordonnances.

5°. De recueils manuscrits fort importans du parlement, en 200 volumes, tels que registres secrets, *ordinationes antiquæ*, copie des *Olim*, etc.

La bibliothèque de la cour de cassation possède aussi une copie des registres du parlement (1).

Le gouvernement royal ne pouvait laisser passer l'occasion d'acquérir une collection dont la restauration doublait encore le prix; M. *Barbier* n'a rien négligé pour en faciliter l'usage.

Nos avocats feraient bien de ne pas rédiger un mémoire, sans avoir consulté les tables de cette collection, unique en son genre; M. le chevalier *de la Rue* en a fait commencer de semblables, pour le service des archives du royaume; tout porte à croire qu'elles seront communiquées aux personnes qui en témoigneront le désir.

52. Nous ne terminerons pas cette revue sans parler d'une collection, entreprise il y a quelques années, par un homme avantageusement connu par un grand nombre d'ouvrages justement estimés, aujourd'hui garde des archives de la préfecture de police.

M. *Peuchet* a senti le vide que laissaient dans l'étude des lois, ces codes abrégés, ces dictionnaires dont nous sommes inondés; ayant donc entrepris de faire le re-

---

(1) M. *Blondel*, ex-bibl. du duc de Penthièvre, a publié en an XI et années suivantes, 4 vol. des mémoires secrets, arrêtés, remontrances et lits de justice du parlement de Paris. Cette précieuse collection, annoncée par souscription, devait contenir volumes. L'auteur annonce qu'il commence à Philippe-le-Bel; mais il n'a pas été fidèle à son titre. Son ouvrage ne commence qu'en 1458, sous Charles VIII. Il ne se poursuit que jusqu'au règne de Henri IV. *Camus* n'a connu que le premier vol. V. Biblioth. de droit, n. 5601.

cueil des réglemens de police, depuis saint Louis, jusqu'à nos jours, il en a publié successivement huit volumes de format in-8°.

Cette collection ne laisse rien à désirer pour l'espace qu'elle embrasse. Le texte y est entier, et fidèlement collationné sur les originaux ou copies officielles, déposés aux archives de la préfecture.

Chaque volume est enrichi de notices et préfaces, d'une utilité plus réelle, peut-être, que certains mémoires académiques, où l'on cite beaucoup, et où l'on ne conclut rien.

M. *Peuchet*, dans le premier volume, a traité des caractères généraux de la police; il a fait voir qu'elle se rattache aux intérêts les plus essentiels de la société; il en a indiqué les divisions et subdivisions; il a traité de écrivains qui l'ont précédé dans la carrière; enfin, il a donné, dans ce même volume, une notice fort curieuse, des recueils manuscrits de la police, placés sous sa garde.

Ce 1er. volume contient les lois et réglemens de police de 1667 à 1695; le 2e., de 1695 à 1719; le 3e., de 1719 à 1730; le 4e., de 1730 à 1739; le 5e., de 1739 à 1749; le 6e., de 1749 à 1760; le 7e., de 1761 à 1766; le 8e., de 1766 à 1772.

Cet ouvrage a été interrompu, faute d'encouragement, avant d'être parvenu à 1789.

Il devait contenir, dans une autre série, les lois et ordonnances de police, depuis saint Louis jusqu'à 1667, époque de la police moderne, et même tous les réglemens de la matière, depuis 1789, jusqu'à 1818, époque de sa publication. Peut-être l'auteur est-il un peu sorti de son cadre, en donnant, non-seulement les ordonnances du magistrat de police, mais encore les ordonnances de nos Rois.

Mais ce défaut, si c'en est un, témoignait en faveur du zèle de l'éditeur.

Peut-être aussi, M. *Peuchet* a-t-il trop présumé de l'intérêt qu'on accorderait à une matière aussi spéciale et aussi étrangère aux principes du droit et de la justice, que la police. L'ouvrage du commissaire *de la Marre*, son illustre devancier, et son digne modèle, n'aurait jamais vu le jour, si le chancelier *d'Aguesseau* n'y avait pris le plus grand intérêt. (Voyez page 31 de l'introduction du Recueil des lois de police, tome Ier.)

53. Telles sont les collections imprimées qui nous restent des lois antérieures à 1789.

Réunies, elles formeraient un nombre si considérable de volumes, qu'elles ne pourraient entrer dans aucune bibliothèque particulière, et cependant aucune n'est complète.

On est encore souvent obligé de recourir aux archives, soit pour vérifier les textes imprimés, soit pour y trouver les pièces encore inédites.

Il faut donc que nous en donnions ici l'inventaire sommaire, afin de faciliter les recherches. Cette notice complétera, d'ailleurs, le tableau que nous nous sommes proposé de donner de nos richesses législatives.

Des archives.

54. Il est étonnant qu'avant la révolution, une idée aussi simple que celle de publier les lois, dans un bulletin officiel, ne soit pas venue dans la pensée du gouvernement ; que de recherches on aurait évitées ? et combien un recueil de ce genre serait utile aujourd'hui ?

On n'aurait pas perdu tant de monumens aussi nécessaires à la connaissance de l'histoire qu'à celle des lois ; tels que les travaux des assemblées nationales, les actes relatifs à l'ordre de succession à la couronne, dans les diverses branches, aux minorités, aux régences, etc.; et tant d'ordonnances que les circonstances politiques, l'opposition des parlemens, ou d'autres causes, ont probablement fait supprimer pour toujours.

S'il avait existé un recueil officiel des lois, serait-il venu à la pensée du gouvernement, d'altérer après coup, et même de détruire des actes, comme Napoléon l'a fait à l'égard de la lettre de Louis XIV, du 14 septembre 1693, par laquelle ce prince abolissait la déclaration du clergé de 1682.

55. Non-seulement il n'existe pas de recueil officiel ; mais les archives nationales ont été si mal tenues, et sont dans un tel désordre, que l'on a une très-grande peine pour retrouver les pièces dont on a besoin.

Ces archives se trouvent aujourd'hui divisées entre la bibliothèque du Roi, section des manuscrits, et les archives du royaume déposées à l'hôtel Soubise.

Celles-ci sont bien destinées à recevoir et à réunir tout ce qu'il y a de monumens historiques et législatifs, relatifs à l'histoire de France ;

Mais au milieu des lacunes immenses de ce dépôt, on est obligé de recourir aux manuscrits de la bibliothèque du Roi.

C'est à ces deux sources que puise M. de *Pastoret*, pour la composition de la grande collection académique du Louvre, dont il est le continuateur.

56. On a réuni à la bibliothèque du Roi un nombre immense d'anciens parchemins, parmi lesquels se trouvent un très-grand nombre de Chartes.

Une section de l'École des Chartes, a été placée à la bibliothèque du Roi, tout exprès pour les déchiffrer.

Si l'on donne aux jeunes gens qui composent cette école une bonne direction, il n'est pas douteux qu'ils peuvent rendre de très-grands services, et que, dans un petit nombre d'années, ils peuvent retrouver des monumens dont on ne soupçonne peut-être pas l'existence.

Il serait à désirer qu'on publiât chaque année le résultat de leurs travaux, c'est-à-dire, la table des pièces déchiffrées et classées : par ce moyen, on verrait leurs progrès ; et les savans pourraient jouir plus tôt du fruit de leurs travaux.

57. Il existe aussi à la bibliothèque du Roi une série immense de titres, concernant l'histoire de France : elle remplit la pièce qui suit celle où MM. les administrateurs reçoivent le public.

Cette collection, provenant de M. de *Fontanieu*, se compose de cartons, où les titres sont classés dans l'ordre de leurs dates.

Le premier de ces portefeuilles est consacré à la première race ; le second à la deuxième race ; le troisième aux derniers événemens qui firent perdre le trône aux Carlovingiens, et produisirent à sa place la maison de Hugues-Capet, depuis l'an 950 jusqu'à l'an 999.

Ensuite, cette collection se grossit prodigieusement de titres de toute espèce, même de simples mémoires : elle nous a paru supérieure à la collection de M. de *St.-Genis*, en ce que, non-seulement on y trouve des tables pour chaque règne, mais encore des copies entières et fort soignées, des monumens que ces tables renseignent.

Malheureusement ces copies n'ont rien d'authentique, il est fort difficile, souvent impossible de retrouver les originaux. Mais c'est toujours une indication qui peut mettre les hommes laborieux sur la voie ; c'est un fil qui les guidera parmi l'immense quantité de manuscrits français que renferme la bibliothèque, manuscrits dont on fait le catalogue, mais qui exige encore un très-grand nombre d'années pour être terminé.

Pour faire juger de l'importance de ce dépôt, il suffit de dire qu'on y a envoyé de toutes parts, et des documens de toute espèce ; que les registres du Trésor des Chartes eux-mêmes, que l'on croyait égarés, se sont trouvés parmi ces manuscrits.

Il serait à désirer peut-être que l'on versât toute cette partie de manuscrits, plus ou moins étrangers à la littérature, aux archives du royaume, où l'on classe sans cesse dans un seul et même dépôt, toutes les Chartes françaises qu'on a pu recouvrer, et où l'on est parvenu à former un second Trésor des Chartes, depuis les Mérovingiens jusqu'à Louis XVI.

58. Ce recueil est indiqué sous la lettre *K*, de la section historique du tableau imprimé portant la date du 15 août 1811.

On en a fait une table manuscrite fort soignée, accompagnée d'observations critiques, qui s'étend depuis l'an 498, jusqu'au 7 mars 1519.

Il serait à désirer qu'elle fût continuée avec le même soin.

Toutes les pièces qui composent cette collection sont distribuées dans des cartons.

La première race en fournit quatre.

Le 1er. contenant toutes les Chartes, depuis 498 jusqu'à 671 ; le 2e. de 640 à 688 ; le 3e. de 690 à 716, et le 4e. de 716 à 751.

Comme les Chartes mérovingiennes ont été publiées,

Il serait bien à désirer que l'on mît à part et que l'on fît un catalogue séparé de celles qu'on pourrait découvrir, et qui s'y trouveraient omises; ce serait un grand service rendu à la science.

La 2e. série, composée de quinze cartons, est extrêmement précieuse, parce que les Chartes de cette époque n'ont encore été publiées qu'en partie, dans le recueil des historiens, par *Dom Bouquet*.

Le 1er. carton contient les actes qu'on a pu recouvrer des années 752 à 769 ou 771; le 2e. de 772 à 777; le 3e. de 777 à 812; le 4e. de 814 à 822; le 5e. de 823 à 839; le 6e. de 839 à 843; le 7e. de 844 à 849; le 8e. de 851 à 859; le 9e. de 859 à 864; le 10e. de 866 à 877; le 11e. de 879 à 896; le 12e. de 898 à 922; le 13e. de 923 à 944; le 14e. de 944 à 986; le 15e. de 986 à 997.

La première pièce de cette série, est un plaid ou jugement rendu le 1er. mars 752, à Verberie, par Pepin, la première année de son règne; ce qui est à remarquer, parce qu'il y a des savans qui reportent l'avénement de ce prince à l'an 754, époque de son sacre.

Le dernier de ces cartons comprend les pièces relatives à l'avénement des Capétiens.

Les monumens législatifs et diplomatiques de la 1re. branche de la 3e. dynastie, sont distribués en 24 cartons.

Le 1er. contient les pièces des années 997 à 1030; le 2e. de 1032 à 1060; le 3e. de 1060 à 1107; le 4e. de 1108 à 1120; le 5e. de 1122 à 1136; le 6e. de 1137 à 1154; le 7e. de 1156 à 1160; le 8e. de 1160 à 1179; le 9e. de 1181 à 1199; le 10e. de 1212 à 1223; le 11e. de 1200 à 1219 (c'est un supplément); le 12e. de 1223 à 1229; le 13e. de 1226 à 1248; le 14e. de 1236 à 1269; le 15e. de 1255 à 1268; le 16e. de 1269 à 1272; le 17e. de 1271 à 1279; le 18e. de 1280 à 1285; le 19e. de 1285 à 1299; le 20e. de 1298 à 1309; le 21e. de 1309 à 1314; le 22e. de 1313 à 1316; le 23e. de 1316 à 1321, et le 24e. de 1322 à 1327.

On n'en finirait pas, si l'on voulait donner l'état des monumens des Valois; nous avons annoncé qu'à cet égard, le recueil des ordonnances du Louvre pouvait suffire.

59. De tout ce que nous venons de dire, on pourrait conclure que le hasard seul a veillé à la conservation des Chartes, et que nos Rois ne se sont d'aucune manière occupés de leurs archives; c'est une erreur que nous devons nous hâter de dissiper.

Les Mérovingiens avaient un dépôt particulier, pour les actes émanés de leur autorité; Grégoire de Tours nous apprend, qu'on repoussait de son temps l'autorité d'une pièce, parce qu'elle n'était pas tirée du dépôt royal, qu'on appelait dès-lors, le *Trésor* du Roi, mot qui, à lui seul, indique le prix qu'on y attachait: *quia liber hic a regis thesauro non est delatus.*

On lit dans les capitulaires (éd. de *Baluze*, tom. Ier., pag. 678), que Louis-le-Débonnaire avait ses archives dans son palais; *in palatinis scriniis ob monimentum in archivo palatii nostri.*

Il en est encore question dans le réglement, que ce monarque fit en faveur des Espagnols réfugiés dans ses états, pour se dérober à la persécution des Musulmans; où il est dit, qu'*outre les copies déposées dans sept villes, il en serait conservé une dans* L'ARCHIVE ROYALE.

Il était d'autant plus urgent d'en conserver les originaux; que les moines, les seuls qui, dans un siècle d'ignorance, avaient l'usage de l'écriture, les altéraient fréquemment pour faire des dons à leurs abbayes, et pour en étendre les possessions.

Il existe des preuves multipliées de ces pieuses fraudes (qui ont produit les fausses décrétales et les fausses donations de Constantin, de Pepin, de Charlemagne et de Louis-le-Débonnaire), dans le 1er. volume des Chartes et diplomes des *Mérovingiens*, ainsi que nous le verrons ci-après.

Aussi *Charles-le-Chauve*, porta-t-il plainte au concile national de Soissons, en 853, contre un diacre qui avait compilé de faux titres royaux. (Capitulaires, tome II, page 52).

Pour assurer la conservation des Chartes, on avait adopté l'usage des Romains, qui était de multiplier les originaux. Childebert III, fit faire un double de son diplome, du 13 décembre 695 (inséré sous le n°. 231, dans le recueil des diplomes), « voulant, y est-il dit, » qu'il en soit déposé un dans l'archive de Saint-Denis, » et l'autre dans notre *trésor*. »

Les incendies assez fréquens, dans ces temps reculés, surtout les guerres civiles, sans cesse renaissantes, et l'anarchie monstrueuse des derniers temps de la race mérovingienne, avaient fait périr une grande partie des titres des trois premiers siècles.

On fut obligé de les renouveler fréquemment, et c'est de-là que vient l'usage des *vidimus*, c'est-à-dire de tant d'anciens diplomes, annexés aux lettres royales des princes de la 3e. race : sans ces vidimus, il ne resterait peut-être pas un seul titre authentique des Mérovingiens.

Les désordres de toute espèce qui avaient désolé ce royaume sous les rois fainéans, se reproduisirent sous les descendans de Charlemagne. Les dévastations des Normands furent si multipliées; elles s'étendirent si souvent jusque dans l'intérieur de la France; enfin elles furent si souvent dirigées contre les abbayes et autres asiles religieux que les guerres civiles avaient respectés, et que les barbares attaquaient de préférence (1), que l'on doit s'étonner qu'il en ait échappé aucune.

D'ailleurs, les derniers des Carlovingiens, réduits à la possession du seul château de Laon, et presque toujours fugitifs, pouvaient-ils veiller à la conservation de leurs archives? le soin de leur royaume, ou même de leur personne devait les occuper davantage.

60. Les archives royales furent dispersées ou pillées bien des fois, avant l'avénement de la 3e. dynastie; on dut y attacher moins d'importance, lorsque Hugues-Capet, en montant sur le trône, portait à la couronne dépouillée de tous ses domaines, d'immenses possessions, dont les titres furent naturellement substitués à ceux de la famille dépossédée.

Il n'est pas d'époque où l'absence des monumens publics se fasse plus sentir que dans le Xe. siècle, soit à cause de l'ignorance générale et profonde, qui s'étendait alors sur toutes les classes de la nation, soit à cause de la révolution importante, qui avait donné naissance au gouvernement féodal, et qui y avait donné la dernière sanction, en portant au rang suprême le plus puissant des barons de cette époque.

Au reste, Hugues-Capet, en prenant le titre de roi, fut bien loin de recueillir les attributions que ce titre entrainait avec lui, sous Charlemagne; il n'était que le premier anneau de la chaîne féodale; il n'était pas roi, mais suzerain: le chartrier royal, à cette époque, n'a-

---

(1) On n'a guères conservé que les chartes de celle de S. Denis.

vait pas plus d'importance, que celui d'un haut baron; il ne pouvait renfermer que des titres privés, puisque le suzerain n'exerçait pas le pouvoir législatif.

Aussi la perte des archives, qui eut lieu au petit combat de *Bellefoge* ou de *Freteval*, sous Philippe-Auguste, en 1194, est-elle assez indifférente, si l'on examine quelle était alors la composition du *Trésor des Chartes*.

Le Breton, le seul des historiens contemporains qui soit entré à cet égard dans quelque détail, nous apprend dans les vers de sa Philippide (*Apud* Duchesne, tome 5, pages 144 et 177, et Recueil des historiens, tome XVI). qu'il n'était composé que des registres concernant les droits du domaine et les revenus féodaux de la couronne.

61. Mais comme cette perte fut alors très-sensible au monarque, quant à ses intérêts pécuniaires, il donna des ordres pour qu'on fît la recherche de tous les diplomes et chartes des Rois ses prédécesseurs, et qu'on les déposât dans un lieu sûr: dès lors le Trésor des Chartes cessa de suivre les bagages de l'armée.

Gauthier le jeune, chambellan du roi, fut choisi pour cette recherche; on croit que son travail nous est parvenu, et qu'il fait partie des *registres* de Philippe-Auguste, (du Trésor des Chartes actuel,) copiés par ordre de Guérin, évêque de Senlis, et ministre du même prince.

Philippe-Auguste ayant donc résolu d'établir de véritables archives, à l'exemple des rois de la première et de la seconde races, voulut qu'on y réunît non-seulement ses titres domaniaux, mais encore, les lettres données aux ducs, comtes, évêques, abbayes (1), aux villes et

---

(1) On en a la preuve dans des lettres de Louis-le-Gros qui furent transcrites au registre de Philippe-Auguste, quoique l'original soit resté jusqu'à ces derniers temps, dans le chartrier de l'abbaye de Saint-Denis.

aux communes, soit par lui-même, soit par ses prédécesseurs.

Il paraît qu'on ne trouva rien des trois premiers règnes des Capétiens, et qu'on ne recouvra qu'un petit nombre des actes de Philippe Ier., Louis-le-Gros et Louis-le-Jeune.

Bonamy, dans un mémoire, lu en 1758 à l'Académie des Inscriptions et Belles-Lettres (1), auquel nous avons déjà emprunté plusieurs détails, a rendu compte de l'état où se trouvait, à cette époque, le Trésor des Chartes.

On ne sait pas où il fut déposé pendant les règnes de Philippe-Auguste et de Louis VIII; peut-être demeura-t-il à la chancellerie royale.

Saint Louis le fit porter au-dessus de la Sainte-Chapelle, qu'il avait fait bâtir, et qu'il avait dotée de tant de priviléges; c'est encore là, c'est dans ces vastes et antiques salles, que sont aujourd'hui déposées les archives judiciaires du royaume, et tous les papiers du parlement de Paris.

62. Le Trésor des Chartes eut, dès le règne de saint Louis, un garde particulier; *Jean-de-Calais*, fut le premier qui en remplit les fonctions. Le savant et laborieux *Dupuy*, qui exerça cette charge sous Louis XIV, a donné une notice intéressante sur la conservation de ce précieux dépôt, et il y a inséré la liste des gardes du Trésor. On trouve cette notice à la suite de son Traité des droits du Roi (page 668 et suivantes, 1 volume in-f°.).

Le Trésor des Chartes est composé de deux parties distinctes.

La première, (et c'est la plus précieuse,) est formée des TITRES ORIGINAUX, qu'on a conservés.

---

(1) Tome XXX, p. 697.

La seconde, des *registres* ou copies de toutes les pièces originales ou supposées telles, que l'on a pu recouvrer.

Ces registres, destinés à suppléer à la perte des originaux, seraient une espèce de Bulletin des Lois, ou du moins un répertoire fort utile, s'ils eussent été faits avec l'ordre et la méthode nécessaires.

Mais il y règne une confusion épouvantable; il paraît qu'on partagea les titres, entre les divers notaires ou secrétaires royaux, chargés de la transcription, sans s'inquiéter ni des doubles emplois, ni des dates.

Chacun d'eux a copié ce qui lui avait été remis, sans observer aucun ordre, pas même celui des règnes.

On trouve des titres de Louis VIII, et de saint Louis, avant ceux de Philippe-Auguste.

Ce désordre s'est prolongé bien au-delà des temps de la première conception des registres, à tel point qu'il a été impossible de classer ces registres, dans l'ordre des règnes; celui qu'on a adopté, n'en a que l'apparence.

63. Les déplacemens des registres, par les ordres des chanceliers, ont été la cause fréquente de pertes considérables; dès le règne de Louis XI, en 1481, lorsqu'on en fit l'inventaire, on ne trouva plus que 75 layettes sur les 510 qui y existaient sous Charles V. Aussi G. Budée, dans ses notes sur les Pandectes, reproche-t-il aux Français cette incurie pour des monumens aussi précieux, *soli propè hominum rerum suarum ignari instrumentum regni nullum ne publicum quidem habemus.* Jean du *Tillet*, greffier du parlement, a écrit ses utiles ouvrages sur les originaux du Trésor des Chartes; mais il en abusa, en gardant un grand nombre de titres originaux qui sont perdus, et en égarant plusieurs registres qui plus tard,

sont revenus à la bibliothèque du Roi, parmi les manuscrits de *Baluze*.

Le président B. *Brisson*, qui mourut si tragiquement, a encouru le même reproche; on l'accuse d'avoir égaré des pièces importantes, et notamment les remontrances du parlement de Paris, sur le concordat de François Ier.

Cependant il fallait une lettre de cachet, pour en avoir communication, ce qui gênait tellement le procureur-général au parlement, que celui qui était alors en exercice (M. de la *Guesle*), fit réunir à ses fonctions, celles de garde du Trésor.

64. *Dupuy* et Godefroy furent chargés, en 1615, par le procureur-général *Molé*, de remettre l'ordre dans le trésor qui était encore dilapidé et en fort mauvais état; ils parvinrent à réunir 350 layettes, 15 coffres des chanceliers et 52 sacs; ce sont eux qui ont rangé les titres originaux selon les douze gouvernemens, en faisant des articles séparés pour les affaires étrangères, les personnes et les mélanges; mais ce qu'ils firent de plus utile, c'est le catalogue qu'ils en dressèrent, en neuf volumes in-f°., catalogue manuscrit il est vrai, mais dont il existe plusieurs copies dans les grandes bibliothèques de Paris.

Cet inventaire passe pour très-exact; il est au moins fort détaillé, soit quant aux noms des personnes, soit quant aux choses et clauses importantes, pour tout ce qui composait les anciennes layettes.

L'inventaire des *registres* ne contient que le titre de chaque pièce en latin, sans aucun ordre de dates, ce qui en rend l'usage très-incommode.

On a fait, par ordre du chancelier d'Aguesseau, une table manuscrite, par ordre alphabétique, d'une partie de ce travail. Le procureur-général *Joly-de-Fleury* fit procéder, en 1717, à une nouvelle reconnaissance du Trésor des Chartes. — Après avoir essayé d'établir un ordre chronologique dans les registres, il y renonça, et se contenta d'en faire une notice abrégée qu'il a accompagnée de discussions historiques et critiques. On s'aperçut alors que, sur 282, il y en avait 34 de déficit; on en a retrouvé quelques-uns, et en 1758, ils étaient au nombre de 251.

65. Les *registres* du Trésor s'arrêtent au règne de Henri III; à cette époque, on a cessé d'y faire transcrire les Chartes de nos Rois, apparemment parce que les titres expédiés en chancellerie étaient devenus trop nombreux : ce nombre n'a fait que s'accroître sous la branche des Bourbons, à cause de la centralisation des affaires du gouvernement.

Depuis, et jusqu'à la révolution de 1789, pour avoir l'ensemble de tous les actes royaux, il faudrait dépouiller, aux archives du royaume, les registres des diverses sections du conseil-d'état et de tous les départemens du ministère, surtout ceux de la chancellerie.

Chaque province avait ses lois; il faut recourir aux divers parlemens et conseils souverains auxquels elles étaient adressées pour leur enregistrement.

Il ne faut pas oublier non plus, les registres des cours des comptes et des aides, du grand conseil, et autres juridictions souveraines, pour les matières spéciales qui étaient de leur ressort.

Pour en revenir au Trésor des Chartes, *Bonamy* nous apprend qu'on avait entrepris, de son temps, des tables *alphabétiques* de chaque *registre* (le travail de *Dupuy*, ayant paru suffisant pour les titres séparés, insérés dans

PRÉFACE.

les layettes); l'académicien *Lancelot* en fut d'abord chargé; *Bonamy* lui succéda; ils se sont occupés surtout de dépouiller les registres des premiers règnes, depuis Philippe-Auguste, en 1180, jusqu'à Philippe-de-Valois, en 1327; c'est en effet l'époque la plus importante, parce qu'elle est la moins connue; et parce qu'ensuite, les registres des parlemens et autres corps d'enregistrement peuvent suffire, pour retrouver la série complète des monumens de cet âge.

Il faut y joindre quatre registres du parlement connus sous le nom d'*Olim*; le registre intitulé *ordinationes antiquæ*, aussi du parlement; ce qui compose environ, neuf à dix mille actes authentiques, pour une seule période d'un siècle et demi.

66. Aujourd'hui le Trésor des Chartes, est déposé aux archives du royaume, dans de grandes boîtes de ferblanc.

Les seuls *registres* remplissent la plus grande partie de ces boîtes, savoir :

La 7e., ceux de Philippe-Auguste et de ses successeurs, cotés de 1 à 35; la 8e., ceux de Philippe-le-Bel et Louis-le-Hutin, cotés de 36 à 52; la 9e., ceux de Philippe-le-Long, de 53 à 60; la 10e., ceux de Charles-le-Bel, de 61 à 63; les 11e., 12e., 13e., 14e., 15e. et 16e., ceux de Philippe-de-Valois, de 65 à 78; les 17e., 18e., 19e. et 30e., ceux du Roi Jean, de 83 à 95; les 20e., 21e., 22e., 23e., 24e. et 25e., ceux de Charles V, de 96 à 117; les 26e. et suivantes jusques et y compris 48, ceux de Charles VI, de 118 à 174; on y trouve aussi les actes faits sous le nom de Henri VI, roi d'Angleterre, usurpateur du royaume de France.

Les boîtes 48 à 53, ceux de Charles VII, cotés de 175 à 192.

Les boîtes 54 à 59, ceux de Louis XI, cotés de 193 à 211.

Les boîtes 60 à 65, ceux de Charles VIII, cotés de 212 à 229.

Les boîtes 66 à 67, ceux de Louis XII, cotés de 230 à 255.

Les boîtes 68 à 77, ceux de François I*er*.

Les boîtes 78 à 82, ceux de Henri II.

Les boîtes 83 et 84, ceux de Charles IX, comprenant les années 1565 à 1568.

Les tables manuscrites de ces registres par *Dupuy* forment quatre vol. in f°.

Il y a de plus un inventaire en cinq vol. manuscrits, des pièces originales et séparées, relatives aux treize gouvernemens, et quatre volumes manuscrits, qui forment l'inventaire des *mélanges*.

Toutes ces pièces détachées, qui sont pour la plupart des originaux, sont restées à peu près dans l'ordre où *Dupuy* les avait rangées.

En 1817, on a fait, aux archives du royaume, un état des pièces manquantes, et le nombre en est assez grand. Nous tenons de la bouche de M. l'archiviste-général que tous les jours on découvre des pièces qui ont été originairement détournées des archives, ainsi que *Bonamy* l'a démontré dans le mémoire que nous avons analysé.

M. le garde-général, fait aussi tous ses efforts auprès du gouvernement pour faire rentrer dans ses archives les pièces restées dans les départemens et dans les dépôts judiciaires.

Nous savons qu'à Grenoble, qui a été long-temps la capitale d'une province régie par des lois particulières, sous la suzeraineté de la France, il y a des Chartes très-précieuses et très-anciennes, dont plusieurs remontent au temps de Hugues-Capet.

Un savant nous a dit avoir vu des Chartes de cette époque, datées de différentes années de *l'usurpation de Hugues, duc de France*.

67. Dans cette revue des archives nationales, nous ne devons pas négliger les registres du parlement, déposés à la section judiciaire, sous la garde de M. Terrasse père.

Depuis le mois d'août 1337, ce corps a reçu l'enregistrement d'une grande partie des ordonnances de nos rois; elles y sont transcrites suivant les dates de présentation, sur des registres, tous manuscrits, en parchemin, au nombre de 242, qui finissent au 22 mars 1785. C'est sur ces registres que *Blanchard* a principalement travaillé. Il y en a deux répertoires ou tables en six volumes grand in-f°.

68. On a aussi conservé aux archives judiciaires quatre volumes très-précieux, manuscrits, petit in-f°. sur parchemin, qui précèdent ceux dont nous venons de parler; ils contiennent, mais par extrait seulement, les ordonnances ou jugemens de la cour du Roi, depuis l'octave de la chandeleur, an 1256, jusqu'à l'an 1318; savoir le Ier. 1254 à 1273; le IIe. 1274 à 1296; le IIIe. et le IVe. de 1299 à 1318.

Ils sont désignés sous le nom de registres *Olim*, non pas, comme on l'a dit, parce que le premier commence par ce mot (1), mais parce qu'ils sont les plus anciens; on croit qu'ils ont été rédigés par Jean de *Mont-Luc*,

---

(1) C'est le second volume qui commence par *Olim*.

l'un des plus anciens greffiers du parlement, depuis qu'il fut rendu sédentaire à Paris.

Ce recueil passe pour authentique, quoiqu'il ne soit signé de personne, parce que, dit M. Dupin, *in antiquis enuntiativa probant*.

69. A la suite des registres criminels, sont trente et un volumes reliés, la plupart manuscrits, intitulés, *Des procès faits aux grands*, et désignés ainsi qu'il suit :

Le 1er., contenant les arrêts rendus contre aucuns princes, seigneurs, et autres accusés du crime de lèze-majesté, depuis 619 jusqu'à 1634.

Le 2e., copie complète de jugemens rendus contre des évêques pour crime de lèze-majesté, en 987 (notamment contre l'archevêque Arnould dans un concile tenu à Saint-Basles).

Les 3e. 4e. et 5e., le procès fait à Robert d'Artois, comte de Beaumont, de 1329 à 1335.

Le 6e., le procès fait à Charles II, roi de Navarre, pour machinations contre Charles V, en mars 1357.

Les 7e. 8e. 9e. et 10e., copies du procès fait au duc d'Alençon en 1456.

Le 11e., le procès fait à L. de Luxembourg, comte de Saint-Pol, connétable, en 1475.

Le 12e., le procès fait au cardinal de Bourbon, en 1527.

Le 13e., le procès fait au chancelier Poyet, en 1543.

Le 14e., le procès fait à l'amiral Chabot, en 1544.

Le 15e., les procès criminels dirigés, tant contre des ecclésiastiques, qu'autres accusés du crime de lèze-majesté, depuis 1563 jusqu'en 1636.

Le 16e., le procès fait au duc de Norfolk, en 1573,

PRÉFACE.

à Charlotte-Catherine de la Trimouille, princesse de Condé, en 1595 et 1596, et à Ravaillac en mai 1621.

Le 17e. le, procès fait à H. de la Tour, duc de Bouillon, maréchal de France, en 1602 — 1605.

Le 18e., le procès fait au maréchal de Byron, en 1602.

Le 19e., le procès fait au maréchal de Byron, au comte d'Auvergne, à la marquise de Verneuil et à Thomas Morgan, Anglais, en 1602-1604-1605.

Le 20e., le procès fait au sieur de Merargues, en 1605.

Les 21 et 22e., le procès fait au maréchal de Marillac, en 1630-1632.

Le 23e., les pièces justificatives de ce procès.

Le 24e., le procès fait à H. de Montmorency, duc et pair de France, en 1632.

Les 25 et 26e., la justification de M. de Thou.

Les 27, 28, et 29e., le procès fait au duc de la Force, en 1721-1722.

Le 30e., le procès entre la demoiselle de Choiseul et le duc de la Vallière, en 1726.

Le 31e. des arrêts notables, contre plusieurs grands, de 1527 à 1600.

70. Nous trouvons aussi, dans le tableau imprimé de la situation des archives, au 15 août 1811, fait par ordre de M. *Daunou*, section historique, lettre H, 6me. série, les pièces relatives aux procès politiques, faisant suite à l'histoire des états généraux.

La connaissance de ces grands procès, est aussi nécessaire à l'étude du droit public criminel, que celle des arrêts actuels de la cour des pairs.

Nous avons éprouvé quelques difficultés pour en obtenir la communication; mais quand on connaîtra l'esprit qui préside à cette entreprise, nous espérons qu'elles seront levées, et que toutes les archives nous seront ouvertes.

Au reste, si une décision négative a pu être portée, au temps où nous vivons, à une époque où la publicité est l'âme du gouvernement, et où les anciens corps de l'état, intéressés à empêcher la divulgation de leurs actes, n'existent plus; on ne doit pas être surpris que la plupart des monumens de l'histoire soient restés enfouis dans nos archives; que les cahiers des états-généraux n'aient pas vu le jour, ainsi qu'une foule de documens essentiels, propres à éclairer les annales de notre pays; ce ne sont pas les hommes qui ont manqué pour explorer cette mine féconde, ce sont les moyens.

Aujourd'hui il ne faut plus de lettre de cachet, pour entrer dans le Trésor des Chartes; et si l'on est encore réservé sur les communications, c'est par l'effet d'un antique préjugé, dont on ne se rend pas assez compte, et qui doit céder au temps.

Le noble pair et le savant illustre, qui dirige aujourd'hui la collection des ordonnances du Louvre, a trouvé à sa disposition tous les matériaux du Trésor des Chartes, tous les registres du parlement, tous les manuscrits de la bibliothèque du Roi.

Nous pensons aussi qu'on ne refuse aucune communication, au savant académicien qui rassemble les monumens historiques de la 3e. race; nous croyons que la crainte de blesser certaines familles ou certains ordres, n'est pas suffisante pour empêcher les vérités historiques d'être produites au grand jour.

71. A peine, M. le marquis de Barbé Marbois, pair de France, premier président de la cour des comptes, eut

appris par la voix publique que nous nous occupions de ce travail, qu'il nous fit écrire, sans y avoir été sollicité par nous, que ses archives seraient à notre disposition. C'est ainsi que les esprits élevés savent encourager les recherches.

Nous nous sommes empressés de profiter de cette bienveillante communication.

Là, nous nous sommes convaincus des soins tout particuliers que l'illustre magistrat a donnés au rétablissement des archives, autrefois si célèbres, de la chambre des comptes.

Malheureusement elles ont été dispersées pendant les troubles de la révolution, qui a été plus funeste pour elles que le fameux incendie de 1737; par suite de la suppression des chambres des comptes, une partie a été versée aux archives du royaume.

Cependant on est parvenu, avec les débris des anciens dépôts, et avec tout ce qu'on a pu rassembler, à former un chartrier assez considérable.

M. *Duchesne*, conseiller référendaire, magistrat très-instruit et très-laborieux, a été commis par M. le premier président, par un arrêté, du 25 février 1815, pour en dresser le catalogue, ou du moins l'inventaire.

Il a fait son rapport à la cour, et l'a déposé à la bibliothèque, en décembre 1819. Ce rapport forme un volume in-folio, manuscrit, et il embrasse toutes les parties des archives.

Il rend compte, dans le chap. 3, des *memoriaux*, dans le chap. 4, des Chartes, dans le chap. 8, des actes de la famille royale, et dans le chap. 1er. des ordonnances, édits, déclarations, lettres patentes, arrêts du conseil, etc.

Les *mémoriaux* sont des registres contenant toutes les lettres patentes, enregistrées en la chambre des comptes de Paris, à la réserve des anoblissemens, naturalités, légitimations, qui composent les Chartes.

Les registres des memoriaux ont été brûlés dans l'incendie de 1737. M. Barbé-Marbois, y a suppléé par une collection en maroquin vert, composée de onze volumes dorés sur tranches, dont il a fait l'acquisition. Ils contiennent des copies d'actes, traités, testamens, ordonnances, etc., recueillis dans les anciens registres, depuis 1137 jusques et y compris le 3 août 1599.

Le premier de ces memoriaux était le registre *St. Just*, écrit par un maitre clerc des comptes, contenant les actes de 1357, jusqu'à 1359. Les autres sont, le registre *Pater noster*, le registre *Croix*, et le livre *Rouge*. Viennent ensuite le registre des ordonnances du Louvre, et ceux du parlement cotés depuis A, jusqu'à PPPP.

De 1737 au 17 novembre 1790, il y a 109 volumes contenant des copies de lettres patentes, etc. Pour réparer les pertes de l'incendie de 1737, un édit du Roi ordonna qu'il serait fait rapport à la chambre des comptes, de tous les titres existant dans les mains des particuliers, ou dans les papiers des compagnies et des corporations.

On en a fait des copies, qui ont été classées chronologiquement en 18 volumes, contenant 500 f$_{os}$., et à peu près 300 pièces chacun.

Ils forment une série d'actes authentiques, depuis 1322, jusqu'à l'époque de l'incendie. Ils sont accompagnés de tables chronologiques à chaque volume, mais ils sont dépourvus de tables des matières.

Il y a aussi dans ces archives, trente-six cartons de

pièces détachées, et sept volumes de registres de Charles

Le chap. 11, consacré aux collections des ordonnances, ne parle que des recueils imprimés, qui se trouvent ailleurs, et plus à la portée du public. On y voit notamment un exemplaire du recueil de Gosset contenant, par pièces détachées, mais rangées par ordre des dates, la série des ordonnances relatives à la juridiction de l'ancienne chambre des comptes, depuis 1256 jusqu'à 1741.

C'est une réimpression faite pour le service de la chambre, de format in-4°.

Le 1er. volume va de 1256, ... à 1549.
Le 2e., ... de 1551, ... à 1582.
Le 3e., ... de 1583, ... à 1641.
Le 4e., ... de 1642, ... à 1690.
Le 5e., ... de 1691, ... à 1710.
Le 6e., ... de 1711, ... à 1722.
Le 7e., ... de 1723, ... à 1741.

On doit le regarder comme à peu près complet; nous y avons trouvé des ordonnances qui ne sont pas dans la collection de *Laurière*.

Plan de ce recueil.

72. A présent que nous avons rendu compte des travaux de nos devanciers et de l'état de nos archives, qu'il nous soit permis d'entrer dans quelques détails, sur le plan que nous avons adopté.

Nous pouvons dire de notre travail, avec plus de raison encore que *Justinien*, parlant de la législation romaine :

» Reperimus omnem legum tramitem, qui ab urbe
» Româ Conditâ et Romuleis descendit temporibus, ita

» esse confusum, ut in infinitum extendatur, et nullius
» humanæ naturæ capacitate concludatur. » (L. 1re. D. ,
de conceptione digestorum.)

« Quand on jette les yeux (dit Montesquieu , liv.
» 30, ch. 11) sur les monumens de notre histoire et
» de nos lois, il semble que tout est mer, et que les
» rivages mêmes manquent à la mer. »

Suivant les savans éditeurs du Recueil des Chartes, les forces d'un seul homme, l'espace d'une seule vie, ne pourraient suffire à un travail qui exige d'aussi longs et d'aussi pénibles efforts.

L'entreprise d'un recueil complet nous a donc paru impossible.

Ce qu'on attend de nous, et ce qui a manqué jusqu'à ce jour, c'est un recueil abrégé de format portatif, qui puisse être placé dans toutes les bibliothèques particulières, à côté du Bulletin des lois, ou des collections qui en tiennent lieu.

Notre travail sera dégagé de tous les actes particuliers, dont la connaissance n'est pas indispensable à l'étude de l'ancien droit public de la France.

73. Les Anglais ont aussi deux genres de collections, sous le titre de *statutes at large;* l'une semblable au recueil académique des ordonnances du Louvre (1), l'autre, qui

---

(1) Elle est publiée par *Tomlins* et *Taunton*, délégués par une commission de la chambre des communes; ils ont donné au public, en 1811, le premier volume contenant les statuts parlementaires, depuis Henri III jusqu'à la fin du règne d'Edouard III, avec la série complète des Chartes de liberté et des forêts, depuis Henri Ier. jusqu'à la 29e. année d'Edouard; ce premier volume est accompagné de *fac simile*, de notes et d'une introduction assez longue où l'on rend compte du plan de l'ouvrage. Ce 1er. vol. coûte 10 liv. sterl. 10 sch.

Le second volume, publié en 1814, contient les statuts depuis

renferme l'abrégé et comme la substance de la grande collection parlementaire.

L'époque actuelle nous indiquait un moyen de simplification que nos devanciers n'avaient pas.

Les priviléges des personnes, des villes, des corps et des provinces, les juridictions si diverses et si nombreuses dans l'ordre administratif et dans l'ordre judiciaire, des ordres tout entiers, et les distinctions honorifiques ainsi que les avantages pécuniaires y attachés, ont disparu; un système financier tout nouveau s'est établi.

Ce sont des institutions et des principes qu'on cherche dans les anciennes lois françaises et non ces spécialités si nombreuses, qui faisaient, de la législation antérieure à 1789, un véritable chaos, que l'homme le plus patient et le plus érudit ne pouvait pénétrer.

Alors, tous les hommes étaient classés; tous étaient placés sous l'empire de réglemens particuliers, qui donnaient lieu à des prétentions infinies et à une multitude de procès, que l'uniformité de la législation et l'égalité des droits a proscrits pour jamais.

Nous n'avons plus à nous en occuper aujourd'hui, que comme d'un objet de pure curiosité.

74. Il suffisait donc d'indiquer, dans le cours de chaque

Richard II jusqu'à la fin de Henri IV. Le 3e. vol., publié en 181 contient les statuts de Henri VIII. Le 4e. vol. a dû paraître en 1821 cette collection est officielle.

L'autre est un abrégé des statuts depuis Henri III, jusqu'à jour, en 40 vol. in-8o. Elle est dirigée par les avocats Tomlin et Raithby; les premiers vol. ont paru en 1811. Chaque année après la session, il en paraît une continuation dans le format in-8o. in-4o. La collection coûte 50 livres sterling.

siècle, la création de ces divers priviléges, sans transcrire au long le texte des actes qui les ont successivement établis et modifiés.

Nous n'avons dû nous attacher aux actes particuliers qu'autant qu'ils intéressent la royauté ou la pairie, ces deux grandes magistratures qui sont placées au premier rang de notre constitution politique actuelle, ou qu'autant qu'ils suppléent à la perte des lois générales.

Par cette méthode, et à l'aide de quelques dissertations par lesquelles nous suppléerons les monumens que nous sommes obligés d'abandonner, nous avons reconnu la possibilité de donner au public, dans un petit nombre de volumes, la quintessence de cette législation, dont on peut dire, aussi bien que de la jurisprudence anté-justinienne, qu'elle était devenue la charge de plusieurs chameaux : αχθος καμηλων πολλων. (Eunapius, vit. Ædes., page 2.) *Tite-Live* dit, en parlant des lois de son temps, *immensum aliarum super alias acervatarum legum cumulum* (liv. III, 6, 54). Mais, en écartant tous ces actes, étrangers à la législation générale, nous nous sommes attachés à ne rien omettre de ce qui peut encore intéresser les publicistes, et pour cela, nous avons dû nous écarter du cadre que *Laurière* s'était tracé.

75. On va voir en effet combien ce plan était vicieux sous certains rapports. S'agit-il de l'application de la Loi salique, relativement à l'exclusion des femmes de la couronne, *Laurière* passe sous silence les fameuses décisions nationales de 1316 et de 1327, relatives aux avénemens de Philippe-le-Long et de Philippe-de-Valois, sous prétexte que ce ne sont pas des actes royaux. L'arrêt du parlement de Paris, de 1593, qui a proclamé les droits de Henri IV, n'est-il donc pas plus intéressant à connaître, qu'une multitude d'ordonnances de droit privé?

Nous pardonnerait-on d'avoir omis, dans un recueil de ce genre, tout ce qui est resté des anciennes assemblées des champs de mars et de mai et des états-généraux depuis Philippe-le-Bel, par le motif que ces monumens si précieux des libertés nationales n'ont pas été rédigés en forme d'*ordonnance?* Laurière, qui travaillait à une époque où ces assemblées étaient tombées en désuétude, pouvait les omettre sans encourir les mêmes reproches. Mais, du moins lui et ses continuateurs auraient dû ne pas négliger ces chambres plénières et ces lits de justice, où la majesté royale se montrait armée de toutes ses forces, pour imposer silence aux parlemens.

Les remontrances de ces grands corps, lors de l'enregistrement des édits et des actes de la couronne, sont inséparables de ces lois; elles en forment le complément, puisqu'il est prouvé que des ordonnances non-enregistrées n'ont point obtenu dans les tribunaux le caractère de lois.

Nous serions reprochables d'avoir négligé les titres primordiaux de l'institution, et les érections successives des pairies, les attributions et les priviléges personnels des pairs.

Les arrêts de la cour des pairs n'occupent-ils pas une place importante dans l'histoire de notre droit public et criminel? Ils peuvent être cités dans tous les grands procès criminels, soit comme des modèles à suivre, soit comme des exemples à éviter.

Tout ce qui tient aux prérogatives même purement honorifiques et révérentielles de la royauté, aux titres et qualifications de nos Rois, aux cérémonies de leurs sacres, au rang des princes de la famille royale et du sang, aux apanages et aux grandes charges de la couronne, aux régences, aux minorités, est fondamental et mérite l'attention la plus sérieuse des publicistes.

Les diverses formules des lois, leurs titres divers, le seing et le contre-seing, le mode de délibération, de sanction, de conservation et de publication, sont-elles des choses de peu d'importance?

76. Le droit des gens se compose, des conventions diplomatiques; les traités doivent donc entrer dans une collection législative que l'on annonce comme complète.

Les traités ont été exclus de la collection du Louvre, et cependant, en Angleterre, on y a attaché une si grande importance, que Rymer en a entrepris la publication, et qu'il a produit, sous le titre de *Pactus, Fœdera*, etc., une grande collection aussi utile pour l'étude de la législation générale que pour celle de l'histoire. Ce recueil, qui comprend tous les actes publics (1) de l'Angleterre, depuis le commencement du XIIe. siècle (an 1100), c'est-à-dire depuis la conquête, jusqu'au milieu du XVIIIe., est demeuré en grande réputation.

77. Les conciles et les bulles des papes forment aussi l'un des points les plus importans de l'ancien droit français.

Sans doute on ne doit les produire qu'avec une certaine mesure, mais il faut au moins en extraire les principes qui ont régi l'église gallicane, jusqu'à nos jours.

78. Une collection de lois, entreprise sur un plan aussi large, et comprenant tous les monumens du droit public et privé de l'ancienne monarchie jusqu'à la ré-

---

(1) Sa Majesté l'empereur de Russie fait aussi publier en ce moment, avec un grand luxe typographique, les diplomes et traités de ses ancêtres, les czars de Moscovie. Cette collection est déjà parvenue à l'année 1610. Malheureusement la plupart des pièces sont en langue russe.

volution de 1789, semblerait devoir excéder les proportions que nous avons indiquées.

Il n'en est pourtant pas ainsi ; et quoique pour remplir notre cadre, nous ayons été obligés d'étendre nos recherches au loin, de fouiller même dans les archives manuscrites du royaume et dans les autres dépôts publics ou particuliers, qui ont été mis à notre disposition, nous n'en sommes pas moins convaincus de la possibilité de réunir, dans un assez petit nombre de volumes, la série des monumens de notre antique législation, de manière à ne rien laisser à désirer de véritablement important.

Par cela seul nous aurons singulièrement facilité et pour ainsi dire popularisé une étude aussi essentielle.

79. Dans un travail de cette nature, nous ne pouvions balancer à adopter l'ordre chronologique; avec une bonne table des matières on a tous les avantages d'une classification méthodique, sans trouver l'inconvénient des doubles emplois et des morcellemens. D'ailleurs on aime à suivre de siècle en siècle la marche et les progrès de la législation. Au reste, la supériorité de la méthode chronologique est prouvée par les succès qu'ont obtenus nos devanciers; elle est d'ailleurs reconnue par tous les juges compétens en cette matière (voyez ce qu'en disent *Laurière*, n°s. 32, 41 et 42, de la préface du 1er. vol. et M. *de Pastoret*, préface du tome XV des ordonnances). Pourrait-on s'égarer sur les traces de ces savans hommes, et sur celles des Rymer, des Baluze, des Tomlins, etc.?

80. Les deux premiers volumes que nous offrons en ce moment au public ne contiennent, à proprement parler, que les origines ou les antiquités du droit français.

Les constitutions et autres actes législatifs de la première

...race, ont perdu leur caractère de *lois*, dans les Xe. et XIe. siècles, sous l'anarchie féodale.

Baluze, il est vrai, a dit que l'autorité des capitulaires s'était étendue jusqu'au siècle de Gratian, et même jusqu'au règne de Philippe-le-Bel (n°. 35 de sa préface), mais un peu plus loin (n°. 37), il se range à l'autorité du célèbre *de Marca*, qui fixe l'abrogation tacite des capitulaires au commencement de la 3e. race.

Du moment, en effet, que, sous les derniers Carlovingiens, les comtes et les ducs furent devenus héréditaires dans leurs commandemens, et qu'ils eurent réduit le roi de France à n'être plus que le seigneur de Laon, ses ordonnances cessèrent, par la seule force des choses, d'être observées dans leurs terres.

Les seigneurs, en même temps qu'ils avaient usurpé la suprême autorité, furent les maîtres de dicter leurs lois à leurs vassaux.

De-là cette diversité de coutumes qui s'est établie dans toutes les parties de la France, où elle s'est tellement enracinée dans les habitudes des peuples, qu'on fut obligé de les ériger en loi positive sous Charles VII et ses successeurs.

Le système féodal une fois consolidé sur le territoire français, il ne pouvait plus y avoir de législation uniforme.

Si donc le principe de la composition pour les crimes, tiré des lois des barbares, si les principes de la jurisprudence romaine et ceux des capitulaires continuèrent à être invoqués dans les cours féodales, c'était comme raison écrite ou comme une coutume dès long-temps pratiquée, et non comme loi vivante, tirant sa force du souverain.

Cette manière de procéder était d'ailleurs plus conforme à la barbarie de ces siècles reculés, où l'usage de l'écriture était si rare, et où les seigneurs, juges suprêmes en matière civile et criminelle, ne savaient pas lire.

Aussi *Laurière* ne balance-t-il pas à affirmer, en plusieurs endroits de ses notes, que toutes les anciennes lois de France, la loi Romaine, la loi Gombette et la loi des Visigoths, et même les capitulaires de la 2e. race, se trouvaient entièrement abrogés sous saint Louis.

81. Il n'y a jamais eu en France, ni peut-être en aucun pays du monde, d'abrogation générale des anciennes lois.

La Convention elle-même, malgré sa haine pour les institutions monarchiques, et son amour pour les innovations, n'a point porté de loi aussi insensée. Au contraire, par son décret du 21 septembre 1792, elle a formellement prescrit l'exécution des lois antérieures, jusqu'à ce qu'il y fût légalement dérogé.

En Angleterre, où l'empire des lois est si fort, on invoque tous les jours les anciens statuts parlementaires, depuis la grande Charte. Chose plus remarquable encore, et peut-être unique dans les fastes de la législation, la nation grecque, à peine régénérée, vient après une interruption de 4 siècles, de remettre en vigueur, par la constitution d'Epidaure, les lois des monarques de Byzance, et les Basiliques ; tant les nations sont jalouses de leurs anciennes lois !

Chez nous, n'avons-nous pas vu, dans une circonstance encore récente, le ministère public requérir, devant toutes les sections réunies de la cour de cassation, l'application de l'ordonnance de Philippe-le-Hardi, du

23 octobre 1274 sur l'exercice de la profession d'avocat (plaidoyer de M. *Merlin*, du 6 juillet 1813, dans l'affaire de la veuve *Dubourg*, contre Chabroud. Nouveau répertoire, additions, v°. Avocat à la cour de cassation).

Si on ne remonte pas au-delà des Etablissemens de saint Louis, c'est qu'avant ce règne il n'existe pas de lois générales susceptibles d'application, et c'est pour cela que nous nous sommes crus obligés d'en négliger le texte.

C'est donc au milieu du XIII°. siècle, et au commencement du XIV°., que commence pour nous cette législation écrite, à laquelle nos tribunaux sont obligés d'obéir, dans tous les cas où elle n'est pas formellement abrogée par les lois nouvelles. — Législation riche en grands principes, dont les étrangers admirent la sagesse, et qu'il faut connaître et étudier, avant de la dédaigner!

82. Nous avons dû nous borner à extraire des monumens législatifs des huit premiers siècles de la monarchie française, les principes de droit public, susceptibles d'être encore cités dans les ouvrages des publicistes.

De cette manière, nous n'avons donné que la moitié d'un volume aux antiquités du droit français; nous ne pouvions pas moins, et souvent nous aurions voulu faire plus : nous avons regretté de ne pouvoir offrir le texte de quelques capitulaires fort importans, pour lesquels nous sommes obligés de renvoyer à la collection de *Baluze*, ou à celle des historiens.

83. Nous avons divisé tout notre ouvrage en cinq grandes séries, comprenant chacune l'espace d'environ deux ou trois siècles.

La première est consacrée aux monumens de la première race, de l'an 420 à l'an 752.

La 2e., à ceux de la seconde race, de 752 à l'an 987.

La 3e., à ceux de la branche des Capétiens, de l'an 987, à l'an 1328.

La 4e., à ceux de la branche des Valois; l'abondance des matières nous forcera de subdiviser cette série en deux parties, l'une destinée aux actes législatifs de Philippe-de-Valois et ses successeurs, jusqu'à François Ier; et l'autre aux ordonnances des Rois postérieurs, depuis 1515, jusqu'à l'avénement de Henri IV, en 1589.

La 5e. série comprendra toutes les lois de la branche des Bourbons depuis 1589 jusqu'à 1789.

Cette série sera subdivisée en autant de parties qu'il y aura de règnes. Ainsi l'on aura les codes de Henri IV, de Louis XIII, de Louis XIV, de Louis XV et de Louis XVI (jusqu'au moment où le pouvoir législatif échappa de ses mains).

Ces codes seront séparés et aussi complets que l'exigent les besoins actuels.

Notre division en séries n'est pas seulement fondée sur le besoin de classer les matières d'après les grandes époques historiques; elle a été nécessitée aussi par le nom particulier que chaque dynastie, et même chaque branche de la troisième race, a affecté de donner à ses lois.

84. De même que, depuis la révolution, nous avons vu les lois et les proclamations succéder aux édits et aux déclarations, en 1789, 1790, 1791 et 1792; les décrets de la convention aux lois et aux proclamations, en 1793, 1794 et 1795; les lois et les arrêtés du directoire, aux décrets, en 1795, 1796, 1797 et 1798; les sénatus-consultes et les arrêtés consulaires, aux lois et aux arrêtés du directoire, en 1800, 1801, 1802, 1803 et 1804;

les décrets impériaux aux arrêtés consulaires, en 1805, et années suivantes ; et enfin, les ordonnances royales aux décrets, en 1814, à la restauration.

De même, les lois de la première race ont reçu le titre de *Constitutions* des Mérovingiens ; celles de la deuxième, *Capitulaires* des Carlovingiens ; celles de la troisième race (première branche), *Établissemens* des Capétiens ; celles de la deuxième branche, *Lettres ou Ordonnances* des Valois ; et celles de la troisième branche, *Édits et Déclarations* des Bourbons.

Ce n'est pas qu'on ne trouve, parmi les actes législatifs de chaque lignée, plusieurs qualifications diverses : on a distingué, de tout temps, les lois fondamentales d'avec les lois ordinaires et les lois du Royaume d'avec les rescrits ou ordonnances du prince ; mais il y a, dans chaque série, un titre dominant qui se fait principalement remarquer.

Le mot *Charte*, qui désigne aujourd'hui la loi fondamentale de l'état, ne s'entendait, sous les Mérovingiens, que des actes des particuliers. Les princes de la première dynastie, n'étant pas seuls législateurs se servaient du mot PACTE, CODE OU LOI, pour les actes généraux, délibérés dans les assemblées nationales ; leurs ordres particuliers, les actes relatifs à leurs domaines ou à leurs personnes, portaient le titre de DIPLOMES.

En soi, *Charte* indique une concession féodale ; c'est dans ce sens qu'il a été employé par les premiers Rois de la troisième race, et par tous les grands barons de France. Mais depuis que les Anglais ont tiré de la *Charte* du Roi Jean, un si grand parti, et qu'ils l'ont prise pour base de leur constitution, des idées de supériorité se sont attachées naturellement à ce mot. Il n'est donc pas étonnant que Louis XVIII l'ait adopté, à l'époque de sa restauration, de préférence à celui de *constitution*. Il a voulu y attacher un caractère de stabilité et de perpétuité, que les constitutions précédentes n'avaient point encore obtenu.

Le titre de *Capitulaires* vient de ce que les lois étaient divisées en articles, appelées en latin, *capitula*, en sorte que ce mot se prenait tantôt pour un article, tantôt pour la réunion et la suite des articles. C'est ainsi qu'on dit encore les articles d'un contrat de mariage, pour le contrat lui-même.

Ce sont les princes de la maison de Pepin, qui se sont servis les premiers du mot *Capitulaire*, avant même leur avénement à la couronne.

Le mot *Établissement*, vient de *stabilimentum* ou *statutum*, donné par les Capétiens aux transactions solennelles qu'ils faisaient avec leurs grands vassaux ou avec les souverains étrangers.

Les trois premières séries, étant à peu près comprises dans les deux volumes que nous offrons au public, c'est un devoir pour nous d'entrer à cet égard, dans quelques détails; notre intention est d'esquisser, de siècle en siècle, le tableau général de la législation.

Des constitutions et des diplomes des Mérovingiens.

85. Les monumens de cette époque reculée étant infiniment rares et suffisant à peine, dans leur ensemble, à la connaissance du droit public de cette époque, nous nous sommes particulièrement attachés à les bien étudier.

Nous dirons peu de chose des lois générales; elles parlent assez d'elles-mêmes : mais il est nécessaire d'entrer dans de plus longs détails sur les diplomes, vu surtout que nous n'avons pu qu'à peine donner le titre de deux ou trois.

Des lois générales.

86. Nous n'avons à nous occuper des lois qui régissaient les Gaules, avant la conquête de Clovis, que pour dire que la législation romaine y était en pleine vigueur, comme dans le reste des provinces de l'empire, sauf la portion d'autorité laissée aux villes municipales et aux usages locaux, que les Romains surent toujours respecter.

Le Code Théodosien, promulgué à Constantinople, fut publié à Rome en 443, et de-là il étendit son empire sur tout l'Occident, et notamment sur les Gaules; c'est une circonstance assez remarquable, qu'il a été cité dans le préambule de la Loi Salique, lors de la troisième ou quatrième rédaction qui en fut faite sous Dagobert.

Les Codes de Justinien ne pénétrèrent point dans les Gaules, parce qu'au moment où ils furent promulgués les barbares avaient envahi toute la France.

Les Visigoths, maîtres de tout le midi, publièrent à Toulouse, en 466, leur LOI ou CODE, qui continua d'y subsister jusqu'à la fin du XIe. siècle.

Nous avons donné quelques fragmens de cette loi, célébrée par les uns, mais vivement censurée par *Montesquieu*.

Les Visigoths, ne pouvant déraciner le droit romain dans le midi, prirent le parti, en 506, de publier une réformation du Code Théodosien.

Les Bourguignons, établis dans toute la partie orientale des Gaules, y rédigèrent aussi une loi qui fut promulguée à Lyon, en 502, et qui demeura en vigueur jusque sous les Carlovingiens, sans toutefois faire oublier le droit romain, lequel était alors, comme il le fut depuis, réputé *Raison écrite*.

Enfin les Francs, en s'établissant dans le nord de la France, y apportèrent les usages de la Germanie et le *pacte de la loi salique* décrété d'abord en langage barbare, dans une assemblée générale, sur la proposition de quatre de leurs chefs, en 422 ou 424, dans un lieu aujourd'hui inconnu (1).

Le préambule de cette loi célèbre atteste que Clovis fut le premier qui l'introduisit en France et qu'il en publia une seconde édition, ou plutôt une traduction latine : c'est probablement la même, ou, à peu de chose près, que Dagobert fit promulguer de nouveau vers 630.

Clovis publia aussi à Châlons, en 530, la *loi des* Francs Ripuaires, qui fut réformée également par Dagobert.

Les lois des Allemands et des Bavarois reçurent ensuite la sanction du même prince, mais elles n'eurent d'autorité dans les Gaules que pendant le temps que ces peuples restèrent soumis aux monarques français, comme les Lombards, les Saxons, les Frisons et autres peuples barbares soumis par Charlemagne.

87. Alors toutes ces lois étaient personnelles. Le Romain était régi par la loi romaine, le Visigoth par la loi des Visigoths, le Bourguignon par la loi Gombette, le Franc salien par le pacte de la Loi Salique. (Const. de Clotaire Ier, an 560; capitul. de Charlemagne, an 813).

On doit d'autant moins s'en étonner, qu'aujourd'hui

---

(1) Cette loi ne parle pas de Pharamond, qu'on suppose avoir régné à cette époque. Le pouvoir des princes était alors peu de chose. Tacite a dit : *de minoribus rebus principes consultant, de majoribus omnes.* Les lois rapportées par *Goldast*, et renseignées dans la table chronologique des Chartes et diplomes, tome Ier, sur la majorité, chez les Germains, qu'on dit avoir été fixée à 25 ans, et beaucoup d'autres, ne paraissent pas avoir existé, ou du moins elles sont étrangères à la France.

même, dans nos établissemens de l'Inde, les Indigènes sont régis par leurs usages et leurs livres saints, et les Français par les codes de la métropole (1).

Il paraît que, dans ces temps reculés, ces lois générales suffisaient à une société encore peu avancée. Du moins est-il certain que les princes Mérovingiens n'en ont presque pas fait. On ne peut donner ce nom à la Lettre de Clovis de l'an 510.

Le décret de Childebert Ier. de l'an 532, nous paraît donc la première loi générale publiée depuis la conquête.

88. Quoiqu'on trouve dans Baluze une bonne partie des constitutions des Mérovingiens, il faut cependant recourir au recueil des historiens; celui-ci est bien plus complet, et d'ailleurs, il fournit, sur le travail de Baluze, des observations critiques d'autant plus précieuses qu'elles sont dues à dom *Bouquet* et à d'autres bénédictins, qui égalaient Baluze en connaissances et en scrupule.

Quoique la qualification de *Constitution* soit donnée à la plus importante des lois des Mérovingiens (celle de Clotaire Ier. de l'an 560), sans doute par imitation de la chancellerie des empereurs romains, on trouve employée dans le même sens, celle d'ARRÊTÉ, et le mot ÉDIT, qui devint le principal dans le XVIe. siècle, et même celui d'*ordonnance* ou de *déclaration* (præceptio ou præceptum); celui de *pactus* s'y rencontre plus fréquemment encore; mais il est synonyme de *traité* et non de *loi*, partout ailleurs que dans la Loi Salique.

Nous n'avons pu, dans cette partie de notre travail, donner la série de tous les princes Mérovingiens, par la

---

(1) Rec. de M. Isambert, année 1820, p. 602.

raison qu'il en est plusieurs dont il ne reste aucune loi, et parce que les savans eux-mêmes n'ont pu parvenir à dissiper l'obscurité que le partage des provinces entre les descendans de Clovis a jetée sur cette époque de notre histoire.

Les détails dans lesquels nous allons entrer, au sujet des diplomes de la première race, feront d'ailleurs suffisamment connaître leurs noms; c'est à peu près tout ce qu'on a conservé de la plupart d'entr'eux.

Des Diplomes des Mérovingiens.

89. Nous tirons ces détails de la dissertation rédigée par *La Porte Dutheil*, qui sert de préface au 1er. volume du Recueil des Chartes, publié par cet académicien et par *de Brequigny*, son collègue à l'académie.

Ces deux savans distinguent entre les *diplomes* et les *Chartes*. Le premier titre, suivant eux, appartient spécialement aux actes royaux (1), et celui de *Chartes* aux actes des particuliers.

Cette distinction n'est pas toujours exacte; elle a été négligée par dom *Bouquet* et ses collaborateurs, et nos académiciens eux-mêmes s'en sont quelquefois écartés. Nous avons donné, sous le n°. 26, un acte de Charles Martel, maire du palais, qui porte le titre de *Diplome*.

90. Quoi qu'il en soit, on doit singulièrement se défier de l'authenticité des actes publics de ces siècles reculés.

Nous avons dit que les falsifications ont été généralement pratiquées par les moines, dans les siècles postérieurs, quelquefois même avec de bonnes intentions

---

(1) Il est employé dans ce sens dans la collection russe, dont nous venons de parler.

et pour remplacer seulement les titres perdus (1).

Aussi, parmi les anciens diplomes dont nous avons le texte, on distingue soigneusement ceux qui sont faux, ceux qui sont interpolés, et ceux qui sont vrais, ou contre lesquels on n'a, du moins, allégué aucune preuve de fausseté ou d'interpolation.

La commission des diplomes s'est livrée, à ce sujet, à des recherches infinies, dont les éditeurs du recueil ont publié les résultats.

Ne pouvant entrer dans aucun détail à ce sujet, nous nous contentons de donner ici le résumé de cet immense travail.

91. Des six diplomes attribués à Clovis, il n'y en a qu'un de vrai, encore n'en sait-on pas la date précise; on présume qu'il est de l'an 510.

Par cet acte, Clovis concède au vieillard Euspicius et à Maximinus, le domaine de Micy, dépendant du fisc royal, sur les bords de la Loire et du Loiret.

Des cinq autres, l'un est altéré, et quatre sont absolument faux.

Cette réprobation ne frappe pas sur la lettre de 510, que nous avons indiquée dans notre recueil sous le n°. 6, d'après dom Bouquet, qui l'a crue véritable.

Il reste quatre diplomes vrais de Childebert Ier.; un de Clotaire Ier; il n'y en a aucun de Théodebert qui soit réputé authentique; on en a un de Sigismond, roi

---

(1) V. le petit traité de diplomatique, à l'usage des communes, donné par M. *Henrion de Pansey*, à la suite de son dernier ouvrage sur le pouvoir municipal, ch. 19, liv. II.

des Bourguignons, deux de Gontran, deux de Chilpéric, un de Clotaire II, onze de Dagobert, dont deux en caractères mérovingiens, écrits sur ce qu'on appelle papier d'Egypte; quatre de Sigebert II, trois de Clovis II, onze de Clotaire III, sept de Childéric II, quinze de Thierry III, deux de Dagobert II, neuf de Clovis III, douze de Childebert III, un de Dagobert III, neuf de Chilpéric II, six de Thierry IV, et deux de Childéric III, dernier roi des Mérovingiens.

Le diplome attribué à un prince du nom de Clodomir ou Clovis a paru faux.

92. Les originaux de ces diplomes sont tous perdus, à l'exception de deux ou trois. Les autres ne sont que des copies, et c'est pour cela qu'il y en a tant de suspects.

Ce n'est pas qu'on n'ait pris des précautions pour leur conservation; nous avons déjà exposé de quelle manière on multipliait les copies. Mais les incendies, suites inséparables des guerres civiles dans ces temps éloignés, et les désordres inhérens à l'établissement monarchique des Mérovingiens, les faisaient disparaître; il fallait pourvoir à leur remplacement. Voici comment on y procédait.

93. Clotaire III, par un diplome du 1er. octobre 605 (no. 156 de la collection imprimée), pour remplacer les titres de l'abbaye de Bèze, qui avaient été détruits pendant les troubles, ordonne que tout ce qui sera prouvé lui avoir été concédé lui soit assuré, et il en fait une longue énumération.

Pepin, comme maire du palais, accorda, le 1er. janvier 743, à l'église de Mâcon, une nouvelle Charte en remplacement de celle qui avait été brûlée en 742.

Souvent, ceux qui avaient perdu leurs titres, en fabriquaient d'autorité privée sous le nom du Roi; c'est ce qui est arrivé à un diplome de Thierry IV, du 1er. mai 724, qui fut rédigé en 820 par l'abbé d'un monastère, pour suppléer le titre original, brûlé dans un incendie. De-là vient que nous avons tant de Chartes fausses.

Pour remédier à cet abus, Charlemagne fit renouveler, en 805 (voyez Mabillon, diplomat., p. 27,) par les notaires du palais, le testament d'Abbon, qui avait été altéré depuis sa confection en 739, pour avoir été souvent produit dans des plaids. Ce prince, avertit que ce n'était pas l'usage, sous ses prédécesseurs, d'où Mabillon conclut que jusqu'alors ils n'avaient été renouvelés que d'autorité privée.

On trouve, au Trésor des Chartes, sous les Capétiens une grande quantité de titres fort anciens, ainsi renouvelés par voie d'annexe; c'est ce qu'on appelle des *vidimus*.

94. Parmi les diplomes imprimés des Mérovingiens, on trouve près de 20 plaids ou jugemens rendus sur toute sorte de matières par le monarque; ce qui prouve que les Rois de la première race rendaient la justice en personne, usage qui s'est conservé sous la seconde et bien avant sous la troisième race, et qui a donné lieu à la fameuse maxime, *toute justice émane du Roi*.

Il ne faut pas confondre ces plaids avec les plaids généraux ou malles qui se tenaient tous les ans au 1er. mars; ceux-ci étaient des assemblées de la Nation, où l'on discutait les affaires les plus importantes; tel a été le traité entre Gontran, Childebert et Brunehaut du 28 novembre 687. Ces assemblées jugeaient quelquefois les procès des grands. Grégoire de Tours nous a transmis le récit ou l'espèce de procès-verbal du jugement porté en 590, dans une grande assemblée d'évêques convoquée par le Roi, contre les reines Clirodigilde et Basine. Grégoire lui-même était un des juges (Recueil des diplômes, n.º 48).

Sous la seconde race on a l'exemple, plus mémorable encore, d'une tête couronnée, jugée à mort, dans l'assemblée nationale de Pistes, en 864, pour avoir trahi sa foi et livré son pays aux Normands.

Nous avons déjà parlé de la collection en 51 volumes manuscrits, intitulée des *procès faits aux grands*, dont le premier contient les arrêts rendus contre aucuns princes, seigneurs et autres accusés du crime de lèze-majesté, depuis 619 jusqu'à 1634.

Quant aux *plaids* ou placites, ce nom appartenait à l'assemblée qui rendait le jugement, au jugement lui-même, et aux lettres du Roi qui le confirmaient.

C'est de-là que dérive la formule usitée dans les anciens édits de nos Rois, *tale est nostrum placitum*, si mal traduit par *tel est notre plaisir*, qui donne un sens tout différent.

Il reste quatre plaids de Clotaire III, dont l'un (le seul authentique), du 24 octobre 663, n.º 158 de la collection, ordonne la destruction de titres reconnus faux; il est dit dans cet acte qu'il a été revu et daté par Abbnerus, revu et souscrit par Aviard.

On a un plaid de la septième année du règne de Thierry III, du 30 juin 680 (n.º 195 du recueil), au sujet d'un village. Ce jugement décide que la propriété est acquise par une possession non interrompue de trente ans (v. à ce sujet la constitution de Clotaire Ier., de l'an 560, qui consacre le même principe); mais ce qui est le plus à remarquer, c'est que la preuve de cette possession doit être établie par le serment de la septième main, c'est-à-dire par six témoins outre le demandeur.

Un acte de la deuxième année du règne de Clovis III (6 mai 692) est dressé au nom du Roi, mais non signé de lui comme les autres plaids des Mérovingiens. L'usage était qu'ils fussent souscrits par le référendaire seul, qui certifiait les avoir reçus.

Le plaid de la première année du règne de Clovis III (12 août 691) fournit un exemple des délais judiciaires que l'on comptait par *nuits* et non par jours. On en trouve la preuve dans plusieurs autres Chartes; cela est d'ailleurs conforme aux lois des Saliens, des Bavarois, des Ripuaires et même aux coutumes des Gaulois et des Germains, attestées par *César* et *Tacite*. Aussi, dans un plaid tenu devant Pepin, en 758 (Mabillon *de diplomaticâ* p. 493), les délais prescrits sont-ils appellés *nuits légales*.

L'usage d'accorder un délai de quarante nuits pour prêter serment, existait sous *Clotaire*: il subsistait encore sous Charles-le-Chauve (ch. 33 de l'édit de Pistes), et même plus tard dans le XIe. siècle, ainsi qu'il résulte d'une lettre de Geoffroy de Vendôme (*apud Sirmond*. III, 708) qui fait mention des délais par *nuits suivant la coutume des Laïcs*. Au plaid de la seizième année du règne de Childebert III (14 décembre 710), sur une contestation élevée entre les moines de St.-Denis et le maire du palais Grimoald, on établit une sorte d'*évocation*. Ce maire décida (dans sa propre cause) que le procès serait décidé par le serment de douze témoins sur la chappe de St.-Martin; il s'agissait de possession. — Cette sentence est rendue sur le rapport du comte du palais, *Baro*, faisant pour l'empêchement d'un autre comte auquel ces fonctions étaient, à ce qu'il paraît, exclusivement dévolues.

Les maires du palais, dépositaires de l'autorité royale, tenaient aussi des plaids; le premier exemple qui en soit resté est le plaid tenu par *Charles*, sous Chilpéric II (2 décembre 719); le deuxième, le plaid tenu par *Pepin* (avant son usurpation,) sous Childéric II, l'an 5 du règne de ce prince (11 février 747); le troisième, la sentence rendue la même année (le 15 août); le quatrième, le plaid tenu par Pepin, l'an 8 du même règne (17 août 749). Ce dernier constate le dessaisissement par l'usage du *fétu*, brin de paille qui servait aussi à lier l'engagement, ainsi que le prouve un plaid de Clovis III, de 691.

95. On remarque dans ces anciens diplomes que l'orthographe des noms des rois a varié beaucoup. Plus l'acte est ancien, plus on trouve de lettres aspirées; elles expriment l'articulation du gosier; ainsi l'on a dit Hludouvicus, Chlodovicus, Chlodoveus, Clovis et enfin Louis : Chlotacharius, Hlotarius, Clotarius, Lotharius, Lothaire, (nom encore usité dans les maisons princières de l'Allemagne), Hilpéricus pour Chilpéric; Dagoberchtus pour Dagobert; Rotbertus pour Robert.

96. Dans leurs diplomes, les Mérovingiens prenaient le titre de roi des Franks, avec la qualification *vir inluster*, jamais celui de roi de France. « On en sent la raison, » disent nos savans académiciens; il paraissait plus convenable de désigner le roi par le nom de la Nation » conquérante que par celui du pays conquis. » On ne rencontre pas le titre de roi de France avant la fin du douzième siècle; et il ne prévalut que long-temps après, vers le seizième siècle.

La qualification d'*homme illustre* était un titre de dignité romaine ; Clovis avait reçu de l'empereur Anastase celle de consul; les maires du palais, qui représentaient le monarque, prenaient le même titre que lui, mais en sens inverse; on disait *illustre homme* au lieu d'*homme illustre*.

Ils ne portaient pas de surnom élogieux, ce qui prouve que ces monarques n'étaient guère élevés au-dessus de leurs fidèles.

97. La formule *par la grâce de Dieu* ne fut point en usage avant le couronnement de Pepin; elle ne devint un signe de souveraineté que dans le XVe. siècle.

98. Les critiques ne s'accordent pas sur l'usage que les Mérovingiens faisaient, en parlant d'eux-mêmes, du singulier ou du pluriel.

Il est certain que Clovis, dans son diplome authentique (n°. 6), se sert du pluriel à l'imitation des monarques contemporains; mais l'acte est terminé par la formule : *qu'il soit fait comme moi Clovis je l'ai voulu*, d'où *Mabillon* conclut que c'est dans les souscriptions seulement que les Mérovingiens se servaient du pronom *moi*. Cependant le diplome original de Childebert Ier., n°. 28, constaterait un usage contraire.

Ce prince, après avoir parlé au pluriel continue ainsi : *moi Childebert Roi, j'ai commencé à bâtir une église*. Il en résulte qu'il n'y avait pas à cet égard de formule strictement prescrite.

99. Quant à l'usage des Mérovingiens de souscrire leurs diplomes, cela ne doit pas s'entendre des actes qui, sous la forme de diplomes, déclaraient et confirmaient les jugemens rendus dans les plaids; ces diplomes n'étaient souscrits que par les notaires qui attestaient les avoir reçus.

C'est ainsi que, plus tard, les *arrêts du conseil*, quoiqu'intitulés du nom du Roi et accompagnés de la formule *le Roi étant en son conseil*, n'étaient point signés de sa main. Voyez la dissertation qui sert de préface à l'année 1821 du Recueil des lois et des ordonnances du royaume.

100. On trouve dans les diplomes des Mérovingiens des formules d'invocation au commencement, et d'imprécation à la fin.

Quatre diplomes (n°. 31, 162, 174, 202, du recueil académique,) commencent par l'invocation de Dieu; la formule est ordinairement conçue en ces termes : *au nom de Dieu, ou au nom de Jésus-Christ ou au nom du Très-Haut.*

La formule *au nom du Père et du Fils et du Saint-Esprit* ne se trouve pas dans les actes royaux, mais bien dans les Chartes des particuliers, surtout dans les testamens.

La diplomatie a conservé la formule d'invocation, *au nom de la très-sainte et indivisible Trinité.* Voyez le Recueil des traités de *Martens*.

Dans les anciens diplomes les *imprécations* sont très-rares; on n'en trouve ni sous Clovis ni sous Childebert : la première est de l'an 585; elle appartient au diplome n°. 43, de Chilpéric, qui invoque *la colère du souverain juge contre celui qui contreviendrait à ce qu'il prescrit.*

Dans le diplome de Gontran, n°. 44, on exprime le vœu, que *ceux qui s'y opposent soient effacés du livre de vie.*

Childéric III, dans le diplome de l'an 661, n°. 149, dévoue à la damnation éternelle celui qui tentera de dépouiller le donataire du Roi.

Thierry IV, dans un diplome de l'an 730, n°. 333, appelle sur ceux qui feront quelque tort à l'église de St.-Vincent, *la colère céleste, les peines éternelles de l'enfer avec les traîtres Judas Dathan et Abiron.*

Les Anglais, irrités des violations de la Grande Charte, reprochées à leurs souverains, dénoncèrent, dans le parlement de 1255, la sentence d'excommunication contre quiconque l'enfreindrait. Tous les prélats et abbés tenaient des torches allumées. Après que la Charte eût été lue, on jeta les torches à terre et l'on s'écria : « puisse l'âme » de tous ceux qui encourront cette sentence, répan- » dre ainsi une odeur infecte, et pourrir dans l'enfer ! »

Le roi Henri III jura comme les autres, ce qui ne l'empêcha pas, dit Hume, de revenir aussitôt à son gouvernement arbitraire et tyrannique.

De la Signature des actes.

101. La validité des diplomes, sous les Mérovingiens, était établie par la souscription du Roi et par l'apposition de son anneau ou de son sceau.

Le référendaire qui présentait la minute la signait aussi; presque toujours il la signait seul avec le Roi.

Tantôt le monarque écrivait son nom de sa propre main; tantôt il traçait seulement une croix et le nom était écrit de la main du référendaire ou du notaire; enfin, pour plus de sûreté, on apposait l'anneau royal.

Dans le diplome de Childebert Ier. de l'an 628, n°. 13, ce prince dit que, pour lui donner plus de force, il l'a confirmé de sa propre main, et a ordonné qu'il fût scellé de son anneau.

Il y a tout lieu de croire que les Mérovingiens en faisaient usage avant Clovis. Il reste un anneau d'or de Childéric, père de ce prince, au cabinet des mé-

C'est ainsi que, plus tard, les *arrêts du conseil*, quoiqu'intitulés du nom du Roi et accompagnés de la formule *le Roi étant en son conseil*, n'étaient point signés de sa main. Voyez la dissertation qui sert de préface à l'année 1821 du Recueil des lois et des ordonnances du royaume.

100. On trouve dans les diplomes des Mérovingiens des formules d'invocation au commencement, et d'imprécation à la fin.

Quatre diplomes (n°. 31, 162, 174, 202 du recueil académique,) commencent par l'invocation de Dieu; la formule est ordinairement conçue en ces termes: *au nom de Dieu*, ou *au nom de Jésus-Christ* ou *au nom du Très-Haut*.

La formule *au nom du Père et du Fils et du Saint-Esprit* ne se trouve pas dans les actes royaux, mais bien dans les Chartes des particuliers, surtout dans les testamens.

La diplomatie a conservé la formule d'invocation, *au nom de la très-sainte et indivisible Trinité*. Voyez le Recueil des traités de *Martens*.

Dans les anciens diplomes les *imprécations* sont très-rares; on n'en trouve ni sous Clovis ni sous Childebert: la première est de l'an 583; elle appartient au diplome n°. 43. de Chilpéric, qui invoque *la colère du souverain juge contre celui qui contreviendrait à ce qu'il prescrit*.

Dans le diplome de Gontran, n°. 44, on exprime le vœu, que *ceux qui s'y opposent soient effacés du livre de vie*.

Childéric III, dans le diplome de l'an 661, n°. 149, dévoue à la damnation éternelle celui qui tentera de dépouiller le donataire du Roi.

Thierry IV, dans un diplome de l'an 730, n°. 333, appelle sur ceux qui feront quelque tort à l'église de St.-Vincent, *la colère céleste, les peines éternelles de l'enfer avec les traîtres Judas Dathan et Abiron.*

Les Anglais, irrités des violations de la Grande Charte, reprochées à leurs souverains, dénoncèrent, dans le parlement de 1255, la sentence d'excommunication contre quiconque l'enfreindrait. Tous les prélats et abbés tenaient des torches allumées. Après que la Charte eût été lue, on jeta les torches à terre et l'on s'écria : « puisse l'âme » de tous ceux qui encourront cette sentence, répan- » dre ainsi une odeur infecte, et pourrir dans l'enfer ! »

Le roi Henri III jura comme les autres, ce qui ne l'empêcha pas, dit Hume, de revenir aussitôt à son gouvernement arbitraire et tyrannique.

De la Signature des actes.

101. La validité des diplomes, sous les Mérovingiens, était établie par la souscription du Roi et par l'apposition de son anneau ou de son sceau.

Le référendaire qui présentait la minute la signait aussi; presque toujours il la signait seul avec le Roi.

Tantôt le monarque écrivait son nom de sa propre main; tantôt il traçait seulement une croix et le nom était écrit de la main du référendaire ou du notaire; enfin, pour plus de sûreté, on apposait l'anneau royal.

Dans le diplome de Childebert Ier. de l'an 628, n°. 13, ce prince dit que, pour lui donner plus de force, il l'a confirmé de sa propre main, et a ordonné qu'il fût scellé de son anneau.

Il y a tout lieu de croire que les Mérovingiens en faisaient usage avant Clovis. Il reste un anneau d'or de Childéric, père de ce prince, au cabinet des médailles, dont il est un des plus précieux monumens ; la tête du prince y est gravée profondément en creux, ce qui ne permet pas de douter que cet anneau n'ait été destiné à sceller les actes.

Les mots *sceau* et *anneau*, sous les descendans de Clovis, s'employaient dans le même sens. Childebert, dans le diplome du 28 avril 546 (n°. 26), déclare le confirmer de sa *propre main et veut qu'il soit scellé de son sceau*.

Dans un autre diplome du 6 décembre 558, que Childebert dit avoir signé de sa main, (*signaculis roborasse*), on aperçoit les traces du sceau. On trouve ensuite le nom du notaire qui vérifie l'acte, *recognovit*; son nom est suivi d'une espèce de monogramme, après quoi on lit ces mots : le *seing (signum) de Childebert très-glorieux Roi*. Ces mots sont du notaire et non du Roi. Ils sont précédés d'une croix, et il est naturel de penser que cette croix était de la main du Roi.

Jusqu'à nos jours, c'était un usage que les personnes qui ne savaient pas signer souscrivissent par une croix, ce que le notaire attestait. Cet abus a été réprimé par l'édit de 1554, par l'ordonnance d'Orléans de 1560, articles 84 et 166, et par celle de Blois de 1579, article 165 et 166.

Un diplome de Clotaire Ier., du 22 février 539, est terminé ainsi : le *seing du fameux Roi Clotaire; moi Attale j'ai présenté le diplome et l'ai souscrit*,

d'où l'on doit conclure, qu'Attale était le référendaire, et que ces mots ne sont pas de la main du Roi.

Dans les deux diplomes de Chilpéric Ier., des 1er. mai 562 et 5 mai 583, Chilpéric dit qu'il les a signés de sa main, et y a fait apposer son anneau. On lit ensuite ces mots : *seing du glorieux roi Chilpéric*. Cette formule et le titre d'éloge qu'elle renferme indique qu'elle n'a pas été écrite de la main du Roi; ainsi la croix qui la précède, tracée de sa main, est à bon droit appelée *le seing du Roi*.

Dans le diplome de 627 de Clotaire II, la souscription du Roi consiste en un monogramme inséré après le mot Clotaire; c'est le premier signe de ce genre qu'on trouve dans les actes des Mérovingiens.

Dagobert Ier. atteste, dans plusieurs de ses diplomes, qu'il les a signés de sa propre main, et on le voit aisément par une différence très-remarquable entre les caractères qui forment son nom et ceux de l'acte.

Le même roi fait *sceller de son anneau* le diplome par lequel il établit une foire à St.-Denis (10 avril 631, n°. 72); sans doute que pour cet établissement il fallait une forme plus solennelle que pour les autres actes particuliers, où elle n'est pas observée.

Le diplome de 632, confirmatif des possessions de l'église de Trèves, est signé de la main du Roi, scellé de son anneau, et de plus souscrit par plusieurs prélats et par le maire du palais, ce qu'on ne retrouve dans aucun autre diplome de ce prince.

Les diplomes des Mérovingiens n'offrent, d'ordinaire, aucune autre souscription que celles du Roi et du référendaire.

Il y avait une forme analogue au dernier conseil d'état. La minute de chaque décret était soumise à l'Empereur, signée du conseiller d'état rapporteur; le chef du gouvernement consignait son approbation en signant en marge: l'acte était ensuite contresigné par le ministre secrétaire d'état.

L'apposition de l'anneau suppléait quelquefois à la

souscription (1) (diplome de Thierry III, de l'an 681, n°. 197). Ses autres diplomes portent tous sa souscription.

Lorsque le Roi ne savait pas signer, ou qu'il était empêché par l'âge ou par quelqu'autre obstacle, le diplome en faisait mention. Tel est le cas d'un diplome de Clovis II, de l'an 640, où l'on ne trouve que son monogramme (1), auquel sont joints le nom et le monogramme de sa mère, et, au-dessous, le sceau. Clovis avait à peine sept ans, et sa mère ne savait pas écrire.

Dans un autre diplome de Clovis II, de l'an 683, confirmatif d'un privilége accordé à l'église de St.-Denis, ce prince dit avoir souscrit cet acte de sa main, c'est-à-dire par un monogramme où l'on distingue toutes les lettres de son nom. On trouve à la fin un fort grand nombre de signatures de prélats et de seigneurs, ce qui est bien rare sous les Mérovingiens et devient très-commun sous les Capétiens; la formule *de l'avis et de la pleine et entière volonté* des prélats et des grands de la *cour*, insérée dans ce diplome, est pour ainsi dire demeurée sacramentelle jusqu'au règne de Philippe-le-Bel.

On n'a observé aucun ordre dans les noms des souscrivans, si ce n'est que les signatures des évêques sont avant les autres. Ces signatures ne sont pour la plupart accompagnées d'aucun titre, excepté celles de *Radobert*, maire du palais, et d'*Aigulfe*, comte du palais. Le dernier de tous les souscrivans prend le titre de Patrice. Plusieurs noms sont autographes, comme il est aisé de le voir par la différence du caractère de leurs écritures:

---

(1) La signature de Napoléon, en 1812 et 1813, était devenue un véritable monogramme, ainsi qu'on peut s'en convaincre par les actes qui sont restés de son gouvernement; sa signature ne forme qu'une lettre.

d'autres sont écrits de la main du référendaire, précédés d'une croix et du mot *signum*; ces signatures approchent plus ou moins du caractère mérovingien : celle d'*Éloy* est écrite en beaux caractères romains majuscules, ce qu'on n'a vu dans aucun autre acte mérovingien.

Dans un diplome de Childéric II (n°. 149), la deuxième année de son règne, où il était en minorité, il est dit que ce prince, étant encore dans un âge trop tendre pour pouvoir écrire, avait mis au pied de l'acte un signe de sa main, (*manu propriâ subtersignavisse*,) et que la reine avait souscrit *subterscripsisse*, par où l'on voit la différence, entre mettre *un signe de sa main* et *souscrire*. On souscrivait en écrivant soi-même son nom avec cette formule : *Chinechildis regina subscripsi*.

Le diplome du même prince, du 6 septembre 667, n°. 165, est souscrit des noms de Childéric, de Chinéchilde, sa mère, et de Blichilde, sa femme, et du duc Gondouin, auquel il est adressé par le Roi et les deux Reines.

Dans un autre diplome, du 27 août 671 (n°. 170), on trouve pour garans de l'existence de l'acte et pour témoins, les fidèles du Roi, soit princes, soit seigneurs, qui souscrivent.

Mabillon a remarqué que les Mérovingiens avaient coutume de mettre, au-devant de leurs noms, dans leurs souscriptions, une croix dont ils variaient la forme, et qu'ils y joignaient le mot *subscripsi*, en toutes lettres, ou en abrégé, ou même dans un monogramme.

Des dates des actes des Mérovingiens.

102. Suivant *Lecointe* et *Mabillon* les Francs ne se sont pas servis des indictions avant Charlemagne. Aucun acte authentique des Mérovingiens, il est vrai, n'est

daté ainsi; mais dans les Chartes particulières, on en trouve des exemples, quoiqu'il paraisse que les usages des Romains, à cet égard, n'aient pris vigueur dans les Gaules que sous la race carlovingienne.

Il est des actes mérovingiens, datés de l'an *de l'Incarnation de Jésus-Christ*; mais ils passent pour faux, aux yeux des meilleurs critiques, ou bien ils ont été interpolés dans les actes vrais, ce qu'on reconnaît à la forme de l'écriture.

Presque tous les actes des Mérovingiens sont datés de l'année du règne; mais ces années sont comptées, tantôt de celle où le prince a commencé de porter le nom de Roi, tantôt de celle où il a commencé à gouverner, où il a recouvré ses états, où il les a accrus par quelques possessions nouvelles.

Quelques actes sont datés des époques du gouvernement des maires du palais. Cet usage s'introduisit après la mort de Thierry IV. Voyez le testament d'Abbon, de 739, daté l'an XXI, du *gouvernement* de Charles; mais ce maire du palais n'osa employer lui-même cette formule pour la date de ses Chartes: témoin l'acte de 741, ci-après.

Nous n'en finirions pas, si nous voulions traiter à fond ce qui concerne les Chartes; nous embrasserions la diplomatique toute entière, ce que nous n'avons garde d'entreprendre; ce travail serait bien au-dessus de nos forces.

Ce que nous avons dit suffit pour faire sentir l'importance de l'étude des Chartes. Elles remplacent les lois générales qui ont été perdues; un diplome de Sigebert II, de l'an 644, établit déjà le principe que les évêques ne pouvaient se rendre à aucun concile, sans le consentement du Roi (n°. 119, p. 200 de la collection).

Parmi les Chartes des particuliers, nous avons distingué celles qui émanent des maires du palais, fonctionnaires placés si près du trône qu'ils ne tardèrent pas à l'usurper.

Nous avons noté, sous le n°. 26, à ce titre, le diplome de Charles-Martel, de 741, en faveur du monastère de Saint-Denis, daté *l'an cinquième, après la mort* de Thierry IV (ce qui prouve qu'il y avait alors interrègne), et la Charte ou ordonnance de Pepin, (n°. 27), en faveur de l'église de *Mâcon*, du mois de janvier 743, datée l'an deuxième de sa principauté, sans aucune mention du prince régnant.

On n'est pas surpris de voir ce seigneur prendre le titre de Roi dix ans après; ce ne fut qu'une cérémonie de plus et un fantôme de moins.

Une Charte de l'an 752, (*Mabillon*, Analect. II, 153) porte ce singulier synchronisme, « lorsque l'imbécile » Childéric ayant été chassé du trône, Pepin, Roi très» pieux, fut mis à sa place par les Francs.

Les diplomes de Pepin, comme maire du palais, sont au nombre de 7; il reste de son frère Carloman, comme lui maire du palais, sous la date du 25 août 747, un plaid où il siége comme *Régent*, avec l'assistance de quatre évêques, d'un abbé et du comte.

Dans le diplome de Charles-Martel, de l'an 724, on trouve les titres de *duc*, *vice-roi* et *homme illustre*.

Des Capitulaires de la seconde race.

103. Les détails dans lesquels nous venons d'entrer sur la diplomatique des Mérovingiens, s'appliquent aux actes des Carlovingiens, avec cette seule différence qu'étant plus rapprochés de nous, ceux-ci nous ont été conservés en plus grand nombre et ont éprouvé un peu moins d'altérations.

Baluze a fait sur ces actes un travail extrêmement précieux, qui laisse peu à désirer ; on y remarque pourtant des lacunes. Il n'a pas donné le fameux récit ou *clausula*, sur le sacre de Pepin, regardé comme authentique par les savans éditeurs du Recueil des historiens de France, et contesté, sinon quant à la substance du récit, au moins quant au don que le pape aurait fait alors de la couronne de France, par M. *Guillon*, conservateur de la Bibliothèque Mazarine.

On voit, par la lettre de 764, que Pepin prenait le même titre de *vir inluster* que les Mérovingiens.

La Charte de division, de 768, entre les enfans de Pepin, quoique perdue aujourd'hui, a existé. *Montesquieu* a remarqué, sur cette pièce, que le droit du peuple, sous cette race, était d'élire dans la famille ; ce principe est attesté par *Foulques*, archevêque de Reims, qui, en parlant du sacre de Charles-le-Simple, *morem asserit secutos se fuisse Francorum quorum mos semper fuerit, ut rege decedente alium de regiâ stirpe vel successione eligerent* (Flodoard, liv. 4). *Hatton*, archevêque de Mayence, rendant compte au pape, en l'an 900, de l'élévation de *Louis* sur le trône de Germanie, dit que c'était une coutume : *quia reges Francorum ex uno genere procedebant, maluimus pristinum morem servare quam nova institutione insidere* (Hist. des Gaules, IX, page 296). *Agathias*, historien grec, en avait fait la remarque dès l'an 558 (livre Ier. pages 15, 51 et 91). Le même principe existait en effet sous la première race ; l'ordre de succession n'avait pas toujours lieu dans l'ordre de primogéniture, mais il paraît que tous les rois de cette race appartenaient à la lignée royale. (Voyez à ce sujet la dissertation qui sert de préface à l'année 1817 de notre Recueil des lois et des ordonnances.)

104. Baluze s'est attaché avec un soin tout particulier aux actes de Charlemagne, dont la législation est en effet très-remarquable et mérite d'être étudiée dans le texte; nous en avons donné la série exacte.

La plupart des capitulaires de Louis-le-Débonnaire, sont des synodes ou des réglemens ecclésiastiques. Baluze a donné comme authentique, et nous avons copié sur son autorité, le fameux pacte de confirmation des prétendues donations faites au pape Paschal par Pepin et Charlemagne, en 817. Cette pièce est fausse et reconnue telle par l'historien *Muratori*; elle a été imprimée sur un manuscrit fabriqué en 1192.

Les monumens du règne de Charles-le-Chauve se trouvent dans Baluze; mais c'est dans le Recueil des historiens qu'il faut chercher le texte littéral des fameux sermens prêtés par le peuple à Louis-le-Germanique et à Charles son frère, dans l'assemblée de Strasbourg, en 842, ainsi que les sermens réciproques de ces deux princes; c'est le plus ancien monument de la langue nationale.

Hénault fait remonter au premier roi de la seconde race, la qualification de roi *très-chrétien*, qui ne fut conférée expressément qu'à Louis XI, en 1469, lorsqu'il abolit la *pragmatique sanction* de Charles VII. Voyez la note, page 39.

On trouve parmi les monumens du règne de Charles-le-Chauve, des dispositions sur la promulgation des lois, page 78; mais les deux pièces les plus importantes de ce règne sont 1º. l'édit de Pistes, de l'an 864, où fut reconnu en termes exprès le droit qu'avait la Nation de participer au pouvoir législatif; le discours du monarque aux membres de l'assemblée a quelque analogie avec celui que prononce le monarque constitutionnel, à l'ouverture de chaque session, depuis la restauration.

C'est l'assemblée de Pistes qui fit ce grand acte de justice nationale, sur la personne de Pepin, roi d'Aquitaine, qui fut condamné à mort pour s'être mis à la tête des Normands, peine qui fut commuée en une prison perpétuelle. Pepin, quoique roi, était le sujet de Charles-le-Chauve, ainsi sa condamnation ne fut point une dérogation au principe de l'inviolabilité du monarque, principe, au surplus, qui n'était pas encore écrit dans nos lois.

2°. L'autre est l'assemblée de Kiersy de 877, où fut consacré le principe de l'hérédité des fiefs, qui donna naissance au système féodal.

105. Baluze cesse d'être complet à compter du règne de Charles-le-Gros. — C'est dans le Recueil des historiens qu'il faut chercher les actes des derniers Carlovingiens ; ils sont intéressans, surtout parce qu'ils expliquent les circonstances politiques qui portèrent la maison de Hugues-Capet sur le trône.

C'est dans ce siècle, de l'an 800 à l'an 900, que l'étude des diplomes devient, en l'absence des lois générales, le seul guide pour l'historien et pour le publiciste. On y trouve la formule du sacre de plusieurs rois, l'élection d'Eudes, de Robert et de Raoul, au préjudice de la race des Carlovingiens ; le principe d'élection consacré même à l'égard d'un prince de la race royale, par une Charte de 954; le concile d'Ingelheim, qui excommunia le père de Hugues-Capet, comme usurpateur du royaume, etc.

106. Nous aurions dû indiquer, parmi les monumens des derniers Carlovingiens, certains actes qui tendraient à légitimer l'usurpation de Hugues-Capet, s'ils n'étaient pas faux, et s'ils n'avaient pas, à cause de cette fausseté,

été rejetés du Recueil des historiens, quoiqu'on les trouve parmi les titres de l'Histoire de France, déposés à la Bibliothèque du Roi, parmi les manuscrits *de Fontanieu*.

Dans ce carton on trouve, sous la date du 21 mai 987 (II des calendes de juin, indiction XV), un testament prétendu de Louis V, roi de France, daté de l'an IIe. de son règne, par lequel « il aurait cédé à Hugues-le-
» Grand, prince des Francs, tous ses royaumes, savoir
» la France, l'Aquitaine, la Bourgogne, et autres parties
» du royaume, voulant que les grands obéissent audit
» Hugues, comme à lui, testateur, et à ses prédéces-
» seurs, qu'ils lui prêtent serment de fidélité, qu'ils em-
» brassent ses genoux, et qu'ils lui rendent le service
» militaire. »

» D'après cet acte, l'ineptie de Charles de Lorraine, héritier de la couronne, qui déjà l'avait fait priver, par son père, d'une partie du royaume, annulait tous ses droits sur le royaume, lesquels sont transférés à Hugues, comme s'il était le plus proche parent. »

» Le Roi veut que Blanche, sa très-chère épouse, en cas de survie, monte sur le trône (ce qui est contraire à la Loi Salique), et qu'après le temps requis par les lois et le droit canonique, elle épouse le roi désigné, c'est à savoir le jeune prince, fils de Hugues. »

» Enfin, le testateur ordonne aux princes du royaume d'observer toutes ces choses ; il reçoit le serment de la reine, de Hugues, prince des Francs, de Robert, de Richard et des autres principaux Francs. »

Quand même ce testament aurait existé, les droits de Hugues Capet n'en auraient pas été plus solides, puisque d'après le principe de la substitution indéfinie qui régit la royauté, le Roi n'a pas le droit d'en disposer au préjudice de l'héritier légitime.

Mais le testament est faux; on n'a jamais pu en trouver l'original, non plus que du prétendu discours que Hugues aurait tenu dans l'assemblée de Noyon, devant les évêques et les principaux seigneurs du royaume, an 988; assemblée dans laquelle Hugues aurait produit ce testament, et aurait ajouté « que la famille du grand » Charlemagne défaillait; qu'il en était des familles » comme des choses; qu'elles avaient leur fin; que » Charles, dernier rejeton de cette race, était incapa- » ble, par sa lâcheté, de gouverner la France; que d'ail- » leurs il avait abjuré sa patrie en se faisant Allemand, » et qu'esclave d'un autre, il était indigne d'occuper le » trône de la nation la plus noble. »

Une autre Charte de 989, en faveur de l'abbaye de Conches, porte ces mots: *Piissimo Hugone, post exheredationem Karoli, regnante.* Une ordonnance contre les délits des gens de guerre: la Charte de 991, *donnée la cinquième année du règne du Roi, Charles étant en prison;* tirée du cartulaire de l'abbaye de Cluny, n°. 326; — l'instruction de Hugues-Capet à son fils, datée du 9 des calendes de novembre 996, par laquelle il lui recommande de ne pas prendre les biens des églises, paraissent également apocryphes. Nous n'avons dû nous arrêter qu'aux Chartes recueillies par les savans bénédictins, dans le Recueil des historiens, tomes X et XI.

Des monumens de la troisième race, et particulièrement des Etablissemens et des Chartes des Capétiens.

107. Les détails dans lesquels nous sommes entrés sur le Trésor des Chartes, et sur les omissions qu'on peut reprocher à la collection du Louvre, nous dispensent de revenir ici plus longuement sur ces matières.

Nous devons nous borner à parcourir rapidement les

monumens de chacun des règnes des Capétiens, qui entrent dans cette première livraison.

Ceux relatifs à l'avénement de *Hugues Capet* sont les plus importans, peut-être, parce qu'un changement de dynastie entraîne toujours de grands changemens dans la constitution de l'état; mais ils sont perdus pour la plupart; la collection du Louvre n'en contient aucun.

Nous avons rappelé quelques passages des historiens les plus estimés, sur le mode d'avénement du premier des Capétiens; le serment qu'il prêta pour maintenir la juridiction et les droits du clergé, (aux dépens duquel il s'était d'abord enrichi), et pour le soutien des droits du peuple, (qui n'en avait alors aucuns à défendre, à cause du servage féodal); nous avons indiqué toutes les associations au trône, moyen par lequel on abolit définitivement le pernicieux usage de partager l'empire entre tous les enfans du monarque.

La légitime de ces princes leur fut donnée par la suite en apanages, coutume qui, elle-même, entraîna de grands inconvéniens, en ce qu'elle opérait la distraction, pour un ou plusieurs siècles, de grands domaines et de provinces tout entières.

D'après la constitution féodale qui s'établit alors définitivement, *Hugues-Capet*, comme on l'a fort bien démontré, ne fut pas Roi; mais seulement suzerain et président de la haute cour des pairs.

Les formes de la chancellerie changèrent aussi : on peut juger par le texte des actes que nous avons donnés en entier, de la différence qui existe entr'elles et celles des Mérovingiens.

Il créa de nouvelles charges dans sa maison; ou du moins, il leur donna de nouveaux noms; ces officiers domestiques devinrent par la suite les grands dignitaires de la couronne et du royaume.

On trouve, sous ce règne, le premier exemple d'une canonisation faite par l'autorité du pape.

108. Robert a été l'un des exemples les plus frappans des usurpations de l'autorité ecclésiastique ; le royaume tout entier fut mis en interdit, parce que le monarque avait violé les lois canoniques par son mariage avec la reine *Berte*.

Le premier ordre de chevalerie paraît avoir été institué à cette époque ; mais il n'a pas tardé à être aboli. Ce règne fournit la première preuve authentique du droit qu'avaient les pairs, de n'être jugés que par leurs pairs. Robert a fait des établissemens qui sont perdus.

109. Le règne de Henri Ier. se fait remarquer par une institution analogue aux octrois et par un concile, où le pape reconnaît que les empereurs avaient le droit d'élire le souverain pontife, et d'instituer les évêques.

110. Le règne de Philippe Ier. nous fournit le premier monument authentique du sacre des Rois de la troisième race ; la première idée des corporations de métiers ; une Charte de 1085, que les généalogistes regardent comme le premier exemple d'un annoblissement. L'acte de 1080, sur la discipline ecclésiastique, est peut-être la première ordonnance générale de la troisième race ; mais elle est suspecte, et n'existe qu'en fragment.

C'est sous ce long règne, à la fin du XIe. siècle, qu'ont été rédigées les *assises de Jérusalem*, le plus ancien monument ou code du droit féodal et coutumier. Quoique ces établissemens fameux n'aient eu force de loi que dans les pays conquis par les Croisés en Orient, les savans conviennent qu'elles contiennent surtout les coutumes de France, parce qu'elles ont été rédigées par des Français et en langue française. Nous en aurions donné le texte tout entier, pour qu'on pût le comparer aux Etablissemens de saint Louis, s'il n'eût pas été trop volumineux, et s'il n'eût pas été un peu trop étranger à notre plan.

C'est dans ce siècle que le concile de Troyes, défendit pour la première fois, le mariage des prêtres, prohibition qui ne parvint à s'établir en Europe qu'après un siècle de résistance, et que la réformation a fait cesser dans une partie du monde chrétien, au seizième siècle.

111. Le règne de Louis-le-Gros, se recommande à la reconnaissance des peuples, par le commencement de l'affranchissement des serfs et des communes, qui fut le premier coup porté au système féodal, et donna naissance, deux siècles après, au tiers-état.

Quoiqu'aucun fait ne soit mieux prouvé historiquement que cet affranchissement, il est pourtant vrai que toutes les Chartes de concession sont perdues à l'exception de celle de la commune de Laon, en 1128, qui n'est pas la plus ancienne.

Nous avons dans les notes fait remarquer la distinction qui existe entre les Chartes de commune, et les ordonnances confirmatives des coutumes.

112. Sous le règne de Louis VII, en 1137, nous trouvons, pour la première fois, une Charte en français; mais quoique le style en soit très-vieux, nous croyons que ce n'est qu'une traduction. Toutes les ordonnances sont en latin jusqu'aux Etablissemens de saint Louis : il paraît que c'était la langue des lois; elle se maintint jusqu'au règne de François Ier.

On voit aussi dans la formule des ordonnances qu'elles étaient décrétées publiquement ou du moins publiées ; car elles portent la mention *actum publicè*, que l'ordonnance de 1137 traduit par ces mots : *ce fut fait devant tous.*

En 1153 nous trouvons un *plaid*, ou jugement rendu par le roi entre l'évêque de Langres et le duc de Bourgogne. Il y en a beaucoup d'autres, jusqu'au règne de Philippe-le-Bel ; une fois le parlement sédentaire, nos rois, distraits par le soin des affaires générales du royaume, lui abandonnèrent le jugement des litiges entre particuliers, et ils ne reservèrent à eux et à leur conseil que les affaires d'état.

La charte de Louis-le-Jeune de 1155, relative à la naissance de Philippe-Auguste, est une des mieux conservées que nous ayons ; nous l'avons donnée avec la traduction en regard et avec toutes les formules de chancellerie.

Nous voyons dans un acte de 1179, relatif à l'évêché de Langres, l'origine de l'érection des pairies, ou l'élévation d'un sujet particulier du roi au rang de pair du royaume.

La même année eut lieu à Reims le sacre de Philippe-Auguste, auquel les pairs, y compris le roi d'Angleterre, assistèrent en personne ; c'est à compter de cette époque que cette métropole a joui de l'honneur d'être exclusivement employée à la cérémonie du sacre.

113. Sous ce règne, les chartes d'affranchissement deviennent plus nombreuses ; mais c'est au règne glorieux de Philippe-Auguste surtout, qu'on doit l'accroissement du pouvoir royal, l'abaissement des grands vassaux, et la formation successive de beaucoup de communes, sous la protection du Roi. Nous en avons noté quelques-unes surtout au commencement de ce règne. Mais à mesure

que les monumens législatifs se multiplient, nous négligeons les Chartes particulières, quand elles n'établissent pas un droit nouveau.

Nous avons relevé avec soin les conciles les plus remarquables, les actes relatifs à l'institution de la pairie, et les jugemens rendus par la cour du roi, que nous avons extraits des *Olim*. Plusieurs de ces décisions ont le caractère d'ordonnances ou au moins d'arrêts de réglemens; les autres, sont de véritables jugemens; ils prouvent qu'avant l'établissement du parlement sédentaire, la puissance judiciaire résidait dans la personne du roi, qui l'exerçait par lui-même au sein du conseil d'état. La maxime que le roi ne peut rendre la justice en personne, et qu'il est obligé de la déléguer, n'a été écrite dans nos lois qu'en 1789, quoique la présence de quelques-uns de nos princes au jugement de leurs sujets, ait été l'objet de très-vives censures et de courageuses réclamations de la part des magistrats. (V. *Merlin*, nouv. Répert. v°. pouvoir judiciaire, et le président *Henrion*, de l'autorité judiciaire.)

C'est à cause de cet antique usage que dans les cours souveraines, il y a encore aujourd'hui un fauteuil réservé au monarque.

114. Nous avons tiré de *Dupuy* les actes relatifs aux régences; c'est l'un des points les plus importans du droit public; ces actes étaient vivement regrettés dans la collection du Louvre.

Nous aurions voulu pouvoir insérer le texte entier du fameux livre des métiers, rédigé en 1260 par le prevôt Boileau, d'autant plus que tout porte à croire qu'il fut homologué par le roi. C'est un des monumens les plus curieux du règne de saint Louis, et nous regrettons que son excessive longueur ne nous ait permis d'en publier que les sommaires. — Il est encore inédit.

Nous avons donné aussi la sentence arbitrale prononcée par saint Louis, en 1263, entre le roi d'Angleterre et ses barons. C'est un des faits les plus curieux de l'histoire de France, et l'un des actes les plus recommandables de saint Louis. L'un de nos rois se trouve ainsi associé au bienfait de la Grande Charte dont les Anglais sont avec raison si jaloux. Nous avons joint le texte de cette charte comme pièce justificative de la sentence, avec une traduction française. Cet antique et curieux monument est extrêmement rare en France. On pourra le comparer avec notre Charte de libertés de 1356.

Enfin nous avons inséré le texte entier des jugemens d'Oléron ou de la mer. A la vérité saint Louis n'en est pas le rédacteur; mais il appartient à la France, puisqu'il a eu force de loi sur ses côtes occidentales; il convenait à des Français de revendiquer comme un monument national, une loi qui, après le *consulat de la mer*, passe pour le plus ancien code maritime de l'Europe moderne, et qui renferme plusieurs dispositions des lois rhodiennes.

115. Le règne de saint Louis est terminé par les Établissemens dont nous présentons le texte original d'après *Laurière*, avec les notes de ce savant jurisconsulte, et la traduction que l'abbé *Saint-Martin* en a publiée à Paris en 1786; nous disons *traduction*; c'est en effet le nom que mérite la version du Gaulois en Français, qu'en a fait le magistrat que nous venons de citer. Sans elle, beaucoup de personnes, peu familiarisées avec le français du XIIIe. siècle, n'auraient pu comprendre un ouvrage déjà si difficile à entendre par les matières qui y sont traitées.

« Qu'est-ce, dit *Montesquieu* (Esprit des Lois, liv. 28),
» que cette compilation connue sous le nom d'*Etablisse-*
» *ments?* Qu'est-ce que ce code obscur, confus, et am-
» bigu, où l'on mêle sans cesse la jurisprudence française
» avec la romaine; où l'on parle comme un législateur,
» et où l'on voit un jurisconsulte ? »

Montesquieu pense que c'est l'ouvrage de quelques baillis; il le regarde plutôt comme un ouvrage de jurisprudence que comme une loi. D'autres remarquent que ces établissemens ne sont pas rédigés en forme d'ordonnance, et qu'on y trouve plusieurs citations de canons, de décrétales, de lois du Digeste et du Code, dont on ne trouve aucun autre exemple dans tout ce que nous avons de lois de la troisième race.

Laurière, a combattu ce dernier argument; il a remarqué que les Etablissemens avaient été cités non-seulement par des auteurs contemporains, comme Philippe de Beaumanoir, mais encore dans les lois des successeurs de saint Louis, notamment dans les lettres de *Charles-le-Bel* de l'an 1336, sur le droit d'amortissement, où ce prince dit, qu'il suit les traces de *Louis*, son bisaïeul, ce qui, suivant Laurière, doit s'entendre du chapitre 25 du premier livre.

Montesquieu ne s'est pas rendu à cette raison; il n'est pas prouvé en effet qu'aucun auteur contemporain ou que les successeurs immédiats de saint Louis aient cité formellement le texte de ce Code. S'ils ont parlé des *établissemens du Roi*, ce mot doit s'entendre aussi bien des autres ordonnances de ce règne, que de la compilation qui nous est parvenue sous le titre particulier d'*Établissements*.

Ce code cite les *établissemens;* donc, dit *Montesquieu,* ce ne sont pas les Etablissemens eux-mêmes.

La réponse à cet argument, serait que les *établissemens* se réfèrent aux ordonnances précédentes, soit de saint Louis, soit de Philippe-Auguste, qui, comme on peut s'en convaincre en parcourant notre Recueil, sont habituellement désignées sous le titre de *stabilimentum*. Telles sont les ordonnances du roi Robert, l'établissement sur les croisés, sur les juifs, etc.

D'autres difficultés se sont élevées sur la date : les *Établissemens* sont datés de 1270, et l'on allègue, d'après Guillaume de Nangis, que saint Louis est parti pour la croisade où il périt, dès l'an 1269. Mais on a prouvé que Guillaume de Nangis s'était trompé; saint Louis est décédé en Afrique le 25 août 1270, *la même année* qu'il partit. Son testament est daté de Paris, du mois de février 1269, avant Pâques, c'est-à-dire, à la fin de l'année qui a précédé son départ; il en résulte qu'il ne partit d'Aigues-Mortes qu'en 1270, et qu'il a pu, avant son embarquement, promulguer ses établissemens.

Cela ne détruit pas la conjecture de *Montesquieu*, qui pense que saint Louis ne fit que commencer l'ouvrage; et que les établissemens ne parurent qu'en son absence : cette opinion rentre dans celle qu'a embrassé le savant et exact président *Hénault*.

Quant aux prologues, *Montesquieu* observe que d'abord, on dit que ce sont *les usages de Paris, d'Orléans et de cour de baronnie*; ensuite que ce sont *les usages de toutes les cours layes du royaume, et de la prévôté de France*; puis enfin que ce sont *les usages de tout le royaume d'Anjou*.

Ces prologues sont donc interpolés ou faux. Il paraît visible, dit *Montesquieu*, que cet ouvrage fut fait pour *Paris, Orléans* et *Anjou*; comme les ouvrages de *Desfontaines* et de *Beaumanoir* furent faits pour les comtés de

Clermont et de Vermandois. Il paraît, par Beaumanoir, que plusieurs lois de saint Louis avaient pénétré dans les cours seigneuriales. Le compilateur a donc eu raison de dire que son ouvrage regardait aussi les cours de baronnie.

Saint Louis se rendit tellement respectable par sa fermeté et sa justice, que sa manière de juger fut bientôt pratiquée dans les justices des seigneurs, d'autant plus qu'on n'y connaissait aucune loi écrite.

Les institutions de ce prince sont restées chez nous dans la même vénération que celles d'*Édouard-le-Confesseur* parmi les Anglais. On ne cessa, pendant plusieurs siècles, de réclamer les *usages du temps de Monsieur Saint-Loys*.

« Il est clair, dit Montesquieu, que celui qui fit cet ouvrage, compila les coutumes du pays avec les lois et les établissemens de ce prince. »

Ce grand publiciste convient que ce monument, malgré ses imperfections, est très-précieux, parce qu'il forme un corps entier de jurisprudence.

C'est dans ce code que l'on découvre les trois causes qui ont le plus contribué à affaiblir le système féodal;

1°. La défense des guerres privées;

2°. L'abolition du combat judiciaire;

3°. L'appel au roi des sentences rendues dans les justices seigneuriales;

En résumé, les établissemens ne sont pas une ordonnance, mais un recueil d'usages ou coutumes, rédigé par ordre du roi, peut-être au sein de son conseil, et approuvé par lui, de même que l'avaient été, un peu auparavant, les règlemens de police du prévôt *Boileau*, et plus anciennement les capitulaires de *Benoît Lévite* et d'*Anségise*.

Les notes nombreuses que *Laurière* a ajoutées aux Etablissemens en forment un commentaire assez étendu.

116. Parmi les pièces du règne de Philippe-le-Bel, qui manquaient à la collection du Louvre, se trouvent les actes relatifs au différend qui éclata entre ce prince et le pape *Boniface VIII*, différend qui donna naissance aux questions les plus graves sur l'étendue des puissances spirituelle et temporelle.

Ce sont les embarras de cette affaire qui forcèrent Philippe-le-Bel à convoquer les états-généraux en 1302. Nous en trouvons la preuve dans les représentations adressées à la cour de Rome par le clergé et la noblesse, et dans la réponse du pape aux députés du tiers-état. Dès-lors les états furent divisés en trois ordres.

Nous avons aussi donné la bulle de canonisation de saint Louis, à cause de l'intérêt qu'inspire le nom d'un prince si justement estimé, et de la curiosité qui s'attache naturellement à une canonisation, surtout lorsqu'elle s'applique à un roi.

117. Nos deux premiers volumes renferment donc un très-grand nombre de pièces omises dans la collection du Louvre, et dans les recueils du même genre, sans cependant les égaler en étendue.

Pour ne pas multiplier les volumes, et cependant pour être complets, nous n'avons donné que le titre de la plupart de ces monumens; nous avons transcrit le texte entier toutes les fois qu'une simple mention nous a paru insuffisante pour satisfaire la curiosité.

Obligés de faire parmi un si grand nombre de documens le choix dont nous parlons, nous n'avons rien négligé pour n'en point omettre d'important.

Mais puisque des omissions et des erreurs graves ont été reprochées à *Baluze*, à *Laurière*, à dom *Bouquet*;

et aux bénédictins eux-mêmes, comment pourrions-nous nous flatter de n'avoir point failli ?

Malgré notre persévérance et l'activité de nos recherches, nous sommes obligés d'avouer qu'il nous est échappé bien des choses ; nous découvrons tous les jours des actes qui auraient pu trouver leur place, au moins en titre, dans notre collection. Nous citerons dès à présent une charte de 1268, donnée à Paris, par saint Louis, et adressée à son frère comte de Toulouse, par laquelle il ordonne la destruction des monnaies frappées à l'effigie de *Mahomet* dans le Comtat (Académie des Inscript. tom. 30, p. 725) etc., etc.

Heureusement ces omissions sont faciles à réparer ; quand notre collection sera arrivée à son terme, nous publierons un supplément, pour lequel nous profiterons, et de nos propres recherches, et des avis que l'on voudra bien nous adresser.

Toutefois nous prions qu'on ne nous condamne pas sans examen : il y a beaucoup de monumens dont nous connaissons l'existence, et que cependant nous avons tout-à-fait exclus de notre recueil, parce qu'ils étaient justement suspects ; nous sommes entrés à cet égard dans d'assez longs détails.

Nous devons aussi prévenir un reproche d'un autre genre, auquel nous serons peut-être plus souvent exposés, celui d'avoir donné seulement le titre de pièces qui méritaient l'honneur de figurer tout entières dans notre collection.

Les personnes qui se sont livrées à l'étude des anciens monumens, sentiront combien de fois nous avons dû être embarrassés dans notre choix. Malgré le soin que nous avons mis à consulter les publicistes modernes les plus estimés, tels que *Montesquieu*, *Mably*, *Hé-*

nault, *Henrion de Pansey*, le nouveau Répertoire, etc., pour nous éclairer sur leur importance relative, nous avons pu errer plus d'une fois.

Notre erreur sur ce point sera encore facile à réparer au moyen du supplément; en attendant, nous aurons du moins rendu le service d'avoir nous-mêmes signalé à l'attention des publicistes les pièces dont on réclamerait plus tard l'insertion.

Au reste, telle est notre situation dans le cadre resserré que nous nous sommes tracé, que d'autres nous feront peut-être le reproche contraire d'avoir laissé trop d'espace à des monumens respectables, il est vrai, mais trop anciens, et trop loin de nos mœurs actuelles, pour être utiles dans la pratique.

En terminant, nous réclamons l'indulgence pour les fautes qui nous seraient échappées. La différence d'orthographe, la barbarie du langage, et les variantes infinies des manuscrits imprimés en sont la principale cause. Peut-être aussi qu'un ouvrage de ce genre ne pouvait être exécuté avec la perfection désirable, que dans les presses de l'Imprimerie Royale, et avec les secours du gouvernement. Il ne nous a pas été donné de jouir de cette faveur.

Paris, ce 1er. août 1822.

Isambert.

CONSTITUTIONS
DES
MÉROVINGIENS.

I.re SÉRIE.

420 à 752.

CONSTITUTIONS

DES

MÉROVINGIENS,

OU

NOTICE CHRONOLOGIQUE

DES LOIS, CODES, PACTES, DÉCRETS, ÉDITS,
ORDONNANCES, LETTRES, DIPLOMES, etc.

LES PLUS REMARQUABLES,

Publiés dans les Gaules, depuis l'invasion des Barbares jusqu'à la chute des Rois Mérovingiens (1).

420 — 752.

N°. 1ᵉʳ. — PACTE *de la Loi salique* (2).

Salaghève, etc., vers 420.

---

(1) Les notes des éditeurs sont signées des initiales. Les autres sont, pour les *capitulaires*, choisies parmi celles de *Baluze*, et pour les *établissemens* des *capétiens*, extraites de *Laurière*.

(2) Rédigée par quatre des principaux d'entre les Francs (*proceres*), discutée dans trois assemblées consécutives (*mallos*), et décrétée en l'an 422 ou 424. *Voyez* la fin du préambule.

La rédaction actuelle paraît être du roi Dagobert. *V.* ci-après an 630.

N° 2. — *Publication pour l'Occident du Code Théodosien* (1).

Rome, 443. — Clossius, *Themis*, tom. III, p. 186.

N° 3. — *Loi des Visigoths* (2).

Toulouse, 466. — Rec. des hist. des Gaules, tom. IV, p. 283-460.

LIVRE Ier.

TITRE Ier. — *Du Législateur* (3).

CAPITULE Ier. — *Quod sit artificium condendarum legum.*

Salutare daturi in legum constitutionem præconium, ad novam operationis formam antiquorum studiis novos artus aptamus, reserantes virtutem tam formandæ legis, quàm peritiam formantis artificis. Cujus artis insigne ex hoc decentius probabitur enitere, si non ex conjectura trahat formam similitudinis, sed ex veritate formet speciem sanctionis : neque syllogismorum acumine figuras imprimat disputationis, sed puris honestisque præceptis modestè statuat articulos legis. Etenim ut ars operis hujus se in hâc dispensatione componat, ordo magnæ ratiocinationis exoptat. Namque cùm experimenta rerum manus tenet artificis, ad dispositionem formæ frustra quæritur investigatio rationis. In improvisis certè acuta se expetit ratio in indagatione cognosci : in non ignotis autem, experimento faciendi se properat reserari. Latentis ergo rei quia species ignoratur, non immeritò considerationis ordo

---

(1) Le préambule de la Loi salique, édition de Dagobert, parle de ce Code, qui, par conséquent, préexistait.

(2) Elle a été publiée par Euric, en 12 livres, corrigée notamment par Leuvigilde et Reccarède, revue par Egica, et confirmée au concile de Tolède. — Abrogée tacitement par le droit romain dans le midi de la France, vers la fin du XIe. siècle.

Montesquieu (livre 28, ch. 1er.) dit de ces lois, qu'elles sont *puériles, gauches, idiotes* ; qu'elles n'atteignent pas le but ; qu'elles sont pleines *de rhétorique, et vides de sens; frivoles dans le fond, et gigantesques dans le style.* Cette critique ne nous a pas empêché d'en extraire ce que nous donnons ici, à cause de l'importance des matières.

(3) Le Code civil avait un titre préliminaire analogue. — Il a été supprimé.

requiritur. Cùm verò expertos usus in speculo visionis fides veritatis adducit, non jam materia formæ ratiocinationem dicti, sed operationem facti deposcit. Unde nos melius mores quàm eloquia ordinantes, non personam oratoris inducimus, sed rectoris jura disponimus.

2. Quo modo uti debeat artifex legum.

Formandarum ergo artifex legum non disceptatione debet uti, sed jure : nec videri congruum sibi contentione legem condidisse, sed ordine. Ab illo enim negotia rerum non expetunt in theatrali favore clamorem, sed in exoptatâ salvatione populi legem manifestam.

3. Quid requirendum est in artifice legum.

Tunc primùm requirendum est, ut id quod inducitur, possibile credatur. Novissimè ostendendum, si non pro familiari compendio, sed pro utilitate populi suadetur : ut appareat eum, qui legislator existit, nullo privato commodo, sed omnium civium utilitati communimentum præsidiumque opportunæ legis inducere.

4. Qualis erit in vivendo artifex legum.

Erit consequenter idem lator juris ac legis mores eloquiis anteponens : ut concio illius plùs virtute personet quàm sermone : sicque quod dixerit, ampliùs factis quàm dictis exornet; priùsque promenda compleat, quàm implenda depromat.

5. Qualis erit in consiliando artifex legum.

Erit in adinventione Deo sibique tantummodò conscius, consilio probis et paucis admixtus, assensu civibus populisque communis : ut alienæ provisor salutis, commodiùs ex universali consensu exerceat gubernaculum, quàm ingerat ex singulari potestate judicium.

6. Qualis erit in eloquendo artifex legum.

Erit concionans, eloquio clarus, sententiâ non dubius, evidentiâ plenus; ut quicquid ex legali fonte prodierit, in rivulis audientium sine retardatione decurrat : totumque qui audierit, ita cognoscat, ut nulla hunc difficultas dubium reddat.

7. *Qualis erit in judicando artifex legum.*

Erit judicans in indagando vivax, in præveniendo fixus, in decernendo non anxius, in percutiendo parcus, in parcendo assiduus, in innocente vindex, in noxio temperatus, in advenâ sollicitus, in indigenâ mansuetus. Personam tantùm nesciat accipere, quantùm et contemnat eligere.

8. *Qualis in publicis, qualis in privatis erit artifex legum.*

Erit quæcumque sunt publica, patrio recturus amore: quæcumque privata, herili dispensaturus ex potestate; ut hunc universitas patrem, parvitas habeat dominum: sicque diligatur in toto, ut timeatur in parvo: quatenùs et nullus huic servire pareat, et omnes ejus amorem morte compensandum exoptent.

9. *Quod dare debeat legibus disciplinam artifex legum.*

Tunc deinde sciet in hoc maximè stare gravitatis publicæ gloriam, si det et ipsis legibus disciplinam. Nam cùm salus tota plebium in consecrando jure consistat, leges ipsas corrigere debet, antequàm mores. Veniunt enim, ut cuicumque libet, in contentionem, leges pro arbitrio suo ferunt, induunt sibi fictam de gravitate ac pudore personam: adeò ut illis sit lex publica, inhonestas privata. Sicque obtentu legum, contraria legibus adoperiunt, qui, vigore legis, obvia legibus evellere debuerunt.

TITRE II. — *De la Loi.*

Cap. 1. — *Quid observabit legislator in legibus suadendis.*

Item in suadendis legibus erit plena causa dicendi, non ut partem orationis meditandi videatur gratia obtinere, sed desideratum perfectionis obtinuisse laborem; in earum namque formationibus non sophismata disputationis, sed virtutem juris mavult causa discriminis. Quæritur enim illic, non quid contentio dicat, sed quid actio promat. Quia et excessus morum non coercendi sunt cothurno loquutionum, sed temperamento virtutum.

2. *Quid sit lex.*

Lex est æmula divinitatis, antistes religionis, fons disciplinarum; artifex juris boni, mores inveniens atque componens, gubernaculum civitatis, justitiæ nuntia, magistra vitæ, anima totius corporis popularis.

3. *Quid agit lex.*

Lex regit omnem civitatis ordinem, omnemque hominis ætatem: quæ sic fæminis datur ut maribus : juventutem complectitur et senectutem. Tàm prudentibus quàm indoctis; tam urbanis quàm rusticis fertur. Quæ summum salutis principium ac populorum culmen obtinet, et cum manifesto præclaroque præconio in modum lucidissimi solis effulget.

4. *Qualis erit lex.*

Lex erit manifesta, nec quemquam in captionem civium devocabit. Erit etiam secundùm naturam, secundùm consuetudinem civitatis, loco temporique conveniens, justa et æquabilia præscribens, congruens, honesta et digna, utilis, necessaria. In quâ prævidendum est ex utilitate quæ prætenditur, an plus commodi, an plus iniquitatis oriatur: ut dignosci possit, si plus veritati proficiat publicæ, quàm religioni videatur obesse; ac sic honestatem tueatur, ut non cum salutis periculo arguat.

5. *Quare fit lex.*

Fieri autem leges hæc ratio cogit, ut earum metu humana coërceatur improbitas, sitque tuta inter noxios innocentium vita, atque in ipsis improbis formidato supplicio frenetur nocendi præsumtio.

6. *Quòd triumphet de hostibus lex.*

His in domestica pace ita perfectis, totaque primò à principibus, secundò à civibus, ex hinc à populis et à domo jurgiorum peste seclusa, eundum est in adversis, et obviandum hostibus potentialiter et fidenter, tanto in externis spe fidâ victoriæ, quantò nihil erit quod ex internis formidari valeat aut timeri. Pacis enim oleo, et legum vino tota plebium massa in statu salutari concreta, exseret hostibus inde invictos, unde illæsos artus producere videntur, justis adjuta legibus tela. Eruntque viri melius æquitate quàm telo muniti, ut contra hostem ante justitiam dirigat princeps, quàm vibret spicula miles. Felicior jam tunc illa principis congressio erit, quam domestica æquitas anteibit: quia et sæviores erunt in hostium populatione mucrones, quos de domibus modestè produxerint leges. Experimentum enim naturalis est rei, ut justitia illa confodiat hostem, quæ tutaverit civem, et externam inde perimat litem, undè suorum internam possederit pacem. Sicut ergo modestia principum temperantia est legum, ita concordia civium victoria est hostium. Ex mansuetudine etenim principum oboritur dispositio legum; et ex dispositione legum institutio morum; ex institutione morum concordia civium; ex concordiâ civium triomphus hostium. Sicque bonus princeps interna regens, et externa conquirens, dum suam pacem possidet, et alienam litem abrumpit, celebratur et in civibus rector, et in hostibus victor; habiturus post labentia tempora requiem sempiternam, post luteum aurum cœleste regnum, post diadema et purpuram gloriæ coronam. Quin potiùs nec deficiet esse rex : quoniam dum regnum terrenum relinquit, et cœleste conquirit, non erit amisisse regni gloriam, sed auxisse.

LIVRE II.

Titre Ier. — *De Judiciis et Judicatis.*

Capitule 1er. — *De tempore quo debeant leges emendatæ valere.*

Pragma suum emendatis legibus assignantes, illud primum in ordine præfationis et loco præmittimus, quia sicut legum evidentia populorum est excessibus utilis, ita sanctionum obscuritas turbat ordines æquitatis. Nam plerumque dum quædam bene ordinata nebuloso verborum tractu consistunt, ipsa sibi repugnantiam nutriunt, dum litigantium controversias lucidè non excludunt. Sicque ubi debuerunt finem ferre calumniis, ibi novos contra se pariunt laqueos captionis. Hinc ergo diversitas causarum exoritur : hinc controversiæ litigantium generantur : hinc etiam hæsitatio judicum nascitur, ita ut in finiendis vel compescendis calumniis habere terminum nesciant, quæ utique nutantia semper approbantur et dubia. Et ideò, quia perstringi tota, quæ in controversiam veniunt, brevi complicatione non possunt, saltim vel quæ in contentione pertractanda sese gloriosis nostræ celsitudinis sensibus ingesserunt, ea in hôc libro specialiter corrigi, et elimata probitatis sententia decrevimus ordinari. Evidentia videlicet dubiis, præstantia noxiis, clementiora mortiferis, adapertionem clausis, perfectionem cæptis imprimens institutis, quo nostri regni populos, quos una et evidens pax nostri regiminis continet, hæc deinceps institutio correctarum legum ordinandos astringat atque retentet. Et ideo harum legum correctio, vel novellarum nostrarum sanctionum ordinata constructio, sicuti in hoc libro et ordinatis titulis posita, et subsequenti est serie annotata; ita ab anno secundo regni nostri, à duodecimo kalendarum novembrium, in cunctis personis ac gentibus nostræ amplitudinis imperio subjugatis innexum sibi à nostrâ gloriâ obtineat valorem, et inconvulso celebritatis oraculo valitura consistat: ut sicut sublime in throno serenitatis nostræ celsitudine residente, videntibus cunctis sacerdotibus Dei, senioribusque Palatii atque Gardingis, earum manifestatio claruit: ita earumdem celebritas vel reverentia in cunctis regni nostri provinciis debeat observari. Leges sanè quas in Judæorum excessibus nostra gloria promulgavit, ab eo tempore valituras esse decernimus, ex quo his confirmationem gloriosâ serenitatis nostræ renovatione impressimus.

2. *Quòd tam regia potestas quàm populorum universitas legum reverentiæ sit subjecta.*

Omnipotens rerum dominus et conditor unus, providens commoda humanæ saluti, discere justitiam habitatores terræ, sacræ legis sacris decenter imperavit oraculis. Sed quia solius tam immensæ divinitatis imperiis hæc cordibus imprimuntur humanis, convenit omnium terrenorum quamvis excellentissimas potestates illi colla submittere mentis, cui etiam militiæ cœlestis famulatur dignitas servitute. Quapropter si obediendum est Deo, diligenda est justitia: quæ si fuerit dilecta, erit instanter operandum in illâ: quam quisque tunc veriùs et ardentiùs diligit, cùm unius æquitatis sententia cum proximo semetipsum astringit. Gratanter ergo jussa cœlestia amplectentes, damus modestas simul nobis et subditis leges: quibus ita et nostri culminis clementia, et succedentium regum novitas adfutura una cum regiminis nostri generali multitudine universa obedire decernitur, ac parere jubetur, ut nullis factionibus à custodiâ legum, quæ injicitur subditis, sese alienam reddat cujuslibet persona vel potentia dignitatis, quatenus subjectos ad reverentiam legis impellat necessitas principisque voluntas.

3. *Quòd nulli leges nescire liceat.*

Omnis scientia sana ordinabiliter vitat ignorantiam execrandam. Nam cum scriptum sit, *noluit intelligere, ut bene ageret*, certum est quod qui intelligere noluit, bene agere contemnit. Nullus ergo idcirco sibi existimet inlicitum faciendi licere quodlibet, quia se novit legum decreta sanctionesque nescire. Nam non insontem faciet ignorantiæ causa, quem noxiorum damnis implicaverit culpa.

4. *Quod anteà ordinare oportuit negotia principum, et posteà populorum.*

Bene Deus conditor rerum disponens humani corporis formam, in sublime caput erexit, atque ex illo cunctas membrorum fibras exoriri decrevit: unde hoc etiam à capiendis initiis caput vocari percensuit, formans in illo et fulgorem luminum, ex quo prospici possent quæcumque noxia concurrissent, constituens in eo et intelligendi vigorem, per quam connexa et subdita membra vel dispositio regeret, vel providentia ordinaret. Hinc est et peritorum medicorum præcipua cura, ut antè capiti quàm membris incipiant adhibere medelam. Quæ ideo non immeritò ordinabiliter exerceri censetur, cùm ab artificis peritiâ hæc dispensari patescunt. Quia si salutare caput extiterit, ratione colligit, qualiter curare membra cetera possit. Nam si arcem molestia occupaverit capitis, non poterit in artus dare derivationes salutis; quas in se consumserit jugis causa langoris. Ordinanda igitur sunt primò negotia principum, tutanda salus, defendenda vita. Sicque in statu et negotiis plebium ordinatio dirigenda, ut dum salus competens prospicitur regum, fida valentiùs teneatur salvatio populorum.

5. *Item de tempore quo debeant leges valere.*

Quoniam novitatem legum vetustas malorum exigit, et innovare leges veternosas peccaminum antiquitas impetravit; ideò leges in hoc libro conscriptas ab anno secundo bonæ memoriæ domini et genitoris mei Chindaswindi regis, in cunctis personis ac gentibus nostræ amplitudinis imperio subjugatis omni robore valere decernimus, ac jugi mansuras observantia consecramus: ita ut relictis illis, quas non æquitas judicantis, sed libitus impresserat potestatis, evacuatisque judiciis et omnibus scripturis earum ordinatione confectis, hæ solæ valeant leges, quas aut ex antiquitate justè novimus aut tenemus, aut idem genitor noster vel pro æquitate judiciorum, vel pro austeritate culparum visus est non immeritò condidisse, prolatis seu connexis aliis legibus, quas nostri culminis fastigium judiciali præsidens throno coram universis Dei sanctis sacerdotibus, cunctisque officiis Palatinis, jubente domino atque favente, audientium universali consensu edidit et formavit, ac suæ gloriæ titulis annotavit : ita ut tam hæ quæ jam prolatæ consistunt, quàm illæ, quas adhuc exoriri novorum negotiorum eventus impulerit, valido ac justissimo vigore perdurent et æternæ soliditatis jura retineant.

6. *De principum cupiditate damnatâ; eorumque initiis ordinandis, et quomodò conficiendæ sunt scripturæ in nomine principum factæ.*

Eminentiæ celsitudo terrenæ tunc salubriùs sublimia probatur appetere, cum saluti proximorum piâ cernitur compassione prodesse. Undè solet contingere ut plus commodi de alienâ salute conquirat, quàm de propriâ utilitate quisque percipiat. In multis enim quia multorum solus attenditur, majoris lucri summa percipitur : in se autem, quia privati commodi fructus appetitur, non satis est si unius beneficii præmia conquirantur. Hinc et illa regendarum tantumdem salus est plebium, quæ non suos fines privatâ voluntate concludit; sed quæ universitatis limites communi prosperitatis lege defendit. Quapropter ne salutaris ordo imperialibus videatur verbis potiùs obtineri quàm factis, de sublimitatis obtentu reclinamus ad vota supplicum tranquillæ visionis aspectum : ut indè salutaris compassio habeat commodum, undè turmæ plebium adeptæ fuerint supplicationis effectum. Cùm igitur præcedentium serie temporum, immoderatior aviditas principum sese prona diffunderet in spoliis populorum ut augeret rei propriæ censum ærumna flebilis subjectorum tandem supernæ respirationis afflatu, nobis est divinitùs inspiratum : ut quia subjectis legis reverentiam dederamus, principum quoque excessibus retinaculum temperantiæ poneremus. Proindè sincerâ mansuetudinis nostræ deliberatione, tam nobis quàm cunctis gloriæ nostræ successoribus adfuturi, Deo mediante, legem ponimus, decretumque divalis observantiæ promulgamus : ut nullus regum impulsionis suæ quibuscumque motibus aut factionibus scripturas de quibuslibet rebus alteri debitis ita extorqueat, vel extorquendas instituat, quatenus injustè ac nolenter debitarum sibi quisque privari possit dominio rerum. Quòd si alicujus gratissimâ voluntate quippiam de rebus à quocumque perceperit, vel pro evidenti præstatione lucratus aliquid fuerit, in eâdem scripturâ potens voluntatis ac præstiti conditio annotetur, per quam aut impressio principis, aut conferentis fraus evidentissimè detegatur. Et si patuerit à nolente fuisse scripturam exactam, aut resipiscat improbitas principis, et evacuet quod malè contraxit : aut certè post ejus mortem ad eum cui exacta est scriptura, vel ad heredes ejus res ipsæ sine cunctatione debeant revocari. Illæ autem res, quæ seclusa omni compressionis argumentatione directo modo transierint in principis potestatem, in ejus perenniter jure perdurent, et quidquid ex rebus ipsis idem princeps ordinare voluerit, suæ potestatis arbitrio subjacebit. Verum ut omne hujus negotium actionis roboret sinceritas veritatis, cùm quarumcumque rerum scripturæ in principis nomine extiterint factæ, mox testes, qui in eâdem scripturâ subscriptores accesserint, ab his quos elegerit princeps, diligentissimè perquirantur, si non aliquod indicium aut de impressione principis, aut de fraude scripturam facientis modo quocumque cognoverint : ac sic aut ritè facta series scripturæ permaneat, aut irritè confecta evanescat. Similis quoque ordo de terris, vineis, atque familiis observetur : si sine scripturæ textu tantummodò coram testibus quælibet facta fuerit definitio. De rebus autem omnibus à tempore Chintilani regis hucusque à principibus acquisitis, aut deinceps si provenerit acquirendis, quæcumque forsitan princeps inordinata reliquit, sive reliquerit, quoniam pro regni apice probantur acquisita fuisse, ad successorem tantumdem regni decernimus pertinere, ita habita potestate, ut quidquid ex his elegerit facere, liberum habeat velle. In illis autem rebus, quæ ipsi aut de bonis parentum, aut de quorumcumque provenerint successionibus proximorum, ita eidem principi ejusque filiis, aut, si filii defuerint, heredibus quoque legitimis hereditatis jura patebunt, sicut etiam ceteris lege vel successione patere noscuntur. Quòd si aliquid ex rebus de quorumcumque parentum aut proximorum non solùm successione, sed etiam quâlibet collatione, quocumque contractu ad jus ipsius pervenisse patuerit, si contingat hæc inordinata relinqui, non ad successorem regni, sed ad filios vel heredes ejus qui conquisivit, specialiter omnis eadem conquisitio pertinebit. Nam et de illis rebus, quas idem princeps ante regnum, aut ex proprio, aut ex justissimo conquisitu dinoscitur habuisse, irrevocabili ordine aut faciendi exinde quod voluerit potestatem habebit, aut certè filiis ejus successio plena patebit. Quòd si filii defuerint, legitimis heredibus, ex his quæ inordinata reliquerit, hereditatem adire licebit. Hujus sanè legis sententia in solis principum erit negotiis observanda, atque ita perpetim valitura, ut non antè quispiam solium regale conscendat, quàm juramenti fœdere hanc legem se in omnibus implere promittat. Quemcumque verò aut per tumultuosas plebes, aut per absconsa dignitati publicæ machinamenta adeptum esse constiterit regni fastigia; mox idem, cum omnibus tam nefariè sibi consentientibus, et anathema fiat, et christianorum communionem amittat, tam diræ percussionis ultione collisus, ut omnis divini ordinis cultor, qui illi communicare præsumserit, simili cum ipso damnatione dispereat, et pœnâ tabescat. Nam et si quis legis hujus seriem ex officio palatino malivolè detrahendo lacerare voluerit, aut evacuendam quandoque, vel silenter muscitans, vel apertè resultans, proloqui detectus extiterit, cunctis Palatinæ dignitatis et consortiis et officiis mox nudatus, omnium rerum suarum dimidiam partem amittat, et in deputato sibi loco redactus, à totius Palatii maneat societate seclusus. Religiosus etiam qui se in eâdem culpâ devolverit, simili rerum proprietatis suæ dispendio subjacebit.

7. *De his qui contrà principem, vel gentem, aut patriam refugiunt, vel insolentes existunt.*

Quantis hactenus Gothorum patria concussa sit cladibus, quantisque jugiter quatiatur stimulis profugorum, ac nefanda superbia deditorum, ex eo penè cunctis est cognitum, quod et patriæ diminutionem agnoscunt, et per hanc occasionem potiùs quàm expugnandorum hostium externorum arma sumere sæpe compellimur. Ut ergò tam dira temeritas tandem victa depereat, et in hujus modi transgressoribus manifesta scelera non relinquant ulterius impunita, hanc omne per ævum valituram legem sancimus, ut quicumque ex tempore reverendæ memoriæ Chintilani principis, usque ad annum regni nostri Deo favente secundum, vel amodò et ultrà, ad adversam gentem, vel ad extraneam partem perrexit sive perrexerit, aut etiam ire voluit, vel quandoque voluerit, ut sceleratissimo ausu contra gentem Gothorum vel patriam ageret, aut fortasse conetur aliquatenus agere, et captus sive detectus extitit vel extiterit, seu ab anno regni nostri primo vel deinceps quispiam intra fines patriæ Gothorum quamcumque conturbationem aut scandalum in contrarietatem regni nostri vel gentis facere voluerit, sive ex tempore nostri regiminis tale aliquid agere vel disponere conatus est aut fuerit, atque, quod indignum dictu videtur, in necem vel abjectionem nostram, sive subsequentium regum, intendere vel intendisse proditus videtur esse vel fuerit : horum omnium scelerum vel unius ex his quisque reus inventus, irretractabili sententia mortem excipiat, nec ulla ei de cetero sit vivendi indulta libertas. Et si nulla mortis ultione plectatur, et pietatis intuitu à principe illi fuerit vita concessa, effossionem perferat oculorum, secundùm quod in lege hâc hucusque fuerat constitutum : decalvatus tamen C flagella suscipiat, et sub artiori vel perpetuo erit religandus exilio poenae, et insuper nullo unquam tempore ad Palatini officii reversurus est dignitatem ; sed servus principis factus, et sub perpetuâ servitutis catenâ in principis potestate redactus, aeternâ tenebitur exilii religatione obnoxius : quatenus nec excidium videat, quo fuerat nequiter delectatus, et amarissimam vitam ducere se perenniter doleat. Rex tamen omnes hujus tam nefarii transgressoris, vel ejus qui morte est pro tali sceleri perimendus, vel illius cui vita propter suam nequitiam infelicissimè reservabitur, in regis ad integrum potestate consistant : et cui donatae fuerint, ita perpetim securè possideat, ut nullus unquam succedentium regum causam suam et gentis vitiaturus, has ullatenus (aut ulteriùs) auferre praesumat. Verùm quia multi plerumque reperiuntur, qui dum his et talibus pravis meditationibus occupantur, argumento quodam fallaci in ecclesiis, aut in uxoribus, vel filiis atque amicis, seu in aliis quibuscumque personis suas inveniuntur transduxisse vel transducere facultates, etiam et ipsa quae fraudulenter in dominio alieno contulerant, jure precario reposcentes, sub calliditatis studio in suo denuò dominio possidenda recipiant : unde nihil de suis rebus visi sunt amisisse, nisi solum concinnatione falsissima fictas, quasi veridicas, videantur scripturas conficere vel proferre. Ideòque hanc nequissimam argumentationem praesentis legis decreto amputare elegimus : ut calcatis, vel evacuatis, seu rescissis scripturis hac fraude confectis, quidquid eo quisque tempore possidere reperiatur, quo fuerit in praedictis criminibus deprehensus, totum continuò fisci juribus ad integrum applicetur : ut concedere jam dictas facultates, sicut supra dictum est, cui rex voluerit, vel facere exinde quidquid elegerit, in suae potestatis consistat arbitrio. Alia verò quaecumque ab hac fraude aliena inventa extiterint ordinata legibusque confecta, vigore legum maneant solidata: illis ab hujus legis sententia personis evidenter exceptis, quibus à præcedentibus regibus culpa dinoscitur fuisse concessa. Nam si humanitatis aliquid cuicumque perfido rex largiri voluerit, non de facultate ejus, sed unde placuerit principi, tantùm ei solummodo concessurus est, quantùm hereditatis ejusdem culpati vigesimam portionem fuisse constiterit.

8. *De non criminando principe, nec maledicendo illi.*

Sicut in personam principis omnibus prohibemus aut commovere nequitiam cogitationis, aut manus injicere ultionis; ita etiam nullum patimur in eum, aut notam ponere criminis, aut verba congerere maledictionis. Sacræ namque auctoritas scripturæ et non jubet accipi opprobrium adversùs proximum suum, et hunc, qui maledixerit principem populi sui, demonstrat existere reum. Quapropter quicumque in principem aut crimen injecerit, aut maledictum intulerit, ita ut hunc de vitâ suâ non humiliter et silenter admonere procuret, sed huic superbè et contumeliosè insultare pertemtet, sive etiam in detrectationis ejus ignominia turpia, et injuriosa præsumat: si ex nobilibus idoneisque personis fuerit, sive sit Religiosus, sive etiam laïcus, mox detectus fuerit et inventus, dimidiam omnium rerum suarum partem amittat, de quâ idem princeps faciendi quod sibi placuerit potestatem obtineat. Nam si de vilioribus humilioribusque personis fuerit, aut certè quem nulla dignitas exornavit, quod de illo vel de rebus ejus princeps voluerit, judicandi licentiam habebit. Simili quoque præcepto, defuncto etiam principi ausum opportunè interdicimus detrahendi. Incassùm etenim is qui vivit, detractionis in defunctum jacula mittit, cùm jam defunctus nec institutionibus imbui, nec increpationibus possit argui. Sed quia pro certo illius insania innotescit, qui frustrà in non sentientem detractionis verba transmittit, ideò idem presumtor. L. verberibus vapulabit; et præsumtioni suæ opportuna silentia dabit. Reservata cunctis hac pleniùs libertate, ut principe tam superstite quàm mortuo, liceat unicuique pro negotiis ac rebus omnibus, et loqui quod ad causam pertinet, et contendere sicut decet, et judicium promereri quod debet. Ita enim proponere nitimur humanæ reverentiam dignitati, ut devotiùs servare probemur justitiam Dei.

9. *De remotis alienarum gentium legibus.*

Alienae gentis legibus ad exercitium militiae imbui et permittimus et optamus : ad negotiorum vero discussionem et resultandum et prohibemus. Quamvis enim eloquiis polleant, tamen difficultatibus haerent : adeo cum sufficiat ad justitiae plenitudinem et praescrutatio rationum et competentium ordo verborum, quae codicis hujus series agnoscitur continere, nolumus sive romanis legibus, sive alienis institutionibus amodò amplius conversari.

10. *Ne excepto talem librum, qualis hic qui nuper est editus, alterum quisque praesumat habere.*

Nullus prorsus ex omnibus regni nostri, praeter hunc librum qui nuper est editus, atque secundum seriem hujus amodò translatum librum alium legum, pro quocumque negotio in judicio offerre pertentet : quod si praesumserit, XXX libras auri fisco persolvat. Judex quoque si vetitum librum sibi posteà oblatum disrumpere fortasse distulerit, praedictae damnationis dispendio subjacebit. Illos tamen à damno hujus legis immunes esse jubemus, qui praeteritas et anteriores leges non ad confutationem harum legum, sed ad comprobationem praeteritarum causarum proferre in judicio fortasse voluerint.

12. *Ut nulla causa à judicibus audiatur, quae legibus non continetur.*

Nullus judex causam audire praesumat, quae legibus non continetur : sed comes civitatis vel judex, aut per se, aut per exsequutorem suum, conspectui principis utrasque praesentare partes procuret : quo facilius et res finem accipiat et potestatis regiae discretione tractetur, quatenus exortum negotium legibus inseratur.

13. *Ut terminatae causae nullatenus revolvantur : reliquae verò ad hujus seriem libri terminentur : adjiciendi leges principibus libertate manente.*

Quaecumque causarum negotia inchoata sunt, nondum vero finita, secundum has leges determinari sancimus. Illas autem causas, quae antequam istae leges à nostrâ gloriâ emendarentur, legaliter determinatae sunt, id est secundum legum modum, qui ab anno primo regni nostri in praeteritis observatus est, resuscitari nullatenùs patimur. Sanè leges adjiciendi, si justa novitas causarum exegerit, principalis electio licentiam habebit : quæ ad instar præsentium legum vigorem plenissimum obtinebunt.

14. *Quod nulli liceat dirimere causas, nisi quibus aut princeps, aut consensio voluntatis, vel informatio judicum potestatem dederit judicandi.*

Dirimere causas nulli licebit, nisi aut à principibus potestate concessâ, aut ex consensu partium electo judice, trium testium fuerit electionis partiæ signis aut subscriptionibus roborata. Nam et hi qui potestatem judicandi à rege accipiunt, sive etiam hi, qui per commissoriam comitum vel judicum judiciali potestate utuntur, vices suas aliis, quibus fas fuerit, scriptis peragendas injunxerint, licitum illis per omnia erit : similemque et ipsi, qui informati à judicibus fuerint, in judicando, sicut et illi, à quibus determinandi acceperunt vigorem, habebunt in discernendis vel ordinandis quibuscumque negotiis potestatem.

N°. 4. — Loi des Bourguignons (1).

Lyon, 4 des calendes d'avril 502 : an du règne, 2e. (Hist. IV, 255-282).

PRÉAMBULE.

Vir gloriosissimus, GUNDEBALDUS, *rex Burgundionum.* Cùm de parentum, nostrisque constitutionibus, pro quiete et utilitate populi nostri impensiùs cogitaremus, quid potissimùm de singulis causis et titulis honestati, disciplinæ, rationi et justitiæ conveniret, coràm positis optimatibus nostris, universa pensavimus : et tam nostrâ quàm eorum sententiâ mansuris in ævum legibus sumpsimus statuta perscribi.

In Dei nomine, anno secundo regni domini nostri gloriosissimi Gundebaldi regis, liber Constitutionum de præteritis et præsentibus atque in perpetuum conservandis legibus, editus sub die IV, Kal. April. Lugduni.

Amore justitiæ, per quam Deus placatur, et potestas ter-

---

(1) Dite loi Gombette, parce qu'elle a été publiée par Gondebaud. Elle a été corrigée par Sigismond, son fils, l'an 518 ; elle forme 89 capitules, avec une première addition en 20 chapitres et une seconde en 13 articles.

renæ dominationis adquiritur, ea primùm habito consilio Comitum Procerumque nostrorum studuimus ordinare, ut integritas et æquitas judicandi à se præmia omnia, vel corruptiones excludat. Omnes itaque administrantes judicia secundùm leges nostras, quæ communi tractatu compositæ et emendatæ sunt, inter Burgundionem et Romanum à præsenti tempore judicare debebunt : ita ut nullus aliquid de causis vel judiciis præmii vel commodi nomine à qualibet parte speret aut præsumat accipere : sed justitiam, cujus pars meretur, obtineat, et sola sufficiat integritas judicantis. Cujus legis conditionem nobis quoque credidimus imponendam, ne ullus in quolibet causarum genere integritatem nostram suffragiis aut præmiis adtentare præsumat; à nobis quoque primum æquitatis studio repellentes, quod à cunctis sub regno nostro judicantibus fieri prohibemus. Nec fiscus noster aliquid ampliùs præsumat quam quod de sola inlatione mulctæ legibus legitur constitutum. Sciant itaque Optimates, Comites, Consiliarii, Domestici, et Majores-Domus nostræ, Cancellarii, et tam Burgundiones quam Romani, civitatum aut pagorum comites, vel judices deputati omnes, etiam militantes, nihil se de causis his, quæ actæ aut judicatæ fuerint, aliquid accepturos, aut à litigantibus promissionis vel præmii nomine quæsituros : nec partes ad compositionem, ut aliquid vel sic accipiant, à judice compellantur. Quod si quis memoratorum corruptus contrà leges nostras, aut etiam justè judicans, de causâ vel judicio præmium convictus fuerit accepisse, ad exemplum omnium, probato crimine, capite puniatur : ita ut facultatem ejus, in quo venalitas vindicatur, filiis aut legitimis heredibus suis, quæ in ipso punita est, culpa non auferat. Notariis sanè deputatorum judicum, pro judiciorum commodis in causis ultrà decem solidos addictis, singulos tremisses censuimus posse sufficere : infra decem solidos minora commoda quæsituris. Inter Romanos verò interdicto simili conditione venalitatis crimine, sicut à parentibus nostris statutum est, romanis legibus præcipimus judicari : qui formam et expositionem legum conscriptam, qualiter judicent, se noverint accepturos, ut per ignorantiam se nullus excuset. De malè verò anteacto tempore judicatis prioris legis forma servabitur. Hoc etiam inserentes, ut si fortè judex in corruptione accusatus convinci nullâ ratione potuerit, accusator simili pœnæ subjaceat, quam judicem corruptum præcipimus sustinere. Si quid verò legibus nostris non tenetur insertum, hoc tantum ad nos referre præcepimus judicantes. Si quis sanè judicum, tam barbarus quàm romanus, per simplicitatem aut negligentiam præventus forsitan non ea, quæ leges continent, judicavit, et à corruptione alienus est, XXX solidos romanos se noverit inlaturum, causa denuò discussis partibus judicanda. Illud adjicientes, ut si judices tertiò interpellati non judicaverint, et causam habens interpellationem nostram, crediderit expetendam, et judices suos ter se interpellasse, et non se auditum fuisse probaverit, XII solidorum judex inlatione mulctabitur. At si quisquam de quolibet causæ genere omissis judicibus, hoc est, tertiò, ut suprà jussimus, non interpellatis, ad nos venire præsumpserit, eum illa, quam in judicem differentem statuimus, mulcta constringat. Et ne fortè per absentiam deputatorum judicum negotia differantur, nullam causam, absente altero judice, vel romanus comes vel burgundio judicare præsumant, quatenùs studeant ut sæpiùs expetentes se de legum ordine incerti esse non possint. Constitutionis verò nostræ seriem placuit etiam adjectà comitum subscriptione firmari, ut definitio, quæ ex tractatu nostro et communi omnium voluntate conscripta est, etiam per posteros custodita, perpetuæ pactionis teneat firmitatem.

(*Suivent les signatures de 32 comtes.*)

CAP. 45. — *De his qui objecta sibi negaverint, et præbendum obtulerint jusjurandum* (1).

Lyon, 5 des calendes de juin (502).

Multos in populo nostro et pervicatione causantium, et cupiditatis instinctu ita cognoscimus depravari, ut de rebus incertis sacramenta plerumquè offerre non dubitent, et de cognitis jugiter perjurare. Cujus sceleris consuetudinem submoventes, præsenti lege decernimus ut, quoties inter homines nostros causa surrexerit, et is qui pulsatus fuerit, non deberi à se quod requiritur, aut non factum quod objicitur, sacramentorum obligatione negaverit; hâc ratione litigio eorum finem opportebit imponi : ut si pars ejus, cui oblatum fuerit jusjurandum, noluerit sacramenta suscipere, sed adversarium

---

(1) Agobard, archevêque de Lyon, présenta une requête à Louis-le-Débonnaire pour l'abrogation du combat judiciaire ordonné par cet article. — Le serment des douze compurgateurs est regardé par quelques-uns comme l'origine du jury. *Voyez* les Lois d'Alfred, en 901. (L.)

suum veritatis fiduciâ armis dixerit posse convinci, et pars diversa non cesserit, pugnandi licentia non negetur. Ita ut unus de eisdem testibus, qui ad danda convenerant sacramenta, Deo judicante confligat : quoniam justum est ut, si quis veritatem rei incunctanter scire se dixerit, et obtulerit sacramentum, pugnare non dubitet. Quod si testis partis ejus, quæ obtulerit sacramentum, in eo certamine fuerit superatus, omnes testes qui se promiserant juraturos, trecenos solidos mulctæ nomine, absque ullâ induciarum præstatione, cogantur exsolvere. Verùm si ille qui renuerit sacramentum, fuerit interemptus, quidquid debebat, de facultatibus ejus novigildi solutione pars victoris reddatur indemnis, ut veritate potiùs quàm perjuriis delectentur.

N°. 5. — CODE dit THÉODOSIEN (1).

Aires en Gascogne, 2 février (506).

N°. 6. — LETTRE de Clovis aux évêques pour la protection due aux églises, aux religieuses, aux veuves, aux clercs et aux enfans contre les violences des soldats.

510 (Hist. IV, 54).

N°. 7. — LOI des Francs Ripuaires (2).

Châlons, vers 530 (Hist. IV, 236-252).

N°. 8. — DÉCRET de Childebert (3) contenant quinze Réglemens dressés en différens placites ou comices, portant des peines contre les mariages incestueux, le rapt, l'homicide et le vol, et ordonnant, sous peine d'amende, l'observation des fêtes et dimanches.

Cologne, veille des calendes de mars (532), — 20°. année du règne de ce Roi. (Hist. IV, 115.)

---

(1) Publié par Alaric II, roi des Visigoths, compilé par Anien, son chancelier, sur les Codes grégorien, hermogénien, et principalement sur le véritable Code de Théodose.

(2) Rédigée par ordre de Thierry, fils de Clovis. Le texte qui nous est parvenu est celui de Dagobert. Voyez ci-après (630).

(3) Il est attribué par Baluze à Childebert II.

N°. 9. — Décret de *Clotaire* (1) *pour l'abolition des restes de l'idolâtrie et la répression des désordres qui se commettent les jours de dimanches et aux fêtes de Noël et de Pâques pendant la nuit.*

Vers 550. (Hist. IV, 114.)

N°. 10. — Pacte entre *Childebert et Clotaire* (2) *pour l'entretien de la paix, en 8 articles, contenant des dispositions pour les différentes espèces de larcins.*

Vers 560. (Hist. IV, 113.)

N°. 11. — Décret de *Clotaire* (3), *en 18 art., contenant des peines contre le larcin et l'infidélité des serfs.*

Vers 560. (Hist. IV, 114.)

N°. 12. — Constitution générale (en 14 art.) de *Clotaire I*er., *portant, entr'autres choses, confirmation des anciennes formes de jugement, défense de rendre et d'exécuter aucune sentence qui viole la loi ou l'équité; — De juger personne criminellement sans l'avoir entendu, — Et établissement d'une prescription de trente ans, à l'effet d'acquérir toutes sortes de biens en faveur de celui qui a d'abord possédé justement.*

Vers 560. (Hist. IV, 115. Baluze, I, 7.)

Art. 4. Inter Romanos negotia causarum romanis legibus præcipimus terminari (4).

N°. 13. — Ordonnance de *Gontran* (præceptio) *sur l'observation des fêtes et dimanches.*

Concile de Mâcon, 4e. jour avant les ides de novembre, 585, an 24e. du règne. (Hist. IV, 116. Baluze, I, 11.)

---

(1) Il est attribué par Baluze à Clotaire II.
(2) Il est attribué par Baluze à Childebert II et à Clotaire II; mais dans la collection des hist., à Childebert Ier. et Clotaire Ier.
(3) Baluze, I, 19, l'attribue à Clotaire II.
(4) Les Lois françaises, en vigueur dans les établissemens français de l'Inde, sont personnelles et n'obligent pas les indigènes. V. l'Arrêté du gouverneur général, du 6 janvier 1819, portant promulgation des Codes. Collect. *Isambert*, 1820, p. 602.

N°. 14. — Traité entre *Gontran* et *Childebert*, fait de l'avis des évêques et des grands.

Andelaw, 587. (Baluze, I, 11.)

N°. 15. — Décret de *Gontran* qui défend aux évêques de consommer leurs revenus à nourrir des oiseaux de proie et des meutes de chiens.

589. (Goldast, Const. Imp. III, 635.)

N°. 16. — Pacte (en 8 art.) sur l'exécution du traité d'*Andelaw*.

593. (Baluze, I, 15.)

N°. 17. — Décret de *Childebert* sur les successions collatérales l'inceste, le rapt, l'homicide, le vol, etc., etc.

Cologne, vers 595. (Baluze, I, 17.)

N°. 18. — *Fragment d'un Décret de Clotaire II (en 18 art.), sur le vol, portant, entr'autres choses, que si quelqu'un refuse d'aider la poursuite contre un voleur, il sera puni d'amende, et faisant défenses aux juges de violer ce décret, sous peine de mort.*

Vers 595. (Baluze, I, 19.)

N°. 19. — Édit de *Clotaire II*, porté dans une assemblée synodale des évêques, des grands, des optimates et fidèles rassemblés en concile, contenant diverses dispositions sur l'élection des évêques, les impôts, etc.

Paris, 15 des calend. de nov. 614 (1), an 31 du règne de Clotaire II. (Hist. IV, 118.)

Felicitatem regni nostri in hoc magis magisque, divino intercedente suffragio, succrescere non dubium est, si quæ in regno Deo propitio nostro bene acta, statuta atque decreta sunt, inviolabiliter nostro studuerimus tempore custodire, et quæ contra rationis ordinem acta vel ordinata sunt, ne inantea,

---

(1) Baluze, I, 21, la reporte à l'année 595.

quod avertat Divinitas, contingant, disposuerimus Christo præsule per hujus edicti nostri tenorem generaliter emendare. Ideoque definitionis nostræ est, ut canonum statuta in omnibus conserventur, et quod per tempora ex hoc prætermissum est, vel dehinc perpetualiter observetur.

1. Ita ut, episcopo decedente, in loco ipsius, qui à metropolitano ordinari debet cum provincialibus, à clero et populo eligatur; et si persona condigna fuerit, per ordinationem principis ordinetur, vel certè, si de palatio eligitur, per meritum personæ et doctrinæ ordinetur (1).

2. Ut nullus episcoporum se vivente eligat successorem; sed tunc alius ei substituatur, cum taliter afficeretur, ut ecclesiam suam nec clerum regere possit. Itemque ut nullus vivente episcopo adoptare locum ejus præsumat. Quod si petierit, ei minimè tribuatur.

3. Si quis clericus quolibet honore munitus, contempto episcopo suo vel prætermisso, ad principem aut ad potentiores quasque personas ambulare, vel sibi patrocinium elegerit expetendum, non recipiatur, præter si pro venia videtur expetere. Et si pro quâlibet causâ principem expetierit, et cum ipsius principis epistolâ ad episcopum suum fuerit reversus, excusatus recipiatur. Is qui ipsum post admonitionem pontificis sui retinere præsumpserit, sanctâ communione privetur.

4. Ut nullus judicum de quolibet ordine clericos de civilibus causis, præter criminalia negotia, per se distringere aut damnare præsumat, nisi convincitur manifestus; excepto præsbytero aut diacono. Qui vero convicti fuerint de crimini capitali, juxtà canones distringantur, et cum pontificibus examinentur.

5. Quod si causa inter personam publicam et hon es ecclesiæ steterit, pariter ab utraque parte præpositi ecclesiarum, et judex publicus in audientiâ publicâ positi ea debeant judicare.

6. Cuicunque defuncto si intestatus decesserit, propinqui absque contrarietate judicum in ejus facultate juxtà legem succedant.

7. Libertos cujuscunque ingenuorum à sacerdotibus juxtà

---

(1) Nous croyons que le *præceptum* de Dagobert, de 636, est une ordonnance d'ordination ou d'approbation de l'élection canonique, et non une nomination directe. (Is.)

textus chartarum ingenuitatis suæ defensandos, nec absque præsentiâ episcopi aut præpositi ecclesiæ esse judicandos, vel ad publicum revocandos.

8. Ut ubicunque census novus impiè additus est, et à populo reclamatur, justâ inquisitione misericorditer emendetur.

9. De teloneo, ut per ea loca debeat exigi, vel de speciebus ipsis, de quibus præcedentium principum tempore, id est, usque ad transitum bonæ memoriæ dominorum parentum nostrorum, Guntchramni, Chilperici, Sigeberti regum est exactum.

10. Judæi super Christianos actiones publicas agere non debeant. Quare qui se quæstuoso ordini sociare præsumpserit, severissimam legem ex canonicâ incurrat sententiâ.

11. Ut pax et disciplina in regno nostro sit Christo propitiante perpetua, rebellio vel insolentia malorum hominum severissimè reprimatur.

12. Ut nullus judex de aliis provinciis aut regionibus in alia loca ordinetur; ut si aliquid mali de quibuslibet conditionibus perpetraverit, de suis propriis rebus exindè, quod malè abstulerit, juxta legis ordinem debeat restituere.

13. Præceptiones nostræ per omnia impleantur, etc. (*desunt reliqua hujus capitis, cum duobus sequentibus*, 14 et 15).

16. Quidquid parentes nostri anteriores principes vel nos per justitiam visi sumus concessisse et confirmasse, in omnibus debeat confirmari.

17. Et quæ unus de fidelibus ac leodibus, suam fidem servando domino legitimo, interregno faciente visus est perdidisse, generaliter absque aliquo incommodo de rebus sibi justè debitis præcepimus revestiri.

18. Puellas et viduas religiosas, aut sanctimoniales, quæ se Deo voverunt, tam quæ in propriis domibus resident, quàm quæ in monasteriis positæ sunt, nullus nec per præceptum nostrum competat, nec trahere, nec sibi in conjugio sociare penitùs præsumat. Et si quis exindè præceptum elicuerit, nullum sortiatur effectum. Et si quicunque aut per virtutem aut per quemlibet ordinem ipsas detrahere, aut sibi in conjugium præsumpserit sociare, capitali sententiâ feriatur. Et si in ecclesiâ conjugium fecerint, et illa rapta, aut rapienda in hoc consentire videbitur, sequestrati ab invicem in exilio deportentur, et facultates eorum propinquis hæredibus socientur.

19. Episcopi verò vel potentes, qui in aliis possident regionibus, judices vel missos discussores de aliis provinciis non

instituant nisi de loco, qui justitiam percipiant, et aliis reddant.

20. Agentes igitur episcoporum aut potentum per potestatem nullius rei collecta solatia, nec auferant, nec cujuscumque contemptum per se facere non præsumant.

21. Porcarii fiscales in silvas ecclesiarum aut privatorum absque voluntate possessoris in silvas eorum ingredi non præsumant.

22. Neque ingenuus, neque servus, qui cum furto non deprehenditur, ab judicibus, aut ad quemcunque interfici non debeat inauditus.

23. Et quando quidem pastio non fuerit, unde porci debeant saginari, cellarinsjs in publico non exigatur.

24. Quicunque vero hanc deliberationem, quam cum pontificibus vel tam magnis viris optimatibus aut fidelibus nostris in synodali concilio instituimus, temerare præsumpserit, in ipsum capitali sententia judicetur, qualiter alii non debeant similia perpetrare.

25. Quam auctoritatem vel edictum perpetuis temporibus valiturum, manûs nostræ subscriptionibus decrevimus roborandum. Hamingus. Clotacharius in Christi nomine rex hanc definitionem subscripsi.

Data sub die 15 kalendas novembris, anno 31 regni nostri, Parisiis.

N°. 20. — Pactus *Legis Salicæ* (1).

Vers 630. (Hist. des Gaules, IV, 122-221.)

Gens Francorum inclyta, auctore Deo condita, fortis in armis, firma pacis fœdere, profunda in consilio, corpore nobilis et incolumis, candore et formâ egregia, audax, velox et aspera, nuper ad catholicam fidem conversa, immunis ab hæresi; dùm adhuc teneretur barbarie, inspirante Deo, inquirens scientiæ clavem, juxtà morem suorum qualitatum

---

(1) Corrigé par Clovis, Childebert et Clothaire, vers l'an 500 (la première rédaction est de l'an 422 ou 424. V. ci-dessus), revu et publié par Dagobert Ier. C'est du moins ce que l'on conjecture d'après le second préambule, où ce roi est nommé comme ayant fait corriger par quatre jurisconsultes la Loi des Ripuaires, des Bavarois et des Allemands, rédigée par Thierry, fils de Clovis. Il est probable que la Loi salique a été publiée en même temps que ces trois Codes. Baluze, dont le précieux travail n'est à proprement parler

desiderans justitiam, custodiens pietatem, dictaverunt (1) salicam legem proceres ipsius gentis, qui tunc temporis apud eamdem erant rectores.

Sunt autem electi de pluribus viri quatuor his nominibus, *Wisogast, Bodogast, Salogast* et *Windogast*, in locis quibus nomen, *Salagheve, Bodogheve* et *Windogheve*. Qui per tres mallos convenientes, omnes caussarum origines sollicitè discurrendo, tractantes de singulis, judicium decreverunt hoc modo.

At ubi, Deo favente, Clodoveus comatus et pulcher et inclytus rex Francorum, primus recepit catholicum baptismum, quidquid minùs in pacto habebatur idoneum, per præcelsos reges Clodoveum et Childebertum et Clotarium fuit lucidiùs emendatum, et procuratum decretum hoc: *Vivat qui Francos diligit Christus, eorum regnum custodiat, et rectores de lumine suæ gratiæ repleat, exercitum protegat, fidei monumenta tribuat, pacis gaudia et felicitatem, tempora dominantium dominus Christus Jesus pietate conducat.*

Hæc est enim gens, quæ fortis dùm esset et robore valida, Romanorum jugum durissimum de suis cervicibus excussit pugnando; atque post agnitionem baptismi, sanctorum martyrum corpora (quæ Romani igne cremaverunt, vel ferro trucidaverunt, truncaverunt, aut bestiis laceranda projecerunt) sumptuosè auro et lapidibus pretiosis exornavit.

De legum inventoribus, et earum ratione (2).

Moyses genti Hebrææ primus omnium divinas leges sacris litteris explicavit. Phoronæus rex Græcis primus leges et judicia constituit: Mercurius Trismegistus primus leges Ægyptiis tradidit: Solon primus leges Atheniensibus dedit. Lycurgus primus Lacedæmoniis jura ex Apollinis auctoritate confinxit. Numa Pompilius, qui Romulo successit in regnum, primus leges Romanis edidit. Deindè cum populus magistra-

---

consacré qu'aux Capitulaires, c'est-à-dire aux Lois des Carlovingiens, n'a donné que le texte de Charlemagne.

L'ancienne rédaction de la Loi salique, savamment rétablie par Eccard, se trouve avec les variantes de deux manuscrits dans le tome IV du Recueil des historiens; c'est de là que nous tirons le préambule ci-après, omis par Baluze.

(1) Il y a une variante, *dictavit legem salicam per proceres*, etc.
(2) Il serait possible que ce second prologue fût, ainsi qu'il le parait, tout-à-fait étranger à la Loi salique; on ne le trouve pas dans toutes les éditions. (Is.)

tus seditiosos ferre non posset, decemviros legibus scribendis creavit, qui leges Solonis in latinum sermonem translatas XII tabulis exposuerunt.

Hi decemviri legum conscribendarum electi sunt. Leges autem redigere in libros primus consul Pompeius instituere voluit; sed non perseveravit, obtrectatorum metu. Deinde Cæsar cœpit id facere, sed ante interfectus est. Paulatim antiquæ leges vetustate et incuriâ exoleverunt; quarum etsi nullus jam usus est, notitia tamen necessaria videtur. Leges novæ à Constantino cœperunt Cæsare et reliquis succedentibus : erantque permixtæ et inordinatæ. Posteà Theodosius minor Augustus ad similitudinem Gregoriani et Hermogeniani codicem factum constitutionum à Constantini temporibus sub proprio cujusque imperatoris titulo disposuit, quem à suo nomine Theodosianum vocavit.

Deinde unaquæque gens propriam sibi ex consuetudine elegit legem : longa enim consuetudo pro lege habetur.

Lex autem est constitutio scripta : mos est vetustate probata consuetudo, sive lex non scripta : nam lex à legendo vocata, quia scripta est; mos autem est consuetudo longa de moribus tracta tantumdem.

Consuetudo autem est jus quoddam moribus institutum, quod pro lege suscipitur.

Lex erit omne quod jam ratione constiterit, quod disciplinæ conveniet, quod saluti proficiat.

Vocata autem consuetudo, quia in communi usu est.

Theodoricus (1) rex Francorum cum esset Cathalaunis, elegit viros sapientes, qui in regno suo legibus antiquis eruditi erant : ipso autem dictante, jussit conscribere legem Francorum, Alamanorum et Bajoariorum : et unicuique genti, quæ in ejus potestate erat, secundùm consuetudinem suam; addidit quæ addenda, et improvisa et incomposita resecavit : et quæ erant secundùm consuetudinem Paganorum, mutavit secundùm legem Christianorum. Et quidquid Theodoricus rex propter vetustissimam Paganorum consuetudinem emendare non potuit, posthæc Childebertus rex inchoavit corrigere : sed Chlotharius rex perfecit. Hæc omnia Dagobertus rex gloriosissimus per viros illustres Claudio, Chadoin, Domagno, Agillofo renovavit : et omnia veterum legum in melius transtulit;

---

(1) Ce qui suit se trouve séparément dans Baluze, et sert, avec quelques variantes, de préface au texte des Lois des Ripuaires, des Bavarois et des Allemands.

unicuique quoque genti scripta tradidit. Factæ autem sunt leges, ut earum metu humana coerceretur nequitia, tutaque sit inter improbos innocentia; et in ipsis improbis formido suppliciorum; et ut refræneutur nocendi facultates.

Hoc decretum est apud regem et principes ejus, et apud cunctum populum christianum, qui infrà regnum MERWINGO-RUM *consistunt.*

INDEX *des titres du pacte de la Loi salique.*

1. De mannire.
2. De furtis porcorum.
3. De furtis animalium.
4. De furtis ovium.
5. De furtis caprarum.
6. De furtis canum.
7. De furtis avium.
8. De furtis arborum.
9. De furtis apium.
10. Si damnum in messe, vel in quâlibet clausurâ illatum fuerit.
11. De servis mancipiis furatis.
12. De furtis ingenuorum vel effracturis.
13. De furtis servorum vel effracturis.
14. De ingenuis hominibus qui mulieres ingenuas rapiant.
15. De eo qui uxorem tulerit alienam vivo marito.
16. De superventis.
17. De expoliationibus.
18. De eo qui villam alienam adsalierit.
19. De incendiis.
20. De vulneribus.
21. De eo qui hominem innocentem apud regem accusaverit.
22. De maleficis.
23. De manu mulierum non stringendâ.
24. De navibus furatis.
25. De furtis in molino commissis.
26. De caballo ascenso.
27. De furtis diversis.
28. De homicidiis parvulorum.
29. De adulteriis ancillarum.
30. De libertis dimissis.
31. De elocationibus.
32. De debilitatibus.
33. De convitiis.
34. De viâ laciná.
35. De ligaminibus ingenuorum.
36. De venationibus.
37. De sepibus.
38. De homicidiis servorum, vel expoliationibus.
39. De quadrupedibus qui hominem lædunt.
40. De vestigio minando.
41. De furtis caballorum.
42. De plagiatoribus.
43. De servo qui de furto fuerit inculpatus.
44. De homicidiis ingenuorum.
45. De homicidiis à contubernio factis.
46. De homicidiis in convivio factis.
47. De re-ipus.
48. De migrantibus.
49. De adframire.
50. De filtortis, qui salicâ lege vivunt.
51. De falso testimonio.
52. De testibus adhibendis.
53. De fide factâ.
54. De andocmito.

55. De rem præstatâ.
56. De manu ab æneo redimendâ.
57. De gravione occiso.
58. De corporibus expoliatis.
59. De despectionibus.
60. De rathinburgiis.
61. De chren-crude.
62. De alodis.
63. De eo qui se de parentillâ tollere vult.
64. De haroweno.
65. De compositione homicidii.
66. De homine in hoste occiso.
67. De herburgio.
68. De caballo excorticato.
69. De eo qui hominem vivum de furcâ tulerit.
70. De eo qui filiam alienam acquisierit, et se retraxerit.
71. De basilicâ incensâ.
72. De terrâ commendatâ.
73. De cultello sexaudro.
74. De chreodibâ.
75. De muliere gravidâ occisâ.
76. De antrussione.
77. De eo qui in alienâ domo resedit.
78. In quantas causas thalaptus debeant jurare.
79. De delaturâ.
80. Incipiunt chunnas.

Tit. LXII, art. 6. — *De terrâ salicâ, nulla portio hæreditatis mulieri veniat. Sed ad virilem sexum tota terræ hæreditas perveniat* (1).

N°. 21. — *Publication, par Dagobert Ier, de la nouvelle rédaction de la Loi des Francs Ripuaires, en 89 capitules.*

Vers 630. (Baluze, I, 27-55.)

N°. 22. — *Publication, par le même, de la Loi des Allemands, en 99 capitules.*

Vers 630. (Baluze, I, 56-91.)

N°. 23. — *Publication, par le même, de la Loi des Bavarois, en 21 titres.*

Vers 630. (Baluze, I, 95-139.)

---

(1) D'après l'opinion commune, la terre *salique* est une dotation faite à la charge du service militaire. La couronne aurait été un fief militaire; de là on a conclu que les femmes en étaient exclues. — *Cætera similes, unô differunt Sitones; quod fæmina dominatur* (Tacite, *de Morib. German.* 45). — Ce principe a été appliqué dans l'assemblée des prélats, seigneurs et bourgeois, en faveur de Philippe-le-Long, en 1317. — En faveur de Philippe-de-Valois, à l'exclusion d'Edouard III, en 1328. — En faveur de Henri IV, arrêt du parlement, 1593. *Voyez* le décret du 17 sept. 1789, sanct. le 5 octobre. — Sénatus-cons. du 28 floréal an 12, art.^e 1er.

N°. 24. — Déclaration (1) de *Dagobert* (præceptum) qui, sur la pétition des habitans, ordonne que celui qu'ils ont désigné soit consacré évêque de Cahors, aux acclamations du clergé et du peuple.

6 des ides d'avril 636, 8e. année du règne. (Baluze, I, 142.)

N°. 25. — Ordonnance de *Sigibert*, en forme de lettre, portant qu'aucun concile synodal ne pourra être célébré dans le royaume sans la permission du roi.

Vers 650. (Baluze, I, 143.)

N°. 26. — *Diplôme de Charles-Martel*, portant don en faveur du monastère de Saint-Denis.

Cet acte est daté de l'an 5e. *après la mort* de Thierry IV. — Palais de Kiersy, 17 sept. 741. (Hist. IV, 707.)

N°. 27. — Ordonnance (præceptum) de *Pépin*, en faveur de l'église de Mâcon.

Cet acte est daté de la 20. année de sa principauté, sans aucune mention du régnant. — Metz, calend. de janv. 743. (Hist. IV, 708.)

---

(1) Voyez ci-dessus l'art. 1er. de l'édit de 614.

CAPITULAIRES

DES

CARLOVINGIENS.

IIe. SÉRIE.

752 A 987.

CAPITULAIRES DES CARLOVINGIENS,

ou NOTICE CHRONOLOGIQUE

DES PRINCIPAUX CAPITULAIRES, LETTRES, CONSTITUTIONS, DÉCRETS, ÉDITS, ORDONNANCES, CHARTES, etc.

DES ROIS CARLOVINGIENS.

752 — 987.

PÉPIN.

Ce prince fut élevé sur le bouclier ou sur le trône, à Soissons, en 752 (vers le 1er. mars); sacré par le pape, à Saint-Denis, 754 (1). — Mort au même lieu, le 18 ou 24 septembre 768.

N°. 1er. — RÉCIT (2) (*clausula*), portant que Pépin a été créé roi par l'autorité et le commandement du pape Zacharie, et l'élection de tous les Francs, qu'il a reçu l'onction du saint-crême des mains des évêques des Gaules. Trois ans après, il fut oint et béni dans l'église de Saint-Denis, avec Charles et Carloman, ses fils, et la reine Bertrade, par le pape Etienne, qui porta peine d'excommunication contre quiconque oserait élire, à l'avenir, un roi d'une autre souche.

Vers 754. (Appendice du contin. de Frédégaire, hist. V, 9.)

CAPITULAIRES SYNODAUX SUR LA DISCIPLINE ECCLÉSIASTIQUE.

N°. 2. — 1er. CAPITULAIRE contenant des dispositions sur les prohibitions de mariage, le divorce, l'inceste, etc.

Palais de Vermerie, 752. Baluze, I, 162. Hist. V, 637.

1. De conjugiis in tertio et quarto gradu.
2. De eo qui cum uxoris suæ filiâ carnale commercium habuit.
3. Quod relictam sacerdotis uxorem ducere non liceat.
4. De feminis sponte vel invito vel sine virorum consensu velatis.
5. De eo cui mortem uxor cum aliis machinata est.

---

(1) C'est le premier de nos rois qui se soit fait couronner et sacrer avec les cérémonies de l'église. (Hénault, Abr. chr.)

(2) A. Guillon a contesté l'authenticité de cette pièce dont il attribue la fabrication aux moines de St.-Denis, en 840. — Suivant lui, le pape n'a pu disposer alors de la couronne. Du reste, il ne conteste pas la vérité des faits relatifs à l'élection et au sacre.

6. De ingenuo qui ancillam duxit pro ingenuâ, et de ingenuâ quæ servo nupsit pro ingenuo.
7. De servo qui ancillam suam concubinam habuit, et illâ relictâ domini ancillam vult ducere.
8. Servus à domino libertate donatus, si posteà cum ejus ancillâ mœchatur, cogi potest ut uxorem illam habeat.
9. De muliere quæ virum suum in alio pago sequi non vult.
10. De filio qui cum novercâ mœchatus est.
11. De eo qui cum privignâ vel cum uxoris sorore mœchatur.
12. De eo qui cum duabus sororibus dormierit.
13. Qui ancillam volens uxorem duxit, cum eâ permaneat.
14. Ut ab episcopis vagis presbyteri non ordinentur.
15. Presbyter degradatus potest in necessitate baptizare.
16. Ne clerici arma gerant.
17. De muliere quæ viri impotentiam causatur.
18. De eo qui cum uxoris suæ consobrinâ mœchatur.
19. De servo et ancillâ, si per venditionem separentur.
20. Ut chartularius qui cum ancillâ fornicatur, eam libertate donatam uxorem habere cogatur.
21. Qui uxorem velari permisit, aliam ne ducat.

N°. 3. — 2°. Capitulaire *sur la fornication, l'inceste, le parricide.*

Palais de Vermerie, 752. Baluze, I, 165. Hist. V, 637.

1. De illo qui cum uxore fratris sui fornicatus est.
2. De illo qui sponsam filii sui oppresserit.
3. De eo qui filiastrum aut filiastram antè episcopum tenuerit.
4. De illo qui cum filiastrâ, ignorante matre, fornicatus est.
5. De illo qui cum duabus sororibus fornicatus est.
6. Si quis propter faidam fugit.
7. De incestis.
8. De parricidis.
9. Item de incestis.

N°. 4. — 3°. Capitulaire *sur les évêchés, la convocation des synodes, le pouvoir des évêques, la discipline des monastères, l'administration du baptême, l'excommunication et ses effets, la publicité des mariages, la séparation du pouvoir séculier, la perception des péages, les causes des veuves et des orphelins, la simonie, l'administration impartiale de la justice, le recours au prince contre les jugemens contraires aux lois, etc.*

Palais de Vernon, 755. Baluze, I, 167. Histoire V, 638.

1. Ut unaquæque civitas suum habeat episcopum.
2. De episcopis metropolitarum vice constitutis.

3. Ut episcopus in suâ parrochiâ omnium corrigendorum habeat potestatem.
4. De duabus synodis per singulos annos convocandis.
5. Quâ ratione sint emendandi qui virorum aut puellarum monasteriis præsunt.
6. Ne abbatissa duobus præsit monasteriis, nec extrà monasterium, nisi rex vocet, licentiam habeat exeundi. De monialibus item, ne exeant, et ut lapsæ in monasterio ipso pœnitentiam agant, ut per alios ipsarum necessitates regi vel synodo suggerantur. Et de probatione earum quæ regulariter vivere volunt.
7. Ut publicum baptisterium, nisi jussu episcopi, nullum constituatur.
8. Ut omnes presbyteri episcopo subsint, nec sine illius jussione baptizent, nec missas faciant.
9. Excommunicari eos qui cum excommunicatis communicant. Quæ lex sit excommunicatis, et de iis qui adversùs excommunicationem reclamant, vel eam parvipendunt.
10. Ut monachi Romam vel ad alia loca non vagentur, et si quis ob negligentiam abbatis ad aliud monasterium migrare velit, cum episcopi consensu liceat.
11. Ut clerici omnes sub manu vivant episcopi, vel in monasterio sub ordine regulari.
12. Ut clerici ab ecclesiis suis ad alias non migrent. Et ut alterius ecclesiæ clericum nemo suscipiat.
13. De episcopis vagantibus, ut neque ministrent, neque ordinationem ullam faciant sine licentiâ episcopi cujus parrochia est.
14. Die dominico quid operis facere liceat aut non liceat.
15. Ut nuptiæ omnes publicæ fiant.
16. Ut clerici secularibus negotiis non implicentur.
17. Ut, mortuo episcopo, ecclesia supra tres menses sine pastore non relinquatur.
18. Ut clerici publica judicia sine jussu episcopi non petant.
19. Ut ecclesiarum immunitates illibatæ serventur.
20. De ratiociniis monasteriorum, quæ regi vel episcopo debentur.
21. Ut episcopi singuli presbyteratus sibi competentes obtineant.
22. De teloneiis, ut à peregrinis non exigantur, neque in iis locis ubi esse non debent.
23. Ut judices viduarum et orphanorum atque ecclesiæ causas primo audiant loco.
24. Ut nullus per pecunias ad honores ecclesiasticos accedat.
25. Ut episcopi et alii judices pro justitiâ faciendâ sportulas non accipiant.
26. De teloneis.
27. De monetâ.
28. De immunitatibus conservandis.
29. De justitiâ faciendâ (1).
30. De ecclesiasticis viris qui se reclamare ad palatium veniunt.

---

(1) Montesq. (l. 28, ch. 28) trouve, dans cet article et dans les art. 9 et 10 du Capitul. suivant, la preuve que l'appel de faux jugemens à la cour du roi était établi, et toutes autres sortes d'appels proscrits et punis.

N°. 5. — 4°. Capitulaire *sur l'inceste, le privilége des ecclésiastiques en matière criminelle, la convocation aux synodes, la dîme, etc.*

Metz, 756. (Baluze, I, 177. Hist. V, 642.)

1. De incestis.
2. De ecclesiasticis viris.
3. De presbyteris et clericis, ut eos archidiaconus convocet ad synodum.
4. De his qui res ecclesiasticas verbo domni regis tenent.
5. Ut presbyteri qui vicos vel ecclesias tenent, ceram vel alios census ad matrem civitatis ecclesiam persolvant, sicut consuetudo fuit.

Les cinq autres articles, comme les cinq derniers du précédent.

N°. 6. — 5°. Capitulaire *fait dans l'assemblée générale du peuple sur les prohibitions de mariage, l'admission des femmes mariées dans les monastères, la dissolution des mariages entre libres et esclaves, la perte de virginité, cause de divorce, ainsi que la lèpre, le baptême, l'inceste.*

Compiègne, 757. (Baluze, I, 179. Hist. V, 642.)

1. Quod conjuges in quarto consanguinitatis gradu non separentur; in tertio autem, vel ex tertio et quarto mixti separentur.
2. Quod in tertio affinitatis gradu vel in tertio et quarto conjuncti separentur.
3. Si uxor sine viri sui consensu velata est, repetere illam vir potest, si velit.
4. Privigna libera, si à vitrico contrà suam et suorum voluntatem viro data est, potest, illo relicto, alteri nubere.
5. De conjugibus quorum alter servilis est conditionis.
6. De vassalo qui, relictâ uxore, quam in alterius beneficio duxerat, alteri apud seniorem suum conjungitur.
7. Si quis uxorem, quam virgo duxit, corruptam inveniens, alteram ducat, et hâc item ob eamdem causam relictâ, tertiam accipiat.
8. De eo cujus uxor cum ipsius fratre moechata est.
9. De eo qui à presbytero non baptizato baptizatus est.
10. De patre qui filii sui sponsam oppressit, et posteà filius ipsam accepit.
11. Ut quoquo modo mulier velum sponte acceperit, non dimittat.
12. De eo qui filiastrum vel filiastram ante episcopum tenuerit.
13. Si quis conjugem dimiserit, et monasterium ingredi aut velari permiserit.
14. De illo qui cum matre et filiâ moechatus est.
15. De eo qui cum unâ sororum moechatus alteram in uxorem ducit.
16. Si conjugum alter sit leprosus, potest alter cum illius consensu, aliud inire conjugium.
17. Quando uxor negat sibi

fuisse cum marito commer- | uxore fugit, aliam non du-
cium, et maritus contrà | cat.
fuisse affirmat.

18. Qui propter inimicitias in | *Les trois autres articles, comme*
aliam regionem dimissâ | *dans les trois premiers du capi-*
| *tulaire précédent.*

N°. 7. — LETTRE *prescrivant des prières publiques pour l'abondance des biens de la terre.*

764. (Baluze, I, 185. Hist. V, 644.)

Pippinus gratiâ Dei rex Francorum vir inluster Domino sancto Patri Lullo Episcopo (1).

Cognitum scimus sanctitati vestræ qualem pietatem et misericordiam Deus fecit præsenti anno in terrâ istâ. Dedit tribulationem pro delictis nostris, post tribulationem autem magnam atque mirabilem consolationem sive abundantiam fructus terræ, quem modo habemus. Et ob hoc atque pro aliis causis nostris opus est nobis illi gratias agere, quia dignatus est servos suos consolari per ejus misericordiam. Sic nobis videtur, ut absque jejunio indicto unusquisque episcopus in suâ parrochiâ letanias faciat, non cum jejunio, nisi tantùm in laude Dei, qui talem nobis abundantiam dedit; et faciat unusquisque homo suâ eleemosynâ pauperes pascat. Et sic prævidere faciatis et ordinare de populo nostro, ut unusquisque homo, aut vellet, aut nollet, suam decimam donet. — Valete in Christo.

N°. 8. — *Convention faite avec le consentement des grands et des évêques, portant division du royaume des Francs entre Charles et Carloman, fils de Pépin, peu de temps avant la mort de ce dernier* (2).

Saint-Denis, 768. (Baluze, I, 187.)

---

(1) Quoique cette lettre paraisse individuelle, l'ordre qu'elle contient ayant été donné aux autres évêques, Baluze la qualifie, constitution générale.

(2) Cette charte de division est perdue, mais son existence est attestée par deux anciens historiens, qui nous apprennent ce qui se passa dans cette assemblée. Montesq. y remarque deux choses en quelque façon contraires ; que Pépin fit le partage, du consentement des grands, et ensuite, qu'il le fit par un droit paternel. Cela prouve que le droit du peuple, dans cette race, était d'élire dans la famille : c'était, à proprement parler, plutôt un droit d'exclure qu'un droit d'élire. (Esp. des L. liv. 21, ch. 17.)

CHARLEMAGNE.

Associé au trône en 754. — Couronné à Noyon, le 9 octobre 768, pendant que Carloman, son frère, et comme lui copartageant, l'était à Soissons, le même jour. — Seul roi, 4 décembre 771. — Roi d'Italie, en 774 (1). — Sacré et couronné par le pape Empereur d'Occident, à Rome, le jour de Noël, an 800. Mort 28 janv. 814.

N°. 9. — 1ᵉʳ. CAPITULAIRE *contenant des dispositions sur la discipline ecclésiastique, sur les mœurs, la tenue des assemblées nationales, etc.*

769. (Baluze, I, 189. Hist. IV, 645.)

1. Ut servi Dei in hostem non pergant, nisi illi qui necessarii sunt propter divinum ministerium.
2. Ne sacerdotes fundant sanguinem christianorum vel paganorum.
3. Ut servi Dei venationes non exerceant.
4. De episcopis et presbyteris ignotis, quomodo admittantur ad ministerium ecclesiasticum.
5. De sacerdotibus qui plures uxores habuerint.
6. Ut unusquisque episcopus provideat in suâ parrochiâ ne populus agat paganias aut superstitiones.
7. Ut parrochiam suam singulis annis unusquisque episcopus circumeat.
8. Ut præsbyteri episcopis suis subjecti sint, et ut Quadragesimæ tempore rationem ministerii sui eis reddant.
9. Ne aliquis accipiat ecclesiam infrà parrochiam sine consensu episcopi sui.
10. Ut sacerdotes magnam curam habeant de incestis et infirmis et pœnitentibus.
11. De jejunio Quatuor Temporum.
12. Ut bis in anno ad mallum omnes veniant.
13. Ut nullus negligens sit quando pro rege vel fidelibus suis orandum fuerit.
14. Ut sacerdos nisi in locis consecratis missam non celebret.
15. De sacerdotibus qui ministerium suum adimplere non valent.
16. Ut sacerdos qui admonitionem episcopi sui contempserit, deponatur.
17. Ut nullus judex neque presbyterum neque diaconum aut clericum sine consensu episcopi sui distringat.
18. Ut nullus episcoporum vel secularium alterius cujusquam res retinere præsumat.

(1) Reconnu roi d'Italie; et Patrice de Rome, par le décret fameux d'Adrien Iᵉʳ. (de 774) qui, l'année suivante, lui accorde, dans un concile, le droit d'ordonner de l'élection des papes, et de la confirmer. (Hén. Abr. chr.)

Karolus, gratiâ Dei, rex regnique Francorum rector, et devotus sanctæ ecclesiæ defensor, atque adjutor in omnibus apostolicæ sedis (1).

N°. 10. — 2°. CAPITULAIRE *sur la hiérarchie et la discipline ecclésiastique, la prestation de la dîme, la punition des voleurs et des parjures, la confirmation des lois de Pépin, la sûreté des voyageurs, le déni de justice, etc., fait en concile synodal des évêques, abbés et notables.*

Mars, 779, an 11 du règne. (Baluze, I, 195. Hist. V, 646.)

1. Ut suffraganei episcopi subjecti sint metropolitanis.
2. Ut episcopi ordinentur ubi non sunt.
3. Ut monasteria regularia regulam custodiant.
4. De potestate episcoporum super presbyteros et clericos.
5. Ut episcopi incestuosos emendent et viduas.
6. De alterius clerico episcopi non recipiendo nec ordinando.
7. De decimis dandis et per jussionem episcopi dispensandis.
8. De reis qui mori debent, ut ab ecclesia non defensentur.
9. Qualiter de latronibus faciendum sit.
10. De perjuris.
11. De latronibus justè peremptis, et de hominibus injustè punitis.
12. Ut ea conserventur, quæ in placitis et synodis Pippinus rex constituit.
13. De nonis et decimis vel censu ecclesiarum.
14. De truste non facienda.
15. De tributariis ecclesiarum.
16. Ut sacramentum pro gildonia non fiat.
17. Ut itinerantibus nullus impedimentum faciat.
18. De teloneis forbannitis.
19. Ut mancipia non sine testibus vendantur.
20. De loricis extrà regnum non vendendis.
21. Qualiter de comitibus vel vassis dominicis justitias non facientibus agendum sit.
22. De his qui pretium pro faidâ recipere, et justitiam facere nolunt.
23. De latronibus bis per membra et tertiò per vitam puniendis.

N°. 11. — CONSTITUTION *(en forme de lettre) pour l'établissement d'écoles dans chaque évêché et monastère.*

788. (Baluze, I, 202.)

---

(1) C'est de là que vient le titre de Roi très-chrétien donné aux souverains de France.

N°. 12. — CONSTITUTION *qui approuve les livres d'office d'église rédigés par Paul-le-Diacre, et ordonne qu'ils soient reçus dans toutes les églises.*

788. (Baluze, I, 205.)

N°. 13. — CHARTE OU CAPITULAIRE *sur la discipline ecclésiastique, la forme et les règles des excommunications canoniques, etc.*

Palais d'Aix-la-Chapelle, 10 des cal. d'avril, an 21 du règne, 789. (Baluze, I, 209. Hist. V, 548.)

1. De his qui ab episcopo proprio excommunicantur.
2. De his qui ad ordinandum veniunt.
3. De clericis fugitivis et peregrinis.
4. De presbyteris, diaconis, vel his qui in clero sunt.
5. De usuris.
6. De presbyteris missas cantantibus et non communicantibus.
7. De his qui a synodo vel a suo episcopo damnati sunt.
8. De suffraganeis episcopis.
9. De chorepiscopis.
10. De episcopis vel quibuslibet ex clero.
11. De ordinationibus vel quibuslibet negotiis.
12. De cura episcoporum.
13. De provincialibus episcopis.
14. De monachis et clericis.
15. De die dominica, qualiter servanda est.
16. De ignotis angelorum nominibus.
17. De mulieribus, ne ad altare accedant.
18. De maleficis vel incantatoribus.
19. De episcopis, ubi non oportant eos constitui.
20. De libris canonicis.
21. De episcopis ordinandis vel quibuslibet ex clero.
22. De monachis et clericis et presbyteris, et de servis alterius non sollicitandis.
23. De stabilitate episcoporum vel clericorum.
24. De presbyteris non absolute ordinandis.
25. De proposito monachorum et clericorum.
26. De monachis qui ad clericatum provehuntur.
27. De negotio clericorum inter se.
28. De conspiratione clericorum vel monachorum.
29. De accusatione laicorum contra episcopos.
30. De monasteriis Deo dicatis.
31. De fide sanctæ Trinitatis prædicandâ.
32. De avaritiâ.
33. De his qui se convertunt ad Deum.
34. De his qui non sunt bonæ conversationis.
35. De his qui excommunicato communicaverint.
36. De subjectione præsbyterorum.
37. De clericis ecclesiastici ordinis.
38. Ut clerici non sint usurarii.

39. De virginibus Deo dicatis.
40. De principali cathedrâ episcoporum.
41. De falsis nominibus sanctorum.
42. De uxore à viro dimissâ.
43. De judicibus à metropolitano probatis.
44. De accusatione vilium personarum.
45. De virginibus velandis.
46. De oblatis pauperum.
47. De jejuniis à sacerdotibus constitutis.
48. De his qui contrà naturam peccant.
49. De presbyteris, quo tempore ordinentur.
50. De sponsâ alterius.
51. De monachis et virginibus propositum non servantibus.
52. De pace dandâ.
53. De nominibus recitandis.
54. De canonum institutis à presbyteris non ignorandis.
55. De clericis alterius episcopi.
56. De servis alterius.
57. De sacerdotibus contrà decretalia agentibus.
58. De viduis, ne velentur.

Item alia CAPITULA.

59. De fide catholicâ, et primo præcepto legis.
60. De pace et concordiâ servandâ.
61. De judicibus.
62. De perjuriis.
63. De auguriis vel aliis maleficiis.
64. De odio vel invidiâ, et de avaritiâ vel concupiscentiâ.
65. De homicidiis.
66. De furtis et injustis connubiis, et falsis testimoniis.
67. De honore parentum.
68. De fide presbyterorum ab episcopis discutiendâ.
69. De honore ecclesiæ Dei.
70. De ministris altaris Dei, et de scholâ.
71. De voto monachorum et de clericatu.
72. De mensuris et de ponderibus (*lesquels doivent être uniformes*).
73. De suceptione hospitum.
74. De abbatissis contrà morem ecclesiæ Dei facientibus.
75. De clericis qui se fingunt esse monachos.
76. De pseudographiis et dubiis narrationibus.
77. De mangonibus et nudis cum ferro.
78. De cantu romano à monachis peragendo.
79. De operibus servilibus quæ diebus dominicis non sunt agenda.
80. De prædicatione episcoporum ac presbyterorum.

N°. 14. — 2°. CAPITULAIRE *sur la réforme des moines, etc.*

789. (Baluze. I, 242.)

1. De monachis gyrovagis et sarabaitis.
2. De anachoretis, melius est ut hortentur in congregatione permanere quàm animus eorum alibi ambulare tentet.
3. Ut non parvipendentes sint pastores animarum sibi commissarum, nec majorem curam habeant de lucris terrenis quàm de animabus sibi commissis.

4. De obedientiâ quæ abbati debet exhiberi, et ut absque murmuratione fiat.
5. De decanis et præpositis, ut eorum mutatio secundùm regulam fiat.
6. De cellarariis monasterii, ut non avari mittantur, sed tales quales regula præcipit.
7. Ut ubi corpora sanctorum requiescunt, aliud oratorium habeatur ubi fratres secretè possint orare.
8. De eulogiis.
9. De susceptione hospitum, sicut regula continet.
10. De vestimentis monachorum, ubi superfluum est, abscidatur, et ubi minus, augeatur.
11. De noviter venientibus ad conversionem, ut secundùm regulam probentur, et non anteà suscipiantur nisi sicut regula jubet. Et nullus cogatur invitè repromittere. Et de obedientiâ, et de stabilitate permanendi, sicut regula habet.
12. De filiis nobilium qui offeruntur.
13. De ordinando abbate.
14. De fratribus in viâ directis.
15. Ut nullus abbas pro susceptione monachi præmium non quærat.
16. Ut disciplina monachis regularis imponatur, non secularis, id est, non orbentur, nec mancationes aliàs habeant nisi ex autoritate regulæ.

N°. 15. — 3ᵉ. CAPITULAIRE *sur les causes des pupilles et des orphelins, sur le serment de fidélité au roi, la clôture des abbayes, etc.*

789. (Baluze, I, 243. Hist. V, 649.)

1. Ut comites pupillorum et orphanorum causas primum audiant. Et in venationem non vadant illo die quandò placitum debent custodire, nec ad pastum.
2. De sacramento fidelitatis causâ quod nobis et filiis nostris jurare debent, quod his verbis contestari debet. *Sic promitto ego ille partibus domni mei Karoli regis et filiorum ejus quia fidelis sum et ero diebus vitæ meæ, sine fraude vel malo ingenio.*
3. De monasteriis minutis, ubi nonnanes sine regulâ sedent, volumus ut in uno loco congregatæ fiat regularis, et episcopi prævideant ubi fieri possit, et ut nulla abbatissa foràs monasterio exire præsumat sine nostra jussione, nec sibi subditas facere permittat; et earum claustra sint benè firmata, et nullatenùs ibi vinileodes scribere vel mittere præsumant. Et de pallore earum propter sanguinis minuationem.
4. De tabulis vel codicibus requirendis. Et ut nullus in psalterio vel in evangelio in aliis rebus sortire præsumat, nec divinationes aliquas observare.
5. Ut nullus glorietur per injustam rationem aut conquirere aliquid aut continere.
6. Ut illæ disciplinæ quæ propter legem conservandam sunt

6. constitutæ, propter præmium non dimittantur.
7. Ut audiant episcopi baptisterium presbyterorum, ut secundùm morem romanum baptisent.
8. De calceamentis secundùm romanum usum.
9. Ut in diebus festis vel dominicis omnes ad ecclesiam veniant; et non invitent presbyteros ad domos suas ad missas faciendas.
10. Omninò prohibendum est omnibus ebrietatis malum. Et istas conjurationes quas faciunt per sanctum Stephanum, aut per nos, aut per filios nostros, prohibemus. Et præcipimus ut episcopi vel abbates non vadant per casam miscendo.
11. De eo quod missi nostri providere debent ne fortè aliquis clamor super episcopum vel abbatem vel abbatissam vel comitem, seu super qualemcamque gradum sit, et nobis renuntiare.
12. De injustis teloneis.
13. De manu leprosi.
14. Ut monachi, et qui in gradu sacerdotali constituti sunt, ad secularia negotia non transeant. De reliquis tonsoratis detur spatium usque in synodum nostram.
15. Ut episcopi et abbates et abbatissæ cupplas canum non habeant, nec falcones, nec accipitres, nec joculatores.
16. De pauperibus in plateis vel in quadruviis jacentibus, ut ad ecclesiam veniant, et illorum confessiones donentur.
17. Ut super altaria teguria fiant vel laquearia.
18. Ut clocas non baptizent, nec chartas per perticas appendant propter grandinem.
19. Ut missi nostri provideant beneficia quomodò sint condirecta, et nobis renuntiare faciant.
20. De leprosis, ut se non intermisceant alio populo.
21. Et omninò missis nostris præcipimus ut bona quæ aliis per verbum nostrum docent facere, factis in seipsis ostendant.

N°. 16. — CAPITULAIRE (1), *fait en synode, sur le prix des denrées, les nouvelles monnaies, la justice ecclésiastique, la résidence des évêques, leur ordination, la destruction des bois sacrés, l'âge exigé pour la prêtrise, la faculté de prier Dieu en toute langue.*

Francfort, 794. (Baluze, I, 261.)

1. De indulgentiâ Tassiloni, duci Bajoariorum, à Karolo rege concessâ.
2. De stabili pretio annonæ, tum privatæ, tum publicæ.
3. De novis denariis, ut ab omnibus in omni loco accipiantur.
4. Ut episcopi justitias faciant in suis parrochiis.

(1) Le concile dans lequel fut fait ce capitulaire, est un des plus célèbres qui se soient tenus dans l'Occident; Charlemagne, en qualité d'empereur, y exerce la même autorité qu'avaient autrefois les empereurs d'Orient dans les conciles, depuis qu'ils eurent embrassé la foi catholique. (Hénault, abr. chr.)

5. Ut episcopus non migret de suâ civitate, nec presbyter aut diaconus de suâ ecclesiâ.
6. De altercatione Viennensis et Arelatensis episcopi. Et de Tarentasiâ, Ebreduno, et Aquis.
7. De purgatione et reconciliatione Petri episcopi.
8. Gerbodo incertæ ordinationis episcopo dignitas abrogata.
9. Ut monachi à secularibus negotiis et placitis abstineant.
10. Ut reclusi, nisi ex episcopi et abbatis approbatione, non fiant.
11. Ut abbas cum suis dormiat monachis.
12. Cellarii in monasteriis quales eligendi sint.
13. De monasteriis ubi corpora sanctorum sunt.
14. Ut pro introeuntibus in monasterium præmia non exigantur.
15. Ut abbas sine consensu episcopi non eligatur.
16. Nullâ ex culpâ monachos abbati cæcare aut mutilare licet.
17. Ne clerici aut monachi tabernas ingrediantur.
18. Episcopus canones et regulam scire debet.
19. Dies dominica quomodò observanda.
20. Ne in villis ac vicis ordinentur episcopi.
21. Servum sine domini licentiâ nemo recipiat vel ordinet.
22. Ut clerici et monachi in proposito permaneant.
23. Ut decimas et nonas ecclesiæ solvant qui debent, et omnes decimam de suâ proprietate (1).
24. Ut ecclesiæ per eos restaurentur qui beneficia habent, et inde ablata restituantur.
25. Ut clerici alieni sine commendatitiis non recipiantur; et qui nunc sunt, redeant ad ecclesias suas.
26. Ut absolutè nullus ordinetur.
27. Ut episcopus sibi subditos ritè doceat.
28. De altercationibus clericorum inter se vel cum laicis.
29. Ut conjurationes non fiant.
30. Ut monasteriorum disciplina servetur.
31. Ut orationem dominicam et symbolem fidei omnes doceantur.
32. De avaritiâ et cupiditate
33. De hospitalitate.
34. Ut criminosis accusare non liceat.
35. De reconciliatione.
36. Ut presbyteri contumaces cum regiæ capellæ clericis non communicent.
37. De judicio presbyteri in crimine deprehensi.
38. De suscipiendâ curâ puellarum quæ parentibus privatæ sunt.
39. Ut episcopus extrà propriam sedem ultrà tres hebdomadas non hæreat. Et in episcopi rebus post ejus obitum qui succedat.
40. Quinam sancti in ecclesiâ venerandi sunt.
41. De arboribus et lucis destruendis.
42. Ut electi utrinquè judices non spernantur.

---

(1) Et pour qu'on ne manque pas de payer la dîme, cet article dit : *Experimento enim didicimus in anno quo illa valida fames inrepsit, eburare vacuas annonas à dæmonibus devoratas, et voces exprobrationis auditas.*

43. Ut parvuli ad sacramenta non trahantur.
44. Ut in velandis virginibus canones observentur.
45. Abbatissæ quæ canonicè vel regulariter non vivunt deponendæ.
46. Ut oblationes quæ in ecclesiâ fiunt dispenset episcopus.
47. Ut presbyteri antè annos triginta non ordinentur.
48. Ut post missarum solemnia pax invicem detur.
49. Ut nomina antè oblationem non recitentur.
50. Quod non in tribus tantùm linguis orandus sit Deus.
51. Ut episcopi et presbyteri canones non ignorent.
52. Quatenùs ecclesiæ ab ingenuis constructæ tradi aut vendi queant.
53. De licentiâ Hildeboldi, archicapellani.
54. De *Alcuino*, quem rex synodo commendavit.

Art. 34. De criminosis, ut non habeant vocem accusandi majores natu aut episcopos suos (1).

Art. 39. Ut nullus episcopus propriam sedem amittat aliubi frequentando, aut in propriis rebus suis manere audeat ampliùs quàm tres hebdomadas. Et propinqui vel hæredes episcopi res, quæ ab episcopo sunt adquisitæ, aut per comparationes, aut per traditiones, postquàm episcopus fuerit ordinatus, nequaquàm post ejus obitum hæreditare debeant, sed ad suam ecclesiam catholicè. Illæ autem quas priùs habuit, nisi traditionem ad ecclesiam ex eis fuerit, hæredibus et propinquis succedant (2).

N°. 17. — PUBLICATION *d'une nouvelle rédaction du pacte de la Loi salique.*
798. (Baluze, I, 282-323.)

N°. 18. — ÉDIT *dominical sur les honneurs à rendre aux évêques par les comtes et les autres juges.*
800. (Baluze, I, 329.)

N°. 19. — RÉGLEMENT *sur l'administration des domaines privés du Roi* (villæ et curiæ), *en 70 articles* (3).
Vers 800. (Baluze. I. 331. Hist. V, 652.)

N°. 20. — CAPITULAIRE (*fragment d'un*) *sur le service des officiers du palais.*
800. (Baluze. I. 342. Hist. V, 658.)

---

(1) Voyez l'ordonnance de Philippe Ier., 1105.
(2) Voyez l'ordonnance de 1158.
(3) Chef-d'œuvre de prudence, de bonne administration et d'économie. (Mont. l. 31, ch. 18.)

CHARLEMAGNE, EMPEREUR.

N°. 21. — Capitulaire *contenant les additions à la Loi des Lombards, daté l'an 801 de J.-C.* (1), *l'an 33 de son règne en France, le 28°. de son règne en Italie, et le 1er. de son consulat.*

801. (Baluze, I, 345. Hist. V, 638.)

Le préambule est ainsi conçu :

Karolus, divino nutu coronatus, Romanum regens imperium, serenissimus augustus, omnibus ducibus, comitibus, gastaldiis, seu cunctis reipublicæ per provincias Italiæ à nostrâ mansuetudine præpositis.

N°. 22. — Capitulaire *sur l'honneur dû au Saint-Siége.*

801. (Baluze, I, 358.)

N°. 23. — Capitulaire *des évêques sur la discipline ecclésiastique, la prescription des biens de l'église, la dime, etc., tiré des saintes Écritures.*

801. (Baluze, I, 358.)

1. Ut sacerdotes assidue orent pro domno imperatore.
2. Ut orent pro episcopo suo.
3. De curâ ecclesiæ et sacrarum reliquiarum.
4. Ut evangelium Christi populo prædicent.
5. Quænam populo præcipue insinuanda sint.
6. De decimis à populo dandis.
7. Quomodo dividendæ sunt decimæ.
8. Ut officia divina competentibus horis non prætermittant.
9. Ut missas extra ecclesiam non celebrent.
10. Ut congrua tempora baptismi serventur.
11. Ut infirmi quolibet tempore baptizentur.
12. Ut pro baptismo et aliis spiritualibus pretium non exigant.
13. Ut in quâ ordinati sunt ecclesiâ permaneant.
14. Ut ebrietatem in se et in aliis caveant.
15. Ut cum extraneis mulieribus non habitent.
16. Ut fidejussores non sint, et secularia judicia non adeant.
17. De possessione trigenta annorum.
18. Ut arma non gerant, nec lites moveant.
19. Ut tabernas non ingrediantur.
20. Ut à juramento abstineant.
21. Ut pœnitentiam confitentibus et viaticum infirmis tribuant.
22. De unctione infirmorum.

---

(1) On croit que c'est de cette époque seulement que date l'usage de l'ère vulgaire. (Sismondi, hist. des Français, II, 386.)

N°. 24. — 1ᵉʳ. CAPITULAIRE *adressé aux envoyés royaux, sur la justice civile, ecclésiastique, criminelle, etc., etc.*

802. (Baluze, I, 362. Hist. V, 618.)

1. De legatione à domno imperatore directâ.
2. De fidelitate promittendâ domno imperatori.
3. Ut unusquisque se in servitio Dei conservare studeat.
4. De perjuriis cavendis.
5. De ecclesiis, viduis, orphanis et peregrinis.
6. Ut beneficium domni imperatoris nemo desertet.
7. De hoste pergendi.
8. Ut bannum domni imperatoris aut censum nemo marrire præsumat.
9. De justitiâ faciendâ.
10. Ut episcopi et presbyteri secundùm canones vivant et cæteros doceant.
11. De officio episcoporum, abbatum, et abbatissarum ergà subditos.
12. Ut monachi et canonici et sanctimoniales secundùm regulam vivant.
13. De advocatis, vice dominis, et centenariis episcoporum, abbatum et abbatissarum.
14. De concordiâ episcoporum, abbatum, et abbatissarum cum comitibus.
15. Ut abbates et monachi subjecti sint episcopis.
16. De ordinatione clericorum et monachorum.
17. Ut monachi secundùm regulam vivant.
18. Ut monasteria puellarum firmiter observata sint.
19. Ut episcopi et alii clerici canes ad venandum aut acceptores non habeant.
20. Ut abbatissæ et sanctimoniales intrà claustra sua maneant, nec egrediantur absque licentiâ et consilio episcopi.
21. Ut presbyteri comitum episcopis suis subjecti sint.
22. Ut canonici pleniter vitam canonicam observent.
23. Qualis debeat esse conversatio clericorum qui cum presbyteris degunt.
24. Ne presbyter aut diaconus mulieres in domo suâ habeat.
25. Ut comites et centenarii justitias faciant.
26. Ut judices judicent secundùm legem.
27. De hospitalitate.
28. Quam providentiam comites et centenarii habere debeant ergà missos dominicos.
29. De pauperibus non opprimendis.
30. De his qui ad imperatorem confugiunt.
31. De his qui justitiam domni imperatoris annuntiant.
32. De homicidiis cavendis, de compositione occisorum, et de pœnitentiâ homicidarum (1).
33. De incestis puniendis, et de Friconne, qui incestum in sanctimoniali perpetravit.
34. Ut omnes parati sint quan-

---

(1) L'auteur du nouveau Répertoire de jurisprudence voit dans cet article la première prohibition des guerres privées. (V. en outre Hénault, Abr. chr. — Ducange, sur Joinville, tit. des Guerres privées.

documque domnus imperator jusserit.
35. De honore episcoporum et presbyterorum. Et de nuptiis illicitis.
36. Ut omnes missis dominicis consentientes sint ad justitias faciendas. Et de perjurio cavendo.
37. De patricidis et fratricidis, et de eorum pœnitentiâ.
38. De illicitis et incestis conjunctionibus.
39. Ut nemo feramina furetur in forestibus dominicis.
40. Capitula ad omnes generaliter.
41. Admonitio de symbolo fidei.

N°. 25. — 2°. CAPITULAIRE *(en 23 art.)*, *adressé aux envoyés royaux, et contenant des instructions sur les homicides, les adultères, etc.*

802. (Baluze, I, 375.)

ART. 15. De liberis hominibus qui circà maritima loca habitant, si nuncius venerit ut ad succurrendum debeant venire, et hoc neglexerint, unusquisque solidos vigenti componat, medietatem in dominico, medietatem ad populum. Si ictus fuerit, solidos quindecim componat ad populum, et fredo dominico.

N°. 26. — 1ᵉʳ. CAPITULAIRE *fait en grand synode, sur l'élection des évêques, etc.*

Aix-la-Chapelle, 803. (Baluze, I, 379.)

1. De rebus ecclesiæ non dividendis.
2. Ut episcopi per electionem cleri et populi vitæ merito et sapientiæ eligantur (1).
3. Ut ecclesiarum privilegia vel facultates, sive quicquid ad ejus dominium pertinet, nullus invadere præsumat.
4. De chorepiscoporum superstitione atque damnatione.
5. Ut nullus chorepiscopus per impositionem manus Spiritum Sanctum tradat aut consecrationem pontificalem faciat.
6. De his qui à chorepiscopis sunt ordinati presbyteri, diaconi, vel subdiaconi.
7. De sacerdotum purgatione.

N°. 27. — CAPITULAIRE *sur la correction* (purgatio) *des ecclésiastiques.*

803. (Baluze, I, 386.)

---

(1) Voyez ci-dessus, pag. 23. art. 1. de l'édit de Clothaire II, qui tombait en désuétude.

N°. 28. — 2°. CAPITULAIRE *contenant les additions à la Loi salique, qui soumet le droit d'asile dans les églises à des restrictions.*

Paris, 803. 2e. de l'empire. (Baluze, I. 387. Hist. V, 661.)

1. De homicidiis clericorum.
2. De immunitate, si aliquod damnum ibi factum fuerit.
3. De confugio ad ecclesiam.
4. De eo qui in judicio injustè aliquem contra alium altercantem adjuvare praesumpserit.
5. De eo qui de libertate sua interpellatus aliquem de propinquis suis occiderit.
6. De his qui ad casam Dei res suas tradere voluerint.
7. De homine qui per chartam libertatem consecutus est.
8. De libero homine qui se loco vuadij tradidit.
9. De debitis regalibus, qualiter solvi debeant.
10. De eo qui causam judicatam repetere praesumit.
11. De eo qui in testimonium assumitur, qualis esse debeat.

Ce capitulaire est ainsi terminé :

Hæc sunt capitula quæ domnus Karolus magnus imperator jussit scribere in consilio suo, et jussit eas ponere inter alias leges.

N°. 29. — 3e. CAPITULAIRE *sur la tenue des plaids et l'adoption des lois, l'uniformité des mesures, la justice criminelle, etc.*

Aix-la-Chapelle, 803. (Baluze, I, 391. Hist. V, 663.)

1. De ecclesiis emendandis.
2. De ordinatione presbyterorum. Et de excommunicatione.
3. De scabineis, advocatis, notariis à missis dominicis eligendis.
4. De illis qui legem servare contemnunt.
5. De heribannatoris conjecto.
6. De fugitivis ac peregrinis.
7. Ut bauga et bruniæ non dentur negotiatoribus.
8. De mensuris, ut æquales sint.
9. De vestiturâ Pippini regis.
10. De colonis et fiscalinis.
11. De homine in judicium non mittendo sine causâ.
12. De conversione liberi hominis.
13. De his qui vuadiari debent.
14. De his qui ad placitum imperatoris non fuerunt.
15. De causâ ebrii hominis, et de ejus testimonio. Et de placito comitis.
16. De non cogendo bibere.
17. De missis dominicis vel ceteris hominibus discurrentibus.
18. De canibus qui in dextro armo tonsi sunt.
19. De capitulis quæ in lege noviter addita sunt.

Ut populus interrogetur de capitulis quæ in lege noviter addita sunt, et postquam

omnes consenserint, sub-scriptiones et manufirma-tiones suas in ipsis capitulis faciant.
20. De illis qui ad placitum banniri debent.
21. De falsis testibus.
22. De non jurando per vitam regis.
23. De Saxonibus qui uxores non habent.
24. De signatis qui mentiendo vadunt.
25. Ut missi adducant breves de opere.
26. De morâ missorum dominicorum in locis suæ legationis.
27. De prudentiâ et constantiâ missorum.
28. De falsis monetariis.
29. De generali placito ad Magontiam sive Cabillonem.

N°. 30. — 4°. Capitulaire (en 12 art.), *sur la Loi des Ripuaires.*
803. (Baluze, I, 395.)

N°. 31. — 5°. Capitulaire (en 13 art.), *sur la défense de vendre, la nuit, les matières d'or et d'argent, les pierreries, animaux, etc. — Sur la responsabilité des délits commis par les esclaves, — le faux en écriture et le faux témoignage, — sur les cas d'indignité en matière de succession — l'hospitalité due aux voyageurs, etc.*
803. (Baluze, I, 399. Hist. V, 666.)

N°. 32. — 6°. Capitulaire *en réponse à la demande d'un comte ou d'un envoyé royal (en 8 art.), sur la propriété des enfans des esclaves, les faux témoignages, les citations données au plaid général, l'esclavage, etc.*
803. (Baluze, I, 401. Hist. V, 667.)

N°. 33. — 7°. Capitulaire *sur le paiement des dîmes, le recélé des voleurs, le parjure et le faux témoignage, etc.*
803. (Baluze, I, 403. Hist. V, 668.)

N°. 34. — 8°. Capitulaire *sur le privilége des ecclésiastiques, relativement au service militaire, présenté par le peuple à l'Empereur, dans une assemblée générale.*
Worms, 803. (Baluze, I, 405. Hist. V, 668.)

1. De hoste et pugnâ atque armis sacerdotibus prohibitis.
2. De his qui putaverunt idcircò præceptum fuisse non ire ad pugnam sacerdotes ut honor eis minueretur (1).
3. De sceleribus nefandis ob quæ regna percussa sunt, ut penitùs caveantur.

(1) Les églises étant devenues pauvres, les rois abandonnèrent les élections aux évêchés et autres bénéfices ecclésiastiques, comme le prouve cet article. (Mont. 31, 13.)

N°. 35. — CAPITULAIRE *de Salz, sur l'ordination des prêtres, la réception des filles dans les monastères, l'exclusion des hommes desdits monastères, etc.*

804. (Baluze, I, 415.)

1. De ordinatione ecclesiarum.
2. De decimis et donationibus ecclesiarum.
3. Ut propter novas ecclesias antiquiores suas decimas non perdant.
4. De ordinandis presbyteris.
5. De ingressu in monasteria puellarum.
6. Ut in monasteriis puellarum eæ solùm infantes nutriantur quæ in eo loco perseveraturæ sunt.
7. Ut masculi in monasteriis puellarum non nutriantur.
8. Ut arma in monasteriis puellarum non deponantur.

N°. 36. — ORDONNANCE (præceptum), *portant donation de domaines pour l'établissement, à Osnabruck, d'écoles grecque et latine.*

Palais d'Aix-la-Chapelle, 13 janvier 804, an 4e. de l'empire, 37e. du règne.
(Baluze, I, 417.)

N°. 37. — 1er. CAPITULAIRE *sur les causes ecclésiastiques.*

Théodon, 805. (Baluze, I, 421. Hist. V, 672.)

1. De lectionibus.
2. De cantu.
3. De scribis et notariis.
4. De diversis disciplinis discendis.
5. De compoto, et de arte medicinali.
6. De ecclesiis sine honore manentibus.
7. De iis qui ad monasterium nuper venerant.
8. De iis qui ad fugiendum debitum servitium seculum relinquunt.
9. De relinquentibus seculum.
10. De laicis noviter conversis.
11. De servis propriis vel ancillis.
12. De congregationibus superfluis.
13. De non pulsatis secundùm regulam.
14. De infantulis puellis, quandò velentur.
15. De præpositis monachorum.
16. De incestuosis.

N°. 38. — 2°. CAPITULAIRE *sur la justice, la police générale, etc.*

805. (Baluze, I, 423-429.)

1. De pace servanda.
2. De justitiis generalibus.
3. De justitiis regalibus.
4. De fame, clade, et pestilentiâ, si evenerit.
5. De armis non portandis.

6. De armaturâ in hoste habendâ.
7. De negotiatoribus, quousquè procedant.
8. De clamatoribus vel causidicis.
9. De juramento.
10. De conspirationibus.
11. De perjuriis.
12. De advocatis, vicedominis, vicariis, et centenariis.
13. De teloneis.
14. De fugitivis clericis sive laicis.
15. De liberis hominibus ad servitium Dei se tradentibus.
16. De oppressione pauperum.
17. De ecclesiis seu sanctis noviter inventis.
18. De falsis monetis.
19. De heribanno.
20. De censu regali (1).
21. De latronibus.
22. De liberis hominibus uxores fiscalinas habentibus.
23. Ut decimæ dividantur in quatuor partes.
24. De tuitione viduarum, pupillorum, orphanorum et infirmorum.
25. De incantatoribus et tempestariis.

N°. 39. — 4°. CAPITULAIRE (en 16 art.) *sur la discipline ecclésiastique, la prohibition du duel, la défense du port d'armes, le serment de fidélité, l'audition des témoins, la protection des pauvres contre les puissans, etc.*

805. (Baluze, I, 435. Hist. V, 674.)

ART. 9. De juramento, ut nulli alteri per sacramentum fidelitas promittatur nisi nobis et unicuique proprio seniore, ad nostram utilitatem et sui senioris. Excepto his sacramentis quæ justè secundùm legem alteri ab altero debentur.

N°. 40. — CAPITULAIRE *sur les honneurs dus aux évêques et autres ecclésiastiques.*

Théodon, 805. (Baluze, I, 437.)

N°. 41. — 1er. CAPITULAIRE ou CHARTE *pour la division du royaume entre les trois fils de Charlemagne.*

806. (Baluze, I, 439. Hist. V, 771.)

L'art. 4 porte droit d'accroissement en faveur des survivans, mais l'art. 5 est ainsi conçu :

« Quod si talis filius cuilibet istorum trium fratrum natus fuerit quem populus (2) eligere velit ut patri suo succedat in

---

(1) Cet article et plusieurs autres capitulaires prouvent qu'il n'y avait pas de cens général dans la monarchie. (Mont. 30, 15.)

(2) D'où il suit que le choix du peuple intervenait pour quelque chose dans la succession à la couronne, ce qui est prouvé par les monumens de la première, de la deuxième et du commencement de la troisième race. (Is.)

regni hereditate, volumus ut hoc consentiant patrui ipsius pueri, et regnare permittant filium fratris sui in portione regni quam pater ejus frater eorum habuit.

N°. 42. — 2°. Capitulaire *sur la défense des églises, des veuves, des orphelins, etc.*

806. (Baluze, I, 445. Hist. V, 676.)

1. De banno regis inrupto componendo.
2. De tuitione ecclesiæ, viduarum, orphanorum, et minùs potentum.
3. De raptu et violentiâ et incendio infrà patriam factis.
4. De mannitione in hostem.
5. De compositione hominis denarialis.
6. De his qui in ecclesiâ manumissi sunt.
7. De his qui per chartam ingenuitatis dimissi sunt liberi.
8. Ut clericum alienum nemo recipiat sine consensu episcopi sui.

N°. 43. — 3°. Capitulaire *adressé aux envoyés royaux, sur le port d'armes, les voleurs, etc.*

806. (Baluze, I, 447. Hist. V, 676.)

1. De armis non portandis.
2. De latronibus.
3. De animalibus vel aliis rebus, à quibus emantur.
4. De adventitiis.
5. Item de adventitiis et fugitivis.
6. De istis capitulis ad missos transmittendis.

N°. 44. — 4°. Capitulaire *sur la justice ecclésiastique, la puissance des évêques, etc.*

806. (Baluze, I, 449. Hist. V, 676.)

1. De justitiis ecclesiarum.
2. De potestate episcoporum.
3. Ut viduæ, orphani, et minùs potentes habeant defensionem imperatoris.
4. De concordiâ episcoporum et comitum.
5. De latronibus, homicidis, adulteris, et incestuosis.
6. De rebus propriis.
7. De eo qui dixerit quod ei justè non judicetur.
8. Quas justitias missi ad præsens faciant et de marchâ custodiendâ.

N°. 45. — 5°. Capitulaire *sur le serment de fidélité à l'Empereur.*

Noyon, 806. (Baluze, I, 451. Hist. V, 677.)

1. De curâ missorum dominicorum.
2. De sacramento fidelitatis præstando imperatori.

5. Ut ea omnes consentiant quæ inter filios imperatoris constituta sunt.
4. De vitâ et conversatione monachorum et sanctimonalium per missos discutiendâ.
5. De thesauris ecclesiasticis.
6. De æqualitate à missis dominicis faciendâ.
7. De his qui beneficia habent regalia.
8. De his qui fraudem faciunt in regalibus beneficiis.
9. De his qui propter propriam justitiam dilatandam fugantur.
10. De mendicis discurrentibus.
11. De teloneis et cispitaticis.
12. De usurâ.
13. De cupiditate in bonam partem.
14. Item de cupiditate in malam partem.
15. De avaritiâ.
16. De turpibus lucris.
17. De fœnore.
18. De emptione tempore messis, causâ cupiditatis et turpis lucri.
19. De hoc si per plurima loca fames fuerit.

N°. 46. — CAPITULAIRE *sur le service militaire dû par les possesseurs de bénéfices* (1).

Aix-la-Chapelle, 807. (Baluze, I, 457. Hist. V, 678.)

N°. 47. — CAPITULAIRE (en 7 art.) *portant, entr'autres choses,* (art. 2) *défense de pendre personne sans jugement,* (art. 4) *des peines contre le parjure* (art. 5), *fixation du prix des denrées, et* (art. 6) *défense de receler les esclaves fugitifs.*

808. (Baluze, I, 463. Hist. V, 679.)

N°. 48. — 1ᵉʳ. CAPITULAIRE (en 37 art.) *sur le jugement de Dieu, l'élection des juges, la vente anticipée des récoltes.*

Aix-la-Chapelle, 809. (Baluze, I, 465. Hist. V, 680.)

ART. 20. Ut omnes judicio Dei credant absque dubitatione.

ART. 22. Ut judices, vice domini, præpositi, advocati, centenarii, scabinei boni et veraces et mansueti cum comite et populo eligantur et constituantur ad sua ministeria exercenda.

Art. 37. De illis qui vinum et annonam vendunt antequàm colligantur, et per hanc occasionem pauperes efficiuntur.

---

(1) Nom légal des fiefs. (Meyer, Inst. jud., p. 51.)

N°. 49. — 2°. CAPITULAIRE *sur les effets de la mort civile, le deni de justice, le choix des juges, avocats, etc., l'assemblée publique, l'hospitalité, etc.*

809. (Baluze, I, 469.)

1. De hominibus ad mortem dijudicatis, et posteà eis vitâ concessâ, si justitiam quæsierint.
2. De homine cui post judicium vita concessa est, si justitiam reddere noluerit.
3. De latrone forbannito.
4. De comite latronem in forbannum mittente.
5. De illis qui ad placitum banniri debeant.
6. De testibus, ad testimonium dicendum qualiter adhibeantur.
7. De justitiâ cujuslibet à nullo quolibet dilatandâ.
8. De mercato.
9. De non cogendo ad pontem ire causa telonei.
10. De hoc si presbyter sanctum chrisma dederit ad judicium subvertendum.
11. De judicibus, advocatis, præpositis, et reliquis ministris quales sint.
12. De cavendâ cupiditate et avaritiâ.
13. De mallo publico.
14. De sacramentis ad palatium adhramitis.
15. De hospitalitate et susceptione itinerantium.
16. Ne quis annonam suam vendat antequam colligatur.

N°. 50. — 1ᵉʳ. CAPITULAIRE (en 18 art.) *sur la justice criminelle, les aumônes pour Jérusalem, l'obéissance due à l'Empereur.*

Aix-la-Chapelle, 810. (Baluze, I, 473. Hist. V, 681.)

ART. 2. Ut antè vicarium et centenarium de proprietate aut libertate judicium non terminetur aut adquiratur, nisi semper in præsentiâ missorum imperialium, aut in præsentiâ comitum (1).

ART. 17. De eleemosynâ mittendâ ad Hierusalem propter ecclesias Dei restaurandas.

N°. 51. — 3ᵉ. CAPITULAIRE (en 5 art.) *contenant des instructions aux envoyés royaux* (2).

810. (Baluze, I, 475. Hist. V, 682.)

---

(1) Mr. Henrion de Pensey, autorité judiciaire, p. 5, cite un capitulaire de l'an 813, qui contiendrait à peu près la même disposition, et défendrait aux centeniers de connaitre de la vie aussi bien que de la liberté. Nous ne pouvons retrouver ce texte.

(2) Ce sont plutôt des exhortations que des lois.

N°. 52. — 1er. CAPITULAIRE (en 12 art.) *en réponse aux demandes faites à l'Empereur, sur les devoirs des abbés, des comtes, etc.*

811. (Baluze, I, 477.)

N°. 53. — 2e. CAPITULAIRE (en 13 art.) *adressé aux évêques, sur l'utilité commune, les jeûnes, etc.*

811. (Baluze, I, 479.)

N°. 54. — 3e. CAPITULAIRE (en 9 art.) *contenant l'exposé des griefs allégués contre les évêques, les comtes, les juges.*

811. (Baluze, I, 485. Hist. V, 682.)

N°. 55. — TESTAMENT *de Charlemagne fait en présence de onze évêques, de neuf abbés et de quinze comtes, et contenant la division de ses trésors.*

811. (Baluze, I, 487.)

N°. 56. — 1er. CAPITULAIRE (en 9 art.) *sur les fonctions des envoyés royaux pour la levée de l'armée, portant, entre autres choses (art. 8), qu'il en sera fait quatre exemplaires, dont un pour lesdits envoyés, un pour le comte, un pour les commissaires de l'armée, et le quatrième pour le chancelier.*

812. (Baluze, I, 489. Hist. V, 683.)

N°. 57. — 2e. CAPITULAIRE *sur le service de l'armée de terre et des vaisseaux.*

Bologne, octobre 812, an 44e. du règne. (Baluze, I, 493. Hist. V, 684.)

1. De libero homine in hostem bannito.
2. De heribanno exactando.
3. De his qui regales habent honores, et in hostem banniti ad condictum placitum non venerint.
4. De his qui sine licentiâ de hoste revertantur.
5. De his qui beneficia principum habent.
6. De non cogendo bibere in hoste.
7. De vassis adhuc in palatio servientibus, et tamen beneficia habentibus.
8. De præparatione ad hostem secundùm antiquam consuetudinem.
9. De his qui absque licentiâ imperatoris domi remanent, et in hostem non pergunt.
10. De hoc ut nonnisi permissione regali brunia vel gladius homini extraneo à quolibet detur aut vendatur.
11. De navigio mittendo.

N°. 58. — 3°. CAPITULAIRE *sur la justice, les devoirs des envoyés impériaux, etc.*

812. (Baluze, I, 495. Hist. V, 685.)

1. De causarum et litium terminis.
2. De episcopis, comitibus, et potentioribus, si causam inter se habuerint.
3. De testibus ad rem quamlibet discutiendam eligendis.
4. De placito centenarii.
5. De inquisitione et descriptione uniuscujusque missi in suo missatico.
6. De beneficiis, qualiter condricta sint (1).
7. De beneficiis episcoporum, abbatum, et reliquorum, et de fiscis regalibus describendis.
8. De legationibus propter justitias, quo tempore exerceantur.
9. De jussione dominicâ in quolibet missatico non adimpletâ.
10. De censu regali inquirendo.
11. De rebus de quibus census ad partem regis exire solebat.
12. De placitis à missis dominicis comitibus notum faciendis.
13. De fidelitate regi promittendâ.

N°. 59. — ORDONNANCE (*præceptum*) *pour la protection des réfugiés espagnols.*

Aix-la-Chapelle, 813. (Baluze, I, 499.)

N°. 60. — 1er. CAPITULAIRE *portant confirmation des établissemens faits par les évêques dans le synode tenu sous l'autorité du Roi.*

813. (Baluze, I, 501.)

1. De baptismo ritè celebrando.
2. Ut laici presbyteros de ecclesiis non ejiciant.
3. Ut laici pro datis ecclesiis munera non exigant.
4. Ut canonici et monachi secundùm ordinem vivant.
5. Ut in monasteriis puellarum presbyteri peractis sacris non subsistant.
6. Ut plures in monasteriis quàm ferré possint non recipiantur.
7. De decimis.
8. De incestuosis investigandis et coërcendis.
9. De pace et concordiâ.
10. Ut comites episcopis obediant, et justitias faciant.
11. Ut tempore famis unusquisque suos alere studeat.
12. Ut episcopo liceat de thesauro ecclesiæ pauperibus erogare.
13. Ut pondera vel mensuræ ubiquè æqualia sint et justa.

---

(1) Voyez Meyer, des Instit. jud., p. 51.

14. Ut predicatio assiduè fiat, et ab omnibus intelligatur.
15. De iis quæ dominico die fieri non debent.
16. Ut episcopi parrochias suas circumeant.
17. Ut chrisma sub sigillo custodiatur.
18. Ut parentes et patrini filios suos doceant.
19. Ut ecclesiis antiquis sua jura serventur.
20. In ecclesiis sepelire quos liceat.
21. Ut placita in ecclesiis earumve atriis non fiant.
22. Ut res pauperum fraudulenter non acquirantur.
23. Ut fugitivi clerici redire compellantur.
24. Ut qui beneficium habet ecclesiæ, ad ejus sarta tecta adjuvet.
25. Ut publici criminis rei publicæ pœnitentiæ subjiciantur.
26. Ut presbyteri quod docent opere compleant.
27. De presbyteris qui confessiones revelare dicebantur.
28. De tumultibus quos faidosi homines excitabant.

N°. 61. — 2°. CAPITULAIRE *sur la justice à rendre d'après la Loi salique, la Loi romaine et la Loi Gondebaud, fait dans l'assemblée des évêques, abbés, comtes, ducs, et fidèles.*

Aix-la-Chapelle, 813. (Baluze, I, 505. Hist. V, 686.)

KAROLUS, serenissimus imperator augustus, à Deo coronatus, magnus et pacificus, cum episcopis, abbatibus, comitibus, ducibus, omnibusque fidelibus christianæ ecclesiæ cum consensu consilioque constituit ex Lege salicâ, romanâ atque gundobadâ capitula ista in palatio Aquis, ut unusquisque fidelis justitias ità faceret, quæ et ipse manu propriâ firmavit capitula ista, ut omnes fideles manu roborare studuissent.

1. De curâ et sollicitudine episcoporum.
2. De ecclesiis, viduis et pupillis, ut pacem habeant.
3. Ut jumenta sive animalia pacem habeant.
4. De his qui beneficia regalia habent.
5. De vicariis & centenariis.
6. De ingenuis, si intestati decesserint.
7. Quid sit agendum si heredes de hereditate inter se contentiosè egerint.
8. Ut vicarii luparios habeant.
9. De hoste pergendi.
10. De dispensâ regis et optimatum in carrê ducendâ.
11. De carceribus et patibulis habendis ab unoquoque judice.
12. De pœnâ hominum boni generis qui iniquè agunt.
13. De latrone qui ad mortem judicatus fuerit.
14. De advocatis episcoporum et abbatum.
15. Quid agere debeant vicarii de iis qui se pro furto in servitio tradere cupiunt.

16. Quomodo licet seniorem suum dimittere (1).
17. De arcu in hoste habendo.
18. De forestibus dominicis.
19. De villicis regiis, quid facere debeant.
29. De eo qui parem suum adjuvare noluit.

N°. 62. — 3ᵉ. CAPITULAIRE (en 46 art.) *sur les compositions pour crime.*

Aix-la-Chapelle, septembre. 813. (Baluze, I, 511.)

ART. 29. Si quis latronem viderit cum furto ambulantem, et cognitum non fecerit, in fredo dominico solidos quatuor componere faciat.

36. Quisquis audit arma clamare, et ibi non venerit, in fredo dominico solidos quatuor componere faciat.

39. Si quis viam publicam clauserit, in fredo dominico solidos quatuor componat.

40. Si quis francus homo habuerit filios duos, hereditatem suam de silvâ et de terrâ eis dimittat, et de mancipiis, et de peculio. De maternâ hereditate similiter in filiam veniat.

LOUIS Iᵉʳ., DIT LE PIEUX ou LE DÉBONNAIRE.

Associé à l'empire par son père, et couronné à Aix-la-Chapelle, en 813, du consentement de toute l'armée, des évêques, abbés, ducs et comtes. — (*Thegan., hist. VI, 75*) — Proclamé Empereur, 28 janvier 814. — Mort à Ingilheim, 20 juin 840.

N°. 63. — ORDONNANCE (præceptum) *pour la protection des Espagnols, réfugiés à cause des persécutions des Sarrazins* (2).

Aix-la-Chapelle, 815. (Baluze, I, 550.)

N°. 64. — CAPITULAIRE *fait en l'assemblée des évêques, abbés, comtes et notables, sur l'élection des évêques, etc.*

Aix-la-Chapelle, an 4ᵉ. du règne, 6 des ides de juillet, 816. (Baluze, I, 562.)

1. De rebus ecclesiæ non dividendis.
2. De episcopis eligendis.
3. De dictis patrum congestis pro canonicâ professione, quia dehonestabatur.
4. De collatis ecclesiæ dividendis.
5. De abbatibus eligendis.
6. De ordinatione servorum.
7. De personis à quibus non sunt res accipiendæ.

---

(1) Du temps de Charlemagne, lorsqu'un vassal avait reçu d'un seigneur une chose, ne valût-elle qu'un sou, il ne pouvait plus le quitter. (Mont. 31, 25.)

(2) Ce Capitulaire explique très-bien l'état où étaient les hommes libres dans la monarchie des Francs. (Mont. 30, 13.)

La plupart des Capitulaires de ce règne sont des réglemens ecclésiastiques, arrêtés dans des assemblées synodales, en l'absence des grands et du peuple.

8. Ut nullus presbyter aliquâ cupiditate quemquam tonsurare audeat.
9. De presbyteris constituendis.
10. De mansis uniuscujusque ecclesiæ.
11. De presbyteris uniuscujusque ecclesiæ.
12. De villis novis, et ecclesiis in eis noviter constitutis.
13. De sacris vasis ecclesiæ in pignus datis.
14. De ecclesiis destructis, vel de nonis et decimis.
15. De ecclesiarum honore.
16. De episcopis Italiæ.
17. De presbyteris qui feminas in domibus habent.
18. De presbyteris qui pro chrismate in cœna domini veniebant.
19. De prædicatione et confirmatione episcoporum.
20. De pueris tondendis et puellis velandis.
21. De feminis viros amittentibus.
22. De raptis, et de earum raptoribus.
23. De puellis raptis necdum desponsatis.
24. De desponsatis et ab aliis raptis.
25. De his qui virginibus Deo dicatis se sociant.
26. De puellis, quo tempore velentur.
27. De examinatione sanctæ crucis non faciendâ.
28. De pabulo verbi divini nuntiando.
29. De incestis nuptiis, et de ecclesiis non dividendis.

Art. 2. Sacrorum canonum non ignari, ut in Dei nomine sancta ecclesia, suo liberius potiretur honore, adsensum ordini ecclesiastico præbuimus, ut scilicet episcopi per electionem cleri et populi secundùm statuta canonum de propriâ diœcesi, remotâ personarum et munerum acceptione, ob vitæ meritum et sapientiæ donum eligantur, ut exemplo et verbo sibi subjectis usquequaquè prodesse valeant.

N°. 65. — Charte *arrêtée en assemblée générale du peuple, portant division* (1) *de l'Empire entre les trois enfans de l'Empereur.*

Aix-la-Chapelle, 817. (Baluze, I, 573. Hist. V, 405.)

N°. 66. — Articles *arrêtés en assemblée des abbés et des moines d'Aix-la-Chapelle, sur la discipline des moines; et sanctionnés par l'Empereur.*

Aix-la-Chapelle, 817. (Baluze, I, 579.)

1. De abbatibus, mox ut ad monasteria sua remeaverint, ut regulam discutiant, et efficaciter legant, et quod legerint et intellexerint, cum suis observent monachis.

---

(1) Cette division a été changée plusieurs fois par le même Empereur. La dernière, de l'an 837, n'a pas reçu son exécution.

2. De monachis, ut regulam sancti Benedicti, qui valuerint, memoriter discant.
3. De regulari officio, ut juxtà præceptum sancti Benedicti continetur celebrent monachi.
4. Ut tam in coquinâ quàmque et in cunctis monasterii officinis monachi operentur, et ut ipsi vestimenta sua lavent.
5. De monachis, ut post matutinalem expletionem, nisi antè constitutam surrexerint horam, denuò ad lectos suos non præsumant causâ dormiendi redire.
6. Ut monachi, nisi in sabbato sancto Paschæ, per totam quadragesimam non radantur. Alio tempore post finitos quindecim dies licitò radantur, tàm in sabbatis, quàm et in octavis Paschæ.
7. De balnearum usu.
8. De non edendis volatilibus à monachis intùs forisve, nisi infirmitatis causâ.
9. Ne episcopi monachis volatilia comedere præcipiant.
10. Ne à monachis poma et lactucæ, nisi quandò alius cibus sumitur, manducentur.
11. De certo tempore phlebotomandi observando. Et ut monachis tunc ibi cibus potusque magis in supplementum largiatur.
12. Ut si necessitas postulaverit, monachis post vespertinum cibum antè lectionem completorum potus tribuatur. Similiter quadragesimali tempore, vel quandò mortuorum officium egerint.
13. De monacho à priore suo increpato.
14. Ut nudi pro quâlibet culpâ coràm aliis non vapulent monachi.
15. Ne soli in itinere dirigantur monachi.
16. Ne sibi compatres vel commatres monachi faciant.
17. Ne murmurent monachi tempore legendi et meridiano occupati ad colligendas fruges.
18. De monachis quartâ et sextâ feriâ jejunantibus.
19. Ut in quadragesimali tempore monachi libros accipiant.
20. De vestimento monachis nec satis pretioso nec satis vili dando.
21. De cucullæ mensurâ.
22. De potestate abbatis, si extrà mensuram infrà positam aliquid addendum decreverit.
23. De pedibus fratrum vicissim lavandis.
24. De mandato post cœnam faciendo.
25. De mensurâ monachorum, ut eâ abbates illorum sint contenti.
26. De villis fratrum, ut eas non circumeant monachi.
27. De abbate vel quolibet monacho, ne ad portam monasterii cum quocunque hospite manducare præsumat.
28. Ne servitores fratrum post refectionem eorum ad unam mensam, sed in propriis sedeant locis.
29. De lectore, ut nihil nisi quod regula decernit accipiat.
30. De Alleluya in Septuagesimâ dimittendo.
31. De præposito, ut majorem quàm ceteri habeat potestatem.

32. De præposito monachis non constituendo nisi et ipse monachus sit.
33. De senioribus fratribus monasterium circumeuntibus.
34. De novitio fratre, ut non facilis ei in monasterium tribuatur ingressus.
35. De monacho, quid agat post factam professionem.
36. De puero, ut pater et mater eum ad altare offerant.
37. De infantibus oblatis, ut carnem non comedant.
38. De fratribus post sextam dormientibus.
39. De fratribus, ut usque nonam in quadragesima operentur.
40. De his fratribus qui quolibet modo, tamen graviter delinquant.
41. De eo qui in refectorio negligenter coram fratribus aliquid excesserit.
42. De plebeio non recipiendo in monasterio, nisi monachus fieri voluerit.
43. Ne monachus jurando sermonem proferat, nisi sicut sancti patres constituerunt loqui.
44. De abbatibus cellulas monachorum vel canonicorum habentibus.
45. De scholâ in monasterio non habendâ, nisi de his qui oblati fuerint.
46. De præcipuis solemnitatibus sanctorum, ut plenarium in eis officium fiat, et bis monachi edant.
47. De jejunio parasceve.
48. De benedictione post completorium dicendâ.
49. De decimis dandis tam ecclesiæ quàm pauperibus.
50. De specialibus psalmis pro eleemosynariis et defunctis cantandis.
51. De Pentecoste, ut per hebdomadam non flectantur genua, neque jejunetur, nisi dies jejunii extiterint.
52. De laicis in refectorium monachorum manducandi vel bibendi causâ non ducendis.
53. De vestimentis et calciamentis, ut fratribus quoties expedit dentur.
54. De his qui præponuntur, ut nonni vocentur.
55. De seniore decano.
56. De præposito, decano, et cellarario.
57. De librâ panis, ut trigenta solidos penset antequàm coquatur.
58. De dormitorio hospitum.
59. De abbatibus, ut secùm monachos in itinere non nisi ad synodum ducant.
60. De duobus signis ad tertiam, sextam, et nonam palsandis.
61. De monachis, ut disconsutas cappas non habeant, nisi tantùm villosas.
62. De abbatibus et præpositis atque decanis, ut benedictionem lectoribus tribuant, licet presbyteri non sint.
63. Ut è fratribus docti eligantur qui supervenientibus monachis loquantur.
64. De incerto furto ut oratio et excommunicatio fiat, quousquè qui culpabilis extitit manifestatur.
65. De monacho qui adversùs monachum alium testimonium protulerit.
66. De psalmo invitatorio et gloriâ pro defunctis non cantandis.

67. De lectore, ut stans benedictionem petat.
68. De eulogiis in refectorio fratribus à presbyteris dandis.
69. Quod ad capitulum primò martyrologium legendum sit, et versus posteà dicendus, indè regula.
70. De lectione in capitulo exponendâ.
71. De jejunio fratrum æstivo tempore.
72. De eo qui culpæ noxâ tenetur, ut die dominico remissiùs habeat.
73. De anniversariâ die pro defuncto abbate celebrandâ.
74. De eo ut ad missam inclinati *sanctus* dicant, et ad *Pater noster* genua flectant.
75. Non debet aliquis pro munere in monasterio recipi.
76. De mensurâ cibi ac potûs, quæ separatim monachis debet tribui.
77. De fratrum pinguedine, quam accipere debeant in victu quotidiano.
78. In natale domini, et in festivitate Paschæ, monachis volatilia sumere quatuor diebus concessum est.
79. De muffulis monachis dandis.
80. De disciplinæ modo.

N°. 67. — PACTE de confirmation (1) des donations faites au pape Paschal, par Pépin et Charlemagne.

817. (Baluze, I, 591.)

In nomine Domini Dei omnipotentis, patris et filii et spiritus sancti.

Ego Hludouvicus, imperator augustus, statuo et concedo per hoc pactum confirmationis nostræ tibi beato Petro principi apostolorum, et per te vicario tuo domno, Paschali, summo pontifici et universali papæ, et successoribus ejus in perpetuum, etc.

Hoc autem ut ab omnibus fidelibus sanctæ Dei ecclesiæ et nostris firmum esse credatur, firmiùsque per futuras generationes et secula ventura custodiatur, propriæ manus signaculo, et venerabilium episcoporum atque abbatum, vel optimatum nostrorum sub jurejurando, et subscriptionibus pactum istud nostræ confirmationis roboravimus, et per legatum sanctæ romanæ ecclesiæ Theodorum nomenclatorem, domno Paschali papæ direximus.

Ego Ludovicus, misericordiâ Dei, imperator subscripsi.

Et subscripserunt tres filii ejus, et episcopi decem, et abbates octo, et comites quindecim, et bibliothecarius unus, et mansionarius unus, et ostiarius unus.

---

(1) Voyez ci-après, la promesse faite en 864.

N°. 68. — 1ᵉʳ. Capitulaire *contenant les additions suites à la Loi salique dans l'assemblée générale du peuple.*

Aix-la-Chapelle, après Noël, 819. (Baluze, I, 597. Hist. VI, 416.)

1. De honore ecclesiarum.
2. De injuriis sacerdotum in ecclesiis factis.
3. De viduis, et pupillis et pauperibus.
4. De raptu viduarum.
5. De homine publicam pœnitentiam agente interfecto.
6. Ut omnis homo liber potestatem habeat ubicunquè voluerit res suas dare pro salute animæ suæ.
7. De homicidiis prohibendis.
8. Quid in compositione Vuirgildi dari debeat.
9. De raptu alienarum sponsarum.
10. De falsis testibus convincendis.
11. De proprio in bannum misso.
12. De mannire.
13. De faidis coercendis.
14. Ubi sacramenta juranda sint.
15. De his qui de furto accusati fuerint.
16. De dispectu litterarum dominicarum.
17. De injustis teloneis et consuetudinibus.
18. De his qui bonos denarios accipere nolunt.
19. De adulteratoribus monetæ.
20. De proprio dominico sine jussione illius reddito.
21. De pueris, invitis parentibus detonsis et puellis velatis.

N°. 69. — 2ᵉ. Capitulaire (en 9 art.) *contenant des additions à la Loi salique, et des dispositions sur l'autorité des comtes.*

819. (Baluze, I, 605. Hist. VI, 421.)

N°. 70. — 3ᵉ. Capitulaire *sur l'interprétation de la Loi salique.*

819. (Baluze, I, 607. Hist. VI, 422.)

N°. 71. — 4ᵉ Capitulaire *sur les tributs, les bénéfices, etc.*

819. (Baluze, I, 609. Hist. VI, 424.)

1. De forcapiis.
2. De terrâ tributariâ.
3. De beneficiis destructis.
4. De terrâ censali.
5. De nonis et decimis.
6. De mancipiis in villas dominicas confugientibus.
7. De forestibus noviter institutis.
8. De pontibus per diversa loca emendandis.

N°. 71. — 5°. Capitulaire *sur les fonctions des envoyés de l'Empereur.*

819. (Baluze, I, 613. Hist. VI, 425.)

1. De legatione omnium missorum dominicorum.
2. De illis libertatibus et rebus reddendis quæ in dominicâ vestiturâ sunt, qualiter inquirantur.
3. De oppressione pauperum, viduarum et pupillorum.
4. De injustis consuetudinibus noviter institutis.
5. De honore ecclesiarum.
6. De nonis et decimis.
7. De locis dandis ad claustra canonicorum facienda.
8. De observatione præceptorum dominicorum.
9. De his qui per occasionem immunitatis justitiam facere renuunt.
10. De locis jamdudum sacris et nunc spurcitiâ fœdatis.
11. De beneficiis dominicis destructis.
12. De falsâ monetâ, et de aliis diversis causis prohibendis.
13. De missorum dominicorum observatione.
14. De placitis à liberis hominibus observandis.
15. De debito ad opus dominicum reuvadiato.
16. De his qui ad palatium vel in hostem pergunt, vel inde redeunt.
17. De pontibus publicis.
18. De clericis, monachis, et servis fugitivis.
19. De advocatis episcoporum, abbatum, comitum, et abbatissarum.
20. De vicariis vel centenariis, si latrones celaverint.
21. De comitibus et vicariis admonendis de constitutione legis.
22. De forestibus dominicis.
23. De missis dominicis, et de his qui justitiam facere renuunt.
24. De missis dominicis ubi diutius non debeant immorari.
25. De missis dominicis, et de comite in aliquod missaticum directo.
26. De missis dominicis qualiter conjectum accipere debeant.
27. De vassis dominicis et episcoporum vel reliquorum qui in hoste non fuerunt.
28. De episcopis, abbatibus, et comitibus, et de placito missorum dominicorum.
29. De dispensâ missorum dominicorum.

N°. 72. — 6°. Capitulaire *des envoyés de l'Empereur, contenant des dispositions sur les clercs, les moines et les églises.*

819. (Baluze, I, 619. Hist. VI, 428.)

N°. 73. — Capitulaire *arrêté dans l'assemblée générale du peuple, sur le paiement et l'exemption des péages* (Telonea), *etc., et sur l'observation de la Loi salique.*

Théodon, 321. (Baluze, I, 621. Hist. VI 29.)

1. Ubi telonea exigi et ubi non exigi debeant.
2. De dispensâ fidelium nostrorum.

3. Qualis census exigi debeat de pontibus emendandis.
4. Ut nullus liber homo ad brolios dominicos operari cogatur.
5. De capitalis præterito anno additis Legi Salicæ.

N°. 74. — CAPITULAIRE *donné sur la requête des évêques assemblés au synode de Théodon, contre ceux qui insultent et qui tuent les clercs.*

822. (Baluze, I, 625.)

N°. 75. — CAPITULAIRE *sur la police générale, etc.*
Aix-la-Chapelle, 823. (Baluze, I, 631. Hist. VI, 430.)

1. Præfatio.
2. De diviná Providentiá in constitutione domni imperatoris, et de conservatione trium capitalorum.
3. De hoc quod admonitor fidelium domnus imperator sit, et omnes fideles adjutores ipsius.
4. De sacro ministerio episcoporum, et de admonitione domni imperatoris ad episcopos.
5. De admonitione domni imperatoris ad episcopos, de sacerdotibus ad eorum curam pertinentibus, et de scholis.
6. De admonitione ad comites pro utilitate sanctæ Dei ecclesiæ.
7. De admonitione ad laïcos pro honore ecclesiastico conservando.
8. De admonitione ad abbates et laïcos pro monasteriis ex regali largitate sibi commissis.
9. De admonitione ad episcopos, abbates, et ad omnes fideles, pro comitum adjutoriis.
10. De admonitione ad episcopos vel omnes pro concordiá ad invicem et cum cæteris fidelibus.
11. De admonitione ad omnes generaliter pro caritate et pace ad invicem.
12. De hoc quod unusquisque episcoporum vel comitum partem ministerii regalis habeat, et de testimonio ipsorum ad invicem.
13. De causá ortá ad inhonorationem regni pertinente.
14. De pace in itinere exercitali custodiendá.
15. De denuntiatione, ut qui in hostem pergunt, suos qui in suo obsequio sunt, unusquisque cognoscat.
16. De inhonoratione regis propter negligentiam eorum qui legationes malè recipiunt.
17. De locis in quibus legationes recipiendæ sunt.
18. De admonitione unius monetæ.
19. De injustis teloneis.
20. De pontibus ubi antiquitùs fuerunt renovandis.
21. De nonis et decimis.
22. De operibus in restaurationem ecclesiarum adimplendis.
23. De comitibus, ut ministris ecclesiæ in suis ministeriis adjutores sint.
24. De capitulis à cancellario pa-

latii ab archiepiscopis et comitibus accipiendis.
25. De nominibus locorum in quibus missi dominici legatione funguntur.
26. De commemoratione ad legationem prædictorum missorum pertinentes.
27. De hoc quod per missos dominicos ea quæ per capitula statuta sunt, omnibus nota fieri debeant.
28. Admonitio ad eos qui legatione funguntur.

Nº. 76. — PROMESSE *faite à Louis-le-Débonnaire et à son fils Lothaire, sous la foi du serment, par le clergé et le peuple romain, de ne pas élire de pape ou de ne point le consacrer, sans lui avoir fait prêter serment de fidélité devant les* MISSI DOMINICI (1).

824. (Baluze , I, 647.)

Nº. 77. — CAPITULAIRE *donné dans l'assemblée du peuple sur la répression des rapines, et les matières ecclésiastiques.*

Ingelheim, 826. (Baluze, I, 647. Hist. VI, 437.)

1. De his qui rapinas infra regnum faciunt.
2. De sacerdotibus et levitis itaque monachis interfectis vel debilitatis.
3. De his qui episcopo aliquam injuriam vel deshonorationem fecerint.
4. De religiosâ muliere deceptâ, id est veste mutatâ, vel religionem professâ.
5. De blasphemiâ in Deum.
6. De his qui in domo suâ oratorium fecerint.
7. De privilegiis ecclesiarum et clericorum non corrumpendis.

Nº. 78. — CAPITULAIRE *sur la formation d'un synode d'évêques, avec l'indication des objets qui pourront y être traités (7 art.); suivi d'une lettre au peuple, et d'une instruction relative aux envoyés impériaux.*

An 16e. du règne , 828. (Baluze , I, 654. Hist. VI, 438.)

(1) Le pape Eugène refuse (824) de prendre de l'Empereur la confirmation de son élection. Grégoire IV demande à l'Empereur qu'il confirme son exaltation (827), ce qui prouverait que, quoique le Roi eût remis au clergé et au peuple le pouvoir des élections, cependant la consécration même des papes était différée jusqu'à ce qu'il eût donné son consentement (*Marca*); mais il souffrit que les papes prissent possession du souverain pontificat sans attendre la confirmation, sur quoi Pasquier fait la remarque suivante :

« Les Italiens qui, en s'agrandissant par effet de nos dépouilles, ne furent » chiches de belles paroles, voulurent attribuer ceci à une piété, et pour cette » cause, l'honorèrent du mot latin *Pius*, et les sages mondains de notre France, » l'imputans à un manque et faute de courage, l'appelèrent LE DÉBONNAIRE, » couvrans sa pusillanimité du nom de débonnaireté ; sur ce propos il me sou- » vient que le Roi Henry III disait en ses communs devis, qu'on ne lui pou- » vait faire plus grand dépit que de le nommer *le Débonnaire*, parce que cette » parole impliquait sous soi je ne sais quoi du sot. » (Hén., Abr. Chr.)

N° 79. **Capitulaire**, *en trois parties, sur les causes ecclésiastiques, sur la police générale, etc.*

Worms, 829. (Baluze, I, 661.)

PREMIÈRE PARTIE.

1. De his qui sine consensu episcopi presbyteros in ecclesiis constituunt vel de ecclesiis eiciunt.
2. De ecclesiis inter coheredes divisis.
3. De ecclesiis destructis.
4. De manso ad ecclesiam dato.
5. De his qui nonis et decimis dare neglexerant.
6. De eo qui decimam dare neglexerit ecclesiæ cujus esse debet, alterique ecclesiæ eam dederit.
7. De decimis à populo dandis.
8. De vestiturâ trigenta annorum, sive de rebus ecclesiæ quæ ab eâdem ecclesiâ per trigenta annos possessæ sunt.
9. De his qui restaurationes ecclesiarum facere negligunt.
10. De his qui agros dominicatos excolere negligunt, ut nonas exindè non persolvant.

DEUXIÈME PARTIE.

1. De eo qui beneficium desertum fecerit.
2. De malis scabinis ejiciendis.
3. De melioribus et veracioribus eligendis.
4. De scabinis qui propter munera et amicitiam injustè judicant.
5. De legitimis et rationabilibus commutationibus ecclesiarum Dei.
6. De eo qui probatus fuerit testes in perjurium scienter induxisse.
7. De discordantibus hominibus.
8. Ut nummos bonos nullus respuat.
9. De malis quæ à fiscalinis fiunt.
10. De collectis malis omnimodis prohibendis.
11. Ut pontes publici, qui destructi fuerint, iterum extruantur.
12. De examine aquæ frigidæ.
13. De reversione comitis et pagensium de hostili expeditione, ut ex eo die super quadraginta dies sit bannus resisus.
14. De audientiâ regis. Et ut comites et missi dominici maximam curam habeant pauperum.
15. De inferendâ à vicariis vel aliis missis comitum exigendâ.

TROISIÈME PARTIE.
Capitula quæ pro lege habenda sunt.

1. De honore ecclesiarum, de homicidiis in ecclesiis vel in earum atriis commissis.
2. De eo qui propter cupiditatem rerum quemcunque propinquorum suorum interfecerit.
3. De cujuslibet propriâ uxore dimissâ, vel sine culpâ interfectâ.
4. De eo qui res alienas cuilibet homini vendiderit.
5. De placitis à liberis hominibus observandis.
6. De liberis hominibus ad testimonium recipiendis.

7. Ut inquiratur de his qui in exercitalem ire possunt expeditionem, vel qui fidelitatem nec dùm promiserunt.
8. De faidis coërcendis.

N°. 85. — CAPITULAIRE *sur les devoirs des envoyés impériaux.*
(Baluze, I, 671.)

1. Volumus ut talem conjectum missi nostri accipiant, quandò per missaticum suum perrexerint, hoc est, ut unusquisque accipiat panes quadraginta, friskingas duas, porcellum aut agnum unum, pullos quatuor, ova vigenti, de vino sextarios novem, de cervisâ modios duos, de annonâ modios duos. Et quandò prope sunt de illorum domibus, nullum accipiant conjectum.

2. Volumus etiam ut octabas Paschœ incipiant suam agere legationem. Episcopi verò suum habere debent conventum octabas Pentecosten.

3. Volumus atque jubemus ut missi nostri diligenter inquirant quanti liberi homines in singulis comitatibus maneant qui possint expeditionem exercitalem facere, nobisque per brevem eorum summam deferant. Et qui nundùm fidelitatem promiserunt, cum sacramento nobis fidelitatem promittere faciant.

4. Volumus ut missi nostri per totam legationem suam primò omnium inquirant qui sint de liberis hominibus qui fidelitatem nobis nondùm promissam habent, et faciant illos eam promittere, sicut consuetudo semper fuit; et posteà incipiant legationem suam per cetera capitula peragere.

5. Volumus ut omnes res ecclesiasticæ eo modo contineantur sicut res ad fiscum nostrum pertinentes contineri solent, usque dùm nos ad generale placitum nostrum cum fidelibus nostris invenerimus et constituerimus qualiter in futurum de his fieri debeat.

6. Volumus ut omnis inquisitio, quæ de rebus ad jus fisci nostri pertinentibus facienda est, non per testes qui producti fuerint, sed per illos qui in eo comitatu meliores et veraciores esse cognoscuntur, per illorum testimonium inquisitio fiat, et juxta quod illi testificati fuerint, vel contineantur, vel reddantur.

7. Item volumus ut de rebus quas Matfredus per diversa loca et per diversos homines adquisivit, ipsi qui easdem res ei dederunt interrogentur si aliquis eorum eas repetere velit.

Et quicumque hoc se velle pronuntiaverit, ad generale placitum nostrum venire jubeatur, ut inde cum eodem Matfredo rationem habere possit.

N°. 81. — CAPITULAIRE *sur la prescription.*
(Baluze, I, 673.)

1. De inscriptione temporum.
2. Item de inscriptione temporum.
3. De inquilinis et colonis.

N°. 82. — ORDONNANCE (præceptum) *contenant invitation aux Payens de se convertir.*
Aix-la-Chapelle, 834. (Baluze, I, 681.)

N°. 83. — CHARTE *de la division de l'Empire entre Pépin, Louis et Charles, arrêtée dans l'assemblée générale du peuple.*
Aix-la-Chapelle, 837. (Baluze, I, 685.)

CHARLES II, DIT LE CHAUVE.

Les droits à lui attribués par son père, de son vivant, furent contestés long-temps par ses frères aînés, *Lothaire* et *Louis*, jusqu'au partage qui fut fait entre eux à Verdun, au mois d'août 843. — Créé empereur, en sept. 869. — Élu roi d'Italie, en fév. 876. — Mort à Brios, dans le Mont-Cenis, le 6 octobre 877.

N°. 84. — SERMENS *mutuels prêtés par Louis-le-Germanique et Charles-le-Chauve, dans l'assemblée du peuple* (1), *et par le peuple lui-même.*
Strasbourg, 842, Nithard, III; 5-26. Baluze, II, 39.

SERMENT DU ROI (2).

Pro Deo amur, et pro christian poblo et nostro commun salvament, dist di en avant, in quant Deus savir et podir me dunat, si salvarai eo cist meon fradre *Karlo*, et in adjudha, et in cadunha cosa, si cum om per dreit son fradra salvar dist, in o quid il mi altre si fazet. Et ab *Ludher* nul plaid numquam priudrai, qui meon vol cist meon fradre *Karle* in damno sit.

---

(1) C'est dans cette conférence des deux rois que se célébra le premier tournois: il ne fut pas ensanglanté. (*Nithard.*)

(2) Ce serment fut prononcé en langue tudesque par Charles, et en langue romane par Louis. C'est le plus ancien monument de la langue nationale. Roquefort, Glossaire de la langue romane, disc. prélim., p. 20.

Traduction littérale.

Pour l'amour de Dieu et du peuple chrétien, et notre commun salut, de ce jour en avant, en tant que Dieu me donne savoir et pouvoir, ainsi sauverais-je cetui mon frère Charles, et en aide, et en chaque chose, si comme homme par droit son frère doit sauver; en ce que il à moi en ferait autant, et de Lothaire nul plaid jamais ne prendrai, qui, de ma volonté, soit en dommage à cetui mon frère Charles.

SERMENT DU PEUPLE.

Si *Loduvihgs* sacrament que son fradre *Karlo* jurat conservat, et *Karlus* meo, sendra de suo part non los tanit, si io returnar non lint pois ne lo, ne neuls cui co returnar int pois, in nulla adjudha contra *Lodhuwig* nun li iver.

Traduction.

Si *Louis* conserve le serment qu'il jure à son frère *Charles*, et que notre *Charles*, ne tienne le sien de sa part, si je puis l'en détourner, ni moi, ni aucun de ceux que je pourrai en détourner, ne lui irons en aide contre *Louis*.

CAPITULAIRES (1) DIVISÉS EN 52 TITRES.

N°. 85. — (Titre 1er.) CONVENTION (conventio) *sur le respect dû à Dieu, aux églises, aux ecclésiastiques, au Roi, etc., confirmée par la souscription du prince, des évêques et des autres fidèles de Dieu, du consentement de Warnius, et des autres grands.*

Quâ de re communiter inito consilio hoc scriptum fieri proposuimus, quod etiam manuum omnium nostrorum subscriptione roborandum, decrevimus. (Préface.)

Cologne, 844, an 4e. du règne. (Baluze, II, 1.)

N°. 86. — (Titre 2.) SYNODE *de la paix et de la restauration des églises.*

Judicium, près Theuden, an 5e. du règne, oct. 845. (Baluze, II, 7.)

1. De honore, cultuque Dei, atque ecclesiarum, et servorum Dei veneratione.
2. Ut honor et potestas regia inconvulsa permaneat.
3. De justitiis unicuique secun-

---

(1) La plupart de ces Capitulaires ne sont, dans la réalité, que des conciles ou synodes. Ils ne traitent guère que des affaires d'églises, comme ceux de Louis-le-Débonnaire.

dum legem suam faciendis.
4. Ut nemo quicquam regi contrà justitiæ rationem suggerat.
5. Ut si quid regi subreptum est, fideliter admoneatur.
6. De iis qui initum concordiæ fœdus irruperint.

N°. 87. — (Titre 3.) CONCILE *des évêques et des fidèles* (en 12 art.), *sur la réforme des maux qui pèsent sur les ecclésiastiques.*

Vernon. (Baluze, II, 13).

N°. 88. — (Titre 4.) SYNODE *sur les priviléges des églises et des ecclésiastiques.*

Beauvais, avril, 845. (Baluze, II, 19.)

1. Ut conservetur jus ecclesiasticum.
2. Ut episcopi sine causâ non deshonorentur.
3. Ut res ecclesiis ablatis restituantur.
4. Ut præcepta illicita de rebus ecclesiæ rescindantur.
5. Ut injustæ consuetudines ab ecclesiâ non exigantur.
6. Ut ecclesiæ contrà oppressores defendantur.
7. Ut præcepta ecclesiis concessa firmentur.
8. Ut si quid invicem peccatur, mutuo consilio corrigatur.

N°. 89. — (Titre 5.) CAPITULAIRE *concernant l'oppression des ecclésiastiques par les évêques* (en 9 art.).

Toulouse. (Baluze II, 21.)

N°. 90. — (Titre 6.) ORDONNANCE (*præceptum*) *sur la protection due aux Espagnols réfugiés* (en 10 art.).

Saint-Saturnin, près Toulouse, 846 ou 844. (Baluze, II, 25.)

N°. 91. — (Titre 7.) CAPITULAIRE *sur les matières ecclésiastiques.*

Epernay. (Baluze, II, 29.)

1. De honore et cultu ecclesiarum.
2. De honore episcoporum et veneratione servorum Dei.
3. De justitiis.
4. Ut cautela fiat ergà eos qui causâ juventutis aut insipientiæ in aliquo fallant, sive contemnunt admonitionem episcoporum, ne subitò aut incautè damnentur anathemate.
5. De his qui contrà regiam potestatem contumaces esse moliuntur.
6. De precariis.

7. De hospitalibus.
8. De rapacibus.
9. Ut episcopis tempus congruum observetur ad ministerium suum peragendum.
10. Ut clerici arma militaria non contingant.
11. Ut missi dirigantur qui inquirant si præcepta à nobis de rebus ecclesiarum ad proprium sint facta.
12. De hæresi simoniacâ.
13. Ut à nullo sedes episcopalis, proprio infirmante episcopo, usurpetur.
14. Ut canonici infrà dormitorium dormiant.
15. Ut monachi ad palatium non veniant, nisi causâ obedientiæ, exceptis abbatibus.
16. Ut laïci decimas de ecclesiis non contingant.
17. De sanctimonialibus contrà auctoritatem nuptis.
18. De sponsis aliorum.
19. De sepulturis infrà ecclesiam.
20. Ut missi dirigantur, qui inquirant de iis quæ ad regem et rempublicam pertinent.
21. De precariis et commutationibus vacante sede factis.
22. De precariis, quomodò fieri ac renovari debeant, et de præceptis regalibus.
23. Ut ecclesiæ contrà oppressores defendantur.
28. Ut episcopis libertas à rege ad obeunda ministeria concedatur, et episcopi concesso sibi otio non abutantur.
37. Ut clerici arma militaria non contingant.
40. De hospitalibus Scottorum, et aliis ad nihilum redactis.
43. Ut per simoniacam hæresim nemo regimen obtineat.
47. Quomodò providendum sit ecclesiæ, cujus episcopus infirmus est.
53. De canonicorum in civitate vel monasteriis curâ et disciplinâ.
56. Ut episcopus sine certâ causâ nullum excommunicet, nec anathema imponat sine archiepiscopi et comprovincialium episcoporum consensu.
57. Ut monachi palatium sine episcopi auctoritate non adeant, nec vagentur, nec villicationibus diutiùs inserviant.
63. Ut qui nonas et decimas persolvere, aut sarta tecta restaurare negligunt, excommunicentur.
67. De iis qui sanctimoniales rapiunt, et in conjugium sumunt.
68. De iis qui alienas sponsas rapiunt.
72. De sepulturis infrà ecclesiam, et de sepulcris non violandis, vel pecuniâ pro sepulturâ non exigendâ.

Tit. 8. (Voyez ci-dessus n°. 84.)

N°. 92. (Titre 9.) 1ere. CONVENTION (conventus) *entre les trois Rois, traitant de paix et d'alliance* (en 11 art.).

Marsen-sur-Meuse, février 847. (Baluze, II, 41.)

N°. 93. (Titre 10.) 2°: CONVENTION *entre les 3 Rois, portant amnistie et réglement sur la police* (en 8 art.) (1).

Marsen-sur-Meuse, 851. (Baluze, II, 45.)

N°. 94. (Titre 11.) SYNODE *sur la discipline et police ecclésiastiques.*

Soissons, mai 853. (Baluze II, 49.)

1. De clericis ab Ebbone post depositionem perperam ordinatis : et de legitimâ Hincmari successoris ejus ordinatione.
2. Herimanni episcopi nivernensis ecclesia, propter ipsius infirmitatem, Weniloni archiepiscopo commendata.
3. De Burchardo, Carnutum episcopo, cedere vel ordinari jusso.
4. Aldrici episcopi paralysi laborantis ecclesia ejus metropolitano commendata.
5. Duo monachi presbyteri, Pippinum è S. Medardi monasterio abducere conati, depositi atque in diversa monasteria relegati.
6. De Ragamfrido diacono, qui præcepta falsa regio nomine condidisse dicebatur.
7. Septimâ actione eidem sacræ synodo idem christianissimus (2) domnus rex Karolus hæc quæ sequuntur capitula proposuit, et consultu eorumdem episcoporum ea per regnum suum innotescenda, exercenda, et conservanda commonuit, præcepit et confirmavit.

N°. 95. — CAPITULAIRE *adressé aux envoyés royaux sur l'état des églises, et la réforme des choses ecclésiastiques.*

Soissons, avril, 853. (Baluze, II, 53.)

1. De omnium monasteriorum instauratione.
2. De monasteriis in alodem datis.
3. De capellis et abbatiolis in beneficium datis.
4. Ut presbyteri omnes sub dispositione sint episcoporum.
5. De rebus ecclesiasticis in alodem datis.
6. De rebus ecclesiasticis undè nona et decima solvi debent.
7. Ut malla, vel placita, in locis sacratis, et diebus festis non fiant.
8. Ut tempore Quadragesimæ, et aliis jejuniorum diebus, malla vel placita non fiant.
9. Ut colonos ab episcopis flagellari eorum seniores indignè non ferant.
10. Ut ministri reipublicæ epis-

---

(1) Ces Capitulaires ont été lus en présence de tout le peuple.
(2) Le pape Etienne II avait déjà donné le titre de Roi très-chrétien à Pépin, l'an 775. Mais il ne devint la qualification propre de nos rois que dans la personne de Louis XI, en 1469. Sur quoi on peut remarquer que Pépin et Charlemagne se disaient rois par la *clémence de Dieu*, et que nos rois de la troisième race se dirent dans leurs ordonnances rois par *la grâce de Dieu*, non-seulement par piété, mais encore pour marquer leur indépendance des papes, qui s'arrogeaient alors le droit de disposer des couronnes. (Hén., Abr. chr.)

853.

copis parochiam circumeuntibus sint auxilio.

11. Quod super beneficia ecclesiastica et præstarias regia præcepta non fient.

12. Ut commutationes rerum ecclesiasticarum, vel mancipiorum, sine consensu regis non fiant.

N°. 96. (Titre 12.) SYNODE *sur la disposition d'un évêché et d'un monastère, contenant* (art. 3) *l'acceptation par les fidèles des Capitulaires de Soissons.*
Verberie, août 853. (Baluze, II, 57.)

N°. 97. — (Titre 13.) CAPITULAIRE *sur les besoins de l'Église et du royaume* (en 10 art.).
Valenciennes, novembre 853. (Baluze, II, 61.)

N°. 98. — (Titre 14.) CAPITULAIRE *sur les attributions des envoyés du Roi, suivi du mode de conservation des Capitulaires, et de la formule de serment des* CENTENARII.
Senlis (*Sylvacum*), novembre 853. (Baluze, II, 63.)

Mandamus præstereà ut si capitula domni avi et genitoris nostri scripta non habetis, mittatis ad palatium nostrum de more prædecessorum vestrorum missum vestrum et scriptorem cum pergamenâ, et ibi de nostro armario ipsa capitula accipiat atque conscribat. Et vos deindè secundùm ipsa capitula Dei justitiam, populique à Deo vobis commissi necessarias proclamationes, legaliter emendare solerti vigilantiâ procureris. *Valete.*

N°. 99. — (Titre 15.) CAPITULAIRE *sur les fonctions des envoyés royaux.* (13 art.)
Attigny, juin 854. (Baluze, II, 69.)

N°. 100. — (Titre 16.) DÉCLARATION (adnunciatio) *de l'empereur Lothaire et du roi Charles, avec le serment qu'ils se prêtèrent l'un à l'autre.*
Leudica, 854. (Baluze, II, 71.)

N°. 101. — (Titre 17.) ORDONNANCE (præceptum) *qui confirme les priviléges des églises de Tournay.*
Verberie, août, 854. (Baluze II, 75.)

N°. 102. — (Titre 18.) MERCURIALE (increpatio) adressée par les évêques, les abbés, et les autres fidèles, au roi Charles, dans laquelle sont énumérés les Capitulaires qu'il a violés.

Boncilum, août, 856. (Baluze, II, 77.)

N°. 103. — (Titre 19.) CAPITULAIRE adressé aux Francs et aux Aquitains (en 15 art.).

Kiersy (Carisiacum), juillet, 856. (Baluze, II, 79.)

N°. 104. — (Titre 20.) CAPITULAIRE sur l'observation des Capitulaires précédens.

Basiu, 856. (Baluze, II, 83.)

N°. 105. — (Titre 21.) CAPITULAIRE sur l'observation des devoirs religieux (en 6 art.).

856. (Baluze, II, 86.)

N°. 106. — (Titre 22.) CAPITULAIRE sur le même sujet (en 1 art.).

856. (Baluze, II, 87.)

N°. 107. — (Titre 23.) CAPITULAIRE donné en Synode sur la publication des Capitulaires, par les envoyés impériaux (en 10 art.).

Kiersy, mars, 857. (Baluze, II, 88.)

N°. 108. — (Titre 24.) CAPITULAIRE sur la punition des crimes par les évêques et par les comtes (en 8 art.).

Kiersy, février, 857. (Baluze, II, 95.)

N°. 109. — (Titre 25.) PROCLAMATIONS de Charles et de Lothaire.

Saint-Quentin, mars, 857. (Baluze, II, 97.)

N°. 110. — (Titre 26.) SERMENT des fidèles au Roi.
Kiersy, avril, 858. (Baluze, II, 99.)

N°. 111. — (Titre 27.) LETTRE des évêques à Louis-le-Germanique.

Kiersy, novembre, 858. (Baluze, II, 101.)

Les évêques y reprochent à Charles Martel d'avoir le premier d'entre tous les rois et princes des Francs, vendu les biens des églises, et affirment que pour cette spoliation (faite pour soutenir la guerre contre les Sarrazins), il est damné éternellement. — Ayez soin de vos terres, disent les évêques au Roi, afin que vous ne soyez pas obligé de voyager sans cesse par les maisons des ecclésiastiques, et de fatiguer leurs serfs par des voitures. — Faites en sorte que vous ayez de quoi vivre et recevoir des ambassades (1).

N°. 112. — (Titre 28.) SYNODE de Metz (résultat du) au sujet des excès commis dans le royaume.

Metz, juin, 859. (Baluze, II, 121.)

N°. 113. — (Titre 29.) SYNODE de Toul au sujet de l'union de Charles, Lothaire et Louis, contenant des dispositions sur les Synodes.

Savonières, 859. (Baluze, II, 129.)

1. De concordiâ inter fratres Ludovicum et Karolum reges reformandâ.
2. Ut episcopi mutuò se consilio et auxilio adjuvent, et synodos frequentent.
3. De stabili unione principum Karoli et Lotharii, atque Karoli regum.
4. De Tortoldo diacono qui episcopalem potestatem in Bajocacensium urbe occupârat.
5. De Anscario subdiacono, qui Lingonum sedem, vivo ejus episcopo, pervaserat.
6. De proclamatione Karoli regis adversùs Wenilonem, archiepiscopum senonensem.
7. De Attone Virdunensium episcopo qui contrà regulas ecclesiasticas provectus dicebatur.
8. De litteris synodi ad episcopos Brittonum qui à metropolitano suo disciverant, et cum excommunicatis communicabant.
9. De litteris synodi ad Brittones excommunicatos, quibus nisi se corrigant, anathema intentatum.
10. De Capitulis quibusdam in synodo relectis, de quibus inter episcopos erat controversia.
11. De conservando privilegio monasterii sancti Benedicti.
12. De aliis quæ speciùs in eodem synodo statuta sunt.
13. De precibus quas inter se condixerunt episcopi qui ad hoc concilium convenerunt.

N°. 114. — (Titre 30.) ARRÊTÉ du synode de Toul, contenant des mesures contre divers évêques, rendu sur la plainte du Roi.

Savonières, juillet 859. (Baluze, II, 133.)

1. Quià, sicut dicit sanctus Gregorius, et ex consuetudine

---

(1) Il est visible que les revenus de nos rois consistaient alors dans leurs domaines. Ils levaient encore quelques droits sur les rivières lorsqu'il y avait un pont ou un passage. (Esp. des Lois, 30, 13.)

olitanâ cognoscius, in Francorum regno reges ex genere prodeunt, mihi à domino et genitore meo piæ memoriæ Hludouvico Augusto pars regni inter fratres meos reges divinâ dispositione est tradita. In quâ parte regni vacabat tunc pastore metropolis Senonum; quam, juxtà consuetudinem prædecessorum meorum regum, Weniloni tunc clerico meo, in capellâ meâ mihi servienti, qui more liberi clerici se mihi commendaverat, et fidelitatem sacramento promiserat, consensu sacrorum episcoporum ipsius metropolis ad gubernandum commisi, et apud episcopos, quantùm ex me fuit, ut eum ibidem archiepiscopum ordinarent, obtinui.

N°. 115. — (Titre 31.) CAPITULAIRE *sur la paix entre Charles et Louis, contenant amnistie, et sur la répression de certains crimes* (en 12 art.).

Conflans, juin 860. (Baluze, II, 137.)

N°. 116. — (Titre 32.) INSTRUCTIONS *aux envoyés royaux pour l'observation des articles arrêtés à Conflans.*

(Baluze, II, 145.)

N°. 117. — (Titre 33.) ÉDIT *contenant des dispositions sur les avocats.*

Kiersy, 861. (Baluze II, 151.)

Cet édit sera retenu par le chancelier, et notifié par les envoyés royaux, afin que personne ne s'en écarte par ignorance, ou à dessein, voulant qu'il soit lu, notifié et observé dans le Palais, dans les cités, dans les assemblées (malli), dans les plaids et dans les marchés.

N°. 118. — (Titre 34.) CAPITULAIRE *donné dans l'assemblée des évêques, abbés, comtes et fidèles, portant des peines canoniques et civiles contre les malfaiteurs* (en 4 art.).

Pistes-sur-Seine, 862. (Baluze, II, 152.)

N°. 119. — (Titre 35.) ARTICLES *relatifs à l'entrevue de Charles, de Lothaire et de Louis.*

862. (Baluze, II, 163.)

N°. 120. — Édit *sur la paix du royaume et les monastères.*

Titre 36 des Capitulaires de Charles-le-Chauve.

Assemblée nationale (1) de Pistes, 7 des cal. de juillet 864, 25e. année de son règne. (Baluze, II, 173-196.)

*Discours de l'Empereur (*adnuntiatio*) aux membres de l'assemblée.*

Capit. 1er. Multas gratias vobis agimus de vestrâ fidelitate et de vestrâ bona voluntate quam semper ergà nos in omni adjutorio et obsequio demonstratis, sicut vestri antecessores ergà nostros antecessores demonstraverunt. Et quia pacem, quam jam præterito tertio anno hic communiter confirmavimus et adcognitari fecimus, secundùm quod causâ in quibusdam locis conjacuit, etsi non omnes, sicut desideravimus, tamen ex majori parte observastis, et quia pleniter et cum pace ad hoc nostrum placitum convenistis.

2. Et quia bonam voluntatem vestram in istis et in aliis videmus et experti sumus, fiducialiùs vos commonemus ut et de ipsâ pace observandâ et de istis operibus, quæ contrà Dei et sanctæ ejus ecclesiæ et nostros communes inimicos Normannos incepimus, sine defectu et lassatione viriliter laboretis, scientes qualiter nobis placuisset si istas firmitates hic factas habuissemus, quando in tali angustiâ, sicut experti estis, ad Meldis contrà eos communiter laboravimus. Undè nos Deus, sicut suæ misericordiæ placuit, manifesto suæ clementiæ iudicio adjuvavit.

3. Et quoniam illa quæ jam tertio anno hic unò cum consensu et consilio fidelium nostrorum constituimus, et vobis adcognitari fecimus, libenter audisse et suscepisse comperimus, quæ nunc etiam ad nostram communem salutem et pacem atque honorem, hic fidelium nostrorum consensu atque consilio constituimus, vobis per scriptum nota facere volumus, ut illa pleniùs audire et ad illud scriptum recurrendo, quod in singulis comitatibus dari et religi atque haberi præcipimus, firmiùs retinere, et certiùs observare possitis. Quæ etiam ab

---

(1) Dans cette assemblée célèbre, Pépin, roi d'Aquitaine, fut condamné à mort pour avoir trahi sa foi et son pays, en se mettant à la tête des Normands, et en adoptant leur religion. — La peine fut commuée en une prison perpétuelle, où il mourut.

episcopis vel eorum ministris per singulos comitatus de eorum parochiis aperto sermone; ut ab omnibus possint intelligi, tradi volumus.

Edit.

Karolus Gratiâ Dei, Rex.

Notum esse volumus omnibus Dei et nostris fidelibus, quoniam hæc quæ sequuntur Capitula nunc in isto placito nostro, anno ab incarnatione Domini nostri Jesu-Christi 864, anno videlicet regni ipso propitio 25, indictione 12, 7 kal. julias, in hoc loco qui dicitur *Pistis*, unà cum fidelium nostrorum consensu atque consilio constituimus, et cunctis sine ullâ refragatione per regnum nostrum observanda mandamus.

Cap. 1ᵉʳ. De la protection due aux églises et aux ecclésiastiques.

2. De la protection due aux orphelins, aux veuves, aux filles, aux gens d'église, et aux choses saintes.

3. De l'observation des lois, de la justice et de la paix, et du service militaire.

4. Du respect dû à l'autorité royale.

5. De la protection des biens de la couronne.

6. De la réintégration des personnes dépouillées de leurs biens par l'invasion des Normands. On lit dans ce Cap. :
LEX QUONIAM CONSENSU POPULI FIT ET CONSTITUTIONE REGIS.

7. De la répression des vagabonds et malfaiteurs.

8, 9 et 10. De la circulation et de la réception des monnaies.

11. De la fabrication de la nouvelle monnaie, qui portera d'un côté le nom du roi, et au milieu le monogramme, de l'autre, le nom de la cité, et au milieu une croix.

12. Des hôtels des monnaies.

13. Des devoirs des monnoyeurs.

In illis autem regionibus in quibus secundùm legem romanam judicia terminantur, juxtà ipsam legem culpabilis judicetur.

15. Fixation d'un délai pour la démonétisation des anciennes monnaies.

16, 17, 18 et 19. De la recherche et de la punition des faux-monnoyeurs.

20. Des poids et mesures.

864.

21 et 22. Du paiement de l'impôt (bannum).
23. Des matières d'or et d'argent.
24. Du prix de l'argent et de l'or.
25. Défense de vendre des armes aux Normands et autres ennemis.
26. Du service contre l'ennemi.
27. De la levée des hommes.
28. Du paiement du cens.
29. De la réception des lois.

Volumus ut sicut in secundo libro Capitulorum decessorum ac progenitorum nostrorum continetur, Capitulo XXIV, hœc Capitula, quœ nunc et alio tempore consultu fidelium nostrorum à nobis constituta sunt, à cancellario nostro archiepiscopi, et comites eorum de propriis civitatibus, modò aut per se aut per suos missos accipiant; et unusquisque per suam diœcesim, cæteris episcopis, abbatibus, comitibus, aut aliis fidelibus nostris ea transcribi faciant, et in suis comitatibus coràm omnibus relegant, ut cunctis nostra ordinatio et voluntas nota fieri possit. Cancellarius autem noster nomina episcoporum et comitum qui ea accipere curaverint, notet, et ea ad nostram notitiam perferat, ut nullus hoc prætermittere præsumat.

Cette assemblée est close par le discours suivant.

Chap. 1er. De la destruction des châteaux.

Monemus fidelitatem vestram ut hæc firmiter observetis, et semper sicut Dei et nostri dilecti fideles parati sitis ut, si necessitas nobis evenerit, aut contrà paganos, aut contrà quoscumque alios, ut statim quandò unicuique nuntius venerit, aut nobis necesse audierit, sine ullà dilatione hostiliter præparatus in Dei et nostrum servitium, ad communem utilitatem possit movere et certissimè nobis occurrere. Et volumus et expressè mandamus, ut quicumque istis temporibus castella et firmitates et haias sine nostro verbo fecerunt, kalendis Augusti omnes tales firmitates disfactas habeant; quià vicini et circummanentes exinde multas depredationes et impedimenta sustinent. Et qui eas disfacere non voluerint, comites in quorum comitatibus factæ sunt, eas disfaciant. Et si aliquis eis contradixerit, ad tempus nobis notum facere curent. Qui si hoc, sicut mandamus, adimplere neglexerint, sciant quià, sicut in istis Capitulis et Capitularibus prædecessorum nostrorum continetur, tales comites quæremus, et in illorum comitatibus constituemus qui nostrum mandatum facere velint et possint.

3. Vos autem alii, sed et ipsi qui nobiscum remanebunt, in eundo, et in patriâ remanendo, et ad nos redeundo, pacem à nobis communiter confirmatam servantes, ite cum Dei et nostrâ gratiâ. Et Deus nobis concedat ut citò et per plures annos sani et læti nos invicem videamus; et de Dei super nos misericordiâ et gratiâ gaudeamus.

N°. 121. — (Titre 37.) CAPITULAIRE *sur l'état de l'église et l'utilité du royaume* (en deux parties; l'une de 16, l'autre de 7 art.).

Tusiacum, 865. (Baluze, II, 195.)

N°. 122. — (Titre 38.) CAPITULAIRE *renouvelé du Synode de Soissons, de l'an 853, sur les Églises et les monastères pillés par les Normands.*

Compiègne, 867. (Baluze, II, 203.)

N°. 123. — (Titre 39.) CONVENTION *entre Louis et Charles.*

Saint-Arnould de Metz, 868. (Baluze, II, 207.)

N°. 124. — (Titre 40.) CAPITULAIRE (en deux parties, l'une de 13 art. et l'autre de 4), *arrêté avec le concours des évêques et des fidèles sur les honneurs et les immunités des ecclésiastiques et des églises, et les précautions à prendre avant d'excommunier.*

Piste, 869. (Baluze, II, 209.)

ART. 1 de la 2°. partie. Volumus vos scire quià secundùm consuetudinem antecessorum nostrorum consideravimus in hoc placito, cum episcopis et cæteris fidelibus nostris, de honore sanctæ ecclesiæ et episcoporum ac cæterorum servorum Dei, ut debitum honorem habeant, sicut tempore antecessorum nostrorum habuerunt, et hominibus fidelibus nostris, unicuique in suo ordine, legem et justitiam conservabimus, sicut eorum antecessores tempore antecessorum nostrorum habuerunt.

N°. 125. — (Titre 41.) CAPITULAIRE *relatif au couronnement du roi Charles dans le royaume de Lothaire.*

Metz, 5 des ides de septembre 869. (Baluze, II, 215.)

869.

N°. 126. — PROCÈS-VERBAL du couronnement de Charles-le-Chauve.

Metz, 5 des ides de septembre 869. (Baluze, II, 801.)

N°. 127. — (Titre 42.) PACTE entre Charles et Louis-le-Germanique, par le partage des États de Lothaire.

Aix-la-Chapelle, mars 870. (Baluze, II, 221.)

N°. 128. — (Titre 43.) DIVISION du royaume de Lothaire.

Procaspis, août 870. (Baluze, II, 222.)

N°. 129. — (Titre 44.) FORMULE du serment prêté par les évêques, les laïcs et les prêtres au roi Charles.

Goudulfe-sur-la-Moselle, septembre 872. (Baluze, II, 225.)

N°. 130. — (Titre 45.) CAPITULAIRE (12 art.) arrêté dans l'assemblée générale de la nation, sur la police générale du royaume, la punition des sorciers, l'élection et la corruption des échevins, le droit d'asile, etc.

Kiersy, 873. (Baluze, II, 227.)

ART. 8. Capitula avi et patris nostri, quæ Franci pro lege tenenda judicaverunt et fideles nostri, in generali placito, conservanda decreverunt.

N°. 131. — (Titre 46.) RESCRIT donné sur la réclamation de l'évêque de Barcelonne.

Attigny, juillet 874. (Baluze, II, 233.)

N°. 132. — (Titre 47.) CAPITULAIRE arrêté en Synode (1) sur les honneurs et les immunités de l'église romaine, la conservation des choses de l'Église, les honneurs à rendre aux évêques et au clergé, et les décimes, souscrit par les évêques, abbés et comtes.

Pontyon, 876. (Baluze, II, 235. Hist. VII, 690.)

1. Ut romana ecclesia ab omnibus honoretur.
2. Ut Joanni papæ honor, obedientiaque ab omnibus exhibeatur.

---

(1) Charles est de nouveau proclamé Empereur d'Occident, et revêtu de la chlamyde.

3. Ut res ecclesiæ romanæ proprias nemo diripiat.

4. Ut ecclesiasticis honor et reverentia præstetur.

5. Ut imperatori honor ab omnibus observetur.

6. Ut episcopi ministerium suum sine cujusquam impedimento et molestiâ peragant.

7. Ut episcopi per se et presbyteros prædicationi insistant: et fideles diebus festis ad publicas stationes occurrant, et nullus domi suæ missas celebret sine licentiâ episcopi.

8. Ut episcopi cum clero suo in claustris resideant: presbyteros verò ab ecclesiis suis abesse, aut ab eorum potestate dissilire non permittant.

9. Ut sacerdotes à fœminarum familiaritate, itemque à venatione, armis militaribus, et habitu non decenti abstineant.

10. Ut res ecclesiasticas nemo invadat, et quæ cum detrimento ecclesiæ à rectoribus distractæ sunt, repetantur.

11. Ut decimæ absque fraude offerantur, et à presbyteris episcopi arbitrio dispensentur. Et de baptismalibus ecclesiis per earum filios restaurandis.

12. Ut episcopi, comites et vassos regios diligant ut filios, et hi episcopos honorent ut patres; et ut episcopi in suis episcopiis missorum dominicorum potestate fungantur.

13. Ut episcopi et comites in pauperum domibus, nisi rogati, non diversentur, et ut prædas ac devastationes inhibeant.

14. Ut defuncti episcopi facultates nullus invadat, sed successori reserventur, vel pro illius animâ erogentur.

15. Ut infideles regi nemo celet, nec ullam eis sustentationem præbeat.

N°. 133. — (Titre 48.) 2°. RÉDACTION *des actes du Synode.*

Pontyon, 876. (Baluze, II, 245.)

N°. 134. — (Titre 49.) ARTICLES *nouveaux du même synode.*

Pontyon, 876. (Baluze, II, 249.)

N°. 135. — (Titre 50.) ACTES *du Synode de Rome, portant confirmation de l'élection de l'empereur Charles, fils de Louis, sous la présidence du Pape.*

877. (Baluze, II, 251.)

N°. 136. — (Titre 51.) EXACTION (exactio), *prononcée contre les Normands résidans sur la Seine.*

Compiègne, mai 877. (Baluze, II, 257.)

N°. 137. — (Titre 52.) CAPITULAIRE *(en deux parties, l'une de 33, l'autre de 4 articles), arrêté avec le concours des fidèles par l'Empereur Charles sur le régime de l'église et de l'empire.*

Kiersy, juillet 877. (Baluze, II, 259.)

PRÉAMBULE.

Capitula quæ avus et pater noster passata et muniminæ sanctæ Dei ecclesiæ et ministrorum ejus, et pro pace ac justitia populi ac quiete regni constituerunt, et quæ nos, cum fratribus nostris regibus et nostris, et eorum fidelibus *comuniter* constituimus, sed et quæ nos consilio et consensu episcoporum ac cæterorum Dei et nostrorum fidelium pro suprascriptis causis in diversis placitis nostris, conservanda statuimus, et manere inconvulsa decernimus, similiter et à filio nostro inconvulsa, conservari volumus, mandamus.

CAPITULAIRE (1) *sur le gouvernement de l'Empire et de l'église, au moment du départ* (2) *du Roi pour l'étranger.*

Assemblée de Kiersy, cal. de juillet 877, 37°. année du règne, 18°. de l'Empire. (Baluze, II, 259.)

CAPITULE 1ᵉʳ. — *De la protection et des honneurs à rendre au culte divin.*

CAP. 1. De honore et cultu Dei atque sanctarum ecclesiarum quæ auctore Deo sub ditione et tuitione regiminis nostri consistunt, Domino mediante, decernimus ut sicut tempore beatæ recordationis domni et genitoris nostri excultæ et honoratæ atque rebus ampliatæ fuerunt, et quæ à nostrâ liberalitate honoratæ atque ditatæ sunt, de cætero sub integritate sui serventur; et sacerdotes ac servi Dei vigorem ecclesiasticum et debita privilegia juxtà reverendam auctoritatem obtineant; et eisdem principalis potestas et inlustrium virorum strenuitas, seu reipublicæ administratores, ut suum ministerium compe-

---

(1) Ce Capitulaire a consacré l'hérédité des fiefs ou bénéfices (3e. préface du tome XI. des Hist., p. 36; M. Henrion de Pensey, autorité jud.; Sismondi, hist. des Français, tome III. Hén., Abr. chr., n'en place l'établissement qu'au règne de Raoul). — Après avoir été approuvé par les fidèles, le Roi ordonna qu'il fût récité par le chancelier devant le peuple. (Flodoard, p. 496.)

(2) Le fils de l'Empereur est nommé lieutenant-général pendant l'expédition de son père, en Italie.

tenter exequi valeant, in omnibus rationabiliter et justè concurrant.

Et filius noster hæc supra scripta similiter Deo juvante conservet.

Responderunt (1) primum capitulum, sicut Deo inspirante decrevistis, omnes conlaudamus et conservare volumus.

Il est relatif à la protection du monastère de Sainte-Marie de Compiègne.

3. *De l'élection des conseillers du Roi.*

Ut tales à vobis eligantur, exceptis illis quibus commendatum habemus, quorum speciali consilio et adjutorio in præsenti itinere utamur.

Responderunt de tertio vos, sicut meliùs Deo inspirante vidistis, regni vestri defensionem atque tuitionem; et filii vestri custodiam per fideles vestros, tàm per episcopos, quàm abbates et comites, dispositum habetis, et necessarium esse cognoscimus. Ipsam dispositionem nos disordinare non possumus, nec debemus (2); et qualiter illam meliùs disponere possimus, non sapimus.

4. *De la fidélité due au Roi et à son fils.*

Quomodò securi esse possimus quousque Deo donante huc revertamur, à nullo regnum nostrum inquietari posse, quantùm Deus vos adjuvare voluerit, et vestrum posse extiterit, et quomodò nos de filio nostro et de vobis securi esse possimus, et vos de filio nostro securi esse possitis, et ipse de vobis, et ut vos ad invicem credere possitis.

Ils répondent qu'ils tiendront leurs sermens envers le roi et envers son fils.

5. Les bénéfices que le roi donnera à son fils et à sa femme, leur appartiendront, jure beneficiario.

Accordé.

6. Des dons faits à ses filles.

7. En cas de révolte de ses neveux, chacun leur résistera.

8. *Des investitures.*

Le droit de collation sera exercé provisoirement, en cas de vacances, par les évêques et les comtes, sauf l'approbation de l'empereur.

---

(1) Ce sont les fidèles. — Ce Capitulaire est par demande et par réponse V. les actes du Champ-de-Mai, en 1815.

(2) V. la décision arbitrale de Saint-Louis, en 1263, et la charte.

9. *De la disposition du fief en cas d'extinction de la race masculine d'un comte.*

Si filium non habuerit.... pro hoc nullus irascatur si comitatum alteri cui nobis placuerit dederimus quàm illi qui eum hactenùs prævidit. Similiter et de vassalis nostris faciendum est; et volumus atque expressè jubemus ut tam episcopi quàm abbates et comites, seu etiam cæteri fideles nostri, hominibus suis similiter conservare studeant. . . . .

Responderunt: Cætera capitula responsione non egent, quoniam à vestrâ sapientiâ sunt disposita et diffinita.

10. *De la succession par les enfans aux dignités de leur père retiré du monde.*

Si aliquis ex fidelibus nostris post obitum nostrum, Dei et nostro amore compunctus, seculo renuntiare voluerit, et filium vel talem propinquum habuerit qui reipublicæ prodesse valeat, suos honores, prout melius voluerit, ei valeat placitare. Et si in alode suo quietè vivere voluerit, nullus ei aliquod impedimentum facere præsumat, neque aliud aliquid ab eo requiratur, nisi solummodò ut ad patriæ defensionem pergat.

22. *Du mode de discussion et de délibération au conseil.*

Monendum quoque et hortandum ut fidelium nostrorum, qui cum filio nostro remanserint, nullus in consilio tardus appareat; sed unusquisque ut sibi melius visum fuerit loquatur, et post omnium locutiones, quod melius visum fuerit eligant.

LOUIS II, DIT LE BÈGUE,

Roi de Neustrie. Couronné en 877, le 8 déc. Mort à Compiègne, le 10 avril 879.

N°. 138. — PROCÈS-VERBAL *du couronnement de Louis II, dit le Bègue* (1).

Compiègne, 6 des ides de décembre 877. (Baluze, II, 305. Hist. IX, 300.)

N°. 139. — (Titre 1ᵉʳ.) CAPITULAIRE *contenant les demandes des évêques et les promesses du Roi à son couronnement.*

Compiègne, 877. (Baluze II, 271.)

___

(1) Il s'intitule roi par la miséricorde de Dieu et l'élection du peuple.

N°. 140. — (Titre 2.) — CAPITULAIRE *donné au Synode, convoqué et présidé par le Pape* (1).

Troyes, août 878. (Baluze, II, 273.)

1. De honore quem episcopis debent sæculi potestates.
2. Ut ecclesiarum possessiones ab episcopis non petant quibus non licet.
3. Ut capitula Ravennæ statuta observentur.
4. Ut episcopi mutuò in vexationibus se adjuvent.
5. Ut à propriis episcopis excommunicati ab aliis non recipiantur.
6. Ut liberum alterius hominem contrà leges nemo recolligat.
7. Occultæ fratrum accusationes interdictæ.

N°. 141. — (Titre 3.) — CONVENTION *entre Louis, fils de l'empereur Charles, et Louis III, fils du précédent* (9 art.)

Furoni, novembre 879. (Baluze, II, 277.)

LOUIS III ET CARLOMAN.

Couronnés à l'abbaye de Ferrière par l'archevêque de Sens, en 879, le 1er. mars, à St. Denis. Le 5 août 882, Carloman règne seul jusqu'à sa mort, à Baisieu, le 6 déc. 884.

N°. 142. — (Titre 1er.) — CAPITULAIRE *de Carloman, relatif aux demandes des évêques et au serment du Roi après la mort de son frère.*

Kiersy, septembre 882. (Baluze, II, 281.)

N°. 143. — (Titre 2.) — CAPITULAIRE (3 art.) *contre les rapines* (DU CONSENTEMENT DES FIDÈLES).

Compiègne, 8 des cal. de mars 883, an 1er. du règne. (Baluze, II, 233. Hist. IX, 309.)

N°. 144. — (Titre 3.) — CAPITULAIRE *sur le culte de Dieu dans le palais du Roi; la composition pour vol, et les coadjuteurs des évêques* (14 art.).

Vernon, mars 884, 5e. année du règne en France. (Baluze, II, 284. Hist. IX, 309.)

---

(1) Ce pape (Jean VIII) a changé la loi des Visigoths. — Rec. des concil., 07.

CHARLES-LE-GROS (1).

Empereur, reconnu roi des Français, en 885. — Mort le 2 janvier 888, à Indinga, en Souabe.

N°. 145. — DIPLOME *en faveur de Germundus, auquel avait été fait don du domaine de Nigeis, dans le pays Chartrain.*

Paris, 9 des cal. de novembre 886, an 4e. du règne de cet empereur, *in Francid*; 2e. de son règne, *in Gallia*. Hist. IX, 351.

EUDES (ODON).

Roi de Paris, élu dans l'assemblée de Compiègne, et sacré par l'archevêque de Sens, à Reims, le jour de Noël 888. — Mort le 1er. ou 3 janvier 898.

N°. 146. — SERMENT *du Roi à son avénement à la couronne, par lequel il s'engage à maintenir les priviléges des églises et les lois canoniques, et à réformer les abus avec le concours de chacun des membres du clergé et des fidèles.*

888. (Baluze, II, 291. Hist. IX, 314.)

CHARLES III, DIT LE SIMPLE (2).

Reconnu au concile de Reims, et sacré le 28 janvier 893; reconnu à Reims, pour la 2e. fois, en 898. — Couronné roi de Lotharingie, en 912. — Mort à Péronne, le 7 octobre 929.

N°. 147. — (Titre 1er.) — CONSTITUTION *de la dot de la Reine.*

Attigny, an 15e. du règne, an 10e. de la restauration, 13 des cal. de mai 907. (Baluze, II, 293. Hist. IX, 492.)

N°. 148. — (Titre 2.) — CAPITULAIRE *contenant les griefs allégués contre l'évêque de Tongres.*

921. (Baluze, II, 295. Hist. IX, 492.)

---

(1) Il n'est pas ordinairement compté au nombre des rois de France. Il fut déposé solennellement de la dignité impériale.

(2) De ce règne date la réédification des châteaux, dont la destruction avait été ordonnée par l'édit de Pistes (864). Louis XI en ordonna de nouveau la destruction; elle fut consommée sous le ministère de Richelieu.

N°. 149. — Traité *entre Charles et Henri, roi de Germanie, par lequel ils s'engagent à vivre en bonne intelligence.*

Bonn, 4 novembre 921. (Baluze, II, 299. Hist. XI, 323.)

ROBERT.

Comte de Paris, proclamé roi par l'armée des Francs; sacré par l'archevêque de Reims, le 30 juin 922. — Tué dans une bataille à lui livrée par Charles-le-Simple, le 15 juin 923.

N°. 150. — Diplome *en faveur du monastère de Saint-Denis.*

Saint-Denis, an 1er. du règne, 8 des cal. de février 923.

RAOUL ou RODOLPHE.

Duc de Bourgogne, proclamé roi par les seigneurs francs, dans le camp de Hugues-le-Blanc, comte de Paris, en 923; sacré à Saint-Médard de Soissons, le 13 juillet, par l'archevêque de Sens. — Mort le 15 janvier 936.

N°. 151. — Diplome *en faveur de l'église d'Autun.*

Autun, an 1er. du règne, veille des cal. de mars 924. (Baluze. Hist. IX, 562.)

N°. 152. — Ordonnance (præceptum) *portant que personne ne pourra être nommé abbé de Saint-Martin de Tours avant d'avoir régi un autre monastère.*

Compiègne, nones d'octobre 933, 10e. année du règne. (Coll. des ordon. du Louvre, XVII, 271.)

LOUIS D'OUTREMER.

Reconnu roi de droit héréditaire, par les grands du royaume, et sacré à Laon, par l'archevêque de Reims, le 19 juillet 936. Mort à Reims, le 10 septembre 954. (Hist., préface, tom. XVII, p. 17).

· 936.

N°. 153. — DIPLOME *en faveur de l'église d'Autun.*

Auxerre, an premier du règne, 8 des cal. d'août 936. (Hist. IX, 584.)

N°. 154. — CONCILE *tenu en présence de l'empereur Othon et du roi Louis, dont le premier canon dispose :*

Qu'aucun désormais n'ait la présomption d'usurper la puissance royale, étant décidé, conformément au concile de Tolède, que Hugues (père de Hugues Capet), envahisseur et ravisseur du royaume du roi Louis, soit excommunié, s'il ne vient se justifier au concile synodal.

Ingelheim, 948. (Labb. concile IX.)

LOTHAIRE.

Couronné à Reims, par l'archevêque, le 12 novembre 954. — Mort le 2 mars 986, et enseveli à Reims.

N°. 155. — DIPLOME (bonæ indolis regis) *en faveur du monastère de Gand.*

Palais de Laon, an 1er. du règne. Décembre 954. (Hist. IX, 615.)

N°. 156. — CHARTE *accordée à l'église de Saint-Remi de Reims, dans laquelle le Roi dit, en parlant de son avénement :* In cujus sacro templo ab omnibus Francorum proceribus electus sum ac regali diademate coronatus.

Palais royal de Laon, cal. de janvier 954, an 1er. du règne (Hist. IX, 617.)

N°. 157. — CHARTE *de confirmation de la fondation du couvent de Brai-sur-Seine, par Burchard, comprenant le lieu dit Montmorency* (1).

Château de Laon, 958, 7e. année du règne. (Hist IX, 622.)

---

(1) La souche des Montmorency passe pour la plus ancienne des maisons nobles existantes.

LOUIS V, DIT LE FAINÉANT.

Sacré à Compiègne, en 986. Associé à la couronne, en 979. — Mort à Compiègne, le 21 mai 987.

N°. 158. — CHARTE *de confirmation des priviléges de l'église d'Orléans.*

Compiègne, 2e. année du sacre. (Hist. IX, 661.)

CHARLES DE LORRAINE, DIT LE PRÉTENDANT.

Se rend à Laon ●●● réclamer l'héritage de sa race. — Mort à la tour d'Orléans, en 993.

ÉTABLISSEMENS
DES
CAPÉTIENS.

IIIᵉ. SÉRIE.

987 à 1328.

ÉTABLISSEMENS DES CAPÉTIENS.

ÉTABLISSEMENS,
CHARTES, LETTRES, ORDONNANCES, ÉDITS, MANDEMENS, TRAITÉS,
TESTAMENS, RÉGLEMENS ET AUTRES ACTES,
LES PLUS REMARQUABLES,

Publiés sous les Rois de la Branche des Capétiens.

987 A 1328.

HUGUES CAPET.

Duc de France, élevé au trône dans une assemblée nationale (1) par les principaux (2) des Francs, à Noyon, mai 987 (3); sacré à Reims, par l'archevêque *Adalberon*, le 3 juillet 987. — Mort le 24 octobre 996.

N°. 1. — Dans une lettre adressée à l'archevêque de Sens (Hist. X, 392), ce prince dit :

Regali potentiâ in nullo abuti volentes, omnia negotia reipublicæ in consultatione et sententiâ fidelium nostrorum disponimus.

---

(1) On lit dans une chronique (tom. X, p. 169 des historiens) *propter Francorum seditionem, in regem sublimato*, et dans celle de Guill. de Nangis, ibid. p. 300, *ab omnibus baronibus ad regnum communi omnium consensu rite electum, et non temerarium invasorem*. V. aussi préface des bénédictins, hist. XI, p. 132 et 134.

(2) Hist. X, p. 210. On connaît cette réponse du comte de Périgord, aux rois Hugues et Robert, qui lui demandaient : *Qui t'a fait comte ? Ceux qui vous ont faits rois.* Ducnesne, hist. franc. IV. 80.

(3) Par suite de la révolution qui mit Capet sur le trône, la France cessa d'être une véritable monarchie et ne fut plus qu'un grand fief. Tout ce qui fut hors de la sphère de la féodalité fut regardé comme hors de la constitution de l'état; en conséquence, le peuple fut compté pour rien, et les seigneurs des fiefs jouirent seuls du privilége d'être jugés par leurs pairs. (M. Henr. de Pansey, autor. jud., 276.)

N°. 2. — SERMENT (1) *du Roi à son avénement, par lequel il s'engage à conserver les priviléges de l'église, à faire observer les lois, et à maintenir les droits du peuple.*

3 juillet 987. (Hist. XI, 958.)

Hugo, Deo propitiante, mox futurus rex Francorum.

In die ordinationis meæ promitto coràm Deo et sanctis ejus quòd unicuique de vobis commissis canonicum privilegium et debitam legem atque justitiam conservabo, et defensionem, quantùm potuero, adjuvante Domino exhibebo, sicut rex in regno suo unicuique episcopo et ecclesiæ sibi commissæ per rectum exhibere debet, populoque nobis credito, me dispensationem legum in suo jure consistentem nostrà auctoritate concessurum. HUGO *rex.*

N°. 3. — SERMENT *du même roi, comme abbé de Saint-Martin de Tours, par lequel il s'engage à défendre les biens et franchises de cette abbaye.*

Sans date. (Hist. XI, 658.)

N°. 4. — CHARTE *portant confirmation des libertés, dons et priviléges des églises.*

Paris, 987. (Hist. X, 548.)

In Dei nomine, omnibus præsentibus et futuris.
Hugo, Dei gratiâ, Francorum rex.

Cum sit dignum, Deo omnia bona referre, et quæ sunt Dei Deo dare, ut divina bonitas multiplicet semen regale nostrum in sui honorem, et utilitatem gentium, omnes ecclesiarum libertates, dona et privilegia, firmiter et devotè confirmamus. Volumus autem ut charta gloriosæ memoriæ Caroli Francorum regis, de possessionibus diis gentium quondam dicatis, et divino cultui applicandis, in omnibus servetur.

Qui autem de his aliquid subtrahere voluerit, vel aliquo tempore chartam hanc regulis rescriptionis violare præsu-

---

(1) V. le serment du roi Eudes, 888, et de Philippe Ier., 1059. C'est le 1er. des 5 sermens prêtés par Louis XVI, à son avénement. Le 2e. fut d'exterminer les hérétiques. On croit qu'il a été prêté par saint Louis, pendant sa minorité, en vertu d'une disposition du concile de Latran contre les Albigeois.

mat, sentiat in omnibus rebus suis detrimentum, et partem habeat cum Satanâ principe tenebrarum.

Factum hoc ad aram beatorum apostolorum (S. Genovefæ) Parisius, sub sigillo nostro, et infrà scriptorum.

Signum *Roberti* filii nostri; S. *Roberti* de Nogeria; S. buticularii, camerarii, referendarii.

N°. 5. — CONCILE *pour la canonisation de saint Udalric, faite par l'autorité du pape* (1).

Rome, 993. (Rec. des concil., VI.)

---

(1) C'est la première canonisation faite par l'autorité du pape. Jusque-là, c'est-à-dire dans les neuf premiers siècles de l'Eglise, on convenait que toutes les églises et tous les évêques avaient un égal pouvoir dans la canonisation des saints; mais l'autorité des papes s'étant augmentée depuis, ainsi que les canonisations, on eut recours à eux pour les rendre plus solennelles; aussi voyons-nous qu'Alexandre III décida que la canonisation des saints était une des causes majeures qui doivent être réservées au siége apostolique. Boniface VIII prétendit la même chose, et Urbain VIII défendit de rendre aucun culte à ceux qui étaient morts, même en odeur de sainteté, avant qu'ils eussent été béatifiés ou canonisés par l'Eglise de Rome. L'usage était que le pape consultât les cardinaux, et cependant Sixte V s'en dispensa, par rapport aux docteurs de l'Eglise, ainsi qu'il paraît par une lettre du cardinal de Joyeuse à Henri III. (Hén., Abr. chr.)

ROBERT.

Associé (1) au trône et sacré à Reims avec son père, de l'avis et du consentement de tous les grands, le 1er. jour de l'année 988. Règne seul, le 24 octobre 996. — Mort le 20 juillet 1031.

N°. 6. — CHARTE *qui confirme les possessions de l'église d'Orléans.*

Senlis, novembre 991, 4e. année du règne. (Hist. X, 573.)

In nomine Domini Dei æterni et salvatoris nostri Jesu Christi, *Robertus*, misericordiâ Dei rex, etc.

Datum Sylvanectis palatio, mense novembri, indictione V, anno IV, regnante *Rotberto* rege.

S. *Rotberti* gloriosissimi regis. *Raynoldus*, episcopus et prothocancellarius subscripsit.

N°. 7. — CONCILE *présidé par le pape Grégoire V* (2), *dont le premier canon casse le mariage du roi Robert et de Berte, pour cause de parenté* (3), *et lui impose une pénitence de sept ans, sous peine d'anathème.*

Rome, 998. (Hist. X, 535.)

---

(1) V. sur ces associations usitées par les six premiers rois de la 3e. race, et imitées de la fin de la 2e. la dissertation des bénédictins, préf. du t. XI de hist. Dès ce moment, la succession s'établit dans la maison régnante, de mâle en mâle, par ordre de primogéniture ; de là le principe de l'inaliénabilité du domaine de la couronne. (Le procur. général *Delaguesle*, nouv. répert. v°. *aliénation.*)

(2) Le roi n'ayant pas voulu se soumettre, ce pape mit la France en interdit. (Hist. X, 211.) Robert céda et répudia Berte. (*Ibid.* 403.)

(3) Siècle d'ignorance : elle était si profonde, qu'à peine les rois, les princes, les seigneurs, encore moins le peuple, savaient lire ; ils connaissaient leurs possessions par l'usage, et ne s'avisaient guère de les soutenir par des titres, puisqu'ils ignoraient l'usage de l'écriture ; c'est ce qui faisait aussi que les mariages d'alors étaient souvent déclarés nuls ; comme ces traités de mariage se concluaient aux portes des églises, et ne subsistaient que dans la mémoire de ceux qui y avaient été présens, on ne pouvait se souvenir ni des alliances ni des degrés de parenté ; et des parens se mariaient sans avoir de dispense ; de là tant de prétextes ouverts au dégoût et à la politique, pour se séparer d'une femme légitime ; de là vint aussi le crédit que prirent les clercs ou ecclésiastiques dans les affaires, parce qu'ils étaient les seuls instruits ; « ni plus ni moins, » dit Pasquier, que les druides prirent les clefs tant de leur religion que des » lettres, aussi se loüirent nos prêtres de ces deux articles entre nous...... » n'étant notre noblesse aucunement attentive à si louable sujet ; or de cette » asnerie ancienne (de la noblesse) advint que nous donnasmes plusieurs le- » çons au mot de *clerc*, lequel de sa naïve et originaire signification appar- » tient aux ecclésiastiques, et comme ainsi qu'il n'y eut qu'eux qui firent » profession des bonnes lettres ; aussi par une métaphore, nous appellions » *grand clerc* l'homme savant, *mauclerc* celui qu'on tenait pour bête, et la » science fut appelée *clergie*. » (Hén., Abr. chr.).

N°. 8. — DIPLÔME *qui accorde aux chanoines de Sainte-Geneviève de Paris le droit d'élire un doyen, de leur propre congrégation* (1).

1010. (Hist. X, 595.)

N°. 9. — ORDONNANCE (præceptum) *portant confirmation de la donation du comté de Beauvais, faite par le comte à l'église de cette ville.*

Château de S. Denis, 1015, 20e. année du règne. (Hist. X, 5 7.

In nomine sanctæ et individuæ Trinitatis, *Robertus*, Dei gratiâ, Francorum rex serenissimus, cunctis orthodoxæ fidei cultoribus.

Quoniam divinâ propitiante clementiâ, nos gallica liberalitas (2) ad regni provexit fastigia, dignum ideò duximus ecclesiarum Dei nostri operam dare profectibus, et consulere utilitatibus.

Proindè noverit omnium tam præsentium ætas, quàm futurorum posteritas, quod *Rogerius* sanctæ belvacensis sedis venerabilis pontifex, quamplurimùm ejusdem sedis competentibus et honestis inhians augmentis, multis precibus et obsequiis imploravit dilectionem Odonis nostri præclari comitis, quatenùs ea, quæ sibi jam dederat in beneficio, conferret sanctæ suæ ecclesiæ pro remedio animæ ipsius comitis, id est, omnes exactiones ac redditus comitatûs, quem tenebat ex nostro beneficio in suburbio belvacensis urbis, et in villis extrà ambitum civitatis constitutis, sicut jam ipsi episcopo concesserat ac diviserat; præterea omnes exactiones et redditus, et quicquid pertinebat ad comitatum, in villis........, medietatem etiam comitatûs, et mercatum quod tenebat Franco de castro quod dicitur Gerboredum.

Prefatus itaque clarissimus comes prædicti et memorandi antistitis benignè annuens votis, cultuque divini amoris permotus, sanctam belvacensem adiit ecclesiam, eamque in conspectu reverendissimi pastoris, sub testimonio totius cleri ac populi, fecit hæredem prescripti comitatûs, secundùm cautionem superiùs definitam. Insuper ipsam divisionem comitatûs nobis reddidit; et hoc regiæ donationis præceptum obnixè flagitavit nostræ munificentiæ imperio fieri ipsi sanctæ ecclesiæ belvacensi, idque super altare B. Petri apostolorum

(1) Le droit d'élection universellement pratiqué sous la 2e. dynastie, a été réclamé aux états de Blois, en 1576. (Préface de Bouquet, tom. X.)
(2) Ceci confirme le droit d'élection alors en usage.

principis locavit, ut habeat, teneat atque possideat supradictus episcopus præfatam divisionem comitatûs, cum omnibus suis successoribus, nemine posthâc inquietante vel repetente seu reclamante.

Hâc autem conditione id corroboratum est, quatenùs per singulas hebdomadas succedentium annorum, in ecclesiâ B. Petri semel missarum sacrosancta mysteria pro abolendis excessibus animæ memorati comitis celebrentur, ut propensiori curâ cæteri ad zelum incitentur largifluæ pietatis.

Postquàm verò humanâ fragilitate naturæ cesserit, ei dies anniversarii ab episcopo et canonicis sanctæ belvacensis ecclesiæ tam strenuè, quàm etiam religiosissimè, fiat per singulos annos. Si quis autem, quod absit, et quod minimè per gratiam Dei speramus, contra hoc nostræ regiæ majestatis præceptum venire tentaverit, si præpotens sit, centum libris auri mulctetur: si mediocris fortunæ, decem; si abactor, regiæ ultionis vindictam, cum detrimento sui patiatur.

Hanc igitur nostræ auctoritatis notitiam inconvulsam et inviolatam fore cupientes, per succedentia temporum diludia, manu propriâ eam corroboravimus, et sigilli nostri impressione insigniri jussimus.

Actum apud castrum B. Dionysii, anno ab incarnatione Domini nostri Jesu-Christi 1015, regnante *Roberto* rege gloriosissimo anno 20.

Franco cancellarius sacri palatii subscripsit.

N°. 10. — INSTITUTION (1) *de l'ordre de l'Étoile ou des chevaliers de la Noble-Maison.*

1022. — Luc d'Achery, III. 730. — Favin, Théâtre d'honneur, liv 3, p. 574.

N°. 11. — LETTRE *du comte Eudes au roi Robert, de laquelle il résulte que la difficulté existante entre ce baron et le Roi, ne pouvait être jugée:* Sine conventu parium suorum (2).

Vers 1025. (Hist. X , 501.)

N°. 12. — ETABLISSEMENS *du roi Robert* (3).

Sans date. *Charondas*, sur la coutume de Paris, art. 18.

---

(1) Cette ordonn. est perdue. V. l'ord. de rétablissement du roi Jean, 6 nov. 1352.

(2) On regarde cet acte comme la première preuve authentique de l'existence des pairs sous les premiers rois de la troisième race. — V. sur les pairs et la pairie en France à cette époque. (Dissertat. d'Hén., Abr. chr. — Hist. XVII, p... de M. Brial, de l'Institut. — M. Henrion de Pansey, des pairs de France.)

(3) Ils sont perdus. — *Charondas* les a possédés en manuscrit: il eût été curieux de les comparer avec ceux de saint Louis, de 1270.

HENRI Iᵉʳ.

Sacré à Reims, du vivant du roi *Robert* son père, le 14 mai 1027, a régné seul, le 20 juillet 1031. — Mort le 4 août 1060, à Vitry (1).

N°. 13. — Diplome *en faveur du monastère de Laon.*
1031. (Hist. XI, 565.)

In nomine sanctæ Trinitatis, ego *Henricus*, Dei clementiâ, Francorum rex......

Id verò ut inconvulsum persisteret, nec ab ullo Dei inimico violari potuisset, nostrâ auctoritate, sigillo impresso confirmamus, et nostrorum fidelium attestatione, corroboravimus.

Signum Henrici regis, qui hoc scriptum fieri fecit anno Domini 1031.

N°. 14. — Lettres (2) *portant que les portes d'Orléans ne seront plus fermées durant le temps des vendanges, et que les officiers du Roi n'exigeront plus du vin, à l'entrée.*
Orléans, 6 des nones d'octobre, 1057, 27ᵉ. année du règne. (Hist. XI, 595. Rec. des ordon. du Louvre, tom. 1er., p. 1re.)

In Christi nomine, ego, *Henricus*, gratiâ Dei, Francorum rex.

Notum volo fieri cunctis fidelibus sanctæ Dei ecclesiæ, tàm præsentibus quàm futuris, qualiter *Isembardus* aurelianensis episcopus, cum clero et populo sibi commisso, nostram serenitatem adiit, conquestionem faciens, super injustâ consuetudine, quæ videbatur esse in eâ urbe, videlicet de custodiâ portarum, quæ custodiebantur et claudebantur civibus, tempore vindemiæ, et de impiâ exactione vini, quas faciebant ibi ministri nostri, obnixè et humiliter deprecans, ut illam impiam et injustam consuetudinem sanctæ Dei ecclesiæ, et illi, clero et populo, pro amore Dei, et pro remedio animæ nostræ et parentum nostrorum, in perpetuum perdonarem.

---

(1) Anne ou Agnès de Russie, sa femme, fut sacrée avec lui à Reims. — C'est le premier exemple de ce genre pour la 3e. race. (Préface du tome XI des hist., p. 140.)

(2) On met ici ces lettres parce qu'elles furent alors un réglement utile, et qu'il y a peu de pièces du règne de ce prince. (*Laurière.*)

Cujus petitioni benignè annuens, perdonavi Deo, sibi, et clero, et populo supradictam consuetudinem et exactionem perpetualiter : ita ut nulli ampliùs ibi custodes habeantur, nec portæ, sicut solitum erat, illo tempore toto claudantur, nec vinum cuilibet tollatur, nec exigatur. Sed omnibus sit liber ingressus, et egressus et unicuique res sua, jure civili et æquitate servetur.

Hæc autem perdonatio, ut firma et stabilis in perpetuum permaneret, hoc testamentum (1) nostræ auctoritatis (2) inde fieri volumus, subterque sigillo et annulo nostro firmavimus.

Signum *Isembardi* aurelianensis episcopi : S. *Henrici* regis ; S. *Gervasii* remensis archiepiscopi ; S. *Hugonis* bardulfi ; S. *Hugonis* buticularii ; S. *Henrici* de ferrariis ; S. *Malberti* præpositi ; S. *Hervei* viarii ; S. *Herberti* subviarii ; S. *Gisleberti* pincernæ ; S. *Jordanis* cellarii. *Balduinus* cancellarius subscripsit.

Datum Aureliæ, publicè, VI nonas octobris, anno ab incarnatione Domini 1057, *Henrici* verò regis 27.

N°. 15. — CONCILE (3), *par lequel le pape* (4) *(Nicolas II confirme le droit que les Empereurs avaient d'élire les papes et d'investir les évêques.*

Rome, 1059. (Rec. des Conc.. VI.)

(1) C'est, ce semble, ici la même chose que *testimonium*, comme dans le chap. VII de la collation de la loi mosaïque avec la loi romaine. Cependant, dans la basse latinité, on appelait *testamenta* les actes par lesquels on faisait quelques libéralités. (Laur.)

(2) *Auctoritas* se doit, ce semble, prendre ici pour la puissance royale. Dans la moyenne et la basse latinité, ce mot seul signifiait aussi une *Charte du roi*, *Diploma regis*, comme il se voit par ce qui suit d'une charte de l'an 815, rapportée par Besly, dans ses preuves de l'Histoire des comtes de Poitiers. p. 165. Hanc itaque auctoritatem, ut pleniorem, in Deo, obtinere valeat vigorem..... *manu propriâ subterfirmavimus et annuli nostri impressione signari jussimus.* V. la note de Jacques Godefroy sur la loi 31. Cod. Theodosiano. De petitionibus lib. 10. (Laur.)

(3) C'est dans ce concile que comparut Béranger, auteur de la première hérésie sur la réalité du saint sacrement. — Il brûla ses écrits dans le feu qu'alluma de ses propres mains, et souscrivit une profession de foi contre laquelle il réclama dans la suite : on dit qu'il finit par faire pénitence. (Hén., Abrégé chr.)

(4) On voit par une lettre de ce pape au clergé de Sisteron, qu'alors on ne donnait encore le baptême, hors le cas de nécessité, qu'aux veilles de Pâques et de Pentecôte. (Hén., Abr. chr.)

PHILIPPE Ier.

Ce prince a régné seul, le 4 août 1060. — Il est mort à Melun, le 29 juillet 1108.

N°. 16. — Couronnement (1) *de Philippe Ier., du vivant de son père.*

Reims, 10 des cal. de juin 1059, 32e. année du règne de Henri Ier.
(Hist. XI, 32.)

Anno incarnationis dominicæ 1059, indictione 12, regnante *Henrico* rege anno 32, eâdem die completo 10 kal. junii, episcopatus autem domni *Gervasii* anno 4, in die sancto Pentecoste, *Philippus* rex, hoc ordine in majore ecclesiâ ante altare S. Mariæ à *Gervasio*, archiepiscopo consecratus est.

Inchoatâ missâ, antequam epistola legeretur domnus archiepiscopus vertit se ad eum, et exposuit ei fidem catholicam; sciscitans ab eo utrum hanc crederet, et defendere vellet. Quo annuente, delata est ejus professio : quam accipiens, ipso legit, dum adhuc septennis esset; eique subscripsit. Erat autem professio hæc (2).

« Ego *Philippus*, Deo propitiante, mox futurus rex Francorum, in die ordinationis meæ, promitto coràm Deo et
» sanctis ejus, quod unicuique de vobis commissis canonicum
» privilegium, et debitam legem, atque justitiam conservabo;
» et defensionem quantùm potuero, adjuvante Domino,
» exhibebo, sicut rex in suo regno unicuique episcopo et
» ecclesiæ sibi commissæ per rectum exhibere debet; populo
» quoque nobis credito, me dispensationem legum in suo
» jure consistentem nostrâ auctoritate concessurum. »

Quâ completâ, posuit eam in manus archiepiscopi, astante, etc.........

Accipiens baculum S. *Remigii*, disseruit quietè et pacificè, quomodo ad eum pertineat maximè electio regis, et consecratio regis : ex quo S. *Remigius Hludovicum* regem baptisavit et consecravit. Disseruit etiam quomodo per illum baculum hanc consecrandi potestatem, et totius Galliæ primatum *Hormisda* papa sancto dederit *Remigio*, et quomodo papa *Victor* sibi et

---

(1) Ce récit est le premier acte authentique qui reste de ces cérémonies pour la 3e. race. Il est attribué à l'archevêque de Reims. (Hist. XI, 32. — Duchesne, IV, 162.)

(2) V. ci-dessus, page 96, le serment de Hugues Capet.

ecclesiæ suæ. Tunc annuente patre ejus *Heinrico*, eligit eum in regem. Post eum legati romanæ sedis, cùm id sine papæ nutu fieri licitum esse disertum ibi sit, honoris tamen et amoris gratiâ tum ejus ibi affuerunt legati (1). Post hos, archiepiscopus et episcopi, abbates et clerici. Post, *Widdo* dux Aquitaniæ. Post, *Hugo* filius et legatus ducis Burgundiæ. Post, legati *Balduini* marchionis, et legati *Gaufridi* andecavensis comitis. Deinde comites *Rodulfus* scilicet vadensis, *Herbertus* vermandensis, *Widdo* ponticensis, *Willelmus* suessionicus, *Rainaldus*, *Rogerus*, *Manasses*, *Hilduinus*, *Willelmus* arvernensis, *Heldebertus* de illâ marchiâ, *Folco* ecolesmensis, vicecomes lemovicensis. Post, milites et populi tam majores quàm minores uno ore consentientes, laudaverunt, ter proclamantes :

« *Laudamus, volumus, fiat.* »

Tunc fecit ipse *Philippus* præceptum, sicut antecessores sui fecerunt, de rebus S. Mariæ, et remensi comitatu, et de rebus *S. Remigii*, et de cæteris abbatiis : quod firmavit, eique subscripsit. Subscripsit etiam archiepiscopus.

N° 17. — LETTRES (2) *en faveur des maîtres chandeliers-huiliers de Paris, qui les agrége au corps des jouissans du bénéfice de regrat (vente en détail).*

Louvres en Parisis, juillet 1061, 1er. du règne. (C. L. XVI, 285.)

Philippes par la grâce de Dieu roy de France ; à tous présens et advenir, salut, honneur et dilection, etc......

Mandons à noz justiciers et officiers de nostre chastellet de Paris, y avoir égard de par nous, et nostre auctorité royal, et aux fermiers de nostre domaine de fournir à chacun des dicts maistres chandeliers-huiliers, les expéditions requises et nécessaires, et que nous voulons utilement estre distribuées à cet égard sans qu'il soit besoin d'autre mandement ni permission ; car tel est nostre vouloir et franche volonté.

Donné à Louvres en Parisis, au mois de juillet, l'an de grâce mil soixante-un, et de nostre régnement le premier.

(*Signé*) le roy présent. *Baudoin*, l'évesque d'Orléans ;

---

(1) Les bénédictins citent ce passage comme une preuve de l'indépendance de la couronne de France. (Préface, tom. XI, p. 139.)

(2) Ce titre fort ancien est tiré des statuts des maîtres chandeliers. C'est un des mieux conservés qui soient restés. L'original a dû être en latin. La traduction appartient au règne de Louis XI, qui les confirma par lettres du 12 décembre 1464. C'est d'ailleurs le premier acte royal qui parle des métiers

Pierre, abbé de St-Germain-des-Prez ; et par commandement du roy sire, *Robert* de Juilliers. Scellé en plomb, en lacs de cordons blancs.

N°. 18. — CHARTE *qui affranchit les enfans* d'Eudes le maire, *dit Challo-St.-Mas, familier du Roi, à cause de son voyage à la Terre-Sainte, et leur accorde exemption d'impôts.*

Etampes, mars 1085, 25. année du règne. (C. L. XV, 316.)

La formule finale est ainsi conçue :

Ut hæc libertas et hæc pacta firma et inconvulsa permaneant *memoriale* istud inde fieri, et nominis sui caractere seu sigillo signari et præsente propriâ manu suâ crucefactâ (1) corroborari præcepit, astantibus de palatio ejus quorum nomina subtitulata et signa.

S. *Hugonis*, tunc temporis dapiferi (sénéchal) (2).

S. *Guastionis* de Pistiaco, constabularii (connétable) (3).

S. *Pagani* aurelianensis, cubicularii (lisez buticularii), (le bouteillier).

S. *Guidonis* fratris galerani, camerarii (le chambrier) (4).

---

(1) Charlemagne, quoique très instruit, ne savait pas écrire, mais seulement apposer son signe. L'usage, pour ceux qui ne connaissaient pas l'écriture, était de mettre une croix.

(2) Le Sénéchal était grand-maître de la maison du roi (Majordomus), ancien maire du palais.

(3) L'office de Connétable se bornait, avant Albéric, qui en était revêtu vers 1060, au commandement de l'écurie ; mais il devint en sa personne, et en celle de ses successeurs, un office de la couronne, et parvint à être la première dignité de l'état, dans la personne de Mathieu II de Montmorency ; il fut supprimé à la mort de Lesdiguières, par Edit de janvier 1627. (Hénault, Abrégé chronologique.)

(4) Il y avait encore à cette époque le chancelier (Cancellarius) et il est même à remarquer que Gervais, qui l'était vers ce temps, et qui sacra le roi, en qualité d'archevêque de Reims, prétendit que la dignité de chancelier de France était annexée à celle d'archevêque de Reims, ce qu'il obtint, dit-on, pour lui et pour son église. En effet, il était le troisième archevêque, depuis Hervée, qui avait possédé la dignité de chancelier ; mais depuis lui on ne voit point que cette dignité ait été attachée au siége de Reims. (Hénault, Abreg. chronol.)

Philippe est, suivant le prés. Hénault, le premier de nos rois qui, pour autoriser ses chartes, les ait fait souscrire par les grands officiers. (Mais cette opinion nous semble contredite par les découvertes faites après lui. V. dissertation sur la diplomatique, par Laporte Dutheil, 1er. vol. du Rec. des chartes.) Les précepteurs du roi signaient aussi ces chartes ; à la dédicace du prieuré de St. Martin-des-Champs, après le roi, Hugues, son frère, Bandouin, comte de Flandres, régent du royaume, et Baudouin de Mons, son fils, on lit (au mois de mai 1067), *Ingelramus, pedagogus regis*, et dans une charte donnée à Melun, la même année, en faveur de l'abbaye de Fleury (qui n'a d'ailleurs rien de remarquable). On voit encore Ingelram appelé *magister regis*, et Marcelin, maître de Hugues, frère du roi. Les confesseurs des rois obtinrent quelquefois le même honneur. (Hénault, Abr. chron.)

N°. 19. — FRAGMENT d'une ordonnance touchant les ecclésiastiques.

1080. (Col. du Louvre, tome XI, p. 173.)

L'archidiacre fera les visites par chacun an, et estant arrivé en quelque lieu, fera venir les prestres circonvoisins, lesquels devront trouver à l'archidiacre vivres suffisans pour trois jours, s'il plaist à l'archidiacre.

Se aucun prestre forfaict ès fores nostre sire le roi, ou ès fores de ses barons, l'évesque n'aura pas l'amende, mais le roi.

Tous les prestres paroissiaux sont tenus à une fois l'an environ la Pentecoste, à leur mère église, et de chacune maison denerée de cire doit estre offerte, ou la valeur, pour le luminaire faire de l'église : se le prestre ne le veut faire, il soit contraint par son ministre à faire le, sans lever amende d'argent.

Nul ne soit osé de prescher à l'oyance de la paroisse sans le consentement de l'évesque en quel diocèse la paroisse sera.

Se aucune église est donnée aux moines ou abbesses, après le decez du prestre qui la tient, le prestre qui dessert celle église la tiegne honorablement : car de tant plus l'église sera donnée à sainte gent, de tant plus la doit tenir plus honorablement ; et si celui prestre se muoit, ou se deffault, li abbé doit pourvoir icelle église de prestre bon et souffisant, et le doit présenter à son évesque, ou par luy ou par son message ; et se le prestre à qui l'église est donnée veut vivre en religion avec les moines, soit regardé, de la licence de l'évesque du lieu, que l'église soit entretenue honorablement ; et se le prestre ne veut pas vivre avec les moines, li abbé li doit donner tant de rente que il puisse vivre des biens de l'église.

Le prestre qui tient ladite église, soit droiturierement soumis à son évesque.

Et toutes les choses seront, outre le vivre suffisant du prestre, converties et mises ès usages du moustier, son abbé.

Se homme lay ou femme faict rapt ou cœmetiere, il le doit amender à l'évesque ; se il faict ailleurs en quiconque maniere que il soit faict, l'évesque n'aura rien.

N°. 20. — ACTE du CONCILE *présidé par le légat du pape, qui excommunie le Roi pour le commerce adultère qu'il entretient avec Bertrade* (1).

Autun, 16 octobre, 1095.

N°. 21. — LETTRES *portant défense au sénéchal de Carcassonne, de souffrir la vente des sels, provenant d'ailleurs que des salines royales de Carcassonne, et d'en prohiber l'importation.*

Paris, jeudi avant la St.-Vincent (16 janvier 1099.) (C. L. XI, 165.)

N°. 22. — ASSISES *de Jérusalem* (2).

Vers 1099, revisées en 1250. — Rédigées en 1369. Thaumus de la Thaumassière, 1690, in-f°.

Chapitre 1er. Quant la sainte cité de Jerusalem fu conquise sur les ennemis de la crois, en l'an de l'incarnation nostre seignor Jesu-Crist 1049, par un vendredy, et remise el pooir des feaus Jesu-Crist par les pelerins qui s'ehmurent à venir conquerre la par le preschement de la crois, qui fu preschée par Pierre l'Ermite, et que les princes, et les barons qui l'orent conquise orent ehleu à roy et à seignor dou royaume de Jerusalem le duc Godefroy de Buillon, et il ot reçu la seignorie, il ne volt estre sacré ne coroné a roy el dit royaume, por ce que il ne volt porter corone d'or la ou le roy des roys

---

(1) Confirmé par le concile tenu à Clermont, par le pape Urbain II (a), le 18 nov. 1095. Le Roi est absous au concile de Nimes, en juillet 1096, après l'avoir renvoyée. Excommunié de nouveau par le légat, en 1097, pour l'avoir reprise. Absous par le pape, le 24 avril 1098, sur la promesse de la renvoyer. Excommunié pour la 2e. fois, en 1099. — Et par le concile de Poitiers, le 18 nov. 1100. — Emeute à ce sujet. — Le 2 déc. 1106, il est relevé de l'interdiction, sur la promesse de cesser ce commerce. (Brial, préf. de la Coll. des hist., XVI, 28 et 29.)

(2) On les appelle aussi *Lettres du Sépulcre*, parce qu'elles étaient gardées en un coffre dans l'église du S.-Sépulcre, d'où elles étaient tirées en la présence du roi, du patriarche, de deux chanoines, et de deux vicomtes, lorsqu'il y avait débat sur les articles.

Elles ont été rédigées en langue romance (b), par ordre de Godefroy de Bouillon, 1er. roi de Jérusalem, vers 1099, dans une assemblée du patriarche,

(a) A ce concile, les évêques précédaient encore les cardinaux. Ce fut aussi dans ce concile que, pour la première fois, le nom de pape fut donné au chef de l'église, à l'exclusion des évêques qui le prenaient auparavant. (Hénault, Abrégé chron.)

(b) A cette époque cette langue était aussi celle de la cour d'Angleterre, et Guillaume-le-Conquérant ordonna que les chartes et les lois d'Angleterre seraient écrites en français. (Hen., Abr. chr.) Cet usage fut aboli par un statut d'Édouard III. Cependant au temps de Hume il n'était pas encore tout-à-fait abandonné, et même aujourd'hui les formules royales pour la sanction des lois sont en français.

Jesu-Crist le fis de Dieu porta corone d'espines le jour de sa passion. Il fu ententis à mettre le royaume en bon point, et en bon estat, et que ses homes et son peuble, et toutes manières des gens allans et venans, et demorans el dit royaume fussent gardés et governés, tenus et maintenus, et menés à justice, à droit et à raison. Il ehleut par le conseil dou Patriarche de la sainte cité et yglise de Jerusalem, et par le conseil des princes et des barons, et des plus sages homes qu'il pooit avoir, sages homes à enquerre et à savoir des gens de diverses terres qui la estoient les usages de lors terres, et tout quant que ceaus que il ot ehleu à ce faire en porent savoir ne aprendre il mirent et firent metre en escrit, et aporterent cel escrit au duc Godefroy, et il assembla le patriarche et les avant dis, et lor mostra, et lor fit lire par devant eaus cel escrit, et aprez par lor conseil et par lor accort il concuilli de ceaus escris ce que bon li sembla et en fit assises et usages que l'on deust tenir et maintenir, et user au royaume de Jerusalem, par lesquels il, ses gens, et son peuble et toutes autres manieres des gens alans et venans et demorans, fussent governés et menés à droit et à raison el dit royaume.

2. Ci-dit coment le duc Godefroy establi deus cours seculiers, l'une ci est la haute court de que il fu governor et justicier, et l'autre ci est la court des borgés, laquelle est appellée la cour dou visconte.

3. Coment les assises et les usages don dit royaume de Jerusalem furent par plusiors fois amendées par le duc

---

et des barons; revisées et remises en ordre par d'Ibelin, comte de Jaffa et d'Ascalon, vers 1250; revues pour la 2e. fois, le 3 novembre 1369, par l'ordre du prince d'Antioche, neveu de Lusignan, dernier roi de Cuypre, par les commissaires nommés par les états, et déposées au trésor de Nicosie, dans un coffre scellé de 4 sceaux. — Traduites en italien, à Venise, 1543. — Il est certain qu'elles ont été tirées des coutumes et usages de France. V. les chap. 294 et 295, et Guill. de Tyr, liv. XVI, 2, et XIX, 2. (De la Thaumassière, avertissement.)

Les assises et les établissemens de saint Louis sont les monumens les plus remarquables de la législation des 11e. et 13e. siècles. V. Bernardi, Hist. du Droit français; Henrion de Pensey, ant. jud.; Montesquieu, esprit des lois. Nous aurions voulu pouvoir en donner le texte, mais quoique, par leur origine, par la langue dans laquelle elles sont écrites, et par leur identité avec les usages de notre patrie (on sait, dit M. Henrion de Pensey, ant. jud., que le Code connu sous la dénomination d'Assises de Jérusalem n'est autre chose que le recueil des usages alors reçus en France), ces lois paraissent mériter le titre de lois françaises, elles n'en ont cependant jamais eu l'autorité en France, et dès lors elles sortent de notre cadre. Laurière n'en a pas parlé. — Nous donnons le texte du premier chapitre, et les titres seulement des autres, d'après l'édition de la Thaumassière et la rédaction de 1369.

Godefroy, et par les autres roys et seignors que aprez luy furent.

4. Coment le peuble des Suriens vint devant le roy dou royaume de Jerusalem, et li prierent et requistrent que il fussent menés par l'usage des Suriens.

5. Coment le Seignor dou royaume de Jerusalem et les barons qui ont court, coins et justice doivent savoir les assises et usages dou dit royaume.

6. Coment et le quel doit estre le chief seignor dou royaume de Jerusalem soit roy ou autre, et tous les barons et seignors dou royaume qui ont court, et coins et justice.

7. Quels doivent estre les homes qui sont juges en la haute court.

8. de quel manière doit estre le pleideoir.

9. Coment et de quoi et pourquoi l'on doit demander conseill de court.

10. Qui demande conseill de court, qui il doit demander à son conseill.

11. Coment l'on doit demander conseill si que celui que on demandera à conseill ne puisse de celle querele conseiller son adversaire.

12. Pourquoi l'on peut demander conseill de court par esgart.

13. Pourquoi l'on peut demander conseill de court sans esgart.

14. A qui l'on ne peut demander conseill de court se son adversaire le contredit.

15. A quels gens le seignor ne peut, ne ne doit nier conseill de court.

16. A qui le seignor doit doner conseill de court quant on le requert.

17. Quel différence il y a entre ce que le seignor tient home à son conseill, et à sa parole garder.

18. Com le seignor doit retenir home à son conseill, et à sa parole garder.

19. Coment et pourquoi le seignor doit home retenir à sa parole garder.

20. Coment l'on doit pleideer en la haute court dou royaume de Jerusalem, ou en celle de Chipre.

21. Pourqnoi l'on peut pleidoier en haute court.

22. Des choses de quoi l'on doit pleideer en la haute court.

23. Pourquoi l'on peut pleideer contre son seignor, et contre son home.

24. Quel li bon pleidoier doit estre, et que li convient faire, et de quoi il le convient garder au plait.

25. Quel chose doivent savoir ceaus qui s'entremetent de pleideer en la haute court dou royaume de Jerusalem, et en celle de Chipre.

26. Que doit faire qui est à conseill d'autre, et veaut dire la force de sa parole, et seir à l'esgart.

27. Qui se veaut clamer d'ome ou de feme qui est présent en court, coment il le doit faire.

28. Quant ome ou feme de qui l'on se clame n'est présent en la court, coment l'on se doit clamer de lui.

29. Que doit faire celui qui est droiturier et leau quant l'on li requiert aucune chose encontre, ou quant l'on se clame de lui.

30. Quans jours l'on a de respondre au noviau clam, quant l'assisse ne tot le jour.

31. Quantes fuites principaux il y a en plait, et quelles elles sont au royaume de Jerusalem et de Chipre.

32. Coment l'on doit plait fuir par la première fuite principau de plait.

33. Coment l'on doit fuir plait par la seconde fuite principau de plait.

34. Coment l'on doit fuir par la tierce fuite.

35. Coment l'on peut longuement plait fuir.

36. Coment l'on se doit deffendre quant la querele est de héritage qui est dedans vile.

37. Ci dit que par tenéure que l'on face de héritage de mermiau.

38. Ne ja por teneure de héritage de fors paisé ne li griege.

39. Coment l'on doit demander jour quant l'on veaut plait fuir.

40. Coment le requérant se doit garder que le fuiant n'ait plusiors esgars et après le jour.

41. Qui veaut plait fuir coment il doit demander jour au clam de quoi assisse tot le jour.

42. Coment le requérant se doit garder que le fuiant n'ehloigne son plait pour demander jour.

43. Coment le clamant doit plait abrégier.

44. Que doit faire qui veaut tot son plait atteindre.

45. Qui veaut le plait atteindre coment il doit pleideoir, et le fuiant fuit par la première fuite principau de plait.

46. Coment l'on doit attaindre plait quant le fuiant fuit par la segonde fuite principau de plait.

47. Se le fuiant fuit par sa tierce fuite principau de plait, coment l'on le doit attaindre.

48. Coment l'on doit demander jour à tous clams que l'on fait de lui en court, mais que à ceaus de quoi l'on est attaint qui ne respont sans jour demander.

49. Quant aucun se clame d'autre, et il demande jour, et l'a par court, parquoi l'un et l'autre doit metre en escrit le clam tel com il a esté.

50. Quant les parties sont ajornées par court, coment et pourquoi chacun doit demander au seignor ou il comande que il garde son jour.

51. Quant les parties sont ajornées par court, et il gardent bien lor jour si com il doivent, coment le clamant doit renouveler son clam.

52. Quant l'on garde le jour que l'on a par court, et le clamant se clame si com il s'est autrefois clamé, coment le fuiant doit respondre.

53. Quant celui de ceaus qui sont ajornés par court garde son jour si com il doit, et l'autre ne le garde, ne contremande si com il doit, que celui qui le garde doit dire et faire.

54. Quant l'on vient garder son jour en leuc ou l'on est ajorné par court, et l'on ne treuve le seignor, ne home qu'il ait establi en son leuc, que l'on doit dire et faire.

55. Quant gens sont ajornés par court, et il gardent lors jours si com il doivent, et il ne treuvent home devant qui le deffendant soit tenu de respondre, et le clamant se clame à un autre jour, aprez tout auci com il autrefois s'est clamés, que le clamant doit respondre.

56. Quant gens sont ajornés par court, et il gardent lor jour si com il doivent, et le seignor ou celui qui est en son leuc ne veaut cel jour entendre à oyr cel plait, que il lor doit dire, et que li doivent respondre.

57. Qui est ajorné par court et il veaut son jour contremander, coment il doit contremander, et par quaus et par quels homes.

58. Qui est ajorné par court, et il vient à oure et à tens son jour garder, et il a tel essoigne au chemin qu'il ne pot son jour garder, coment et par qui il le pot contremander.

59. Pourquoi home de quoi l'on se clame en court ou il est présent ne doit partir de la court sans respondre au clam, ou demander jour.

60. Pourquoi celui à qui l'on met sus aucune malefaite en court, ou à qui l'on requiert aucune chose, il doit respondre, et noer se l'on li euffre à prover.

61. Coment et pourquoi celui à qui l'on met sus malefaite en court et la noie, et l'on ne li euffre à prover ains que la court s'empare, celui qui li a mise sus ne lui peut aprez rien demander.

62. Ci-dit que chascun sage doit mout eschiver plait à son poeir, et sur que tout à son seignor plus que à autres.

63. Que l'on doit dire et faire qui veaut recouvrer saisine de ce de quoi l'on a dessaisi.

64. En quel cas force de turs tot saisine, et en quel elle ne la tot.

65. Quand le pleideoir doit acuillir la preuve à soi, et quant doner à son aversaire, et coment l'on doit prover la négative.

66. Coment l'on doit deffendre d'acuillir la preuve à soi quant son aversaire veaus que il prove à sien ce que il ha et tient comme sien.

67. Coment et parquoi, et pour qui l'on doit prover dans la haute court.

68. Coment l'on doit estre garni de privilege ou de recort de court.

69. Qui veaut prover par garens quieus et quaus garens doivent estre.

70. Qués gens ne peuvent porter garentie en la haute court dou royaume de Jerusalem et de Chipre.

71. Que doit faire celui encontre l'on veaut prover par garantie.

72. Quant on veaut prover aucune chose par recort de court, que celui doit dire et faire contre qui l'on veaut prover.

73. Coment l'on doit garens empeschier, et coment rebuter et coment torner.

74. Quant chevalier porte garentie contre home qui n'est chevalier, coment il le put rebuter, et coment torner.

75. Quel terme l'on a de mener ses garens selon le leuc ou il les a vuchés.

76. Quant l'on a amenés ses garens à court que l'on doit dire et faire, et que les garens doivent dire et faire à la garantie porter.

77. Pourquoi le garent vif peut porter garentie pour le mort, et coment il la doit porter.

78. Qui conoist devant gent que il doit à aucune personne dethe, ou que il est pleige, ou que il ait autres convenans, et celui à qui il dit que il est d'aucune des dites choses tenus est là présent, se la dite connoissance li doit valoir.

79. Ou qui devant gent conoist que il à aucune persone doit dethe, ou que il est son pleige, ou que il ait autres convenans, et celui à qui il dit que il est d'aucune des dites choses tenus n'est là présent, se la dite connoissance li doit valoir.

80. Des choses que l'on se peut clamer par l'assise, de quoi l'assise tot le jour.

81. Desquels choses l'on ne se peut deffendre par l'assise ou par l'usage de serdre se de bataille.

82. Qués gens peuvent faire apeau de murtre, et à qui l'on est tenu de respondre.

83. Quant l'on doit pleidoier de murtre soutillement, et quant se le cors huse.

84. Que le soutillence il y a en plait de murtre.

85. Quel chose est murtre, et pourquoi l'on doit savoir, et que doit faire et dire qui veaut faire apeau de murtre.

86. Que doit faire celui ou celle que le murtri a présenté en court se il set que le murtrier ait esté arresté.

87. Qui veaut faire apeau de murtre et le murtrier est en la court présent, que il doit faire et dire quant il l'a apelé.

88. Quant l'on veaut faire apeau de murtre par champion, coment on le doit faire.

89. Qui est en fers ou en liens amenés en la court, et l'on se clame de lui de murtre ou d'aucune autre malefaite, que il doit dire au seignor ains que il responde.

90. Qui veaut faire apeau de persone qui ait esté tué autrement que murtre, qu'il doit faire pour mettre soi en droit gage.

91. Quant home se clame de murtre, et il a joint l'omécide o le murtre, coment l'apeloir s'en peut partir sans bataille.

92. Quant home apelle autre de murtre, et il n'est de ceaus vers qui l'on se peut deffendre de respondre, com l'on se doit deffendre.

93. Coment et pourquoi l'apeau d'omécide est grief à amener à bataille, se le défendant s'en sait garder, et coment l'on le doit faire, et coment l'on se doit garder.

94. Coment l'on doit et peut avoir plusiors batailles d'un home occis qui a plusiors cos.

95. Quant l'on appelle home de traison, et elle n'est aparant, et il s'en euffre à deffendre de son cors et tent son gage, coment et quant le seignor peut la bataille defaire.

96. Qui appelle home de traison qui n'est aparant, et il ne s'en veaut à lui aerdre, coment il le doit faire.

97. Coment et de quoi la traison est aparant.

98. Qui veaut faire apeau de traison aparant, coment il le doit faire.

99. Coment il peut avoir bataille d'atraire contre son seignor chose à son fié qui ne soit.

100. Qui veaut appeler home de chose que il ait atraite à son fié contre son seignor, coment il le doit faire.

101. Coment toutes manieres de champions doivent estre armés, quant ils s'en vont pour offrir en court la bataille faire.

102. Coment chevaliers doivent estre armés qui combatent pour murtre, et coment pour autre querele, et coment ils doivent venir pour offrir, et où et à quel oure.

103. Quant jours l'on a la bataille faire aprez ce que les gages sont donés et receus.

104. Coment au jour de bataille se doivent offrir les champions.

105. Coment l'on doit appeler home d'arap.

106. Coment qui appelle feme de chose en que il ait bataille, et elle ait baron, son baron la peut deffendre, et coment se il ne veaut deffendre la, elle s'en peut deffendre par champion.

107. Qués gens se pevent deffendre par champion.

108. Qui se clame de force, et ne l'euffre à prover par quoi celui de qui l'on se clame n'est tenus de néer la.

109. Coment toutes autres manieres de gens autres que chevaliers qui gagent bataille doivent estre armés à la bataille faire.

110. que les seignors doivent faire quant père ou fis, ou deus fraires tendent lor gages l'un contre l'autre.

111. Qui veaut la court fausser qu'il doit faire et dire, et qui la fausser en dit coment et pourquoi tous les homes de la haute court la doivent aleauter.

112. Coment l'on se doit garder que nul ne puisse le fausser se il ne fausse toute la court.

113. Coment les assises doivent estre tenües et maintenües fermement en toutes choses.

114. Qués est l'assise des Bestes restives et coment l'on se doit garder.

115. Qués est l'assise dou cop aparant, et coment l'on se doit clamer.

116. Quel amende doit faire celui de qui l'on se clame par l'assise de cop aparant, se il ne le noie, et à qui.

117. L'amende dou cop aparant par l'assise dou Roy Bauduin d'autre persone que de chevalier.

118. Qués est l'assise dou chevalier qui doit dete, et la conoist, ou l'on la li preuve, et il n'a de quoi paier la.

119. Qués est l'assise d'autre home que de chevalier quant il conoist dete en court, ou que l'on li preve.

120. Coment l'on se doit clamer de plegerie.

121. Que doit faire celui qui est pleige vers autre, et il en est membrant.

122. Qués est l'assise de la chose prestée que l'on pert.

123. Quant l'on dit à home que il est son pleige et il le noie, que celui vers qui l'ome est son pleige doit faire et dire.

124. Quant home dit à autre que il est son pleige, et celui dit que il n'est mie membrant.

125. Coment le pleige doit faire venir celui de qui l'on dit pour qui il est pleige, pour savoir se il vodra riens dire contre les garens.

126. Coment l'on doit faire que pleige par l'assise, et l'usage dou royaume de Jérusalem.

127. Qui demande gage à son pleige, et il dit faites me membrant que je suis vostre pleige, et je vous donrai, que l'on doit dire et faire.

128. Se gage de plegerie est vendu pour plegerie, quant on se peut clamer de celui pour qui il est vendu.

129. De qui est le sarement de la valüe de gage qui est vendu par plegerie.

130. Pourquoi home qui est semons dou service que il doit, n'est tenus de faire que pleige, tant com il est en la semonce.

131. Qui est semons don service que il doit, pourquoi il ne doit amender gage qui ait esté vendu pour lui deplegier, tant com il est en la semonce.

132. Coment pleige et dete est plus fort que plegerie n'est et plus perillouse au pleige.

133. Quant hom est semons d'aucun service, parquoi celui

qui est pour lui pleige ne doit mie faire que pleige tant com il est en la semonce.

134. Coment celui vers qui l'on est pleige et dete pour celui qui est enci tenus, par laquelle des deus voies que il vodra tenir.

135. Quel est l'assise de la chose mal attirée, et est de prest perdu, et coment l'ou se doit clamer par l'assise.

136. Qués est l'assise qui achete esclaf ou esclave mezel ou mezele, ou qui chiet de mauvais mau.

137. Ques est l'assise de dete, et l'on ne n'a gage ne pleige, ne garens.

138. A qui le sodoier se doit clamer de son seignor de ce que il li doit de ses sodées, et qués est l'assise de ce.

139. Qués est l'assise quant l'on done congié à son sodoier, et l'on ne le paie de ce que l'on li doit de ses sodées.

140. Quans jours à l'entrée dou mois le seignor peut doner congié à son sodoier sans ce que il soit tenu de paier le de celui mois, et quans jours à l'issue le sodoier peut prendre congié sans perdre ses sos de celui mois.

141. Pour qués choses le sodoier qui est à foi et à fiance à son seignor et à terme nomé s'en peut partir de lui dedans le dit terme sans sa foi mentir.

142. Qui fait chose vendre à l'anchantement par autre que par le criour establi, pourquoi le seignor la peut prendre come soue.

143. Qués est l'assise de beste vendue sans anchantement.

144. Ce est l'assise de quoi les seignors se doivent plus pener de savoir, et toutes manières de gens.

145. Coment le chief seignor dou royaume de Jerusalem peut fié doner.

146. Coment ceaus qui sont homes dou chief seignor, et ont court et coins et justice pevent fié doner.

147. Qués est l'assise quant l'on aliene tout son fié ou partie autrement que par l'assise et par l'usage dou royaume de Jérusalem.

148. Quel chose le conquereour dou fié peut faire dou fié que il a conquis.

149. En quel manière celui qui a fié conquis le peut doner à quanque il veaut de ses heirs.

150. Ci devise l'esclercissement coment l'on peut fié doner de son conquest au quel que il veaut de ses heirs.

151. Qui a fié de son conquest ou deschéete, coment il le doit et peut doner à son droit heir.

152. Qui a fié de son conquest et il le rent et quite au seignor de qui il le tient, et le seignor le done au droit heir de celui qui li a rendu et quité à ses heirs, à qui cel fié peut escheir se il meurt sans heirs de feme espose.

153. Quant le fié eschet qui doit service de cors à home ou à feme qui a fié au royaume de quoi il a fait homage, et autre fié li eschiet, qui doit tel service et tel homage com est avant dit, com il le peut avoir et deservir.

154. Quant plusiors fié eschéent en un jour ou en plusiors, pourquoi l'ainsné de ceaus à qui il eschéet, qui est plus droit heir de celui ou de ceaus de par qui il escheent, les peut tous avoir se il les requiert.

155. Ci orrés coment fié ou fiés doivent estre partis entre seurs.

156. Coment et pourquoi le fis ou la fille se peut metre de s'autorité el fié qui li est escheu de son pere ou de sa mere.

157. Pourquoi le seignor ne doit souffrir que autre que l'ainsné des fis ou des filles de celui ou de celle de par qui le fié lor escheet se mete de s'autorité en la saisine ne en la teneure.

158. Coment le fis ou la fille ne demore en saisine d'ou fié de quoi son père moru saisi et tenant se il n'est le droit heir.

159. Pourquoi fis ou fille ne se doit metre de s'autorité en saisine et en teneure de fié que son pere ne sa mere ne soient mors saisis et tenans come de lor droit, ou qu'il en aient esté les derains saisis et tenans com de lor droit.

160. Pourquoi nul ne se doit mettre en saisine de fié que il li soit escheu d'autre que de pere ou de mere s'il ne le fait par le seignor de qui il doit tenir le fié.

161. Come l'on peut requerre la saisine dou fié qui li est escheu de par autre que de par pere ou de par mere, et que le seignor en doit faire, et coment on le peut ehloigner, et coment on le peut attaindre.

162. Pourquoi le seignor n'est tenus de respondre de fié que autre ait et tiegne de quoi il ait saisine com de son droit par esgart ou par connoissance de court, ou par assise et usage.

163. Ci dit del fié que le seignor encombre, coment il doit respondre.

164. Quant fié eschiet à plusiors gens, et aucun autre que le droit heir en requiert la saisine au seignor come droit heir, pour quoi le seignor ne le doit metre en saisine se il ne le requiert com le plus droit heir aparant et requerant en la court.

165. En quel cas le seignor est tenus de respondre à qui li requiert saisine de fié que autre ait et tiegne, et de quoi il soit son home.

166. En quel cas le seignor ne se peut deffendre de respondre à qui li requiert saisine de fié que autre ait et tiegne et de quoi il est en l'omage et en service dou seignor.

167. En quel cas il ni a tornes de bataille contre le garent qui porte la garentie de parenté, et en quel cas la torne y doit estre par raison se il ni a propre assise que en tel cas la torne de bataille, ou que en tous cas la bataille de preuve de parenté, car se elle n'estait, mout de maus en poroient avenir et de gens estre desheritès à tort et sans raison.

168. En quel cas le seignor ne peut deffendre à celui qui li requiert saisine de fié qui li est escheu par droit que il n'a ne tient cel fié, et que autre l'a et tient qu'il aura à droit, se il se veaut clamer de lui.

169. Quant le seignor a et tient chose que l'autre dit qui est de son fié, et il en requiert la saisine, coment il doit se prover à son fié ou partie de son fié, et coment l'en a usé com de son fié qu'on a et tient.

170. Coment l'on doit prover contre son seignor tout son fié ou partie de son fié.

171. Coment l'on doit requerre son fié, ou ce qui est de son fié.

172. Qui veaut requerre au seignor caseau ou terre, ou autre chose que rente de besmis, disant que ce est de son fié, coment il le doit requerre, et par qui il le doit offrir à prover, et coment et pourquoi et de qui le recort des homes de la court de chose ou le seignor n'est présent est porté com recort de court, et des homes de cour, et est tenu auci com recort de court des homes de court là ou le seignor n'est présent.

173. Que il convient à dire as homes de court qui recordent saisine et teneure et usage de fié si que le recort vaille à avoir la saisine d'ou fié à celui ou à celle qui a offert à prover par lor recort.

174. Coment l'on peut prover son fié ou partie de son fié contre autre que son seignor.

. a qui fié escheit tant com il fu merme d'aage pour avoir cel fié quant il est d'aage.

176. Coment qui veaut fié requerre quant pere ou mere meurt et il ont enfans merme d'aage, qui doit avoir le bailliage, et qui l'enfant en garde.

177. Coment il doit estre gardé se il est seignor de terre.

178. Ci dit à qui le bailliage de fié doit escheir, et qui le doit requerre.

179. Ci esclaicisse le fait, par quel raison l'on peut demander bailliage.

180. Porquoi celui ou celle qui tient bailliage de damoiselle le doit tenir tant que elle soit mariée, tout ait elle douze ans ou plus, et coment peut avoir le fié qui li est escheu quant elle a passé douze ans.

181. Coment damoiselle qui ait passé douze ans peut avoir bailliage qui li escheit.

182. Coment nul ne peut avoir escheete qui escheue li soit, se il ne se saisit personament.

183. Se aucun seignor done fié en besans à home ou à feme, ou l'assene en aucun leuc moti, et ce de la défaut sur toutes les rentes que il a et aura, et aprez done à un autre home fié, et l'en assene à un autre leuc moti, et il défailli dou leuc ou le premier est assené par nom, et il veulle estre paié avant de l'autre dou leuc dont il est assenés, le quel des deus doit estre paié avant de celui leuc.

184. Qui est assenés de son fié en un leuc moti, et il défaut de cel leuc une année ou plusiors si que celui qui assené n'ait pu estre paié de son fié, et il rent un autre année aprez el tens d'autre seignor ou baill tant que il puisse estre paié de quanque l'on li doit de son fié de viel et de nouveau, coment et en quel cas il doit estre paié, sans ce que le seignor ou le baill s'en puisse deffendre, pour dire que se l'on vous doit ce n'est mie de mon tens, pourquoi je ne vous veull paier que ce que l'on vous doit de mon tens.

185. Quant home ou feme qui a et tient seignorie meurt, et que il a plusiors parens, à qui le fié peut escheir, à qui il escheit, et le quel doit avoir celle escheete devant les autres.

186. Quant aucun home ou feme qui a et tient seignorie ou fié meurt, et il a plusiors fis ou filles ou autres parens à qui le fié puisse escheir, et l'ainsné des fis en a aprez lui la seignorie et la saisine et la teneure, et ses frères ou ses sœurs ont enfans, et meurent avant de celui qui a et tient la seignorie et

l'eritage, et il meurt aprez sans heir que de lui soit dessendus, le quel des heirs qui seront dessendus de ses frères ou ses sœurs, ou de ses autres pareus doit avoir l'escheete d'eritage ou de bailliage.

187. De quel maniere de fié feme doit au seignor de qui elle tient mariage de marier soi par semonce, et de quel maniere elle ne se peut marier sans l'otroy dou seignor, ne il ne la peut esforcer de marier la par semonce ne autrement.

188. De quoi les femes qui ont douaire le doivent tenir, et à qui le bailliage peut et doit escheir par raison.

189. Quant bailliage escheit à feme, coment elle se peut garder que le seignor de qui elle le doit tenir, ne la puisse marier par bailliage.

190. Pourquoi celui qui ne veaut son fié deservir, le doit comander au seignor de qui il le tient, avant que estréer le.

191. Coment le seignor se peut et doit metre el fié estree et quel perill et quel damage a et peut avoir celui qui estree, son fié, plus que celui qui le comande.

192. Coment l'on peut et doit fié desmembrer par l'assise ou l'usage dou royaume.

193. En quantes manieres l'on peut fié eschangier, et coment l'on peut fié eschangier, si que l'eschange soit estable.

194. Pour quel chose l'om peut perdre son fié an et jour, et pourquoi toute sa vie, et pourquoi lui et ses heirs.

195. Coment et pourquoi l'on ne peut vendre par l'assise partie de son fié, et coment et pourquoi l'on peut tout vendre par la dite assise, et coment il doit estre vendu, et coment l'on doit fournir l'assise, et coment quant le fié est vendu, coment et en quel tens doit faire paier les dethes de qui le fié a esté vendu, et les quels dethes que l'on doit à celui à qui on a la dethe conue en court, ou qui la prove doit dire et faire quant il en veaut estre paié, et quant home ou feme de qui le fié a esté crié à vendre par l'assise ne veaut fornir l'assise que le seignor en doit faire.

196. Coment celui qui a livré son fié à vendre quant il est destourné de fournir l'assise, coment l'on le doit conduire.

197. Coment celui à qui l'on a dethe conue en court, ou qui l'a provée doit dire et faire quant il en veaut estre paié par le seignor.

198. Qués gens ne pevent fié acheter par l'assise, et la raison pourquoi il ne le pevent, et quel fié peut feme acheter, et par quel raison elle le peut acheter.

199. Qu'on doit faire de celui ou de celle de qui le fié aura esté vendu se la dethe que il ou elle a conue, ou que l'on li aura provée en court est plus que la vente dou fié.

200. Sur les quels des fiés des homes dou seignor son privilege ne peut, ne ne doit porter garantie que soit valable, et sur les quels des fiés des homes le privilege de lor seignor peut porter garantie.

201. Pour quantes choses et pour que l'om peut et doit estre desherité lui et ses heirs.

202. Pour quantes raisons l'om peut et doit estre desherité de son fié toute sa vie, et pour quel chose l'on le pert an et jour.

203. Quant un home est forjugés par court com traitour pour traison que il ait fait vers son seignor, coment et pourquoi ses heirs doivent estre desherités de son fié et des fiés dou traiteur.

204. Coment as livres des empereors dient coment les traitours doivent estre desherités.

205. Coment l'on doit homage faire au chief seignor dou royaume, et coment à celui qui n'est chief seignor, et de quoi l'ome est tenus à son seignor par l'omage que il li a fait, et de quoi le seignor est tenu à son home.

206. Coment le seignor est tenus à son home et de quoi par l'omage que il li a fait.

207. Coment les homes des homes dou chief seignor dou royaume li doivent faire la ligesse par l'assise, et de que il li sont tenus par la ligesse, et coment les autres gens dou royaume doivent jurer au chief seignor feauté.

208. Ci orés qués est l'assise, pourquoi l'on fait la ligesse par l'assise.

209. Coment les homes des homes dou chief seignor se doivent contenir vers le chief seignor, quant il ont fait la ligesse par l'assise.

210. Encor dit coment les homes des homes dou chief seignor doivent faire à la requeste dou chief seignor et sans requeste pour sauver la foi de quoi il sont tenus.

211. De quoi le chief seignor est tenus as homes de ses homes qui li ont fait la ligesse par l'assise, et coment et de quoi tous les homes sont tenus les uns as autres par l'assise dou royaume de Jerusalem.

212. Ci esclaircisse coment tous les homes des homes dou chief seignor sont par la dite assise tenus les uns as autres, et coment il se doivent entre aider et conseiller.

213. Se le fié d'aucun des homes est arresté par le seignor sans esgart ou sans conoissance de court, celui le doit destraindre par le conjurement de ses pers.

214. Et se le seignor défaut à aucun de ses homes de faire esgart ou conoissance si com il doit, ou recort de court si com court a esgardé ou coneu ou recordé, ou aucune autre chose, et le seignor ne li tient ou fait tenir, et celui à qui le seignor faudra d'aucune des avant dites choses requerra ses pers de ce que il devront, il doivent lor seignor requerre que il le face, et gager de lor service en la manière avant devisée tant que il l'ait fait.

215. Coment ce gagement dessusdit fut fait meismes en Chipre à tens dou roy Henry.

216. Se le seignor congée son home de sa seignorie sans esgart et sans conoissance de court de la dont celui est son home, car l'ome qui enci est congée doit dire et requerre au seignor et à ses pers, et que ses pers en doivent dire et faire.

217. Coment et de quoi l'ome ment sa foi vers son seignor, et coment et de quoi le seignor ment sa foi vers son home, et coment l'on peut attaindre l'autre, et quel ameude l'un en doit avoir de l'autre.

218. Nus ne doit faire justice d'autrui en sa terre, et cil qui le fait si mesfait vers son seignor, et quel amende le seignor en doit avoir.

219. Se le seignor fait prendre son home et emprisoner sans esgard et sans connoissance de court, que les pers de celui qui est enci pris et emprisonné doivent faire et dire à lui délivrer.

220. Ci-près autre manière de conjurement quant aucun home est menacé.

221. Et se le seignor ne fait tenir à son home esgart ou conoissance que la court ait fait, ou défaut à l'ome de ce qu'il a requis en sa court, coment celui peut conjurer ses pers.

222. Coment et pourquoi home qui a plusiors seignors peut porter armes contre son seignor sans mesprendre de sa foi.

223. Coment seignor doit faire semondre home ou feme de faire droit en sa court quant on s'est clamés de lui ou d'elle, et quant l'on est enci semons, et l'om a essoigne, com il doit contremander s'essoigne et par qui, et se il ne vient à jour que il aura esté semons, ou ne contremande s'essoigne si com il doit, que son aversaire doit requerre au seignor, et que le seignor li doit faire.

224. Se le seignor fait semondre aucun home de son service ou il est merme d'aucune chose de son fié que le seignor ait et tiegne sans esgart et sans connoissance de court, ou que le seignor li doive aucune chose parfaire de son fié que il li ait requis en court que il li parface, et il ne li ait fait, coment il se peut deffendre d'acuillir celle semonce tant que le seignor li ait son fié parfait, ou rendu ce que il entent en la manière dessus dite.

225. Coment quant le seignor semont son home dou service que il li doit, et se le seignor li doit de son fié, coment home se peut deffendre d'acuillir sa semonce, et coment il le doit faire, se le seignor ne n'a essoigne aparant come de estre assiegé de ses ennemis.

226. Coment le banier doit semondre les homes dou seignor.

227. Encor de ceste raison meimes, et se le seignor semont aucun d'aucune chose.

228. Se home se veaut deffendre d'acuillir semonce de service que il doie quant le seignor a et tient aucune chose de son fié sans esgart et sans connoissance de court, ou que il li doive parfaire aucune chose de son fié, et il n'a au seignor aucune des dites choses requises, que il doit dire et faire quant il est semons dou service que il doit.

229. Quant le seignor fait semondre aucun par trois de ses homes com court, se celui qui fist la semonce au leuc dou seignor n'est présent en la court, se les deus qui furent com court la ou il la fist la recordent sans lui en la court, se la semonce vaut ou ne vaut, et se celui qui est en leuc dou seignor est en la court, et l'un de ceaus qui furent com court faut, se le recort vaut, ou ne vaut auci.

230. Qués manieres de services doivent ceaus qui doivent service de lor cors au seignor, à qui il le doivent, et en quel leuc il li doivent service.

231. Coment et où le seignor peut et doit faire semondre ses homes dou service que il li doivent.

232. Pourquoi le seignor ne doit son home faire semondre de son service se il ne n'a mestier, et pourquoi home ne se doit faire essoignes se il ne l'est quant il est semons dou service que il doit au seignor.

233. Coment le seignor peut et doit semondre et faire semondre ses homes dou service que il doivent, et ou et quant il les a semons on fait semondre, que il doit faire et dire quant l'ome defaut dou service que il doit aprez ce que il en

a esté semons si com il doit, quel droit le seignor en doit avoir, et se le seignor ne le fait quel amende l'ome en doit avoir, et qui est semons dou service que il doit, et il est essoigné, coment et pourquoi il doit contremander s'essoigne.

234. Quant home à qui le seignor doit de son fié est semons dou service que il li doit, et il en veaut acueillir la semonce, coment il doit faire si que il n'ait damage, et coment l'ome qui est semons de son service doit faire.

235. Que doit perdre home qui est en leuc par semonce, et il s'en part sans le congié dou seignor, ou de celui qui est en son leuc.

236. Coment le seignor peut faire son home semondre en son hostel, et pour quel chose, et que ceaus qui semonent doivent faire et dire à la semonce et aprez.

237. Qui est semons dou service que il doit au seignor, et le seignor li doit de son fié de que le terme de sa paie est passé, que il doit faire et dire se il ne veaut celle semonce acueillir tant que il soit paié de ce que l'on li doit de son fié.

238. Qui doit service de compaignon, et il le fait semondre de tel service com il li doit ou de celui dou compaignon, et le dit compaignon est essoigné, si que il ne puisse celui service faire, que le semons doit dire et faire à garder ce que le seignor ne puisse avoir de lui amende com d'ome qui defaut dou service.

239. Coment le seignor peut faire semondre ses homes de venir à court, et destraindre d'estre y tant com la court se tirera hors.

240. Qui est semons dou service de son cors à aler en un leuc à cheval et à armes, et il n'a que un cheval, et le cheval est essoigné, que il doit faire et dire à garder soi que son seignor n'ait de lui amende com de home deffailli de service.

241. Quant home a passé aage, ou il est mehaigné de mehain aparant doit estre quite dou service.

242. Coment et pourquoi le seignor peut faire semondre feme qui tient fié qui doit service de cors de prendre baron, et elle ne le prent, quel amende le seignor en doit avoir.

243. Encor dit coment feme qui est semonse de baron prendre, coment elle doit respondre.

244. Quant feme est semonse si com doit de baron prendre, et elle a passé aage, coment elle peut et doit la semonce refuser, que ja le seignor n'aura de elle amende de defaut de service.

245. Quant feme a et tient plusiors fiés de plusiors seignors, de quel fié elle doit le mariage de qui elle tient le fié.

246. Quant feme tient un fié ou plusiors d'un ou de plusiors seignors, et elle se marie sans congié de celui à qui elle doit le mariage, quel amende il et les autres seignors eu doivent avoir.

247. Quant home dou seignor prent feme qui tient fié dou seignor, et il l'espose sans son congié, que il doit faire si que le seignor ne autre ne le puisse getter de sa foi.

248. Se aucun des homes dou seignor espose feme qui tient fié dou seignor et s'en saisist dou fié, quel amende le seignor eu peut avoir, et coment un des hommes dou seignor le peut appeller de foi mentie.

249. Ce sont ceaus qui pevent gager, ou semondre le seignor, ou conjurer de sa foi et coment, et lesquels non, par l'assise dou royaume de Jerusalem.

250. Coment l'ome doit son seignor destraindre que il le face paier se il li doit de son fié, ou de ravoir se il tient aucune chose de son fié, ou de faire li abattre force que crestien li fait de son fié ou de partie de son fié.

251. Se un home est assené en un leuc moti de son fié qui ne rent tant que il soit paiés enterinement de son fié, si com est assenés d'estre paiés, il doit le seignor gager de son service, si com est aprez devisé.

252. Se un home ou une feme est assené de son fié en un leuc qui ait tant vallu que il puisse estre paié, et le seignor l'ait pris, et que par ce li est sa paie defaillie, il le doit requerre au seignor par la maniere ci-aprez devisée.

253. Coment l'on peut son seignor gagier et faire gagier dou service por la paie de son fié en plus brief terme.

254. Qui veaut son seignor destraindre d'avoir sa paie de ce que il li doit de son fié pour lui semondre et conjurer de sa foi, il ne le doit mi faire ensemble, mais l'un aprez l'autre.

255. Ci aprez orés coment l'on doit conjurer son seignor et de quoi, et se il le fait autrement que enci com il est devisé, il doit amender au seignor.

256. Quant hom conjure ou contraint, ou semont son seignor autrement que il ne doit sans ce que il ne l'ait à faire, quel amende le seignor en doit avoir.

257. Se le seignor tient aucune chose dou fié de son home autrement que par l'assise ou par l'usage, ou par esgart, ou par conoissance, il doit requerre au seignor et par court.

258. Coment je qui ais fait cestui livre sot certainement ces

esconjuremens d'estrececes dessus dites de hom au seignor.

259. Se aucun crestien fait à aucun des homes dou seignor force de tout son fié ou de partie, il se doit clamer au seignor de qui il le tient qui li abate la force, et se il ne le fait, il le doit destraindre par ses pers.

260. Coment se un home ou une feme est assenés sur les rentes d'un kasau que autre que le seignor tiegne, et le terme de sa paie est passé, et il ne n'a esté paié, il le doit requerre au seignor, et le seignor le doit faire paier.

261. Se le seignor ne tient ou fait tenir l'esgart ou la conoissance que sa court a fait, coment celui por qui l'esgart ou la conoissance aura esté faite peut le seignor destraindre par trois manières ci-dessus devisées.

262. Coment celui qui n'est home dou seignor le peut destraindre et faire destraindre de faire tenir l'esgart de la conoissance que sa court a fait.

263. Se home est semons dou service que il doit au seignor, et il lors veaut comander son fié au seignor ou livrer le à vendre par aucune des choses devant dites, pour quoi l'ome peut son fié vendre, le seignor n'est pas tenus de recevoir le fié et faire le vendre, ne la comande dou fié puisque il l'a avant semons de son service, tant que celle semonce soit passée, ains le peut bien refuser par raison.

264. Qui veaut son fié comander, et il le veaut faire sans perill, quant il le comande au seignor, se le seignor ne le reçoit, si li die que il veaut que il reçoive par esgart.

265. Coment l'on doit requerre devise partison de terre, et coment le seignor doit comander à faire, et coment ceaus à qui il l'a comandé li doivent faire et dans quel terme.

266. Quant fié eschiet à home ou à feme, et il le requiert au seignor, il le doit recevoir par la preuve dou parenté, ains que par grace.

267. Quant l'on reçoit fié qui li est escheu, lequel fié l'on a requis au seignor et offert à prover par l'esgart de la court, et on ne le prove ains le reçoit par grace, coment l'on en peut estre travaillés.

268. Ce sont les choses que le seignor à la requeste de son home peut et doit délivrer sans clamor.

269. Coment et en quel maniere il ni a point de bataille en chose qui monte au plus d'un marc d'argent, et coment et en quel maniere y peut avoir bataille des uns as autres garans par l'assise.

270. Coment celui de qui l'on sa clame peut à soi atraire la preuve, et tollir la au requerant.

271. Quel est l'usage des doüaires au royaume de Jérusalem.

272. Coment seignor et home se peut entrequiter l'un l'autre de la foi que il s'entredoivent.

273. Coment et pourquoi l'ome peut vendre le fié de sa feme sans son otroy avant que le sien, laquelle vente est contre l'assise.

274. Ci dit dou chevalier Palatin de cui doit estre le fié, et que l'on doit faire de lui.

275. Vous avés oy ci-devant mout des assises et encor en orés aprez, vous orez ci aucunes paroles ou il y a mout des biens.

276. Ci orés l'assise et l'établissement des vilains et des vilaines coment ou doit user, et premièrement coment l'on les doit requerre.

277. Quant les vilains s'en fuient ou partent de la terre de lor seignor, coment il les doit recouvrer.

278. Quant les vilains se marient hors de la terre de lor seignor sans le comandement dou seignor de la vilaine.

279. Quant les vilains se marient hors de la terre de lor seignor sans le comandement du seignor de la vilaine.

280. Qués amendes doivent faire ceaus qui dé faillent de droit des vilains ou des vilaines dessus dites.

281. Ici orés quel aage et desquels roys furent les assises que vous avés leues en cestui livre, et coment elles furent faites et ordenées.

282. Quel home doit estre seignor et gouverneor dou pais et dou peuble.

283. De seignorie et de ses pilliers.

284. Coment l'eir costéer à qui escheit le royaume le doit requerre as homes dou royaume de Jérusalem.

285. Qués est le serment que le chief seignor fait à ses homes avant que il li facent homage ne que il le reçoivent à seignor.

286. Quel sarement doit faire baill quant il reçoit le bailliage dou royaume, et coment il se doit contenir.

287. Ou le roy dou royaume de Jérusalem doit estre coroné, et qui le doit coroner.

288. Quel manière de sarement fait le roy dou royaum au patriarche quant il li met la corone au chief.

289. Nous vous dirons ci-aprez les offices des officiaus dou royaume, et premierement dou seneschau.

290. L'office dou conestable.

291. L'office dou mareschal.

292. L'office dou chamberlain.

293. Ce sont les erremens d'ou roy Hugues, et dou conte de Braisne, sur le fait dou bailliage dou royaume de Jerusalem, et tout premier est le dit roy Hugues.

294. Ce est le dit dou conte de Braisne aprez que le baill a fait sa requeste.

295. Ce est le segont dit dou baill à premier dit dou conte.

296. Ce est le segont dit dou conte au segont dit dou baill.

297. Ce est le tiers dit dou baill au segont dou conte.

298. Ci est le tiers dit dou conte au tiers dit dou baill.

299. Ce est le quart dit dou baill au tiers dit dou conte.

300. Ce est le quart dit dou conte au quart dit dou baill.

301. Ce est la maniere coment la haute court dou royaume de Jerusalem coneut par l'assise dou dit royaume que le bailliage de Jerusalem montoit au baill, pour ce que il estait ainsné de son cousin le conte de Braisne, et coment il li firent les homages.

302. Ce est la maniere coment les homes de la haute court dou royaume de Jerusalem reçurent à seignor ledit baill et fu coroné dou dit royaume aprez la mort dou roy Hugues qui estait mermeaus, qui tenoit son bailliage.

303. Ce est la maniere coment le susdit roy assembla la haute court dou royaume de Jerusalem, et lors requist ledit royaume com droit heir, et coment la dite court conut que il estait le droit heir, et li offrirent leurs homages.

304. Coment damoiselle Marie, fille de messire Beaumont, fit lire une Charte par un clerc en la présence de la haute court de Jerusalem faisant lor assavoir que elle estoit plus droit heir à avoir le dit royaume que le baill n'estoit, pour ce qu'elle estait dessendüe de l'ainsnée seur de la mère dou susdit baill.

305. Ci est le respons que le susdit baill fit contre la requeste de la susdite damoiselle Marie.

306. Ci est la maniere coment les homes de la haute court vindrent en présence dou di roy, et li firent savoir coment il estaient venus faire respons à la susdite damoiselle Marie sur la requeste que elle lor fit, et troverent que elle estait

partie de la, et li manderent par trois homes que se elle volait attendre li feroient respons de ce que elle a requis.

307. Ce est le respons que le susdit roy fit as homes de la dite court, que nulle chose n'estoit due ou faite que il deust arrester de non faire envers eaus ce que il doit, et que il feissent vers lui ce que eaus faire devoient.

308. Ce est la maniere dou remede qui fu fait par le roy Henry et ses homes des choses qui ont esté faites au tens dou sire de Sur, à ce que la gent ne soit perdans, le quel fut fait à moisde jen de 1310, de Crist.

309. Coment messire Hugue de Leseignau conestable dou royaume de Chipre a requis le royaume de Chipre à messire Guy de Ibelin, lieutenant dou seneschau, et l'ot par conoissance de la court.

310. L'assise des oiseaus et des chiens et des chevaucheures perdues qui fu ordenée et jurée par le roy Hugue et ses homes à 15 jour de may l'an 1350 de Crist.

311. L'assise des esclas et des esclaves.

312. L'assise des vilains et des vilaines fuitives.

313. L'assise des larrons dou bestaill.

314. Ce est l'ordenance et le remede que il a esté par assent des homes par court le mardy à 16 jour de jenvier l'an 1362 de Christ, le quel remede se doit joindre au livre des assises.

315. Ce sont les services dou royaume de Jerusalem, et les aydes que chascun doit faire quant besoing est au dit royaume, et les gens qui ont court et coins et justice, et tous les perlas dou dit royaume et les suffragans deviserai-je, et l'un aprez l'autre, tous par chapitres.

316. Quaus suffragans a le patriarche de Jerusalem.

317. Quaus suffragans a l'archevesque de Sur.

318. Quaus suffragans a l'archevesque de Cesaire.

319. Quaus suffragans a l'archevesque de Besain.

320. Quaus suffragans a l'archevesque de Beihsereth.

321. Quaus suffragans a l'evesque dou Pabach.

322. Quaus suffragans a l'evesque de Saint-Jorge de Lile.

323. Quaus suffragans a l'evesque d'Acre.

324. Quantes baronies y at au royaume de Jerusalem.

325. Ce sont les leus qui ont court et coins et justice au royaume de Jerusalem.

326. Service que les barons et les autres gens dou royaume de Jerusalem doivent au chief seignor dou royaume.

327. Service que la sainte cité de Jerusalem doit.

328. Service que la cité de Naples devoit.

329. Service que la cité d'Acres devoit au royaume de Jerusalem.

330. Service que la cité de Sur devoit au royaume de Jerusalem.

331. Aydes que les yglises et les bourgois doivent quant il y a grant besoing en la terre dou royaume de Jerusalem.

N°. 23. — LETTRES (1) *par lesquelles* LOUIS, *roi désigné de France, confirme à l'église de St.-Pierre de Beauvais, ses franchises, coutumes, et libertés* (2).

Beauvais, 14 des cal. de février 1103. (C. L. XI, 176.)

N°. 24. — PRAGMATIQUE SANCTION, *qui défend de s'emparer des biens des évêques après leur décès, et de détruire leurs maisons pour s'en approprier les matériaux.*

Paris 1105, (C. L., I, 2.)

In nomine sanctæ et individuæ Trinitatis amen.

Philippus, Dei gratiâ, Francorum rex.

Notum fieri volumus universis in regno Francorum, per futura tempora, successuris, quòd dominus Ivo sanctæ Carnotensis ecclesiæ venerabilis episcopus humili devotione celsitudinem nostræ serenitatis adjerit, obnixè deprecans, ut pravam consuetudinem in domibus episcopalibus ejusdem ecclesiæ, à comite *Henrico* cognomine *Stephano*, et *Adelâ* uxore ejus, concessione filiorum suorum *Willelmi*, *Theobaldi*, *Odonis*, *Stephani*, remissam, et libertatem prædictis domibus et rebus in eisdem collectis, à prædictis comitibus donatam,

---

(1) Cet acte est signé en présence de 15 personnes du côté du roi, et de 13 personnes de la part des chanoines.

(2) En cas de contestation, la preuve résultera de la déposition de deux chanoines ou de deux hommes. — Le jugement sera rendu par le chapitre. — En cas de déni de justice, on ne fera aucunes violences aux chanoines, et on ne pourra procéder contre leurs biens qu'après un délai de quinze jours. — Ils tiendront l'obédience au pape comme à un apôtre, et ils serviront le Roi comme un maître. — Ils accordent au roi, sur sa prière, la liberté d'un de leurs affranchis, mais sans tirer à conséquence pour l'avenir.

concederemus, et nostrâ pragmaticâ sanctione (1) firmaremus.

Cujus pio desiderio assentientes, et æquissimæ postulationi aurem inclinantes, secundùm tenorem scripti, quod de prædictis rebus prætaxati comites fieri decreverunt, nostræ majestatis auctoritate res prætaxatas à pravâ consuetudine liberamus, Domum scilicet, et domus ejusdem, ferrum, plumbum, vitrum, lignum, lapides, ceteramque supellectilem, scilicet tabulas, scamna, scabella, vasa vinaria, lectos, necnon coquinas et horrea granaria, cellaria, torcularia furnos, furnorumque domos, sive in urbe, sive extra urbem, silvas, ut non vendantur, nec succidantur, nec dentur; annonam quoque, vinum, fenum, oves, et boves, et cetera animalia, omniaque reliqua mobilia, quæ congregata, vel collecta fuerint, sive in urbe, sive extra urbem, ante obitum, vel discessum episcopi cujuslibet, intacta manere firmamus: illis profutura, quibus episcopus reservare, vel donare, seu per se, seu per æconomum (2) suum decreverit, ut majores personæ ecclesiæ, si id episcopo aliquâ occasione prævento facere non licuerit.

Concedimus etiam ut exactio, quæ defunctis episcopis, discedentibus fieri solet in servientes episcopi, vel rusticos, de cetero numquàm fiat.

Hæc omnia sicut à prædictis comitibus concessum est et firmatum et nos, ut prædictum est, concedimus, et per pragmaticam sanctionem nostram firmamus, testificante charactere nostri nominis, et sigillo nostræ majestatis.

Philippus, Dei gratiâ, Francorum rex.

Actum et confirmatum Parisiis, anno dominicæ incarnationis 1095, anno regni nostri 46.

(1) Selon un ancien Glossaire cité par le président Brisson, *pragmatica sanctio erat illa constitutio, quam constituebat Imperator habito priùs tractatu cum principibus. Et selon Hotman. Erat rescriptum principis, non de privatorum negotiis, sed corporum, ordinum et collegiorum causis, de consilii sententiâ emissum, deducto verbo. quod pragmaticis et viris peritis in consilium adhibitis, interponabatur. Hinc Zeno ait in lege.* Universa paragr. Cod. De rescriptis, *Pragmaticas sanctiones, non ad singulorum preces, super privatis negotiis proferri, sed si quandò corpus, aut Schola, vel Officium, vel curia, vel civitas, vel provincia, vel quædam universitas hominum, ob causam publicam, uderit preces, manare,* etc. Sanctio est la partie de la Loi, qui irroge la peine contre ceux qui la transgressent. (Laur.)

(2) C'était le même officier, que l'on nommait *l'idame* ou *advoué*. Dans ce temps, les biens que les évêques avaient acquis au service de l'église, devaient retourner à l'église, il n'y avait que leurs propres, ou les acquisitions

N.° 25. — CONCILE *qui condamne le mariage des Prêtres* (1).

Troyes, 1107. (Hén., Abr. chr.)

___

faites quand ils étaient encore laïques, qui appartenaient à leurs parents. Mais dans la suite il a été décidé que tous ces biens appartiendraient aux héritiers des évêques. V. l'art. 336 de la coutume de Paris. *Et D. Petrum de Marca de Concordia sacerdotii et imperii lib.* 8, *cap.* 17 *et* 18, *n.* 3, 4, 5 et 6. (Laur.)

(1) A la prière du pape, l'empereur Henri II fit un édit pour donner force de loi dans l'Empire au décret fait à Pavie : on y avait décidé que les clercs n'auraient ni femmes ni concubines, et que les enfans des clercs seraient serfs de l'église dans laquelle leurs pères serviraient, quoique leurs pères fussent libres. Cette interdiction des concubines aux clercs prouve qu'au 11e siècle elles n'étaient pas telles qu'on les entend aujourd'hui, puisque la loi de Dieu, qui les défend à tous les chrétiens, aurait suffi.

« A Rome on pouvait avoir une femme ou une concubine, pourvu qu'on
» n'eût pas les deux en même temps. Cet usage continua depuis que, par l'en-
» trée de Constantin-le-Grand dans l'Église, les empereurs furent chrétiens.
» Constantin mit bien un frein au concubinage, mais il ne l'abolit pas, et il
» fut conservé pendant plusieurs siècles chez les chrétiens ; on en a une preuve
» bien authentique dans un concile de Tolède, qui ordonne que chacun, soit
» laïc, soit ecclésiastique, doive se contenter d'une seule compagne, ou femme
» ou concubine, sans qu'il lui soit permis de tenir ensemble et l'une et l'autre...
» Cet ancien usage des Romains se conserva en Italie, non-seulement chez les
» Lombards, mais depuis encore, quand les Français y établirent leur domi-
» nation. Quelques autres peuples de l'Europe regardaient aussi le concubinage
» comme une union légitime : Cujas assure que les Gascons et d'autres peuples
» voisins des Pyrénées n'y avaient pas encore renoncé de son temps. » (Giau-
none. — Hén., Abr. chr.)

V. arrêt de cassation du 9 janvier 1821. (Sirey, 157.)

LOUIS VI, DIT LE GROS (1).

Associé au trône en 1103; sacré de nouveau à Orléans, en 1108. — Mort le 1er. août 1137, à Paris.

N°. 26. — LETTRES *qui commettent Leiguesin pour le mesurage et l'arpentage des terres dans le royaume.*

Paris, 1115. (C. L. II, 381. à la note, Fontanon, I, 869.)

In nomine sanctæ et individuæ Trinitatis, amen. *Ludovicus*, Dei gratiâ, Francorum rex.

Notum facimus universis præsentibus pariter et futuris, quod ad requestam Amedæi *Leiguesin*, parisiensis burgensis, utentis geometricâ arte, ipsum commisimus et committimus ad statuendum, arpentandum, et mensurandum terras ubicumque fuerit in regno Franciæ nostro, ad gagia, jura et emolumenta ad istud officium pertinentia. Propter hoc damus in mandatum præposito nostro parisiensi, et omnibus seneschallis, baillivis, vicecomitibus, et aliis justitiariis nostris subditis, sibi in hoc pareri, et obediri volumus, et ipsum post juramentum ab ipso præstitum in manibus vestris, instituatis, et prædicto instituto, et mandato nostro, et cujuslibet vestrum obediatur. Quod ne cujusque usurpatoris temeritate infirmari

---

(1) Ce fut ce prince qui commença à reprendre l'autorité dont les vassaux s'étaient emparés; il en vint à bout, soit par l'établissement des communes, soit par l'affranchissement des serfs, soit en diminuant la trop grande autorité des justices seigneuriales...... Par rapport à l'article de la justice, voici comme on parvint à s'en ressaisir, tant sous ce règne que sous les suivans. On envoya d'abord dans les provinces des commissaires, appelés autrefois *Missi Dominici*, et depuis *Juges des Exempts*; ils éclairaient de près la conduite des ducs et des comtes; ils recevaient les plaintes de ceux qui en avaient été maltraités, et dans les cas où ils ne jugeaient pas eux-mêmes, ils les renvoyaient aux grandes assises du Roi, qui était le parlement, appelé, dans les capitulaires de Charlemagne, *Mallum Imperatoris*. — Ensuite nos Rois créèrent successivement quatre grands baillifs dans l'étendue de leurs domaines, lesquels, par l'attribution des *cas royaux*, devinrent seuls juges d'un grand nombre d'affaires, à l'exclusion des seigneurs particuliers: ces mêmes baillifs étant devenus trop puissans, on donna à leurs lieutenans le droit de juger en leur place. A cet exemple, le Roi obligea les seigneurs de céder aussi l'exercice de leurs justices à leurs officiers. Enfin les appels de ces juges de seigneurs devant les juges royaux, achevèrent de détruire le trop grand pouvoir des justices particulières: « *Aussi*, dit Loyseau, *ce droit de ressort de justice est-il le plus fort lien » qui soit pour maintenir la souveraineté*. » (Hén., Abr. chr.)

valeat, literarum memoriæ commendari et nominis nostri caractere, sigillo sigillari, et corroborari fecimus.

Parisius, anno incarnationis Verbi 1115, regni verò nostri 7, adstantibus in palatio, quorum nomina subtitulata sunt et signa, *S. Ancilli*, dapiferi; *S. Guilberti*, fratris ipsius cubicularii; *S. Guidonis*, constabularii; *S. Guidonis*, camerarii. Data per manum *P. L. R. Stephani*, cancellarii.

N°. 27. — Mandement (*præceptum*) *adressé aux archevêques, évêques, ducs, comtes, et à tous les grands du royaume, par lequel le Roi accorde à l'abbaye de Saint-Denis le droit d'établir un marché à Toury, et interdit les exactions précédemment commises dans la Beauce, par le seigneur du Puiset, au préjudice de cette abbaye.*

Calendes de mai, 1118, 11e. année du règne (C. L. XI, 178.)

N°. 28. — Décret ou Édit, *portant que les serfs de l'église de Saint-Maur seront admis en jugement contre les personnes franches* (1).

Paris, 1118, 1e. du règne du roi, 4e. de la reine Adélaïde. (C. L. I, 4.)

Ludovicus, Dei gratiâ, Francorum rex; omnibus Christi fidelibus.

Cum juxta sacratissimarum legum instituta, regia potestas, ex injuncto sibi officio ecclesiarum defensioni et honori, plurimùm vacare debeat; operæ pretium est eos, quibus tanta permissa est à Deo potestas, earum tranquillitati et paci, attentiori sollicitudinis curâ providere, et ad laudem Dei omnipotentis, per quem reges regnant, ecclesias, et earum res quodam honoris privilegio decorare, ut in bonis actibus et regium morem exerceant et supernæ retributionis præmium indubitanter recipiant.

Noverint igitur omnes, quia sancti *Petri* Fossatensis cœnobii abbas, *Theobaldus* nomine, nostræ serenitatis adierit præsentiam, conquerendo ostendens, et ostendendo conquerens, quatenus servi sanctæ fossatensis ecclesiæ secularibus personis tanto contemptui habebantur, quod in forensibus et in civi-

---

(1) Ces lettres ne sont proprement qu'un privilége, mais comme le roi leur donne le nom *de Décret* ou *d'Édit*, et que d'ailleurs elles firent alors un droit nouveau, on a jugé à propos de les faire imprimer. (Laur.) V sur la formule, Nouv. Rép., 10. Établissement.

libus causis, vel placitis, adversùs liberos homines in testimonium nullatenùs recipiebantur et ecclesiastica mancipia sæcularibus servis fere in nullo præferebantur. Unde res ecclesiastica, ob tanti scilicet dedecoris opprobrium, non solummodò vilescebat, sed maximum diminutionis incommodum de die in diem incurrebat.

Cognitâ verò ecclesiæ querelâ, motus tàm ratione, quàm dilectione, necessarium duxi à Fossatensi ecclesiâ, nobis quidem inter alias familiarissimâ, tantum scandalum omninò removere, et regiam sedem regio beneficio sublimare.

Ego igitur *Ludovicus*, Dei clementiâ Francorum rex, communi quidem episcoporum et procerum nostrûm consilio et assensu, regiæ auctoritatis decreto instituo et decerno.

Ut servi sanctæ Fossatensis ecclesiæ adversùs omnes homines, tàm liberos, quàm servos, in omnibus causis, placitis, et negotiis, liberam et perfectam habeant testificandi et bellandi (1) licentiam; et nemo unquàm servitutis occasionem eis opponens, in eorum testimonio ullam dare præsumat calumniam.

Hâc autem ratione licentiam testificandi ea quæ viderint et audierint, eis concedimus, quòd si aliquis liber homo in eadem causa de falso testimonio illos contradicere, vel comprobare voluerit, aut suam comprobationem duello perficiat, aut eorum sacramentum, sine ullâ aliâ contradictione recipiens, illorum testimonio adquiescat.

Quòd si aliquis temerariâ præsumptione illorum testimonium in aliquo refutaverit, aut calumniaverit; non solùm regiæ auctoritatis et publicæ institutionis reus existat, sed querelam negotii sui, vel placiti irrecuperabiliter amittat, ita scilicet ut præsumptuosus calumniator, de querelâ suâ, si quærat, ulteriùs non audiatur; et si aliquid ab eo quæratur, alterius querelæ reus et convictus habeatur.

Illud etiam statuimus, ut prædictus calumniator, nisi de

---

(1) Quant aux autres *Serfs*, ils n'étaient pas admis à combattre avec des personnes *franches*, comme il se voit par Beaumanoir, chap. 63, pag. 322. (Laur.) Il me semble (dit Montesq., 28, 25) que voici les cas où il était permis au serf de combattre. Il combattait contre un autre serf; il combattait contre une personne franche, et même contre un gentilhomme s'il était appelé. Mais s'il l'appelait (Beaum., 63, 322), celui-ci pouvait refuser le combat, et même le seigneur du serf était en droit de le retirer de sa cour. Le serf pouvait, par une charte du seigneur (Défontaines, 22, 7) ou par usage, combattre contre toutes personnes franches; et l'Église prétendait le même droit pour ses serfs, comme une marque de respect pour elle.

tantâ calumniæ culpâ Fossatensi ecclesiæ satisfecerit excommunicationis mucrone feriatur, et ad testimonium faciendum intereà non admittatur.

Ut autem hujus nostræ institutionis edictum perpetuæ firmitatis privilegio muniatur, præsentem chartam fieri præcipimus, quæ nostræ auctoritatis effectum posterorum memoriæ tradat, et totius retractationis occasionem in perpetuum excludat.

Actum Parisius publicè anno incarnati Verbi 1118, regni nostri 10, *Adelaidis reginæ*.

Adstantibus in palatio nostro, quorum nomina subtitulata sunt et signa S. *Willelmi*, dapiferi (1); S. *Hugonis*, constabularii; S. *Gisleberti*, buticularii; S. *Guidonis*, camerarii.

Data per manum, *Stephani*, cancellarii.

N°. 29. — LETTRES *portant exemption de droits de péage et de prises en faveur de l'abbaye de Saint-Denis.*

Palais royal à Paris, nonas de décembre 1118, 12e année du règne. (Coll. du L. XV, 478.)

Cette charte est terminée ainsi :
Data per manum domini *Stephani*, cancellarii.
S. *Ludovici*, inclyti atque serenissimi regis Francorum.

---

(1) La charge de Sénéchal était héréditaire dans la maison d'Anjou, depuis le règne de Lothaire, mais l'affaiblissement de l'autorité royale, faisait que ces seigneurs dédaignaient de s'acquitter des fonctions de leur emploi, ou que la guerre qu'ils faisaient au roi les en empêchait. Les Garlandes, ministres et favoris de Louis-le-Gros, exerçaient en la place du comte d'Anjou. Ce comte craignit de laisser enfin éteindre son droit ; il reprit ses fonctions, et consentit ensuite que Guillaume de Garlande (qui a signé ce décret) demeurât dans l'exercice de cette charge en son absence, à condition qu'il la tiendrait en fief de lui, et qu'il lui en ferait l'hommage. Ce n'est pas la seule grande charge que les seigneurs, qui en étaient propriétaires, fieffèrent à d'autres seigneurs de moindre rang qu'eux. (Hénault, Abr. chr. An 1116. — 1189.)

V. le commentaire de Hugues *de cleriis, de majoratu et senescalcià Franciæ Andegavorum olim comitibus hereditariâ*, dans le tome 3 des ouvrages du père Sirmond, p. 876.

Louis VII donna à Thibaud ce même office de sénéchal, comme on le voit par ce qui suit de Robert du Mont Saint-Michel, sous l'an 1164. *Comes Carnotensis Tedbaudui desponsuit filiam Ludovici regis Franciæ, et rex ei concessit dapiferatum Francorum, quam comes Audegavensis antiquitus habebat.*

Thibaud étant mort au siège d'Acre en 1191, l'office de sénéchal fut supprimé ; et de là vient, selon la remarque de Duchesne, que dans toutes les lettres ou chartes de nos rois, expédiées depuis, il n'est plus fait mention de sénéchal. V. Duchesne dans son Hist. de Montmorency, liv. 3, chap. 2, p. 233.; Pasquier, dans ses Recherches, liv. 2, chap 12, et saint Bernard, épître 78, n. 1 et 12. (Laurière.)

Stephanus, regiæ dignitatis cancellarius; relegit (1) et subscripsit.

N°. 30. — LETTRES en faveur d'Angere-Regis, portant que ses habitans paieront soit six deniers de Cens, en argent, par arpent de terre qu'ils planteront, soit la dîme ou champart s'ils y sèment du grain.

1119. (C. L. VII, 444. Nouv. répert. V. Champart.)

N°. 31. — LETTRES (2) d'affranchissement, en faveur des habitans du territoire, dépendant de l'abbaye St.-Germain de Coulombs (diocèse de Chartres), avec droit de sang (3), de larron, et autre justice sur les méfaits commis sur ce territoire, et confirmation de ses coutumes.

Saint-Germain, 1124, 17e. année du règne, 10e. de la reine Adélaïde (4).
(C. L. XVI, 321.)

N°. 32. — ÉDIT pour la convocation des vassaux (notamment des ducs de Bourgogne (5) et d'Aquitaine, des comtes de Champagne et de Flandre, pairs de France) (6), pour soutenir la guerre contre l'empereur Othon.

1124. (Suger, vie de Louis-le-Gros, Hist. XII, 51.)

---

(1) Voilà le contre-seing et le droit de correction établi.
(2) Il est question en tête de ces lettres, qui ont d'ailleurs un autre objet, de la fondation que le roi Robert fit de cette église, et de la confirmation des rois Henri Ier. et Philippe Ier.; la charte de Robert, de l'an 1018, se trouve (*Gallia Christ.* aux preuves VIII, 295) : ainsi ce n'est pas Louis-le-Gros, qui, le premier, aurait affranchi les communes.
(3) C'est-à-dire que le roi concède le droit de condamner à mort, et à d'autres peines afflictives, les malfaiteurs.
(4) Ces lettres sont adressées à ses successeurs rois de France.
(5) La première branche royale des ducs de Bourgogne eut pour chef Robert, fils du roi précédent et frère de Louis-le-Gros; elle dura près de 360 ans, jusqu'à ce qu'en l'an 1361 ce duché fut réuni à la couronne par le roi Jean, qui le donna à son quatrième fils, Philippe-le-Hardi, chef de la deuxième maison de Bourgogne; celle-ci finit en la personne de Charles-le-Téméraire, tué devant Nancy, en 1477.
(6) On n'est point étonné de ne pas voir de lettres de création de pairies des anciens pairs, par la raison qu'ils se l'étaient faits eux-mêmes. On voit au contraire les lettres de pairies données à Philippe-le-Hardi, chef de la deuxième maison de Bourgogne, parce que son père, le roi Jean, le créa pair de ce duché. Pourquoi donc ne trouve-t-on pas, par la même raison, les lettres de Henri, duc de Bourgogne, puisqu'il ne fut duc que par le don que Robert, son père, lui fit de la duché-pairie de Bourgogne, ou du moins celles que donna ce même Henri, lorsqu'étant devenu roi, il céda la Bourgogne à Robert, son cadet? (Hénault, Abr. chr.) V. la dissertation sur l'origine de la pairie. (Abr. chr., an 992.); la préface du 17e. vol. des Hist., par M. Brial, et M. Henrion de Pensey, des pairs de France.

N°. 33. — **Lettres** *dans lesquelles* Richard-des-Costes *est qualifié à la fois d'écuyer et bourgeois, etc.*

Lyon, 1126. (Cont. du Glossaire de Ducange. — Le président Henrion, autorité jud., préf., p. 38, note.)

N°. 34. — **Charte** (1) *de la commune* (2) *de Laon* (3).
Compiègne, 1128 (20 année du règne) C. L. XI, 185.

In nomine sancte et individue Trinitatis, amen.
Ludovicus, Dei graciâ, Francorum rex.

Notum fieri volumus cunctis fidelibus, tam futuris quàm presentibus, *institucionem pacis* (4), quam assensu et consilio

---

(1) La plus ancienne est la charte de Noyon, mais elle est perdue, on n'a que les lettres de confirmation de Philippe-Auguste, de 1181. V. ci-après. La ville de Noyon (dit M. Henrion de Pensey, 25) donna l'exemple de se former en commune; Laon et Beauvais furent les premières qui le suivirent. Ainsi les communes ont commencé à s'établir dans des villes épiscopales. Cela est remarquable; mais cela s'explique: les évêques de ces trois villes en étaient en même temps les seigneurs; et par conséquent ils joignaient à l'ascendant qu'ils tenaient de la puissance spirituelle tous les moyens d'oppression que leur donnait la puissance féodale..... On inséra dans toutes les chartes des communes une disposition qui constituait les officiers municipaux juges des différends qui s'élevaient entre les membres de la commune. — Les mots *liberté*, *franchises*, consignés dans les chartes des communes, firent sur les esprits un effet presque magique. À l'instant se firent apercevoir les premiers linéamens de la civilisation à laquelle nous sommes parvenus. Dans plusieurs de ces villes de communes, on vit les habitans, fiers de l'indépendance qui leur était assurée, ne prêter serment de fidélité à leur seigneur que sous la condition qu'il jurerait de maintenir leurs privilèges. Dans la charte de commune accordée par Humbert, seigneur de Beaujeu, aux habitans de Belleville, ceux-ci exigèrent qu'il y fût stipulé qu'Humbert et ses successeurs jureraient de maintenir leurs libertés et leurs franchises; et, pour plus grande garantie, demandèrent que vingt gentilshommes vassaux du seigneur prêtassent le même serment. On voit de même un seigneur de Moirans, en Dauphiné, obligé de fournir un certain nombre de garans de sa fidélité à observer la charte de commune de cette ville.

(2) Il faut distinguer entre les *chartes de communes* et les ordonnances qui confirment les *coutumes*. V. préface du tome XI, C. L. Le Président Henrion, autorité jud., p. 38, note.

(3) Elle a été révoquée, pour cause de rébellion, par un arrêt du parlement, sous Philippe-le-Bel, qui remplaça les officiers de ville par un prevot. V. l'ord. de mars 1331. C. L. II, 77. — Elle a servi de modèle à beaucoup d'autres. (Préface du tome XI). Cette charte fut établie malgré l'opposition de l'évêque, pour réprimer les désordres que ce prélat, créature de l'Angleterre, fomentait alors, préface du tome XI, page 7. Les habitans achetèrent à prix d'argent le consentement des nobles, et la commune fut jurée, pendant l'absence de l'évêque. A son retour, on l'apaisa avec de l'argent. On acheta la concession du roi, vers l'an 1110. — L'évêque la fit révoquer pour 700 liv. qu'il paya au roi. — Les nobles s'étaient joints à lui. Les habitans se révoltèrent et le massacrèrent. La ville fut en combustion. — Elle en obtint le rétablissement en 1128, et c'est à cause des troubles qu'elle est qualifiée *institutio pacis*. V. l'Ord. de Louis-le-Hutin de 1315, sur l'affranchissement des serfs, et le préambule de la charte de 1814.

(4) Il faut entendre par ces mots l'établissement d'*une* commune sous cer-

procerum nostrorum et *Laudunensium* civium *Lauduini* instituimus hanc; scilicet, quod ab *Ardone* (1) usque ad *Brolium* (2) ita ut villa *Luillaci* intra hos terminos contineatur quantum ambitus vinearum et montis tenet.

1. Nullus quempiam liberum vel servum pro aliquo forisfacto sine justiciâ capere possit; quod si justicia presens non fuerit, liceat ei sine forisfacturâ tandiù eum tenere quousque justicia veniat, vel ad justiciarii domum adducere, et prout judicatum fuerit, de forisfacto illo satisfaccionem accipere.

2. Quod si aliquis quoquomodo alicui clerico, militi, mercatori, indigene vel extraneo, aliquam injuriam fecerit, si de ipsâ civitate sit is qui injuriam fecerit, infrà quartum diem submonitus, ante majorem et juratos (4) ad justiciam veniat, et se vel de objectâ culpâ purget, vel sicut ei judicatum fuerit, emendet; si verò emendare noluerit, cum omnibus qui de peculiali ejus familiâ sunt, (exceptis mercenariis, qui, si noluerint cum ipso exire, non compellentur) de civitate ejiciatur, nec reddire permittatur, quousque forisfacturam dignâ satisfaccione emendaverit. Si autem infrà ambitum civitatis possessiones domorum aut vinearum habuerit, à domino sive a dominis, si plures fuerint, in quorum districto possessiones ejus sunt, vel si in allodio fuerint, ab episcopo, major et jurati de malefactore illo justiciam requirant; et si à dominis vel episcopo submonitus, infrà quindecim dies culpam suam emendare noluerit, nec vel per episcopum, vel per dominum in cujus districto possessiones ejus sunt, de eo justicia haberi potuerit, liceat juratis omnem malefactoris illius substantiam destruere. Quod si malefactor de civitate non fuerit, re ad episcopum perlatâ, si per ejus admonicionem infrà quintum decimum diem forisfactum non emendaverit, liceat majori et juratis prout potuerint de eo vindictam querere.

3. Si quis autem malefactorem de civitate ejectum, infrà terminos pacis institute ignoranter conduxerit, et ignoranciam sacramento probare potuerit, eundem malefactorem, illâ solâ vice, libere reducat; si verò non potuerit, usque ad dignam satisfaccionem malefactor retineatur.

---

taines lois. On appelle *pax* en latin et *paix* en francais le territoire soumis à la juridiction des officiers municipaux des villes qui ont droit de commune. (De Villevaut.)

(1) L'Ardon, petite rivière.
(2) Bois de haute futaie.
(3) Ceci a de l'analogie avec l'institution du jury. V. Nouv. Rép. v°. *Etablissement des Prudhommes*.

4. Si verò fortè, ut sepè evenire solet, aliquibus altercantibus alter alterum pugno vel palmo percusserit, vel turpe improperium ei dixerit, legitimo testimonio convictus, ei in quem peccavit, lege quâ vivit emendet, et majori ac juratis violate pacis satisfaccionem faciat : si verò is, quem lesit, emendacionem ejus suscipere dedignatus fuerit, non liceat ei ultrà de eo vel intrà terminos pacis vel extrà aliquam requirere ultionem; et si eum vulneraverit, expensas in medicos ad vulnus sanandum vulnerato persolvat (1).

5. Si quis in alium mortale odium habuerit, non liceat ei vel euntem de civitate prosequi, vel venienti insidias tendere. Quod si vel venientem vel recedentem interfecerit, aut quodlibet ei membrum truncaverit, aut de prosecucione, aut de insidiis appellatus fuerit, divino se judicio purget. Quod si eum aut verberaverit aut vulneraverit extrà terminos pacis, ubi per homines pacis legitimo testimonio, vel de prosecucione, vel insidiis potuerit comprobari, sacramento se purgare licebit. Quod si reus inventus fuerit, caput pro capite, membrum pro membra reddat (2), vel ad arbitrium majoris et juratorum, pro capite aut membri qualitate dignam solvat redempcionem (3).

6. Si quis in aliquem de aliquo capitali querelam habuerit, ad justiciam in cujus districto inventus fuerit, primum de eo clamorem faciat; et si per justiciam jus suum obtinere non poterit, ad dominum ejus, si in civitate fuerit, vel ad ministerialem ejus, si in civitate dominus ipse non fuerit, de homine suo clamorem faciat : et si per dominum vel per ministerialem ejus justiciam de eo habere non potuerit, ad juratos pacis veniat, eisque se de homine illo, nec per dominum ejus, nec per ministerialem ipsius, justiciam posse habere ostendat. Jurati autem ad dominum, si in civitate fuerit, vel si non fuerit, ad ministerialem ejus veniant, et ut vel dominus vel ministerialis, homini clamanti de homine suo justiciam faciant, diligenter requirant; et si de eo justiciam facere vel non potuerint vel neglexerint, jurati querant qualiter is qui clamat jus suum non perdat.

7. Si fur quilibet interceptus fuerit, ad illum in cujus terrà captus fuerit, ut de eo justiciam faciat, adducatur, quam si

_____

(1) Le Talion.
(2) C'est le principe de la composition pécuniaire, admis par les lois des barbares. Ces lois étaient alors abrogées, mais elles étaient passées en coutume. V. cependant l'art. 4 ci-dessus, *lege quâ vivit.*

dominus terræ non fecerit, justitia in furem à juratis perficiatur.

8. Antiqua enim forisfacta quæ ante urbis destruccionem, vel hujus pacis institucionem facta fuerunt, penitùs sunt condonata; exceptis tredecim, quorum nomina hæc sunt (1). Preter istos, si quis de civitate ejectus pro antiquo forisfacto, redire voluerit, de omnibus suis investiatur, quecumque habuisse, nec vendidisse vel in vadimonio posuisse poterit ostendere.

9. Statuimus etiam ut homines capite censi, dominis suis censum capitis sui tantùm persolvant; quem si statuto tempore non persolverint, lege quâ vivunt, emendent, nec nisi spontanei à dominis requisiti aliquid eis tribuant: liceat tamen dominis pro forisfactis suis, eos in causam trahere, et quod judicatum fuerit de eis habere.

10. Homines pacis, exceptis familiis ecclesiarum vel procerum qui de pace sunt, cujuscumque generis potuerint uxores accipiant: de familiis autem ecclesiarum, quæ sunt extra terminos pacis, vel procerum qui de pace sunt, nisi dominorum voluntate uxores accipere non licebit.

11. Si qua vilis et inhonesta persona, honestum virum vel mulierem turpibus convitiis inhonestaverit, liceat alicui probo viro de pace, si supervenerit, objurgare illum, et illum uno aut duobus vel tribus colaphis (2), sine forisfacto, ab importunitate suâ compescere: quod si eum pro antiquo odio percussisse criminatus fuerit, liceat ei juramento se purgare quod pro nullo odio eum percusserit, sed tantùm pro pacis et concordie observatione.

12. Mortuas autem manus omninò excludimus.

13. Si quis autem de pace, filiam vel neptem sive cognatam maritans, terram vel pecuniam ei dederit, et illa mortuâ sine herede fuerit, quidquid terre vel date pecunie adhuc comparentis de eâ remanserit, ad eos qui dederunt, vel ad heredes eorum redeat (3). Similiter vir si sine herede mortuus fuerit, preter dotem quam uxori dedit, tota possessio ad propinquos suos redeat, dotem autem in vitâ suâ mulier tenebit; post mortem verò ipsius, ipsa dos ad propinquos viri sui redibit: si verò nec vir, nec mulier hereditates habuerint, sed

---

(1) Ils sont au nombre de 13. — C'est une amnistie. — V. l'ord. du 24 juillet 1815.
(2) Des soufflets.
(3) Droit de retour. Code civil, art. 951.

de mercimoniis questum facientes, substantiâ fuerint ampliati, et heredes non habuerint, altero eorum mortuo, alteri tota substantia remanebit; si autem propinquos non habuerint, due partes substantie pro animabus eorum in eleemosynam dabunt, tertia verò ad muros civitatis edificandos expendetur.

14. Preterea, nullus extraneus de capite censis ecclesiarum vel militum civitatis, in hanc pacis institutionem, nisi annuente domino suo, recipietur : quod si per ignorantiam absque domini voluntate aliquis receptus fuerit, infrà quindecim dies sine forisfacto cum totâ substantiâ suâ salvus abire quò voluerit permittetur.

15. Quicumque autem in pace istâ recipietur, infrà anni spatium aut domum sibi edificet, aut vineas emat, aut tantùm sue mobilis substantie in civitatem afferat, per que justiciari possit, si quid forte in eum querele evenerit.

16. Si quis bannum civitatis se audisse negaverit, aut per scabinos tantùm comprobetur, aut propriâ manu juramento se purget.

17. Consuetudines autem quas castellanus in civitate se habere asserit, si in episcopi curiâ disgracione legitime potuerit predecessores suos antiquitùs habuisse, liberè eas obtineat, et si minus fecerit, minus habeat.

18. Consuetudinarias autem tallias ita reparavimus, ut unusquisque hominum ipsas tallias debentium singulis terminis quibus tallias debet, quatuor denarios solvat, ultrà autem, nullam aliam talliam persolvet, nisi forte extra terminos pacis aliquam terram talliam debentem tenuerit, quam ita caram habeat, ut pro eâ talliam solvat.

19. Homines pacis extrà civitatem placitare non compellentur. Quod si super aliquos eorum causam habuerimus, judicio juratorum nobis justiciam exequentur; si autem super universos causam habuerimus, judicio episcopalis curie nobis justiciam prosequentur.

20. Si quis clericus intrà terminos pacis aliquod forisfactum fecerit, si canonicus fuerit, ad decanum clamore perlato per eum justiciam exequetur; si canonicus non fuerit, per episcopum vel archidiaconum, aut eorum ministeriales justiciam facere compelletur.

21. Si aliquis procerum regionis, in homines pacis forisfecerit, nec submonitus eis justiciam facere voluerit, si homines ejus intrà terminos pacis inventi fuerint, tam ipsi quàm eorum substantie, in emendacionem facte injurie per justiciam illam

in cujus districto inventi fuerint, capientur; ita et homines pacis jus suum habeant, et ipsa justicia itidem jure suo non privetur.

22. Pro his igitur et aliis beneficiis que predictis civibus regali benignitate contulimus, ipsius pacis homines hanc nobis convencionem habuerunt, quod exceptâ curiâ coronatâ, sive expedicione, vel equitatu, tribus vicibus in anno, singulas procurationes (1), si in civitatem venerimus, nobis præparabunt : quod si non venerimus, pro eis viginti libras nobis persolvent.

23. Totam autem hanc constitucionem, salvo nostro pariter et episcopali jure et ecclesiastico, necnon et procerum, qui intra terminos pacis districta sua et legitima jura habent, stabilivimus ita ut si vel de nostro vel episcopali jure aut ecclesiarum aut procerum civitatis aliquid forte interceperint, infra quintum decimum diem sine forisfacturâ, quod interceperint, liceat emendare.

Ut igitur hec *pacis institutio* firma imperpetuum et inconcussa permaneat, etc., præcepimus roborari. S. *Ludovici*, regis. S. *Philippi*, filii ejus, etc.

Actum anno Domini incarnationis, 1128, regni *Ludovici*, regis 20.

Data compendii per manum, *Symonis*, cancellarii.

N°. 35. — LETTRES *qui accordent aux bourgeois de Paris, le droit d'arrêt sur les biens de leurs débiteurs* (2).

Paris, 1134, 27e. année du règne, 3e. de l'association de Louis-le-Jeune.
(C. L., I, 6, et II, 438.)

In nomine sanctæ et individuæ Trinitatis, amen (3).
Ego *Ludovicus*, Dei gratiâ, Francorum rex.
Notum volumus, tam præsentibus quam futuris, quòd Burgensibus nostris parisiensibus universis præcipimus, et concedimus, si debitores sui, quibus sua crediderint debita, quæ si negata fuerint, legitimè probari poterunt, terminis sibi à Burgensibus datis non solverint, Burgenses de rebus debi-

---

(1) Droit régalien de gîte et de repas.
(2) Nouv. Rép., v°. Paris. v°. Etablissement.
(3) L'Art. 173 de la Cout. de Paris a été pris de ces lettres. V. l'art. 822, Cod. proc. civ.

torum suorum, qui de justiciâ nostrâ sint (1), ubicumque, et quocumque modo poterunt, tantùm capiant, unde pecuniam sibi debitam integrè et plenariè habeant, et inde sibi invicem adjutores existant (2), et si aliquandò de rebus quorumlibet ceperint, et illi aliquid se eis debere non cognoverint, si legitimè inde convinci à Burgensibus non poterunt, Burgenses nullum ergà nos forisfactum incurrent, sed expensam, et damnum, quæ illi propter hoc facient et habebunt, illis cum lege, quâ vivunt, reddent, et emendabunt (3).

Volumus et præcipimus, ut præpositus noster parisiensis, et omnes famuli nostri parisienses futuri et præsentes ad hoc sint in perpetuum Burgensibus adjutores.

Quod ne valeat oblivione deleri, scripto commendari præcipimus, et ne possit à posteris infirmari, sigilli nostri auctoritate, et nominis nostri charactere subter firmavimus.

Actum Parisius publicè, anno 1134, regni 27, annuente filio *Ludovico* nostro, in regem sublimato, anno 3, adstantibus in palatio nostro, quorum nomina substitulata sunt et signa.

S. *Radulphi*, dapiferi viromandorum comitis; S. *Hugonis*,

---

(1) Le roi, comme l'on voit, ne donnait ce privilége aux bourgeois de Paris, que contre *ses justiciables*, et non contre les justiciables des seigneurs, parce qu'en matière mobilière, *l'aveu emportait l'homme qui estoit justiciable de corps et de chatel*, où il levoit et couchoit, en sorte que les justiciables des seigneurs, dont les effets auraient été arrêtés, auraient décliné la juridiction du prévôt de Paris, et demandé leur renvoi dans la justice de leurs seigneurs, par qui ils se seraient fait revendiquer. (Laur.)

(2) Cela nous marque que cet arrêt se faisait par voie de fait *et d'autorité privée*, ce qui était assez fréquent alors, comme il se voit par les deux autorités qui suivent. *Consuetudines Soligniaci*. Creditor qui habebit domum apud Soligniacum, poterit ibidem debitorem suum auctoritate propriâ gagiare, ratione debiti ibidem contracti.

Carta anni 1300. *ex Cartulario parisiensi*. Si in solutione aliquâ horum viginti librarum, aliquo termino, *deficit*, vel cessari contigerit prædictus Capellanus auctoritate propriâ, absque nostrâ, vel successorum nostrorum licentiâ, poterit licitè pro dictis viginti libris turonensibus . . . . necta sibi pignora capere, etc. (Laur.)

(3) Ceci paraît conforme à ce passage d'Agobard, *adversus legem Gondobaldi* n. 4. p. 3. *Cupio per pietatem vestram nosce, si non huic tantæ varietati operationis unitati aliquid obsistat tanta diversitas legum, quanta non solum in singulis regionibus aut civitatibus, sed etiam in multis domibus habetur. nam plerumque contigit, ut simul eant atque sedeant quinque homines, et nullus eorum communem legem cum altero habeat.* Mais sous Louis-le-Gros toutes les anciennes lois, la Salique, celle des Bourguignons etc. étaient hors d'usage, et tout se reglait en France par le droit des Communes, des Fiefs et des Mains mortes.

Dans quelques manuscrits, au lieu de *cum lege quâ vivunt*, il y a *cum lege quæ minuit*, c'est-à-dire, avec l'amende, mais l'amende qui s'imputera sur les dommages et intérêts, qui les diminuera d'autant. V. l'Ord. de Charles V (10 août 1371), et celle de Charles VI (5 août 1390). (Laur.)

constabularii; *s. Hugonis*, camerarii. Datum per manum *Stephani*, cancellarii.

N°. 36. — LETTRES (1) *au sujet des élections, aux archevêchés, aux évêchés et aux abbayes dans l'Aquitaine et le Poitou, etc.*

Paris, 1137, an 29e. du règne, 4e. de l'assoc. au trône de son fils. (C. L., I, 7.)

In nomine sanctæ et individuæ Trinitatis, amen.

Ludovicus, Dei gratiâ, Francorum rex, tibi dilecte in Domino, Gauffride, burdigalensi archiepiscopo, cum suffraganeis episcopis, Raymundo, agennensi; Lamberto, angolismensi, Guillelmo, xantonensi, Guillelmo pictaviensi, Guillelmo, petragoricensi, necnon cum abbatibus burdigalensis provinciæ, vestrisque successoribus, in perpetuum.

Regiæ majestatis est ecclesiarum quieti piâ sollicitudine providere, et ex officio suscepte à Domino potestatis, earum libertates tueri, et ab hostium, seu malignantium incursibus deffensare; sic nimirùm regalis apicem dignitatis nos à Domino, à quo omnis potestas est, consequutos esse constabit, si juxtà evangelicam institutionem, et apostolicæ doctrinæ traditionem, in sanctæ Dei ecclesiæ ministerium accincti, pro ejusdem contuendâ libertate, quâ Christus eam liberavit, et pacis quiete, operam demus.

1. Eapropter petitionibus vestris, communicato priùs episcoporum, abbatum, et procerum nostrorum consilio, assentiente Ludovico filio nostro, jam in regem sublimato, duximus innuendum, et in sede burdigalensi; et in prænominatis episcopalibus sedibus, abbaciis ejusdem provinciæ, quæ defuncto illustri Aquitanorum duce et comite Pictaviæ Guillelmo, per filiam ipsius alienordim, jam dicto filio nostro Ludovico sorte matrimonii cedit, in episcoporum et abbatum suorum electionibus, canonicam omninò concedimus libertatem, absque hominii, juramenti, seu fidei per manum date obligatione 2).

2. Porrò decedentis archiepiscopi et suffraganeorum ipsius episcoporum, sive abbatum decedentium (3) res universas

---

(1) Ces lettres sont suivies du mandement d'exécution, par Louis-le-Jeune, roi des Francs et duc d'Aquitaine.

(2) Cette Ord. mit fin, dans cette province, à la contestation des investitures. (Laur.)

(3) V. Notes sur l'ord de 1105 et les lettres de 1158, au mot *successoribus*, p. 159.

successorum usibus regiâ auctoritate servari volumus, et concedendo præcipimus illesas.

3. Hoc quoque adjicientes, ut omnes ecclesiæ infrà denominatam provinciam constitutæ, prædia, possessiones, et universa ad ipsas jure pertinentia, secundùm privilegia et justicias et bonas consuetudines suas, habeant et possideant illibata, quin immo ecclesiis ipsis universis, et earum ministris, cum possessionibus suis, canonicam in omnibus concedimus libertatem.

Quod ut perpetuæ stabilitatis obtineat munimentum, scripto commandari, et sigilli nostri, et nominis nostri charactere corroborari præcepimus. Actum Parisius, in palatio nostro publice, anno incarnati Verbi 1137, regni nostri 29°. *Ludovico* filio nostro in regem sublimato, anno 4°, in præsentiâ *Gaufridi*, venerabilis carnotensis episcopi et apostolicæ sedis legati; *Stephani*, parisiensis episcopi; *Sugerii*, abbatis beati Dionysii; *Girardi*, abbatis Josaphat; *Algrini*, à secretis nostris.

Astantibus in palatio nostro quorum nomina subsututata sunt et signa.

Signum *Radulphi*, viromandorum comitis et dapiferi nostri; S. *Willermi*, buticularii; S. *Hugonis*, camerarii; S. *Hugonis*, constabularii. Data per manum *Stephani*, cancellarii.

Dernières paroles du Roi à Louis-le-Jeune.

Souvenez-vous, mon fils, et ayez toujours devant les yeux, que l'autorité royale n'est qu'une charge publique dont vous rendrez un compte très-exact après votre mort. (Hén., Abr. chr.)

LOUIS VII, DIT LE JEUNE.

Associé au trône en 1133; couronné aux fêtes de Noël, 1137. — Mort à Paris, le 18 septembre 1180.

N°. 37. — LETTRES portant concession de divers priviléges aux habitans d'Etampes, et engagement de la part du Roi, moyennant une redevance, de ne point altérer les monnaies.

Paris, au palais royal, 1137, 4e. année du règne. (C. L. XI, 188.)

N°. 38. — LETTRES portant concession de priviléges à la ville d'Orléans (1).

Paris, 1137 (2), 5e. année du règne. (C. L. XI, 188.)

Ou non de Dieu, je LOYS, par la grace de Dieu, rois des Franceis et dux d'Aquitanie,

Fesons à savoir à ceux qui sunt à venir, comme à ceux qui ores sunt, que nous à nos borjois d'Orliens, por l'engriegemant de la cité oster, ycestes coustumes, qui sunt cy après escriptes, leur donasmes et leur octroiasmes......

5. Que notre prevost par aucun sergent de sa meson et de sa table, qui sont apellez bedeau ou accuseurs, contre aucun des borjois, ne puisse faire nules dareson.

Ce fut fet à Paris, devant tous (3), en l'an de l'incarnation de notre Seigneur 1137 ans, de nostre règne, le quint an.

Et si y estaient en nostre palais, *Raou*, nostre chambellant; *Guillaume*, le bouteiller; et *Hue*, le connestable, et fut baillié par la main *Augrin*, le chancellier.

(1) Cette charte est écrite en français; on ignore si c'est l'original. En tout cas, la traduction serait fort ancienne, quoique postérieure, sans doute, au règne de saint Louis.
(2) C'est vers cette année que le code publié par Justinien, en 529, et que nous n'avions jamais connu, fut retrouvé dans la Pouille, et apporté en France, où il est devenu notre droit écrit. Les pères bénédictins, dans leur histoire littéraire de France, prétendent qu'il faut avancer cette époque au moins d'un siècle. (Hénault, Abr. chr.)
(3) Les ordonnances latines disent: *actum publicè*. Les ordonnances doivent être publiées.

N°. 39. — LETTRES *par lesquelles le Roi réforme plusieurs mauvaises coutumes dans la ville de Bourges* (1).

Lorris, 1145. (C. L., I, 9.)

N°. 40. — LETTRES (2) *portant remise du droit de main-morte aux habitans d'Orléans.*

Orléans, 1147, 12e. année du règne. (C. L. XI, 196.)

N°. 41. — LETTRES (3) *qui confient la régence à l'abbé Suger, et au comte de Vermandois, pendant l'absence du Roi* (4).

1147. (*Dupuis*, Traité de la majorité. Nouv. Rép. V. Régence, S. Ier.)

N°. 42. — CONCILE *tenu en présence de onze cents prélats, sous la présidence du pape en l'absence du Roi, contenant 17 canons appelés communément les Canons d'Eugène III* (4).

Reims, 1148. (Rec. des Concil., VI.)

N°. 43. — LETTRES *portant confirmation des coutumes accordées par le roi Louis VI à la commune de Mantes, dans laquelle les prudhommes sont qualifiés pairs de la commune, et assistent le prévôt* (5).

St.-Germain en Laye, 1150, 14e. année du règne. (C. L. XI, 197.)

---

(1) Je trouve, dit Montesquieu, liv. 28, ch. 19, qu'au commencement de la troisième race la jurisprudence était toute en procédé ; tout fut gouverné par le point d'honneur. Si l'on n'avait pas obéi au juge, il poursuivait son offense. A Bourges, si le prévôt avait mandé quelqu'un et qu'il ne fût pas venu : « Je t'ai envoyé chercher, disait-il ; tu as dédaigné de venir ; fais-moi raison de ce mépris » (V. l'art. 1 des lettres ci-dessus indiquées) ; et l'on combattait. — Louis-le-Gros réforma cette coutume par les lettres que nous renseignons ici.

(2) Cette charte est en français. V. ci-dessus, en 1137.

(3) Ces lettres sont perdues.

(4) La plupart de ces canons furent insérés dans le droit. On peut remarquer entre autres canons, le 6e., qui défend aux avocats et autres officiers, de prendre ou d'exiger des plaideurs plus que ce qui est porté par l'ancienne taxe, sous peine d'être privés, après leur mort, de la sépulture ecclésiastique ; le 7e. défend aux évêques, diacres, sous-diacres, moines et religieux, de se marier ; le 12e. défend les joûtes, tournois, etc., sous peine, pour ceux qui y perdront la vie, d'être privés de la sépulture ecclésiastique. Ce qui est principalement à remarquer, c'est que ce concile étant séparé, le pape forma une congrégation pour juger une question métaphysique au sujet de la Trinité ; et que les cardinaux y prétendirent que les évêques de France n'étaient pas en droit de juger les dogmes, et que ce droit était réservé au pape seul, assisté des cardinaux. En effet, la profession de foi des évêques de France ne fut pas insérée dans les actes du concile, qui se conservent dans la bibliothèque du Vatican, mais les évêques de France ne manquèrent pas de l'insérer dans les copies qu'ils tirèrent pour eux de ce même concile. (Hénault, Ab. chr.)

(5) Nouv. Rép. ; v°., Prudhomme.

N°. **4**. — LETTRES (1) *au sujet des difficultés survenues entre l'évêque et les citoyens de Beauvais, à l'occasion de leur charte de commune, au sujet du droit de juridiction.*

Beauvais, 1151. (C. L., XI, 198.)

In nomine sanctæ et individuæ Trinitatis, Patris, et Filii et Spiritûs sancti.

Ludovicus, Dei gratiâ, Francorum rex, et dux Acquitanorum, omnibus fidelibus in perpetuum.

Ex moderatione sceptri, nostræ congruit excellentiæ, omnium, qui sub ditione nostrâ sunt, et potissimè ecclesiarum jura tutari; quas protinus improborum lacerabit violentia, nisi regio et materiali eis subveniatur gladio.

Notum sit universis fidelibus, præsentibus et posteris, episcopum Belvacensem *Henricum*, fratrem nostrum, ad nos detulisse querimoniam adversùs cives belvacenses, homines suos, qui per occasionem communiæ, novam et illicitam assumentes audaciam, episcopi et belvacensis ecclesiæ occupaverant jura et justitiam quam habet episcopus in singulos et in omnes de communiâ; etiam episcopi quemdam juratum, quærentem ab eo justitiam, ausu temerario revocaverunt, ut ab eis et per eos haberet justitiam et satisfactionem. Eâ de causâ nos adduxit Belvacum, et in præsentiâ nostrâ, querimoniarum actione tractatâ, et in palam recitatâ communiæ cartulâ, tandem recognoverunt cives solius episcopi justitiam esse totius villæ; et si quis excessus vel forisfactum contingeret, ad episcopum vel ministerialem ejus referendus est clamor. Sancimus igitur ex regiæ majestatis excellentiâ, quod semper ad episcopum querimoniæ perferentur, et nemo sit tam præsumptuosus, ut de jure episcopi et ecclesiæ, scilicet, de faciendâ justitiâ, se intromittat apud Belvacum, quamdiù ut fiat, in episcopo non remanserit; sed si forte in eo, quod absit, remanserit, tunc ipsi cives habeant licentiam suis concivibus faciendi: quia melius est tunc ab eis fieri, quàm omninò non fieri. Quod ut ratum sit, firmumque perseveret et inviolabile, et scripto commendari et sigilli nostri auctoritate mandavimus roborari.

Actum *Belvaci* solemniter, anno ab incarnatione Domini, millesimo centesimo quinquagesimo primo, astantibus in pa-

---

(1) Cet acte paraît être un véritable jugement. Il y a plainte, audition des parties, production des pièces, et sentence rendue publiquement, en présence des officiers de la couronne, et de quatre conseillers.

latio nostro, quorum subnotata sunt nomina et signa : *Radulphi* viromandorum comitis, dapiferi nostri; *Guidonis*, buticularii; *Mathei*, constabularii; *Mathæi*, camerarii; *Rahinaudi*, de *Sancto-Walarico*; *Heliæ*, de *Gerboredò*; *Adæ*, bruslardi; *Ludovici*, de *confraio*.

Data per manum *Hugonis*, cancellarii.

N°. 45. — *Acte du* CONCILE *qui dissout le mariage de Louis-le-Jeune avec Eléonore d'Aquitaine, pour cause de parenté* (1), *attestée par les parens du Roi*.

Beaugency, 1152. (Hist., préface du tome XIV, p. 28.)

N°. 46. — ORDONNANCE *contenant un jugement rendu par le Roi* (2), *entre l'évêque de Langres et le duc de Bourgogne*.

Moret, 1153. (Hist., préface du tome XIV, p. 47, à la note.)

In nomine sanctæ et individuæ Trinitatis. Amen.

Ludovicus, Dei gratiâ, rex Francorum et dux.

Regiæ sublimitatis est officium, eos qui justitiam subterfugiunt humiliare, subditos et obedientes exaltare, et eisdem ad integrum conservare jus suum. Notum igitur fieri volumus tam præsentibus quàm futuris, qualiter *Godefridus* lingonensis episcopus et *Odo*, dux Burgundiæ, in curiâ nostrâ placitaverunt, et ad quam formam res perducta fuerit. Igitur ad præfixum illis à nobis diem apud Moretum venientes, congregatis multis archiepiscopis, episcopis ac baronibus, in præsentiâ nostrâ, episcopus sic ortus est.

In primo. Quæro à domino duce. Quare cùm casatus S. Mammetis homo non esset, et bonum feodum inde haberet, placuit ei hominium nostrum derelinquere, quatenus feodum reddat, et quicquid præterea de eo accepit. — Quæro et quæ michi abstulit in castellione, capiendo presbyteros, aliosque homines nostros et res nostras, incendendo etiam villam quæ vocatur *Oce*. — Quare etiam quicquid forisfecit michi Hugo *Dacels* et socii ejus, eamdem villam et alias incendendo, homines nostros occidendo, aliaque multa mala inferendo; quia illud se michi rediturum per manum domini abbatis Clarævallis

---

(1) Le concile de Clermont, de 1096, frappait d'anathème les parens, jusqu'au sixième degré, qui contractaient mariage ensemble. V. aussi Conciles de Latran, 1123; de Clermont, 1130, et de Latran, 1139.

(2) Toute justice émane du roi, Charte de 1814; mais elle est nécessairement déléguée. Depuis 1302, nos rois ont cessé de juger par eux-mêmes. V. *Henrion de Pensey*, Autor. jud.

(Bernardi) promisit, quandò ei homines suos, quos captos tenebam, reddidi. Quicquid etiam ipse Hugo et complices ejus, infrà respectum quem dominus dux michi de eis dederat, forisfecerunt. — Quæro dimidium pedagii quod accipit in castellione, quia sine me ibi nichil debet habere; molendinos etiam, qui super terram S. Mammetis violenter et sub excommunicatione facti sunt et tenentur. — Varannas quæro, et alia multa quæ contrà me exercent in ipso castro ipse et ministri ejus (in nos contumelias, capitalia dampna). Et hæc in præsenti nominamus. — Quæro etiam villam Brasi, et aliam quæ dicitur Sanctus-Johannes, quas in vadimonio tenet sine assensu nostro, cum sint de nostro feodo. — Quæro etiam ut novos muros Divionis destruat, quia abbatias nostras nobis excludunt, et super terram nostram fiunt, et contra castella nostra, scilicet *Sals* et Tificastrum; turrim etiam villaris, quæ nociva est nobis, et super casamentum nostrum fundata, et contra castrum Burgi. — Quæro etiam capitalia quæ aufert canonicis nostris in pago Divionis et in exitu portarum ejus et dampna quæ infert abbatiis nostris.

Et contrà dux. Ista, inquit, respondere volo : tum quia quædam facta sunt antequàm suus homo essem, et postea me in hominem recepit; tum quia, cum essem homo ejus, rectum michi facere denegavit : unde et hominio ejus abrenuntiavi. Sed quæro ut destruat michi calmam et fossatum quod factum est apud *mussi*.

Ad hæc episcopus. Quandò homo meus, inquit, factus est, bonam fidem promisit michi, et ego bonâ fide recepi eum : nec ideo offerre michi debet quæ aufert. Quod si opus est aliquid addere, dico quia salvis justitiis meis recepi eum. Quod vero dicit me ei rectum denegasse, non cognosco; sed veritatem dicam. Designavi ei diem in curiâ nostrâ jus faciendi et recipiendi. Veni ad diem. Ipse autem non venit, sed nuncios misit ut eis responderem. Mandavi iterùm ut veniret in domum domini sui. Renuit. Et ego nunciis respondere : calmam destruere nolo, tum quia frater meus eam ædificavit, ipso duce... et iturus Jerosolymam in pace ab eo discessit, utpote homo suus; tum quia in vagio S. Mammetis facta est, et ad eum nichil pertinet, et alia munitio in finagio ejus priùs fuit, et propior castellioni.

Ad hæc dux. In curiâ episcopi nec ego, nec antecessores mei placitaverunt nisi per nuncios, et illis solis respondere fuit consuetum.

Ad hæc episcopus. Illud totum nichil est; quia nec ègo, nec prædecessores mei nunquam nunciis ducum responderunt in placitis, nisi ducibus præsentibus; et antecessores ejus in domo ipsorum vocati multotiens placitaverunt. Et hic præ manibus sunt, qui avum suum in domo episcopi lingonensis alias atque alias placitare viderunt, et duellum in manu ejus firmare, et Lingonis deducere; similiter patrem ejus bis et ter Lingonis et Castellioni, et alibi multotiens. Iste etiam dux, qui præsens est, placitavit in domo meâ semel et bis.

Et contra dux. Ob amorem, inquit, factum est.

Ad hæc episcopus. Non ob amorem tantùm, sed ob reverentiam dominii et debitum hominii.

His dictis, itum est ad JUDICIUM : sed judices de judicio alium diem quæsierunt. Et nos præfiximus alium diem. Episcopus venit : dux commendavit. Iterùm dedimus alium diem. Episcopus venit : dux rursùs commendavit. Dedimus et tertium. Episcopus venit : dux venire contempsit. Habito adhuc consilio, nuncium nostrum misimus ad ducem, qui cum reperit incolumem et equitantem, et ipsi nominavit quartum diem : ad quem venit episcopus ; sed dux non veniens suum misit nuncium, qui in solo excusabat dominum suum non venisse, quod tantas dietas facere non poterat.

His de causis, judicio curiæ adjudicavimus duci querelas suas, episcopo suas reddi debere judicavimus. Quod ut ratum sit in posterum, sigilli nostri auctoritate confirmari præcepimus.

Actum *Moreti*, anno dominicæ Incarnationis 1153, astantibus in palatio nostro quorum subtitulata sunt nomina et signa.

S. *Guidonis*, buticularii; S. *Mathæi*, constabularii; S. *Matthæi*, camerarii. Testes qui affuerunt, *Hugo*, archiepiscopus senonensis; episcopi (*Godefridus*) lingonensis; *Theobaldus*, parisiensis; *Alanus*, autissiodorensis; *Bernardus*, archidiaconus parisiensis; *Theodoricus* galerannus, *Adam*, camerarius, et alii quamplures.

Data per manum *Hugonis*, cancellarii nostri.

N°. 47. — CONSTITUTON (1) *de la paix, portant défense des guerres privées pour dix ans.*

Assemblée de Soissons, 4 des ides de juin, 1155. (Hist. XIV, 387.)

Ego *Ludovicus*, Dei gratiâ, Francorum rex.

Ad reprimendum fervorem malignantium, et compescen-

---

(1) V. l'Ord. de saint Louis de 1245.

dum violentas prædonum manus, postulationibus cleri et assensu baroniæ toti regno pacem constituimus. Eâ causâ, anno incarnati verbi 1155, 4 idus junii, Suessionense concilium celebre adunavimus, et affuerunt archiepiscopi Remensis, Senonensis, et eorum suffraganei, item barones, comes Flandrensis, Trecasinus, et Nivernensis, et quamplures alii, et dux Burgundiæ. Ex quorum beneplacito ordinavimus à veniente Paschâ ad decem annos, ut omnes ecclesiæ regni, et earum universæ possessiones, et omnes agricolæ, armenta similiter et greges, et assecuritatis caminis, omnes ubique mercatores, et homines quicumque sint, quamdiù parati fuerint ad justitiam stare ante eos per quos justitiam facere debuerint, omnes omninò pacem habeant, et plenam securitatem. In pleno concilio et coram omnibus in verbo regio diximus, quod pacem hanc infragibiliter teneremus; et si qui essent violatores ordinatæ pacis, de eis ad posse nostrum justitiam faceremus. In pacem istam juraverunt, dux Burgundiæ, comes Flandriæ, comes Henricus, comes Nivernensis, et comes Suessionensis, et reliqua baronia quæ aderat. Et clerus similiter, archiepiscopi et episcopi, et abbates, ante sacras reliquias et in visu totius concilii, hanc ex parte suâ pacem totis viribus se tenere promiserunt; et ut justitia fieret de violentiis, ad posse suum se adjuturos promiserunt quidem, et in stabilitate sacrati oris edixerunt. Ut res latiùs audiretur, et à memoriâ non decideret, rei gestæ ordinem et pacis tenorem (1) monumentis litterarum tradi, et sigilli nostri auctoritate præcipimus communiri.

N°. 48. CHARTE *de confirmation* (2) *des coutumes* (3) *de* Lorris.

Orléans, 1155. (C. L. XI, 200.)

Ludovicus, etc. Notum sit omnibus præsentibus et futuris, etc.

1. Quod quicumque in *Lorriachi* parrochiâ domum habebit, pro domo suâ et pro quodam arpento terre, si in eâdem par-

---

(1) Cet instrument est perdu.

(2) Les lettres originales sont de Louis-le-Gros; elles furent brûlées dans l'incendie de Lorris, avec les présentes lettres de confirmation, qui sont cependant vidimées dans celles que Philippe-Auguste donna à Bourges, en 1187. Biblioth. du Roi, Reg. Philip. Aug., n. 9852, f. 63. *Devillevaut*.

(3) Elles sont appelées, dans le procès-verbal de leur rédaction, en 1531, *plus anciennes, fameuses et renommées coutumes*, qu'aucunes autres de France. Des lettres semblables furent accordées à quantité de lieux différens, notamment aux habitans de Bois-Commun, en 1186. (C. L., IV, 73); et de Clairy, en 1101. (C. L. XV, 166.)

rochiâ habuerit, sex denarios censûs tantùm persolvat; et si illud acquisierit, ad censum domûs sue illud teneat (1).

2. Nullus hominum de parrochiâ *Lorriaci*, tonleium, neque aliam consuetudinem reddat de nutriturâ suâ, nec etiam de annonâ suâ, quàm de labore suo, vel de labore suorum quorumcumque animalium habuerit, minagium reddat, et de vino suo quod de vineis suis habuerit, foragium nunquàm reddat (2).

3. Nullus eorum in equitationem nec expeditionem eat, nisi eâ die ad domum suam, si voluerit, reveniat (3).

4. Nullusque eorum pedagium (4) usque *Stampas* reddat, nec usque *Aureliam*, nec usque *Milliacum*, quod est in pago *Gastinensi*, neque usque *Meledunum*.

5. Et quicumque in parrochiâ *Lorriaci* possessionem suam habuerit nichil pro eâ perdat pro quocumque forifacto (5), nisi adversùm nos, vel aliquem de hospitibus (6) nostris forifecerit.

6. Nullus ad ferias vel ad mercatum *Lorriaci* veniens, seu rediens, capiatur nec disturbetur, nisi die illâ forifactum fecerit. Et nullus in die mercati vel ferie *Lorriaci*, vadium plegii sui (7) capiat, nisi die consimili plegiatio illa facta fuerit.

7. Et forifactum de 60 solidis ad 5 solidos, et de 5 solidis ad 12 denarios veniat, et clamor (8) prepositi ad 4 denarios.

8. Et nullus eorum à *Lorriaco* cum domino rege placitaturus exeat (9).

9. Nullus, nec nos, nec alius, hominibus de *Lorriaco* talliam seu oblationem seu rogam faciat (10).

---

(1) Cela signifie : on paiera 6 deniers de cens par maison et par arpent de terre, que l'on possède par achat ou succession. (*Sec.*)

(2) C'est un affranchissement de droits de tonlieu (ballage) et minage, sur les denrées. (*Sec. et Pastor.*)

(3) Exemption d'armée et chevauchée. (*Sec.*)

(4) M. de Pastoret, note 6, p. 356, vol. XV, pense que cela signifie droit mis *sur ce qui passait dans un lieu*. Nous croyons qu'ici, ce mot doit s'entendre du service à pied, par opposition à *equitatio*. (Isamb.)

(5) Par confiscation. (*Sec. et Pastor.*)

(6) Les hôtes du roi. Ce sont ceux qui avaient obtenu du roi ou d'un seigneur, un droit d'habitation. (*Pastor.*)

(7) Les effets de la caution. (*Sec. et Pastor.*)

(8) Citation devant le prévôt. (*Sec. et Pastor.*)

(9) L'obligation d'aller au plaid était une charge dont les hommes libres cherchaient à s'affranchir, sous la 3e. race. (Is.) On l'interprète aussi de la défense de plaider avec le Roi (*Sec.*); mais ce n'est pas là une franchise.

(10) Exemption des impôts levés sous le titre d'offrande ou prière.

10. Et nullus *Lorriaci* cum edicto (1) vinum vendat, excepto rege, qui proprium vinum in cellario suo vendat.

11. *Lorriaci* autem habebimus creditionem (2) in cibis ad nostrum et regine opus, ad dies quindecim completos persolvendam; et si vadium domini regis vel alius habuerit, non tenebit ultra octo dies, nisi sponte.

12. Et si alius erga alium inimicitiam incurrerit, absque castelli vel Burgi infractura, et clamore preposito non facto concordaverit, nichil nobis, nec preposito nostro propter hec emendabitur; et si clamor inde factus fuerit, licet illis concordare, ex quo districtum persolverit. Et si alius de alio clamorem fecerit, et alter erga alterum nullam fecerit emendacionem, nisi (nihil) pro his aut preposito nostro erit emendaturus (3).

13. Si alius alii facere sacramentum debuerit, condonare ei liceat.

14. Et si homines de *Lorriaco* vadia duelli (4) temere dederint, et prepositi assensu, antequam dentur obsides, concordaverint, duos solidos et dimidium persolvat uterque; et si obsides dati fuerint, septem solidos et dimidium persolvat uterque; et si de legitimis hominibus duellum factum fuerit, obsides devicti (5) centum et 12 solidos persolvent.

15. Eorum nullus corvatam (6) nobis faciet, nisi semel in anno, ad vinum nostrum adducendum *Aurelianis*, nec alibi. Hoc facient nisi illi qui equos et quadrigas habuerint, et nisi submoniti fuerint; nec à nobis habebunt procurationem (7): villani autem ligna ad coquinam nostram adducent.

16. Nullus eorum captus teneatur, si plegium veniendi ad jus dare potuerit (8).

17. Et eorum quilibet, res suas, si vendere voluerit, ven-

---

(1) C'est le *ban* de vin, sorte de publication, qui empêchait les autres ventes, pendant sa durée (*Sec.*), comme aujourd'hui, la défense d'ouvrir soi-même des enchères publiques. (Is.)
(2) Crédit par lequel on remettait des gages ou caution. (*Sec.*)
(3) Cela paraît signifier qu'en cas de contestation d'où n'est résultée aucune fracture, les parties, en s'accordant, peuvent échapper à l'amende; mais qu'une fois l'action engagée, l'amende doit être payée au prévôt, à moins que l'un et l'autre ait été acquitté.
(4) Gages du combat, pour lesquels l'intervention du juge était nécessaire. (*Pastor.*)
(5) De là le proverbe, *Les battus paient l'amende.*
(6) La corvée.
(7) Le droit de prendre leur repas. (*Sec.* et *Pastor.*)
(8) C'est l'*Habeas corpus* des Anglais, ils l'ont emprunté de nous (*Pastor.*)

dat; et redditis vendicionibus (1) suis, à villâ, si recedere voluerit, liber et quietus recedat; nisi in villâ forisfactum fecerit (2).

18. Et quicumque in parrochiâ *Lorriaci* anno et die manserit, nullo clamore cum sequente, neque per nos, sive per prepositum, rectitudinem prohibuerit (3), deinceps liber et quietus permaneat.

19. Et nullus cum alio placitabit, nisi causâ rectitudinis recipiende et exequende (4).

20. Et cum homines de *Lorriaco* ibunt *Aurelian*, cum mercaturâ, pro quadrigâ suâ solum denarium persolvent in urbis egressu; scilicet, cum ibunt non causâ ferie; et cum cuisa (causa) ferie in martio (mercato) ierint in egressu *Aurelian*, 4 denarios persolvent pro quadrigâ, et in egressu, duos denarios (5).

21. In nuptiis *Lorriaci*, preco (6) consuetudine nichil habebit, nec excubitor.

22. Et nullus agricola de parrochiâ *Lorriaci*, qui terram colat cum aratro, plus quàm unam minam siliginis hominibus de *Lorriaco* servientibus consuetudinem prebeat, cum messis exit.

23. Et si miles aliquis seu serviens, equos vel alia animalia hominum de *Lorriaco* in nemoribus nostris invenerit, non debet illa ducere nisi ad prepositum de *Lorriaco*. Et si aliquod animal de parrochiâ *Lorriaci*, forestam, à tauris fugatum vel à muscis coactum, vel haiam (7) nostram intraverit, nichil ideo debebit prepositis emendare ille cujus fuerit animal, qui poterit jurare quod custode invito illuc intraverit; et si aliquo custodiente scienter intraverit, 12 denarios pro illo dabit; et si plura fuerint, totidem pro quolibet solvat.

24. In furnis (8) *Lorriaci* non erunt portatores consuetudine.

25. Et excubie non erunt *Lorriaci* consuetudine (9).

---

(1) Le droit de lods et ventes.
(2) C'est l'affranchissement du service de la Glèbe. (Is.)
(3) Lisez *præstiterit*, c'est-à-dire que celui qui a demeuré pendant l'an et jour, et qui a payé la taxe, *rectitudinem*, doit jouir des droits de domicile. (*Pastor.*)
(4) Ducange, Sec. et Pastor. n'ont pu découvrir le sens de cet art.
(5) Est-ce là l'origine des octrois? (Is.)
(6) Le crieur public, celui qui fait le guet. (*Sec.*)
(7) Bois entouré de haies. (*Sec.*)
(8) Allusion au droit, qu'en autres lieux percevaient certains, pour porter le pain au four bannal. (*Pastor.*)
(9) Dispense du guet.

26. Et aliquis de *Lorriaco*, si duxerit sal vel vinum suum *Aurelian*, pro quadrigâ unum denarium tantùm.

27. Et nullus hominum *Lorriaci* debet emendationem (1) *preposito Stamparum* nec *preposito Piveris*, nec in toto *Gastinesio*.

28. Nullus eorum dabit tonleium (2) *Ferrariis*, nec *Castronantonis*, nec *Puteolis*, nec *Nibelle*.

29. Et homines de *Lorriaco* nemus mortuum (3), ad usum suum, extrà forestam capiunt.

30. Et quicumque in mercato *Lorriaci* emerit aliquid vel vendiderit, et per oblivionem tonleium (4) suum retinuerit, post octo dies illud persolvet, sine aliquâ causâ (5), si jurare poterit quod scienter non retinuerit.

31. Et nullus hominum *Lorriaci* habentium domum vel vineam vel pratum, aut agrum vel edificium aliquod in terrâ Sancti-Benedicti justificiabit se (6) pro abbate Sancti-Benedicti, vel pro ejus serviente, nisi pro garbâ, vel pro censu suo forisfecerit : et tunc à *Lorriaco* non exibit, causâ rectitudinis tenende (7).

32. Et si aliquis hominum de *Lorriaco* accusatus de aliquo fuerit, et teste comprobari non poterit, contrà prohibitionem (probationem) impetentis, per solam manum suam (8) se deculpabit.

33. Nullus etiam de câdem parrochiâ, de quocumque vendiderit vel emerit super septimanam (9), et de quocumque emerit in die mercurii in mercato, pro usu suo, nullam consuetudinem dabit.

34. Hæ autem consuetudines sicut concesse sunt hominibus de *Lorriaco*, similiter communes sunt hominibus qui habitant apud *Corpalez*, et apud *Chanteloup* et in baillatâ *Harpardi*.

---

(1) Amende, ou plutôt impôt.
(2) Droit imposé à l'achat des marchandises.
(3) Droit de mort bois. Ces usages sont fort anciens. ils n'ont rien de féodal. Presque toujours, ce sont des concessions de bienfaisance. (Dict. de Fréminville.)
(4) C'est un droit de Hallage.
(5) Sans qu'on puisse l'inquiéter. (*Sec.*) Sans qu'il puisse différer. (*Past.*)
(6) *Justificabit se per abbatem*, etc., nisi de garbâ, lettres de 1187. Secousse n'a pas connu cette variante, et M. de Pastoret, dans ses notes, sur l'ord. de Clairy, ne l'a point citée. Cet art., suivant eux, signifie que les propriétaires ne seront pas justiciables de l'abbé de St.-Benoit.
(7) Pour être jugé sur ce qu'il n'a pas payé le cens. (*Sec.*)
(8) Il se purgera par son serment seul, La Thaumassière.
(9) Banlieue, (*Pastor.*) et non *semaine*, interprétation rejetée par *Secousse*.

35. Proindè constituimus ut quotiens in villâ movebitur prepositus, unus post alium juret se stabiliter servaturum has consuetudines; et similiter novi servientes, quotiens movebuntur.

Quod ut ratum, etc. Actum *Aureliis*, anno Domini 1155 (1).

N°. 49. — LETTRES *touchant la régale de Laon* (2).

Paris, 1158; 22e. année du règne. (C. L. 1. 15.)

Ego *Ludovicus*, Dei gratiâ, Francorum rex.

Notum facimus universis præsentibus, et futuris, quod per consilium fidelium nostrorum nobis assidentium, pro humili, etc., reverendâ prece episcopi Laudunensis magistri Gualteri de Mauritaniâ, grangias et curtes, carrucas, greges (3) et armenta (4) de quibuscumque animalibus, vineas de Campobritonis, de clauso juxtà brolium, et ipsum brolium, vineas de Poliaco, alias etiam vineas quascumque plantaverit, sive acquisierit, et omninò omne instauramentum (5) suum libertate (6) donavimus in perpetuum.

2. Ipsius etiam petitione, omnes ejusdem successores in eâ necessitate posuimus, ut tempore vindemiarum, ad reficiendum vineas, de fructu earum tantùm conservetur, et cultoribus tradatur, quod earum culturæ sufficiat; libertate quorum donavimus domos episcopi de Lauduno et quascumque extra Laudunum habet, et quidquid in eisdem domibus consistit de ligno (7) et filo, de ferro et vitro, et ære et de quâcumque aliâ materiâ.

3. In hoc autem memoriali regio, et pro evidentiâ rerum in posterum, et pro conservando ejusdem libertatis statu, inserere dignum duximus, quod decedens episcopus sicut tes-

---

(1) L'original est perdu, la formule finale manque.

(2) Comme ces lettres sont anciennes, et que les semblables de l'an 1105, accordées à l'église de Chartres, sont nommées *pragmatiques Sanctions*, on a jugé à propos de leur donner place dans les ord. de nos rois. (Laur.)

(3) Troupeaux de bêtes, comme de moutons, de porcs, etc. (L.)

(4) Troupeaux de grosses bêtes, comme de bœufs, de chevaux, etc. (L.)

(5) L'attirail et les instrumens nécessaires pour la culture de la terre. (L.)

(6) Les évêques obtenaient ainsi ces exemptions; mais on n'y a aucun égard, à moins qu'ils ne les aient acquises à titre onéreux, suivant la déclaration de février 1673. (L.)

(7) L'abus était dans ce temps, non-seulement de piller les maisons des évêques décédés, mais encore de ruiner les bâtimens, pour en prendre les matériaux. V. la Charte de 1105. (L.)

tatus fuerit ratum erit. Et si decesserit intestatus (1), quod absit, regii juris erit aurum ejus et argentum totum, annona tota, exceptâ illâ quam custodes granchiarum, et magistri carrucarum retinebunt ad seminandos agros, et ad sufficienter sustentandum se et servientes necessarios sibi, et animalia sua. Similiter vinum ab intestato episcopo remanens, totum regii juris erit, excepto vino illo, quod de vineis acquisitis, vel plantatis à præfato episcopo fuerit, quod sanè vinum nostrum non erit, sed inde preoccupati episcopi solventur debita, et si nulla sunt, reservabitur vinum successoribus (2).

4. Porrò per decessum episcopi, episcopatu veniente in manum regiam, servientes de parte regis venientes non stabunt in domibus laudunensibus, nec in aliis domibus, ubi (3) munitiones non erunt, sed aliis in locis, ubi munitiones sunt, ipsi ministeriales regii in munitionibus manebunt ad custodiam earum. Et in distrahendis rebus episcopi prædictis, quas libertate donavimus, vel in ordinando, vel in usus suos assumendis, potestate carebunt, sed illi potiùs servientes, qui in vitâ episcopi eam sortiti sunt administrationem, retinebunt eandem, et seorsùm in domibus et grangiis episcopalibus manebunt.

5. Dum in manu regiâ episcopatus fuerit, brolium (4) nec vendere, nec donare, nec aliquo modo diminuere poterimus. Et si vacaverit sedes messionum tempore, custodes grangiarum retinebunt quod sufficiat seminandis agris, pascendis et conducendis bubulcis, pastoribus, ministris, et animalibus. Ceterum regii juris est. Et si vacaverit sedes in vindemiis, vinum de taxone, de talliis, et vinagium (5), quod per pagum colligi-

---

(1) Dans ces temps-là, les biens meubles de ceux qui étaient décédés *intestats*, quoique subitement, appartenaient aux seigneurs, par droit de confiscation, ce qui fut, à l'égard de ceux qui étaient morts subitement, corrigé par le chap. 89 des Establiss. de saint Louis. (L.)

(2) Les successeurs sont ici les évêques qui devaient être au lieu des évêques décédés, car alors on pratiquait le capitulaire de 794, ch. 3g, par lequel les parens des évêques ne succédaient qu'aux *propres*, et non aux biens que les évêques avaient acquis au service de l'église. (L.)

(3) Dans ces temps, les évêques ne recevaient pas les revenus de leurs bénéfices en *argent*, mais en *grains*, *vins*, etc.; et comme ils en consommaient une partie dans leurs maisons, on a rendu *munitiones* par *provisions*. (L.)

(4) Ce mot doit, ce semble, être pris ici pour *un bois de haute futaie*, dont la coupe fait une diminution du fonds; car quant aux bois taillis, comme ce qui est en coupe fait partie des fruits, ils devaient, jusques à cette concurrence, appartenir au roi, comme les moissons, etc. (L.)

(5) Il semble que le vin de taxe et de taille ne soit ici qu'une même chose. Quant au *vinage*, c'était souvent le cens ou la prestation qui était due en vin aux seigneurs, à cause des vignes qui relevaient d'eux. (L.)

tur, ceterique omnes redditus, præter ea quæ libertate donavimus, similiter regii juris erunt.

Ut autem hoc donum nostrum in posterum ratum sit, etc.

Actum Parisius, anno incarnationis Domini 1158, regni vero nostri 22.

N°. 50. — LETTRES *en faveur de l'église de Mende, dans lesquelles il est rapporté que l'évêque de cette ville a reconnu dans les mains du Roi, en présence de tous les barons* (totius baroniæ), *les droits du Roi sur son évêché* (1).

Paris, en parlement, 1161. (C. L. XVI, 255).

N°. 51. — LETTRES *par lesquelles le Roi donne le revenu de l'église de Paris, le siége vacant, aux religieuses de l'abbaye d'Hières* (2).

Paris, 1161. (Preuv. des lib. de l'église gall., 1, 98.)

N°. 52. — CHARTE *relative à la naissance de* PHILIPPE-AUGUSTE (3).

Paris 1165. (Hist. Préf. t. XVI, p. 136.)

In nomine sanctæ et individuæ Trinitatis. Amen.

Ego *Ludovicus*, Dei gratiâ, Francorum rex.

A longo tempore fuit unicum et irremediabile totius regni desiderium, ut suâ benignitate et misericordiâ largiretur Deus prolem de nobis, quæ in sceptris post nos ageret, et regnum moderari pos-

Au nom de la sainte et indivise Trinité. Ainsi soit-il.

Louis, par la grâce de Dieu, roi des Français.

Depuis long-temps le vœu le plus empressé de la nation, et pour ainsi dire l'unique, était que Dieu, dans sa bonté et sa miséricorde, lui accordât un rejeton sorti de nous, capable de porter le sceptre, et de régner

---

(1) Voici les termes des lettres à ce sujet :
Vir autem illustris jam dictus Aldebertus episcopus, religiosè cogitans materiates gladii justicias ad virgam regni pertinere, nostram serenitatem Parisius adiit, et ibidem in presencia tocius baronie nostre COGNOVIT EPISCOPATUM SUUM DE CORONA REGNI NOSTRI ESSE, *et se nobis subdens, nobis et regno, celebriter tacto evangelio sacro, fidelitatem fecit.*
Cet Aldebert fut le premier évêque qui reconnut ainsi les droits du prince. (M. Pastoret.)

(2) Preuve du droit de régale. (Hén., Abr. chr.)

(3) V. la lettre du Roi, à l'occasion de la naissance du duc de Bordeaux, 29 septembre 1820, (Collect. ISAMBERT, p. 584.)

après nous. De notre côté, n'ayant eu jusqu'à présent qu'un nombre effrayant de princesses, nous désirions ardemment que Dieu nous donnât un fils. Enfin nos vœux sont accomplis; et dans la joie dont la première nouvelle de cet heureux événement nous a pénétré, après avoir rendu au Très-Haut nos actions de grâces, nous avons résolu de récompenser dignement celui qui nous a apporté cette agréable nouvelle.

C'est pourquoi nous faisons savoir à tous présens et à venir, qu'en considération d'un événement qui a comblé nos désirs, nous avons fait don à *Ogier*, sergent de la reine, lequel s'est empressé de venir nous annoncer la naissance d'un fils, de trois muids de froment, à prendre tous les ans, à la fête de saint Remi, dans notre grange de *Gonesse*, réversibles sur sa postérité; et afin que ce soit chose stable et immuable, nous en avons fait dresser ces lettres, scellées de notre sceau et signées de notre main.

Fait à Paris, l'an de l'incarnation du Verbe 1165, dans notre palais, en présence des grands officiers de la couronne, qui, après nous, ont aussi apposé leur signature; savoir: le comte *Thibaud*, notre sénéchal; *Guy*, notre bouteiller; *Mathieu*, notre camérier; et *Raoul*, notre connétable.

set. Et nos quoque inflammaverat ardor iste, ut procuraret Deus nobis sobolem melioris sexûs, qui territi eramus multitudine filiarum. Idcircò cum nobis apparuit desideratus hæres, lætitiâ et gaudio repleti, Altissimo exsolvimus gratias, et pro inæstimabili gaudio quod per omnes medullas et cordis et corporis recepimus de audito rumore, nuncium renumerare curavimus.

Itaque notum facimus universis præsentibus pariter et futuris, quod *Ogerio* servienti reginæ, qui nobis annunciare festinavit natum nobis esse filium, pro admirabili gaudio desiderati rumoris, ipsi et hæredibus suis, singulis annis ad festum sancti Remigii, in grangiâ nostrâ de *Gonessâ*, tres modios frumenti donavimus, et pro immobili firmitate donum istud conscribi et sigillo nostro corroborari præcepimus, subter inscripto nominis nostri karactere.

Actum *publicè* (1) Parisius, anno incarnati Verbi 1165, astantibus in palatio nostro quorum nomina subtitulata sunt et signa. Signum comitis *Theobaldi*, dapiferi nostri, *Guidonis*, buticularii; *Matthæi*, camerarii; *Radulfi*, constabularii.

---

(1) Nous avons déjà fait remarquer précédemment le fait de la publication des ordonnances aux premiers temps de la troisième race, à la page 149. V. en outre les pièces aux pag. 102, 136, 144, 146, 149.

N°. 53. — STATUTS du chapitre de l'église de Paris, portant que lorsqu'un chanoine et autre possédant dignité dans ladite église décédera ou résignera ou quittera sa prébende ou sa dignité, son lit appartiendra à l'Hôtel-Dieu de Paris.

Paris, 1168. (Coll. Biblioth. part. du Roi.) (1)

N°. 54. — LETTRES par lesquelles le Roi abolit plusieurs mauvaises coutumes dans la ville d'Orléans, et défend entre autres choses (art. 3) d'ordonner le duel pour une contestation au-dessous de 5 sols.

Paris, 1168. (C. L., I, 15. — Ducange, v°. duellum. Hist., préf., XV, 26. — Hénault, Abr. chr.) (2)

N°. 55. — ÉDIT (3) DE CONVOCATION des Barons et des Pairs de France, pour le sacre de PHILIPPE-AUGUSTE.

Paris, 1170. (Hist. XIII, 579.)

N°. 56. — LETTRES portant confirmation du privilège accordé aux bourgeois de Paris, par Louis-le-Gros, d'amener les marchandises à Paris, à l'exclusion de tous autres.

1170. (Texte latin. C. L. II, 435; texte français, C. L. IV, 270.)

N°. 57. — CHARTE par laquelle le Roi, du consentement de Philippe, son fils (alors associé au trône), s'oblige à ne jamais mettre la ville de Langres hors la mouvance directe de la couronne. (4).

Sens, 1179. (Gall. Christ., 188. Hist. XVII; préf. de M. Brial; 29.)

N°. 58. — TRAITÉ par lequel le Roi de France et celui d'Angleterre s'engagent à concourir à la délivrance de la Terre-Sainte.

1177. (Rymer, I, 16.)

---

(1) C'est la collection de M. de Saint-Genys, qui est à la bibliothèque particulière du Roi.

(2) Ces trois autorités présentent la disposition restrictive des duels comme générale. — Suivant Montesquieu (23, 19), elle était une loi locale; car, dit-il, du temps de saint Louis il suffisait que la valeur fût de plus de douze deniers. Mais comme il s'est écoulé 58 ans de la date de ces lettres à l'avènement de Louis IX, la raison donnée par Montesquieu pourrait n'être pas décisive. (Dec.)

(3) Il ne nous a pas été possible d'en trouver de copie.

(4) Elle est motivée sur ce que le clergé et le peuple de cette contrée, quoique situés à l'extrémité du royaume, ayant toujours été fidèles et dévoués aux rois ses prédécesseurs, la faveur qu'il leur accorde tournerait au profit de la couronne, ce pays étant, par sa situation, comme le boulevard du royaume. C'est vers cette année 1179 que l'évêque de Langres fut élevé à la dignité de duc et pair. (M. Brial, préf. du XVII°. vol. des Hist.)

N°. 59. — SACRE DE PHILIPPE-AUGUSTE, *du vivant de son père* (1).

1179. (Dupuy, Preuves du Traité de la majorité des rois, app., p. 406.)

Ludovicus, christianissimus rex Francorum, poenè septuagenarius, Parisius, in palatio Dom. Mauritii episcopi parisiensis generale consilium omnium archiepiscoporum, abbatum, necnon baronum totius regni, convocavit. Ubi residentibus omnibus rex ingressus oratione factâ ad Deum, deindè vocatis sigillatim archiepiscopis, episcopis, abbatibus et principibus, communicavit eis consilium quòd Philippum filium suum à Deo datum cum consilio eorum et voluntate in regem Francorum sublimare volebat. Audientes autem prælati et principes voluntatem regis, omnes unanimiter clamaverunt, dicentes: *fiat, fiat*, et sic solutum est consilium.

Peu après il fut sacré à Reims, astante *Henrico* rege Angliæ, et ex unâ parte, coronam super caput regis Franciæ ex debitâ subjectione humiliter portante, cum omnibus archiepiscopis, cæterisque principibus, et universo clero et populo, clamantibus *vivat rex!* cujus ætas erat quatuordecim annorum.

N°. 60. — CHARTE (2) *d'affranchissement des esclaves, tant hommes que femmes, de corps, résidans à Orléans et aux environs.*

Paris, 1180. (C. L. XI, 214.)

In nomine sanctæ et individuæ Trinitatis, amen.

Ludovicus, Dei gratiâ, Francorum rex:

Cognoscentes misericordiam Dei ergà nos et regnum nostrum extitisse semper et existere copiosum innumera ipsius beneficia, et si non quantum debemus, eâ tamen devotione quâ possumus confitemur supplices et veremur. Indè est quod intuitu pietatis et regiæ clementiæ motu, ob remedium animæ nostræ et antecessorum nostrorum et filii nostri Philippi regis, omnes servos nostros et ancillas, quos homines de corpore appellamus, quicumque sunt *Aurelianis* et in suburbiis, vicis et villulis ejus infrà quintam leucam existentibus, in cujuscumque

---

(1) Louis VII attribua la prérogative du sacre, jusque-là indécise, au siège de Reims, à cause que le cardinal de Sabine, son beau-frère, en était archevêque. Les pairs prirent séance à la cérémonie de ce sacre. (Hénault, abr. chr.)

(2) Les lettres de Philippe-Auguste, page 165, peuvent être considérées comme la traduction de cette Charte. V. l'ord. de 1315, qui ordonne un affranchissement général moyennant finance, et celle d'août 1779, qui affranchit les derniers serfs.

terrâ manserint; scilicet (*Suivent des noms de lieux*). *Manu mittimus*, et ab omni jugo servitutis; tam ipsos quàm filios, filiasque eorum in perpetuum absolvimus, et tanquàm qui ingenui nati fuerint volumus permanere liberos, eo tenore quòd illi qui in prædictis potestatibus et locis fuerint ante proximum natale post coronationem filii nostri Philippi, hâc libertate gaudebunt; si verò alii servi nostri, aliunde ad prædicata loca, causâ libertatis, confluxerint, ipsos de illâ libertate eximimus.

Quæ omnia ut perpetuam stabilitatem obtineant, præsentem cartam sigilli nostri auctoritate ac regii nominis charactere subter annotato præcipimus communiri.

Actum publicè *Parisius*, anno ab incarnatione Domini 1180, astantibus in palatio nostro quorum nomina supposita sunt et signa.

S. comitis *Theobaldi*, dapiferi nostri; S. *Guidonis*, buticularii; S. *Raginaldi*, camerarii; S. *Radulphi*, constabularii. Data per manum secundi *Hugonis*, cancellarii.

On aperçoit dans ce siècle les premières traces des représentations de théâtre : un moine nommé Geoffroi, qui fut depuis abbé de Saint-Albin en Angleterre, chargé de l'éducation de la jeunesse, faisait représenter avec appareil à ses élèves des espèces de tragédies de piété. Le sujet de la première pièce dramatique fut les Miracles de sainte Catherine ; ce qui est bien antérieur à nos représentations des mystères, qui n'ont commencé qu'en 1398, sur un théâtre que l'on dressa à Paris à l'hôtel de la Trinité.

Ce siècle est encore bien remarquable par l'utilité des écoles qui se formèrent dans les cathédrales et dans les monastères : ce n'est pas que l'on puisse faire cas des ouvrages qui s'y composèrent, tels que les chroniques, les légendes, les traités scholastiques, les poésies, etc ; mais parce que ce sont ces écoles qui ont sauvé presque tous les ouvrages des anciens. Les moines copiaient les livres, c'était leur fonction journalière, et sans eux, peut-être, toutes les richesses de l'antiquité seraient perdues pour nous. Ces écoles servaient aussi à l'instruction de la jeunesse qui y était élevée ; mais bientôt les colléges prirent la place des écoles ; Robert, comte de Dreux, frère du Roi, en fonda un sous l'invocation de Saint-Thomas de Cantorbéry ; et c'est ce qu'on nomme aujourd'hui Saint-Thomas du Louvre. Il y eut aussi un collége des Anglais et un collége des Danois ; Paris était devenu le centre des lettres, on y accourait de toutes les parties de l'Europe, et le nombre des étudians y égalait celui des citoyens; aussi ce corps fut-il souvent redoutable dans les émeutes civiles, etc. (Hén., Abr. chr.)

PHILIPPE II, dit AUGUSTE (1).

Associé au trône, le 1er. nov. 1179, de l'avis et du consentement des évêques, abbés et barons (2). — Couronné le 29 mai 1181. — Mort le 14 juillet 1223.

N°. 61. — CHARTE *d'affranchissement en faveur des habitans d'Orléans et des environs.*

Paris, 1180. (C. L. XI, 215.)

Ou nom de la Sainte-Trinité.

Philippes, par la grâce de Dieu, roy des Franceis :
Nous, pour l'ame de nostre pere le roy Loys et de la nostre, et de l'ame tous nos ancesseurs, tous les, et les nos et les servs que nous appelons homes de cors, quiconques sunt à *Orliens* et aux villetes d'environ la cité dedans la quinte liue demorans, en quelque terre ils auront demoré (*Suivent des noms de lieux*), absolons a tousjors de tout le joug de servitude et as et leûrs fils et leurs filles, et volons que ils soient autressint franc comme se ils n'eussent esté onquesnez né sera. Par cele teneur que ceux qui audevant dit es partez et leus auront esté devant le noël prochien emprès nostre coronnement, jorront de cette franchise; adecertes se nos autres sers qui soient plus loing et viennent aus devant dits leus por cause de celle franchises, iceux de celle franchise nous ostons. Et ce que ce soit ferme et stable à tousjours, nous commandasmes à garder cette présente chartre de nostre scel et de l'authorité de nostre réal non.

Ce fut fet à Paris, en l'an de l'incarnation de N. Seigneur 1180, en nostre palais. Si fut à ce donner, le comte *Thibaut*, nostre sénéchal; *Gui*. le bouteiller; *Renault*, le chamberier; *Raoul*, le connestable. Et fut donnée par la main *Hue*, le chancelier.

---

(1) Il fut surnommé Auguste, à cause de ses conquêtes. Ce fut Rigord, historien contemporain, qui lui donna ce titre, et non Paul Emile, écrivain de la fin du quinzième siècle, comme l'a dit Mézeray. (Hén., Abr. chr.)
(2) Préf. des Hist. XVII, 18.

N°. 62. — TRAITÉ *de paix, d'alliance et de commerce entre le Roi et Henri II, roi d'Angleterre.*

Entre Gisors et Tria, 4 des cal. de juillet 1180. (Hist. XVII, 440. Rym., *Fœdera*, t. 1er.)

N°. 63. — DÉCISION *du Roi rendue avec le concours des barons du royaume, par laquelle il juge le différend survenu entre Girard, comte de Vienne et le clergé de Mâcon.*

Petrepertusium ; 1180. (Matthæu, Hist. XVII, 424.)

N°. 64. — CHARTE *de commune en faveur de Chateauneuf.*

La Ferté, 1181, 2e année du règne. (C. L. XI, 221.)

In nomine, etc., *Philippus*, etc. noverint, etc.

Quòd karrissimus pater noster Ludovicus bone memorie, burgensibus omnibus beati Martini in *Castro Novo Turonensi*, tam presentibus quàm futuris, dedit hanc communitatem.

(1) Quòd nec ipse, nec aliquis successorum suorum, nec per rapinam, nec per vim aliquam ab eis exigeret aliquam pecuniam, nec eos constaretur de usurâ nec turpi lucro neque de aliquâ pecunie sue multiplicatione.

(2) Et si forte eveniret quòd ipsi illum in aliis causis offenderent: neque ipse, neque successorum suorum aliquis, dictorum burgensium aliquem gravaret, quamdiù ei satisfacere vellent apud *Turonem* in domo thesaurarii.

(3) Has autem easdem consuetudines, sicut pater noster eis dedit et confirmavit, damus et concedimus et confirmamus in hunc modum; quod ipsi ante nos, vel ante mandatum nostrum, in domo thesaurarii justiciabunt.

(4) Preterea statuimus et concedimus ut ipsi decem burgenses probos homines communi assensu ville eligant, et eos sibi ita preficiant ut cum omni diligentiâ negotia ville, misias scilicet, procurent.

(5) Illi verò decem burgenses qui aliis preficientur, singulis annis mutabuntur, et alii decem, secundum dispositionem eorum qui precesserunt, substituentur.

(6) Omnes autem burgenses ville, unâ super sacrosancta

Note. Dans quelques pièces précédentes les numéros d'articles n'ont pas été mis entre parenthèses. C'est une faute, qui pourrait faire croire que les ordonnances d'alors étaient divisées par articles numérotés, tandis que cette division est bien plus récente ; nous la ferons remarquer lorsqu'elle commencera.

jurabunt, quòd quidquid isti decem burgenses, vel alii qui loco illorum singulis annis substituentur, de misiis et de necessitatibus ville ordinaverint, immutabiliter vita comite servabunt.

(7) Pueri autem ejusdem ville, cum ad annos discrecionis pervenerint, et advene in villam manere eligentes, idem sacramentum prestabunt.

(8) Decem autem burgenses qui eligendi, et aliis ad hoc preficiendi sunt, et alii qui post mutationem eorumdem substituentur, aliis burgensibus ville jurabunt se nulli parcituros, vel aliquem gravaturos, seu propter amorem, seu propter odium, et quod tales, ad posse suum, substituent qui ville utilitati intendent, et ad opus illud implendum erunt necessarii.

Si verò aliqui in villâ manentium, vel in eâdem villâ tenementa habentium, servare vel jurare noluerint id quod dicti burgenses disposuerunt; et ipsis concedimus ut eos super hoc valeant justiciare; et si quid justitiæ ad nos pertinentis indè emerserit, salva eorum carta, quam ad jus nostrum pertinet habeamus.

Que omnia ut perpetuam stabilitatem obtineant, presentem paginam sigilli nostri auctoritate, etc.

Actum apud Firmitatem, anno ab incarnatione Domini 1181, regni nostri anno secundo.

Astantibus, etc.   Signum, etc.

N°. 65. — LETTRE (1) *de rétablissement et de confirmation de la commune de Noyon* (2).

Fontainebleau, 1181. 3e. année du règne. (C. L. XI, 224.)

In nomine, etc. *Philippus*, Dei gratiâ, Francorum rex.

Noverint universi presentes pariter et futuri quòd communionem *Novionensem* quam avus noster instituit (3), et cum consuetudinibus suis confirmavit, et post modum pater noster eam manu tenuit, nos igitur patrum nostrorum inherentes vestigiis, eamdem communionem cum consuetudinibus

(1) On croit qu'elle est la plus ancienne. Elle fut formée pour préserver les habitans des vexations étrangères et domestiques, par l'évêque Baudry, dans une assemblée générale du clergé, des nobles et des bourgeois; on jura d'en observer les articles, et le roi Louis-le-Gros les confirma. (Charte de Baudry, Ann. de l'Egl. de Noyon, 805. Préf. C. L. XI, 7.)

(2) Elle a servi de modèle à celle de Laon.

(3) Confirmé par lettres de Louis-le-Jeune, de 1140, insérées au tom. XVI des Hist., p. 5.

suis concedimus et confirmamus. Consuetudines autem hec sunt.

(1) Pro quâcumque commonitione quam fecerint, sive pro banno, sive pro fossâ, vel firmatione ville, neque episcopus neque castellanus aliquid ibi habeant justitie vel implicitationis. Sed cujuscumque sunt ordinis hii qui ad eumdem ordinem vel ministerium pertinent, vinum vel tale aliquid ab eis accipient.

(2) Omnes qui in civitate domos habent, preter clericos et milites, debent excubias et adjutorium civitatis, et consuetudines communionis.

(3) Si communio facta fuerit, et quispiam remanserit, vel quia claudus est, vel infirmus, vel ita pauper, ut pro custodiendâ familiâ suâ, uxore scilicet vel parvulis in infirmitate positis, domi eum oporteat remanere, vel si minutus fuerit, seque nescire communionem juraverit, nullâ culpâ tenebitur.

(4) Quicumque adjudicaverint jurati, extrà civitatem non poterunt protrahi aut invitari.

(5) Si judex comprehenderit panificos qui parvum fecerint panem, et illi inde placitare voluerint, si fuerint convicti, juxtà legem quâ vivunt, cum amissione panis, emendabunt. Si verò placitare voluerint, panes tantùm amittent. Si frumentum vel quelibet annona ematur et non mesuretur, sextarium inde non dabitur, mesurari autem debet quod emitur juxtà rectam mesuram civitatis.

(6) Si quis vulneraverit vel occiderit quemquam intrà communionem, jurati facient vindictam; forisfactura erit episcopi et castellani sicut priùs.

(7) Si quis vult esse in communione, non recipiatur ab aliquo solo, sea presentibus juratis; et pecuniâ quam dedit sub eorum testimonio recipiatur, et in communes utilitates civitatis, non in proprias alicujus, expendatur.

(8) Si quis deprehenderit latronem in domo suâ, etiam servientem suum, que sua sunt recipiat, latronem verò judici tradat.

(9) Si episcopus implacitaverit aliquem de communione pro aliquâ forisfacturâ vel pro banno, non poterit convinci vel appellari per aliquem servientem ejus, nisi alium approbatorem adduxerit; qui si defuerit, sacramento se purgabit.

(10) Nullus, absente clamatore, nisi injuriâ coràm scabinis vel juratis fuerit ostensa, respondere habebit.

(11) Qui in viâ sanctorum fuerint, vidue etiam que filios non habent adultos et arma ferentes, et puelle sine advocato nullas debent consuetudines.

(12) Si quis terram vel domum in vadimonio posuerit, vel aliquid aliud, et determinato tempore non reddiderit, ille qui vadimonium habet, si voluerit illud assignare sibi et ad se trahere, judices et scabinos illùc adducat; et si post infrà quindecim dies redemptum non fuerit, perpetuo sibi jure possideat, et judicibus octo denarios, scabinis quatuor exsolvat.

(13) Si quis terram vel domum vel quamlibet tenuituram, presente adversario suo nec contradicente, per annum et diem tenuerit, posteà sine contradictione possidebit. Mercatum quod ad octo denarios non ascenderit, teloneum non habebit.

(14) De terrâ quam quoque sabbato accipiet castellanus, nec jam ultrà accipiatur consulimus.

(15) Falsas mensuras penitùs aboleri judicamus.

Que omnia ut perpetua, etc., precipimus confirmari.

Actum apud Fontembliaudi, anno incarnati Verbi 1181, regni vero nostri anno tertio, astantibus, etc.

Data per manum *Hugonis*, cancellarii.

N°. 66. — Lettres *de coutumes en faveur des villes de Bourges et Dun-le-Roi.*

Charité-sur-Loire, 1181; 3e. année du règne. (C. L. XI, 222.)

(EXTRAIT.)

(3) Nullus eorum capietur, nec res alicujus eorum, quamdiù salvum plegium vel bonam securitatem præstare poterit et voluerit, quod justitiæ stabit; sed plegius vel securitas illa pro homine de *Bituris* vel de septenâ, data, non poterit nantari vel capi, donec per probos homines *Bituricis* manentes secundùm villæ consuetudines sit judicatum quid vel quantùm pro forisfacto illo pro quo plegius et securitas illa data fuerit, debeat emendari.

(4) Plegius vero vel securitas illa, pro homine de *Duno*, seu de castellaniâ, data, non poterit nantari vel capi, donec judicatum sit quid vel quantum pro forisfacto debeat emendari.

(8) Mulieres viduæ absque nostrâ et præpositi nostri licentiâ, nubere ac se maritare poterunt.

N°. 67. — ORDONNANCE (1) *portant injonction aux Juifs de sortir du royaume dans 3 mois ; Confiscation de leurs immeubles, et autorisation de vendre leurs meubles* (2).

Avril 1182. (Rigord. Hist. XVII, 9.)

N°. 68. — ORDONNANCE *portant que les débiteurs des Juifs seront déchargés des sommes qu'ils leur doivent en payant le 5°. au fisc.*

1182. (Albéric, 363.)

N°. 69. — ORDONNANCE *contre les blasphémateurs.*

1182. (Albéric, Rigord et Guill. Lebreton. Hist. V, 5, 202.)

N°. 70. — LETTRES *par lesquelles le Roi s'engage, moyennant une redevance annuelle, à ne plus s'emparer par force des habitans d'Orléans, de leurs femmes, filles et fils, de leurs biens, et à ne plus leur faire violence, s'ils se soumettent au jugement de la cour du Roi.*

Fontainebleau, 1183, 4e. année du règne. (C. L. XI, 226.)

N°. 71. — LETTRES (3) *qui, à la sollicitation des papes Luce III et Urbain III, et à la requête de l'archevêque de Sens ; font distraction de ceux des vassaux de l'église, qui, s'associant à la commune, se trouvaient affranchis de leur servage.*

Moret, 1186, 7e. année du règne. (C. L. XI, 244.)

---

(1) Elle est perdue, ainsi que les deux suivantes.

(2) De cette ordonnance commence la persécution que les juifs essuyèrent en France. On vit (dit Montesq., XXI, 20) le commerce sortir du sein de la vexation et du désespoir. Les juifs, proscrits tour à tour de chaque pays, trouvèrent le moyen de sauver leurs effets, car là ils rendirent pour jamais leurs retraites fixes ; car tel prince, qui voudrait bien se défaire d'eux, ne serait pas pour cela d'humeur à se défaire de leur argent. Ils inventèrent les lettres de change (4) ; et, par ce moyen, le commerce put éluder la violence et se maintenir partout ; le négociant le plus riche n'ayant que des biens invisibles, qui pouvaient être envoyés partout et ne laissaient de trace nulle part.

(3) Dans ces lettres, les chefs de la commune sont appelés mayeurs, pairs et jurés. — Le Roi se réserve la connaissance des difficultés qui s'élèveraient entre eux et le clergé de Sens. — La preuve des distractions résultera de part et d'autre de témoignage de sept personnes, sans gages de bataille.

Les seigneurs et le haut clergé combattirent l'établissement des communes autant qu'ils le purent. Les Rois s'interposèrent, soit pour augmenter leur puissance, soit pour en tirer profit. (De Villev.)

(4) On sait que sous Philippe-Auguste et sous Philippe-le-Long, les juifs, chassés de France, se réfugièrent en Lombardie ; et que là, ils donnèrent aux négocians étrangers et aux voyageurs des lettres secrètes sur ceux à qui ils avaient confié leurs effets en France, qui furent acquittées.

N°. 72. — LETTRES *en faveur de l'église de Figeac, par lesquelles le roi accorde à l'abbé de cette église pleine juridiction sur ses hommes, à la charge de juger selon le droit légal ou décrétal, et de l'appel direct au Roi et à ses successeurs.*

Bourges, 1186, 7e. année du règne. (C. L. XVI, 21.)

N°. 73. — LETTRES *par lesquelles le roi s'oblige à protéger les habitans de Saint-André, tant qu'il le pourra par raison, moyennant l'abandon de la moitié de leurs revenus.*

Sens, février 1188. (C. L. XI, 252.)

N°. 74. — LETTRES *confirmatives de l'accord fait entre le comte de Nevers, les habitans et le clergé, pour qu'il ne soit rien changé à la monnaie que ce baron venait de frapper* (1).

Paris, 1188, 9e. année du règne. (C. L. XI, 253.)

N°. 75. — CONSTITUTION *pour la levée de la dîme (dite saladine)* (2).

1188. (Hist. XII, 27. — C. L. XI, 255, à la note.)

In nomine sanctæ et individuæ Trinitatis, amen.

(1re. PARTIE. — *Établissement sur les dettes des croisés.*)

(1) CONSTITUTUM est à domino *Philippo*, Francorum rege, consilio archiepiscoporum, episcoporum et baronum terræ suæ, quòd episcopi et prælati et clerici conventualium ecclesiarum, et milites qui signum crucis assumpserunt, de debitis suis reddendis, quæ debebantur tam judæis quam christianis antequàm crucem rex assumpisset, respectum habebant à proximo festo omnium sanctorum post diem motionis domini regis in duos annos; ita videlicet quòd primo festo omnium sanctorum creditores habebunt tertium debiti, et sequenti festo omnium sanctorum, alium tertium debiti, et tertio festo omnium sanctorum, ultimum tertium debiti. Usura autem non currit super aliquem, à die qua ipse crucem assumpsit, de debitis priùs contractis.

---

(1) Malgré cet accord, elle fut altérée. Le clergé se plaignit au Roi. — L'archevêque de Sens, choisi comme arbitre, prononça conformément à ces lettres. Sa sentence arbitrale existe. (Lebœuf, hist. d'Auxerre, 51, aux preuves.)
(2) A cause de sa destination contre Saladin, chef des infidèles.

(2) Si miles crucem habens qui sit legitimus heres, filius vel gener militis crucem non habentis, vel alicujus viduæ ; et sit de manu pastu patris vel matris suæ, et pater ejus vel mater, respectum de debito suo habebit juxtà factam ordinationem.

(3) Si autem filius eorum vel gener crucem habens, legitimus, extrà familiatus fuerit, vel etiam si miles non fuerit et crucem non habeat : pro eo respectum non habebit.

(4) Debitores autem qui terras et redditus habent, infrà quindenam proximi festi sancti Joannis Baptistæ, creditoribus suis terras et reditus, ex quibus creditores sua recipient debita, ad præfatos terminos juxtà formam prædictam assignabunt, per dominos in quorum dominio fuerint terræ debentium : Domini vera assignamenta illa contradicere non poterunt, nisi ipsi creditori de pecuniâ suâ pacem fecerint.

(5) Qui terras seu reditus non habuerint, undè facere possint sufficiens assignamentum debiti sui, faciant creditoribus per fidejussores vel per vadia, creantum suum solvendi debita ad prædictos terminos; et nisi infrà quindenam proximi festi S. Joannis Baptistæ, per assignamentum terræ, vel per fidejussores, vel per vadia, si terram non habuerint, creantum fecerint, sicut dispositum est, non habebunt respectum qui aliis concessus est.

(6) Si qui clericorum vel militum crucem habentium debet clerico vel militi crucem habenti, respectum habebit de debito illo usque ad proximum festum omnium sanctorum, præstita quidem bona securitate de pace inde tunc faciendâ.

(7) Si quis illorum qui crucem assumpserunt, octo diebus ante Purificationem beatæ Mariæ, vel deinceps, aurum vel argentum, vel bladum, vel aliud mobile vadium alicui assignaverit, creditor super hoc dare respectum non compelletur.

(8) Si quis emit ab aliquo crucem non habente fructus terræ unius anni certo pretio, stabile est.

(9) Si quis miles vel clericus terram suam vel redditus alicui Burgensi crucem etiam habenti, vel clerico vel militi crucem non habenti, invadiaverit, vel ad annos assignaverit; debitor hoc anno fructus terræ vel redditus percipiet; et creditor post impletionem annorum, per quos vadium vel assignamentum tenere debebat, per annum unum pro recompensatione illius anni illud tenebit : ita tamen quòd creditor medietatem bladi habebit hoc anno pro culturâ, si vel terras, vel vineas invadiatas excoluit.

(10) Omnia mercata quæ facta fuerint ab octo diebus ante

Purificationem beatæ Virginis, vel quæ deinceps fient, rata erunt.

(11) De omnibus debitis unde datur respectus, oportebit ut debitor det æquè bonam fidejussionem vel meliorem quam anteà dedisset; et si de fidejussione orietur discordia, ad consilium domini sub quo erit creditor, partietur æquè bona vel melior fidejussio quam priùs; et si fidejussio per dominum non emendaretur, ad consilium principis terræ oportebit emendari.

(12) Si quis dominorum vel principum in quorum jurisdictionibus dicti creditores vel debitores fuerint, quod ordinatum est de respectu debitorum dando vel assignamentis faciendis, tenere noluerit vel teneri non fecerit, et à metropolitano vel episcopo suo commonitus, id infrà quadraginta dies non emendaverit: ab eodem excommunicationis sententiæ supponi poterit. Verùmtamen, quamdiù dominus vel princeps monstrare voluerit in præsentiâ metropolitani vel episcopi sui, se super hoc creditori vel etiam debitori non deesse, et paratum quod inde ordinatum est tenere, metropolitanus vel episcopus non poterit eum excommunicare.

(13) Nullus crucem habentium, sive clericus, sive miles, sive alius quilibet, alicui respondebit super hoc unde tenens erat eâ die quâ crucem assumpsit, donec ab itinere suscepto redierit, nisi super eo tantùm unde in causam tractus erat antequàm crucem assumpsisset.

(2°. PARTIE. — *Sur la levée des décimes.*)

(1) His in primis constitutum est de decimis, quòd omnes illi crucem non habentes, quicumque sint, decimam ad minùs dabunt hoc anno de omnibus mobilibus suis et de omnibus redditibus, exceptis illis qui sunt cisterciensis ordinis, et ordinis carthusiensis, et ordinis fontis Ebraldi, et exceptis leprosis, quantùm ad suum pertinet proprium.

(2) In nullas communias mittet aliquis manum, nisi ille dominus cujus ipsa communia fuerit; quale tamen jus in aliquâ communiarum habebat priùs aliquis, tale habebit.

(3) Qui alicujus terræ magnam justitiam habet, idem terræ decimam habebit. Et sciendum quod qui decimas sunt daturi, de toto mobili suo et redditibus decimas dabunt, non exceptis inde priùs debitis suis: immò post donationem decimæ, de residuo poterunt sua debita solvere.

(4) Universi laici tam milites quam alii, præstito juramento

sub anathemate, clerici (1) excommunicatione astricti, suas dabunt decimas.

(5) Miles crucem non habens domino suo crucem habenti, ei cujus erit homo ligius, dabit decimam de suo proprio mobili, et de feudo quem ab ipso tenebit : si autem ab eo nullum tenebit feudum, de suo decimo proprio mobili decimam domino suo ligio dabit; singulis vero à quibus tenebit, decimam de suis feudis dabit; et si nullum dominum ligium habebit, et in cujus feudo manserit levans et cubans, dabit decimam de suo proprio mobili.

(6) Si quis terram suam decimans, res alterius quam illius quem debet decimare, invenerit in terrâ suâ, et ille cujus res fuerint, illas esse suas legitimè monstrare poterit, decimans non poterit eas retinere.

(7) Miles crucem habens qui sit heres legitimus, filius vel gener militis crucem non habentis, vel alicujus viduæ, habebit decimam patris, vel matris suæ.

(8) In res archiepiscoporum seu episcoporum, seu capitulorum, seu ecclesiarum quæ ab eis movent in capite, non mittet aliquis manum, nisi archiepiscopi, episcopi, capitula et ecclesiæ quæ ab eis movent. Si episcopi, colligent indè decimas, et eas dabunt quibus dare debuerint.

---

(1) Cet impôt fit beaucoup crier...... Le clergé surtout trouva fort mauvais qu'on voulût rendre l'Eglise tributaire : « *Tant cet ordre était non-seulement vif et sensible*, dit un savant historien (Daniel), *mais encore peu équitable sur l'article de ses privilèges.* » L'église est libre, disait-il, par la liberté que Jésus-Christ nous a acquise : si les princes l'accablent d'exactions, c'est la réduire en servitude comme Agar. Un vrai ministre de la religion doit s'y opposer, et mourir plutôt que de se soumettre à l'esclavage. « On voit aussi, dit un autre célèbre écrivain (Fleury), *les équivoques ordinaires en ce temps-là sur les mots d'église et de liberté ; comme si l'Eglise délivrée par Jésus-Christ n'était que le clergé, ou qu'il nous eût délivrés d'autre chose que du péché et des cérémonies légales.* » Mais il ne paraît pas qu'on ait eu égard à ces vaines clameurs des ecclésiastiques. « *Philippe*, dit Daniel, *sut les rendre dociles en cette conjoncture, et en d'autres encore.* »

Ce prince, obligé de soudoyer une grande armée, écrivit au clergé de Reims, pour lui demander quelques subsides. L'archevêque et le chapitre répondirent que la chose pouvait tirer à conséquence ; ils le suppliaient de vouloir bien se contenter du secours de leurs prières. Quelque temps après, les mêmes prêtres, pillés, opprimés par les seigneurs de Coucy, de Rhetel et de Rosoy, eurent recours au monarque, comme à leur patron et au protecteur né des églises. « Je vais écrire aux comtes, leur dit Philippe, pour les prier de cesser leurs brigandages. » Il le fit en effet ; mais ceux-ci, qui s'attendaient à des ordres sévères de la part d'un maitre, crurent voir du mystère dans les faibles remontrances d'un intercesseur : ils redoublèrent de mauvais traitemens. Nouvelle députation de la part du malheureux clergé. « *De quoi vous plaignez-vous ? dit le monarque ; je vous ai protégés de mes prières comme vous m'avez servi des vôtres.* » (Velly, III, 317.)

(9) Qnicumque crucem habens, qui dare talliam vel decimam debeat, et eas dare noluerit, ab illo capiatur, cui suam debet talliam vel decimam, ut inde suam faciat voluntatem. Qui eum ceperit, propter hoc non poterit excommunicari. Qui devote et legitime et sine coatione decimam suam dederit, à Deo remunerationem accipiet.

N°. 76. — LETTRES *par lesquelles le roi propose à Richard de concourir avec lui à la délivrance de la Terre Sainte.*

Octobre, 1189. (Rymer, I, 20.)

N°. 77. — TRAITÉ *entre Philippe et Richard-Cœur-de-Lion pour la croisade.*

Nonencourt, 30 décembre 1189. (Rymer, I, 20. — Hist. XVII, 498.)

(EXTRAIT.)

(1) *Philippus*, Dei gratiâ, Francorum rex, et *Richardus*, eâdem gratiâ, rex Angliæ, dux Normanniæ et Aquitaniæ, et comes Andegaviæ, omnibus fidelibus ad quos literæ istæ pervenerint in Domino salutem.

Noverit universitas vestra quòd inter nos firmiter convenit, et de consilio prælatorum ecclesiæ et principum terrarum nostrarum disposuimus, ut iter jerosolymitanum, ducente Domino simul perficiamus; et uterque nostrûm alteri bonam fidem et bonum amorem se servaturum promisit, ego *Philippus*, rex Francorum, *Richardo* regi Anglorum tanquam amico et fideli meo, et ego *Richardus*, rex Anglorum, *Philippo*, regi Francorum, tanquàm domino meo et amico.

(3) Volumus, statuimus et præcipimus, ut qui terris nostris præerunt, si opus fuerit, mutuâ sibi subventione succurrant. Eorum etiam bona qui iter jerosolymitanum vel nobiscum, vel ante nos arripuerint, ita illæsa et intacta permaneant (1), tanquam nostra propria; et si quis eis injuriam irrogaverit, justitiarii et ballivi nostri faciant emendari, quantùm de jure potuerint, secundùm terrarum nostrarum.

N°. — 78. Loi *portant abolition de l'exaction établie sous le titre de dîme saladine, et annulant les ordres qui seraient expédiés, même par le Roi, pour en établir de semblables.*

Paris, 1189, 10e. année du règne. (C. L. XI, 255.)

Philippus, Dei gratiâ, Francorum rex,

Venerabili et charissimo avunculo suo W. eadem gratiâ

---

(1) Aucune prescription ni déchéance ne peut être encourue par les défenseurs de la patrie. (Loi, 25 brumaire an 5.)

Rhemensi archiepiscopo, et universis ejusdem provinciæ tam ecclesiaticis quàm laicis, salutem perpetuam.

Cum ad restitutionem Terræ Sanctæ, ecclesiasticorum et principum regni nostri rerum mobilium tam ab ecclesiasticis quàm laicis personis decimæ semel exactæ fuerint; ne ad consequentiam facti hujus enormitas traheretur, ecclesiasticorum et principum communi petitione, *lege* in perpetuum valitura statuimus, ne hujus exactionis occasione, vel ob eamdem vel consimilem causam, aliquid ullo modo exigatur. Cum enim devotio, remedium fidelibus, ad salutem debeat transire animarum, visum est nobis Deum potiùs offendi, quàm placari, si ex pauperum et viduarum lacrymis, nec placabilis, nec accepta Deo, talis victima offeratur.

Ut ergò nec nobis, nec aliis, tale quid liceat attentare, regia et publica omnium ecclesiarum et principum regni authoritate, statuimus, ut præsenti lege à facti hujus ausu damnabili repellamur.

Et si ausu temerario à nobis vel ab alio fuerit attentatum, præcepimus irritari. Justum est enim à præsenti constitutione neminem excipi, cui regiam majestatem indulgemus supponi.

Statuimus etiam ut rerum immobilium possessiones, et dominia, et proprietates seu feudorum, seu advocationum, et consuetudinum jura inviolabiliter maneant inconcussa. Et ne damnatæ exactionis occasio sibi, vel contra se, alicui præscriptionem pariat, et ne quis ex eâ vel augeri, vel minui, vel in aliquo se sentiat prægravari, volumus ut omnia in eo statu sint in quo erant 40 dies quandò occurrere assumpsimus.

Quod ut inconcussam sortiatur stabilitatem, præsentem paginam sigilli nostri authoritate, et regii nominis caractere inferius annotato, præcipimus confirmari.

Actum *Parisius*, anno Verbi incarnati 1189, regni nostri anno 10; astantibus in palatio nostro quorum nomina supposita sunt et signa:

(S.) comitis *Theobaldi*, dapiferi nostri; *Guidonis*, buticularii; *Radulphi*, constabularii; *vacante cancellariâ*.

N°. 79. — LETTRES *par lesquelles le Roi, moyennant une redevance, s'oblige à défendre et protéger la ville d'Escurolles, sous la condition que cette sauve-garde sera attachée perpétuellement à la couronne, sans que le Roi puisse s'en décharger.*

Paris, 1189, 10°. année du règne. (C. L. XI, 261.)

N°. 80. — ORDONNANCE (1), ou *Testament du Roi à son départ pour la Terre Sainte.*

Paris, 1190, 11e. ann. du règne. (C. L. I, 18. Hist. XVII, 30.)

SOMMAIRES.

(1) Les baillis établiront par prévôté dans les seigneuries du Roi, quatre hommes sages et de bonne renommée, sans le conseil desquels, ou de deux au moins, aucune affaire des villes ne sera traitée, à l'exception qu'à Paris il y aura les six personnes nommées par le Roi.

(2) Les baillis assigneront chaque mois une assise, ou un jour auquel chacun recevra promptement justice, et le Roi ses droits. Et ils tiendront registre des amendes adjugées au Roi, pour délits, ou crimes royaux.

(3) Tout sera réglé par la Reine mère, et par l'archevêque de Reims, oncle du Roi. et tous les quatre mois ils assigneront un jour à Paris, auquel ils recevront les plaintes qui leur seront faites par tous les sujets du royaume, dont ils termineront les contestations.

(4) Il y aura ce jour des députés de chaque ville, avec les baillis qui tiendront les assises, et ils informeront la Reine et l'archevêque de toutes les affaires qui seront survenues dans les terres ou la seigneurie du Roi.

(5) Lorsqu'un des baillis du Roi aura commis quelque délit, à l'exception du meurtre, du rapt, de l'homicide et de la trahison, et que la Reine, l'Archevêque, et ceux qui en doivent connaitre en seront certains, la Reine et l'Archevêque en informeront le Roi tous les ans, et trois fois par chaque année, et chacun par leurs lettres, en marquant le nom du bailli et la qualité du délit.

(6) Les baillis informeront pareillement le Roi des délits des prévôts.

(7) La Reine et l'Archevêque ne pourront destituer les baillis, ni les baillis les prévôts, si ce n'est pour meurtre, pour rapt, pour homicide, et pour trahison, le Roi se réservant d'en faire justice exemplaire, quand il aura été informé de la vérité du fait.

(8) La Reine et l'Archevêque informeront le Roi, pareillement trois fois l'année, des affaires de l'état.

(9) S'il arrive qu'un évêché, ou une abbaye royale vienne à vaquer, les chanoines, ou les moines demanderont à la Reine et à l'Archevêque, la permission d'élire librement un successeur à l'évêque ou à l'abbé décédé. Cette permission leur sera accordée sans contradiction.

(10) Les chanoines et les moines sont exhortés d'élire un pasteur qui soit agréable à Dieu, et utile à l'état.

(11) La Reine et l'Archevêque auront en main la régale, jusqu'à ce que celui qui aura été

___
(1) V. nouv. Rép., v°. Régence, v°. Etablissemens, S. I er., le président Henrion, autor. jud., p. 90. Hénault, Abr. chr.

élu soit consacré, ou béni, auquel cas la main-levée lui en sera accordée sans contradiction.

(12) S'il arrive que quelque prébende, ou quelque bénéfice vienne à vaquer pendant la régale, la Reine et l'Archevêque le conféreront à des personnes honnêtes, et gens de lettres, par l'avis de frère Bernard, sauf néanmoins les dons que le Roi en aurait faits à quelques personnes par ses lettres patentes.

(13) Les prélats et les hommes du Roi ne pourront faire aucune remise de la taille, tant que le Roi sera outre-mer au service de Dieu.

(14) S'il arrive que le Roi meure en son voyage, ses hommes, clercs, ou laïques, ne pourront faire remise de la taille, jusqu'à ce que son fils ait atteint l'âge auquel il doit régner.

(15) Si quelqu'un fait la guerre au jeune Roi, et si les revenus du jeune Roi ne suffisent pas pour la soutenir, tous ses hommes seront tenus de l'aider de leurs corps et de leurs biens, et les églises lui feront l'aide qu'elles ont accoutumé de faire au Roi.

(16) Il est défendu aux baillis d'arrêter aucune personne, ni de saisir ses biens, lorsqu'elle donnera caution d'ester en la justice du Roi, si ce n'est pour meurtre, homicide, rapt et trahison.

(17) Les revenus du Roi et les redevances qui lui seront payées, seront apportés à Paris à la Saint-Rémi, à la Purification et à l'Ascension, et ils seront mis entre les mains des bourgeois dont il est parlé ci-dessus, et du vice-maréchal; et si quelqu'un d'eux vient à mourir, Guillaume de Garlande en mettra un autre en sa place.

(18) Adam sera présent à la réception de nos revenus, et il en tiendra registre. Chacun aura une clé de chacun des lieux du temple où ils seront mis. Le temple en aura aussi une, et l'on enverra au Roi autant d'argent qu'il en demandera par ses lettres.

(19) S'il arrive que le Roi meure, la Reine, l'archevêque de Reims, l'évêque de Paris, les abbés de Saint-Victor, de S....., et frère G. diviseront son trésor en deux parts ou moitiés, dont une sera employée aux réparations des églises ruinées par les guerres, et à dédommager ceux qui auront été appauvris par les tailles, et le reste à ceux qui en auront le plus besoin. Et l'autre moitié sera réservée pour le jeune Roi, jusqu'à ce qu'il soit en âge de régner.

(20) S'il arrive que le Roi et son fils meurent, ce qui se trouvera au trésor sera distribué de l'avis des six personnes nommées pour le salut de l'âme du Roi et de son fils. Et dès que l'on sera certain de la mort du Roi, le trésor sera porté chez l'évêque de Paris, et y sera gardé jusqu'à ce que la distribution en soit faite.

(21) A l'égard des bénéfices de dignité, comme les abbayes, les doyennés, etc., dont la nomination appartient au Roi, si la Reine et l'archevêque de Reims le peuvent faire honnête-

ment, ils attendront que le Roi soit de retour pour y nommer, et s'ils ne peuvent pas honnêtement attendre le retour du Roi, ils y nommeront par le conseil de frère G., le plus utilement qu'ils pourront, pour la gloire de Dieu et pour le bien de l'état. Et s'il arrive que le Roi meure, ils pourront nommer librement les personnes qu'ils jugeront les plus dignes.

In nomine sancte et individue Trinitatis, Amen.
Philippus, Dei gratiâ, Francorum Rex.

Officium regium est subjectorum commodis, modis omnibus, providere, et suæ utilitati privatæ publicam anteferre. Quoniam igitur summo desiderio votum peregrinationis (1) nostræ, ad sanctæ terræ subventionem, totis viribus amplectimur : idcircò consilio Altissimi ordinare decrevimus, qualiter in absentiâ (2) nostrâ regni negotia, quæ agenda erunt, tractari debeant, et vitæ nostræ, si quid in viâ, humanitùs acciderit, extrema disponi.

(1) In primis igitur præcipimus, ut baillivi nostri, per singulos præpositos, in potestatibus nostris, ponant quatuor homines prudentes, legitimos et boni testimonii, sine quorum, vel duorum ex eis ad minùs, consilio, negotia villæ non tractentur, excepto quod Parisius sex homines probos et legitimos constituimus, quorum nomina sunt hæc T. A. E. R. G. H.

(2) Et in terris nostris, quæ propriis nominibus distinctæ sunt, baillivos nostros posuimus, qui in bailliviis suis, singulis mensibus, ponent unum diem ; qui dicitur assisia, in quo omnes illi, qui clamorem facient, recipient jus suum per eos, et justitiam sine dilatione, et nos nostra jura, et nostram justiciam (3); et forefacta, quæ propriè nostra sunt, ibi scribentur.

(3) Præterea volumus et præcipimus, ut charissima mater nostra A. Regina statuat, cum charissimo avunculo nostro et fideli Guillelmo remensi archiepiscopo, singulis quatuor mensibus ponent unum diem Parisius, in quo audiant clamores hominum regni nostri, et ibi eos finiant ad honorem Dei et utilitatem regni.

(4) Præcipimus insuper, ut eo die sint antè ipsos de singulis villis nostris, et baillivi nostri qui assisias tenebunt, ut coràm eis recitent negotia terræ nostræ.

---

(1) C'est ainsi qu'on nommait alors l'entreprise du voyage de la Terre-Sainte, parce que ceux qui y allaient prenaient la croix et le bourdon. (Laur.)
(2) Ainsi ce testament ou cette ordonnance n'était que pour un temps. (L.)
(3) *Justicia* ne signifie pas ici justice, mais cens, redevance. Il signifie aussi quelquefois amende. (Laur.)

(5) Si autem aliquis de baillivis nostris deliquerit, præterquam in murtro, raptu, vel homicidio, vel proditione, et hoc constabit archiepiscopo et reginæ, et aliis qui aderunt, ut audiant forefacta baillivorum nostrorum, præcipimus eis, ut nobis singulis annis, et hoc ter in anno, literis suis nobis duobus prædictis significent, quis baillivus deliquerit, et quid fecerit, et quid acceperit, et à quo pecuniam, vel munus vel servitium, propter quod homines nostri jus suum amitterent, vel nos nostrum.

(6) Similiter de præpositis nostris significent nobis baillivi nostri.

(7) Baillivos autem nostros non poterunt amovere regina et archiepiscopus, à bailliviis suis, nisi pro murtro, vel raptu, vel homicidio, vel proditione : vel baillivi præpositos, nisi pro aliquo istorum. Nos autem in consilio Dei talem faciemus de eo vindictam, postquàm prædicti viri nobis rei veritatem nuntiaverint, per quam alii non immeritò poterunt deterreri.

(8) Similiter regina, et archiepiscopus de statu regni nostri, et negotiis ter in anno significent.

(9) Si forte contigerit sedem episcopalem, vel aliquam abbatiam regalem vacare, volumus ut canonici ecclesiæ, vel monachi monasterii vacantis veniant ad reginam et archiepiscopum, sicut ante nos venirent, et liberam electionem (1) ab eis petant; et nos volumus quòd sine contradictione eis concedant.

(10) Nos verò tam canonicos, quàm monachos monemus, ut talem pastorem eligant, qui Deo placeat, et utilis sit regno.

(11) Regina autem et archiepiscopus tamdiù regalia in manu suâ teneant, donec electus consecratus sit, vel benedictus, et tunc regalia sine contradictione ei reddantur.

(12) Præterea præcipimus, quod si præbenda, vel beneficium aliquod ecclesiasticum vacaverit (2), quandò regalia in manu nostrâ venient, secundùm quod melius et honestius poterunt regina et archiepiscopus, viris honestis et literatis, consilio fratris Bernardi conferant : salvis tamen donationibus (3) nostris, quas per literas nostras patentes quibusdam fecimus.

---

(1) V. Chopin, de sacrâ politiâ, p. 5, et de domanio, lib. 2, tit. 10, n. 2. Philippe-Auguste renouvela ensuite cette ordonnance après les conquêtes qu'il fit sur les Anglais. V. liv. 8, Philippide de Guillaume le Breton.

(2) Voilà une belle preuve que de ce temps le Roi conférait pendant la régale les bénéfices non cures qui étaient vacans. Tel était aussi l'usage avant le règne de Philippe-Auguste. (Laur. Hén., Abr. chr.)

(3) Ces dons étaient des grâces expectatives. (Laur.)

(13) Prohibemus etiam universis prelatis (1) ecclesiarum et hominibus nostris, ne talliam, vel toltam donent, quandiù in servitio Dei erimus.

(14) Si verò dominus Deus de nobis suam faceret voluntatem, et nos mori contingeret, prohibemus districtissimè omnibus hominibus (2) terræ nostræ, tam clericis, quam laïcis, ne talliam, vel toltam donent, donec filius noster, quem Deus servitio suo sanum et incolumen conservare dignetur, veniat ad ætatem, in quâ, gratiâ Sancti Spiritûs possit regere regnum.

(15) Si autem aliquis filio nostro vellet movere guerram, et redditus sui quos habet, non sufficerent, tunc omnes homines nostri adjuvent eum de corporibus suis et averis, et ecclesiæ tale faciant ei auxilium, quale solitæ sunt facere nobis.

(16) Præpositis insuper nostris et bailliis prohibemus ne aliquem hominem capiant, neque averum suum, quandiù bonos fidejussores dare voluerit, de justiciâ prosequendâ in curiâ nostrâ, nisi pro homicidio, vel murtro, vel raptu, vel proditione.

(17) Præterea præcipimus, quod omnes redditus nostri et servitia, et obventiones afferantur Parisius, per tria tempora. Primò ad festum sancti Remigii. Secundò ad Purificationem beatæ Virginis. Tertiò ad Ascensionem, et tradantur, burgensibus nostris prædictis et pro-marescallo. Si contingeret aliquem ex eis mori, G. de Garlandiâ alium in loco ejus substitueret.

(18) In receptionibus averi nostri (3) Adam clericus noster præsens erit, et eas scribet, et singuli habeant singulas claves de singulis archis (4) in quibus reponetur averum nostrum in templo, et templum unam. De isto avero tantum nobis mittetur, quantum literis nostris mandabimus.

(19) Si in viâ quam facimus nos mori contingeret, præcipi-

---

(1) Les prélats levaient la taille sur leurs sujets en trois cas : 1º. pour l'ost, ou la chevauchée du Roi; 2º. pour le pape, et 3º. pour la guerre que leur église avait à soutenir.

Lorsque la taille se levait pour l'ost du Roi, elle durait peu, parce que le ban ne durait pas long-temps, comme on le fait voir sur le chap. 61 du liv. ser. des Établissemens de saint Louis, et c'est par cette raison que le Roi ordonne ici que la remise ne s'en fera pas, tant qu'il sera au service de Dieu outre-mer. (Laur.)

(2) Il en était à cet égard à peu près des prélats comme des vassaux ou des hommes de fief. (Laur.)

(3) Ce mot a été fait du français *avoir* pour *posséder*. Sous le mot d'*averum*, avoir, on comprenait non-seulement l'argent monnayé, mais encore tous les effets mobiliers. On s'est servi ici du mot *avoir*, parce que tous les revenus de nos Rois ne se payaient pas alors en argent comme aujourd'hui, et qu'il y en avait beaucoup qui étaient payés en espèces, comme blés, poules, vins, etc., qui étaient rendus au profit du Roi. (Laur.)

(4) Ce mot signifie ici, *arc*, trésor. (Laur.)

mus quod regina et archiepiscopus et episcopus parisiensis, et abbates sancti Victoris, et de Sardenio (1), et frater G. thesaurum nostrum in duas partes dividant: unam medietatem pro arbitro suo distribuant ad ecclesias reparandas, quæ per guerras nostras destructæ sunt; ita quod servitium Dei possit in eis fieri. De eâdem medietate donabunt illis, qui per tallias nostras aporiati sunt, et de eadem dabunt residuum illis quibus voluerint, et quos magis egere crediderint, ob remedium animæ nostræ et genitoris nostri regis Ludovici, et antecessorum nostrorum. De alterâ medietate præcipimus custodibus averi nostri, et omnibus hominibus parisiensibus, quod eam custodiant ad opus filii nostri, donec ad ætatem veniat, in quâ consilio Dei, et sensu suo possit regere regnum.

(20) Si autem tam nos quàm filium nostrum mori contingeret, præcipimus, quod averum nostrum per manum VI. prædictorum, pro animâ nostrâ, et filii nostri, pro arbitro suo distribuatur. Quam citò etiam certum esset de morte nostrâ, volumus quòd averum nostrum ubicumque foret, ad domum episcopi parisiensis portaretur, et ibi custodiretur, et posteà de eodem fiet quod disposuimus.

(21) Præcipimus etiam reginæ et archiepiscopo, ut omnes honores (2), qui dum vacant, pertinent ad donationem nostram, quos honestè poterunt retinere, sicut abbatiæ nostræ et decanatus, et aliæ quædam dignitates, in manu suâ teneant, donec à servitio Dei redierimus. Et quos retinere non poterunt, donent secundùm Deum, et assignent cousilio fratris G. et hoc faciant ad honorem Dei et utilitatem regni. Si autem in viâ moriemur, volumus ut honores et dignitates ecclesiarum donent illis, quos magis dignos viderint.

Quod ut firmum et stabile permaneat, præsentem paginam sigilli nostri auctoritate et regii nominis charactere inferius annotato, præcipimus confirmari.

Actum Parisiis anno Verbi incarnati 1190, regni nostri 11.

Astantibus in palatio nostro, quorum nomina supposita sunt et signa.

(S.) comitis *Tibaldi*, *dapiferi* nostri; (S.) *Guidonis*, buticularii; (S.) *Mathei*, camerarii.

Data vacante cancellariâ P. R. S. P.

---

(1) Il y a faute; et il doit, ce semble, y avoir *de Cernayo*, c'est-à-dire, les *Vaux de Cernay*, abbaye de l'ordre de Cîteaux, dans le diocèse de Paris. (L.)

(2) Ce mot se prend ici pour des dignités ecclésiastiques, et se prenait aussi en ce temps-là pour des fiefs. (Laur.)

N°. 81. — DÉCLARATION (1) *du Roi*, *à son départ pour la Terre Sainte ; par laquelle, du consentement de tous les barons, il laisse le gouvernement du royaume et la tutelle* (2) *de son fils à la Reine-mère et au cardinal de Champagne.*

Vezelay, 1190. (Rigord 30, 31.)

N°. 82. — TRAITÉ *entre Philippe-Auguste et Richard-Cœur-de-Lion* (3).

Messine, mars 1191. (Rymer, I, 22. Hist. XVII, 32.)

N°. 83. — ÉDIT *portant institution des sergens d'armes* (4).

1191. (Stat. Philippe IV, au 1285. — Bouteiller, Somme rurale, liv. 2.)

N°. 84. — CHARTE *portant concession aux seuls bourgeois de Paris, du droit de faire mettre à terre les vins venus par eau.*

Senlis, 1192. (C. L. XI, 269.)

In nomine sancte et individue Trinitatis, amen.
Philippus, Dei gratiâ, Francorum rex :

Noverint universi presentes pariter et futuri, quoniam propter incrementum ville *parisiensis* et burgensium nostrorum, ad petitionem eorumdem burgensium.

Concedimus et volumus, quòd nullus qui vinum adducat *Parisius* per aquam, possit exhonerare ad terram *Parisius*, nisi fuerit stationarius et residens *Parisius*, testimonio proborum hominum *parisiensium*; sed licet homini cujus vinum fuerit, vendere in navi, vel in tabernam, vel in grossum.

Verùm si aliquis extraneus emerit vinum illud de navi ac-

---

(1) Cette pièce est perdue.
(2) Cette tutelle a cessé au retour du Roi, en 1192.
(3) On commence à parler de la dignité de maréchal de France dans la guerre, qui donna lieu à ce traité ; il ne commandait pas encore les armées. (Hén., Abr. chr.)
(4) C'est la première garde de nos Rois dont on trouve les preuves. C'étaient tous gentilshommes armés de massues d'airain, d'arcs et de carquois, toujours pleins de carreaux, dont l'office était de ne pas quitter le prince, et de ne laisser approcher de sa personne aucun inconnu. On a dit qu'ils avaient été créés pour la sûreté de nos rois contre les entreprises du prince des assassins. — Ils se signalèrent à Bouvine et obtinrent du Roi qu'il fonderait l'église de Sainte-Catherine du *Val des Escholiers*, pour acquitter le vœu qu'ils avaient fait lors de cette bataille. On les employa, par la suite, à porter les ordres du souverain, lorsqu'il citait quelqu'un à sa cour ; quelquefois même on

cipiet illud vinum de navi in quadrigam, et ducet extrà ballivam parisiensem, sine exhonerare ad terram.

Quod ut perpetuam obtineat stabilitatem, sigilli nostri auctoritate, et regii nominis karactere inferiùs annotato, presentem paginam præcipimus confirmari.

Actum *Sylvanecti*, anno incarnati Verbi 1192, astantibus palatio nostro quorum nomina supposita sunt et signa.

Dapifero nullo (S.); *Guidonis*, buticularii (S.); *Mathei*, camerarii; constabulario nullo. Data vacante cancellariâ.

N°. 85. — TRAITÉ *de paix entre le Roi et Richard-Cœur-de-Lion.*

8 juillet 1193. (Rymer. Hist. XVII, 559.)

N°. 86. — JUGEMENT *de la cour du Roi, qui casse, pour cause de parenté éloignée, son mariage avec Isemburge* (1).

Compiègne, 1193. (Rigord, p. 37.)

N°. 87. — BULLE *du Pape, qui légitime* (2) *les enfans, issus du mariage de Philippe-Auguste, avec la princesse Marie ou Agnès, fille du duc de Méranie et de Brême, célébré pendant le divorce d'avec Isemburge.*

1193. (Trésor des Chartes, Layette des légitimes; Rigord, Vie de Philippe Auguste, p. 41.)

N°. 88. — TRAITÉ *entre le Roi et le prince Jean-sans-Terre (pendant la captivité du roi Richard), au sujet des terres possédées, en France, par Richard.*

Paris, 1194. (Rymer, Hist. XVII, 39.)

---

leur confia la garde des châteaux, des frontières, devers les advenues du royaume. Ils n'avaient d'autre juge que le Roi, ou son connétable. Et au lieu que tous les offices finissaient par le décès du Roi, les offices de sergent étaient à vie. (Bouteiller, Ducange. — Hén., Abr. chr. — Velly, III, 363. Statut Philipp. IV, an 1285.)

(1) Cette Reine a été rétablie, par suite, de la sentence d'excommunication du pape Innocent III, renouvelée aux conciles de Dijon et de Soissons, dont le Roi prévint l'effet en reprenant sa femme.

(2) A cause de la bonne foi. — Cette bulle fut confirmée par quatorze prélats français. La naissance équivoque de Marie, l'un de ces enfans, changea, dit-on, l'usage d'appeler reines les filles de nos Rois. On ne les appela plus que *Mesdames.* (Velly, III, 381.)

N°. 89. — Mandement *du Roi à ses baillis, par lequel il leur ordonne de rendre à l'archevêque de Rouen, et aux églises de Normandie, leurs biens confisqués.*
1194 ou 1195. (Hist. XVII, 694.)

Perte *des archives du royaume au combat de Bellefoge* (1).
1194.

N°. 90. — Traité *de paix entre Philippe-Auguste et Richard.*
Entre Gaillon et Levaudreuil, janv. 1195. (Hist. XVII, 43.)

N°. 91. — Charte *qui prouve que les personnes convoquées en vertu de l'arrière-ban, sont à l'abri de toutes poursuites judiciaires* (2).
1195. (Chart. comm., S. Quint., ann. 1195.)

N°. 92. — Charte (3) *sur l'élection et la juridiction* (4) *des officiers municipaux de Bapaume.*
Compiègne, 1196. (17e. année du règne.) C. L. XI, 275.

In nomine, etc. *Philippus*, Dei gratiâ, Francorum rex. Noverint universi presentes pariter et futuri, quòd burgensibus nostris de *Bapalmá* concedimus, ut de singulis 14 men-

---

(1) Étrange coutume de nos rois, de porter alors à la guerre les titres les plus précieux de leur couronne! Cet abus fut réformé, et c'est l'époque de la formation du Trésor des Chartes, qui fut d'abord établi dans la tour du Louvre, ou au Temple, et depuis, par saint Louis, en la Sainte-Chapelle de Paris. Guérin, évêque de Senlis, eut l'honneur de cet établissement; tous les originaux y furent déposés pour n'en jamais sortir, et quand on en délivrait des copies, on avait soin de les inscrire dans des registres, qui furent les premiers modèles des cartulaires de toutes les abbayes, dont aucun n'est guère plus ancien que ces registres : ainsi le Trésor des Chartes est composé des titres originaux et des registres où ils sont transcrits; mais, malgré la loi que l'on s'était faite de ne laisser jamais sortir des titres de ce trésor, on comprend qu'il fallait bien les confier à ceux qui furent chargés d'en faire des extraits; c'est ce qui fit qu'il y en eut plusieurs d'égarés, et que l'on recouvre tous les jours dans les bibliothèques où ils étaient restés; l'office de trésorier-garde des chartes et papiers de la couronne a été depuis par édit (de 1582. Voy. ci-après) réuni à celui de procureur général du Roi. (Hén., Abr. chr.)

(2) La convocation avait l'effet de ce qu'on a appelé depuis *Lettres d'état*. C'est le privilège des défenseurs de la patrie. (Loi du 25 brumaire an 5.)

(3) V. ci-après l'ord. de saint Louis.

(4) Cette juridiction, conférée à des officiers municipaux, était un attribut essentiel de la commune; c'était son caractère extérieur le plus apparent, et ce qui distinguait éminemment les villes en mairie, ou échevinage, des villes en prévôté, c'est-à-dire de celles où la justice était rendue par des officiers du Roi ou des seigneurs. (M. Henrion de Pensey, aut. jud.)

sibus, in singulos 14 menses, faciant novum majorem et novos scabinos, et novos juratos.

Concedimus etiam ut scabini *Bapalme* judicent universas querelas que contingent de baillivis nostris, et de hominibus nostre domûs, et exceptis illis que contingent de ingenuis hominibus et placitis nostris.

Quod ut perpetuam et inconcussam, etc. precepimus communiri. Actum Compendii, anno Domini 1196, regni vero nostri anno 17; astantibus, etc. *Data vacante cancellaria.*

N°. 93. — LETTRES *portant permission aux bourgeois de Bourges, qui auront fait des legs pieux, d'élire des tuteurs à leurs enfans.*

Moret, 1197, 19e. année du règne. (C. L. I, 22.)

In nomine sancte et individue Trinitatis, amen.

Philippus, Dei gratiâ, Francorum rex.

(1) Noverint universi præsentes, pariter et futuri, nos benè velle, ut quandò aliquis, ex burgensibus nostris bituricensibus, moriens, legatum (1), suum fecerit; ipse, si voluerit, partem suam, et partem puerorum suorum in manibus alicujus amicorum suorum mittat, salvâ parte illâ, quam uxor ejusdem burgensis morientis habere debet.

(2) Si verò hominem illum, cui prædicta commissa fuerint, mori contingerit, priusquàm heredes burgensis jam mortui pervenerint ad ætatem, vocet quatuor fideles homines et consilio illorum tradat illud baillium homini quem ad hoc idoneum censebunt.

(3) Si verò moriatur, non vocatis quatuor fidelibus hominibus, consilio quatuor proborum hominum villæ Bituricensis baillium illud committatur, ubi videbitur meliùs committendum.

Quod ut perpetuum robur obtineat, sigilli nostri authoritate, et regii nominis caractere inferiùs annotato presentem paginam precepimus communiri.

Actum Moreti, anno ab incarnatione Domini 1197, regni nostri anno 19.

Astantibus in palatio nostro quorum nomina supposita sunt et signa :

Dapifero nullo. (S.) *Guidonis*, buticularii ; (S.) *Mathei*, camerarii; (S.) *Droconis*, constabularii. *Data vacante cancellariâ. Philippus.*

(1) Ces lettres sont entre les anciennes Coutumes du Berry. (De la Thaumassière, chap. 48.)

N°. 94. — **Lettres** *par lesquelles le Roi reçoit Thibaud à hommage lige* (1) *du comté de Champagne.*

Melun, avril 1198. (Brussel, I, 117.)

SOMMAIRES.

(1) *Le Roi reçoit Thibaud à homme lige du comté de Champagne.*

(2) *Thibaud promet au Roi, qu'il le servira envers et contre tous, comme son homme lige; et il lui en donne pour ôtages onze seigneurs de Champagne qui jurent au Roi que si ce comte manquait à sa promesse, ils viendraient se rendre prisonniers à Paris jusqu'à ce qu'il eût émendé le fait.*

(3) *Le Roi jure personnellement au comte qu'il l'aidera comme son seigneur lige contre toutes personnes; et il le lui fait jurer encore par onze seigneurs de sa cour qui reconnaissent que si le Roi venait à ne pas remplir cet engagement, ils seraient semblablement tenus de s'aller rendre prisonniers du comte à Troyes.*

(4) *Les ôtages pourront sortir tous les jours de la ville qui leur aura été assignée pour prison, en s'engageant par serment à y être rendus à la nuit.*

(5) *Il est réciproquement accordé que l'archevêque de Reims et les évêques de Châlons et de Meaux, pourront mettre en interdit la terre de celui, du Roi, ou du comte qui refusera d'accomplir ces conventions.*

Philippus, Dei gratiâ, Francorum rex.

(1) Noverint universi præsentes pariter et futuri, quòd nos carissimum nepotem nostrum *Theobaldum*, comitem trecensem, recepimus in hominem nostrum ligium contrà omnem creaturam quæ vivere possit aut mori, de totâ terrâ quam avunculus noster comes *Henricus* pater ejus tenuit à nostro genitore, et quam comes *Henricus* frater ejusdem *Theobaldi* tenuit à nobis.

(2) Juravit autem nobis comes *Theobaldus* super sanctissimum corpus Domini et super sanctum evangelium, quod nos jurabit bonâ fide sicut dominum tuum ligium contrà omnem creaturam quæ vivere possit et mori. Suo autem mandato juraverunt nobis (*suivent les noms de* 11 *personnes pour le comte*), quod bonâ fide id vellent et laudarent comiti quòd id teneret. Si autem de hoc deficeret comes *Theobaldus*, et emendatum non esset postquàm id scirent, aut priùs, si bona fide, id scire possent, in captionem nostram se mitterent Parisius, et ibi essent usquè dùm esset emendatum. Et quocienscun-

---

(1) L'hommage lige a été introduit dans le commencement du douzième siècle. (Brussel, 109, et les preuves qu'il donne.)

que comes *Theobaldus* indè deficeret, prædicti similiter facerent.

(3) Nos quoque propriâ manu eidem comiti *Theobaldo* juravimus, quòd nos ipsum contrà omnem creaturam quæ possit vivere et mori, tanquàm hominem nostrum ligium jurabimus. De mandato autem nostro juraverunt (*suivent les noms de 11 personnes pour le roi*), quòd bonâ fide hoc volent, et laudabunt nobis ut id teneamus. Et si de hoc deficeremus, si non esset emendatum infrà mensem postquàm id scirent, aut priùs, bonâ fide mitterent se in captionem comitis *Theobaldi* apud *Trecas* dùm esset emendatum, et ita facerent quotiens deficeremus.

(4) Ostagii autem qui captionem tenebunt hinc indè totâ die poterunt exire de villâ in quâ captionem tenebunt, dùm tamen per suum sacramentum ipsa nocte in villa jaceant ubi captio est eis statuta. Faciemus autem bonâ fide comitem *Robertum Gaufridum* comitem *Pertici* et *Guillelmum de Barris* jurare in eumdem modum quo prædicti juraverunt. Comes autem *Theobaldus* bona fide, etc. (comme au précedent article).

(5) Concessimus autem carissimo avunculo nostro *Guillelmo*, remensi archiepiscopo, et cathalanensi et meldensi episcopis, quòd, si ab eis deficerimus, quociens deficiemus, terram nostram quæ sub eis est interdicto supponerent, nisi infrà mensem postquàm ostagii in captione se dedissent, emendatum esset. Si verò comes *Theobaldus* de hoc deficeret, quociens deficeret, prædicti archiepiscopus et episcopi terram ejus interdicto supponerent, si non fuerit emendatum.

Quod ut firmum sit et stabile, sigilli nostri aucthoritate præsentem paginam roboramus.

Actum Meludini, anno Domini 1198, mense aprili.

N°. 95. — Traité *de paix entre le roi de France et le roi d'Allemagne.*

Worms, 3°. des cal. de juillet 1198. (Rymer, I, 33. Hist. XVII, 49.)

N°. 96. — Accord *entre le Roi et le comte de Champagne, par lequel il est convenu que les Juifs de l'un ne préteront point dans les terres de l'autre* (1).

Mantes, septembre 1198. (Brussel, I, 571.)

---

(1) En France les juifs étaient serfs, mainmortables, et les seigneurs leur succédaient. (Montesq. XXI, 20.)

N°. 97. — CHARTE *qui casse la commune d'Étampes.*

Paris, 1199, 21e. année du règne. (C. L. XI, 277.)

In nomine, etc., *Philippus*, Dei gratiâ, Francorum rex.

Noverint universi presentes pariter et futuri, quòd propter injurias et oppressiones et gravamina que communia *Stamparum* inferebat tam ecclesiis et rebus earum quàm militibus et rebus eorum.

Quassavimus eamdem communiam, et concessimus tam ecclesiis quàm militibus, quòd apud *Stampas* deinceps communia non erit.

Ecclesie autem et milites rehabebunt libertates et jura sua, sicut habebant antè communiam; eo excepto quòd omnes homines et hospites eorum, ibunt in exercitu et equitationes nostras, sicut et alii homines nostri.

Et nos tam homines et hospites ecclesiarum, quàm homines et hospites militum, qui sunt in castello et in suburbiis *Stamparum*, qui erant in communiâ, quotiescumque, et sicut nobis placuerit, taliabimus (1). Si autem contingeret quòd aliquis hominum et hospitum illorum, super quem tallia esset imposita, eam nobis non redderet, possemus capere, tam corpus ejusdem hominis, vel hospitis, cujuscumque homo vel hospes esset, sive ecclesie, sive militis, quàm universa mobilia ejus.

Quòd ut, etc. Actum *Parisiis*, etc.

N°. 98. — TRAITÉ *de paix entre le roi de France et le roi d'Angleterre, par lequel ce dernier cède à Philippe une grande partie des terres de ses vassaux, en considération du mariage de Louis, fils de Philippe, avec Blanche nièce de Jean.*

Goleton, mai 1200. (Hist. XVI, 51.)

(EXTRAIT.)

(17) Nos verò dedimus domino regi Franciæ securitates de hominibus subscriptis, scilicet *Balduino* comite *Albemarle*, etc. (9 *grands du royaume*) qui juraverunt hoc modo, quòd ipsi cum omnibus feodis suis citrà mare ad dominum regem Franciæ irent, si hanc pacem ei non teneremus sicut est divisa.

---

(1) La taille.

(18) *(Le roi de France présente, également comme garans, neuf grands de son royaume.)*

(19) Nos autem et hostagii prænominati, juravimus hæc omnia prædicta bonâ fide et sine malo ingenio fideliter et firmiter observanda (1). Quod ut perpetuum robur obtineat, etc.

N°. 99. — LETTRES *en faveur des écoliers de Paris* (2).
Betisi, 1200, ann. 21 du règne. (C. L. I, 18.)

SOMMAIRES.

(1) *Le Roi fera jurer les bourgeois de Paris, que s'ils voient quelque laïque faire insulte à un écolier, ils en rendront un témoignage véritable.*

(2) *S'il arrive qu'un écolier soit frappé d'armes, de bâton ou de pierre, tous les laïques qui le verront, arrêteront, de bonne foi, les malfaiteurs pour les livrer à*

---

(1) C'était l'usage alors que les vassaux cautionassent leur souverain. Ainsi quand on les voit armés contre lui, ce n'est pas toujours la preuve d'une révolte injuste, mais souvent la suite d'une obligation à laquelle le prince avait consenti, s'il manquait à ses engagemens. (Velly, III, 407.)

(2) Les premiers statuts de l'Université, ont été dressés par Robert de Courçon, autrement dit le cardinal de Saint-Étienne, légat du Saint-Siège. On a prétendu que l'Université devait son établissement à Charlemagne, ce qui prouve seulement dans quelle estime elle était, puisqu'on lui cherchait une origine si ancienne, mais ce qui ne se trouve attesté par aucun auteur contemporain ; il y a apparence que ce fut sous la fin du règne de Louis-le-Jeune, que l'Université prit naissance ; encore le nom d'Université ne commença-t-il à être employé que sous saint Louis ; et on peut regarder Pierre Lombard comme son fondateur. Alors s'établirent quelques colléges, différens des écoles dépendantes du chapitre, telle que l'école de Saint-Germain-de-l'Auxerrois, d'où le quai de l'École a tiré son nom ; elle s'accrut considérablement sous saint Louis. Jeanne, reine de Navarre, fonda, sous le règne de son mari, Philippe-le-Bel, le collége de son nom ; le cardinal Lemoine en fit de même en 1302, ainsi qu'un évêque de Bayeux, dont le collége de ce nom subsiste encore à Paris, etc.; mais son état le plus florissant fut sous le règne de Charles VI. On en peut rapporter deux causes principales : le schisme de 38 ans et les démêlés du duc d'Orléans et de Jean-sans-Peur. Les différens partis, comme il arrive toujours dans les temps de troubles, cherchèrent à se fortifier de tout ce qui se présentait, et profitèrent de la considération qu'on avaient donnée à des corps qui n'étaient pas faits pour prendre part au gouvernement. On ne peut lire, sans étonnement, les priviléges dont l'Université jouit alors, ainsi que les écoliers. Le recteur donnait les pouvoirs aux prédicateurs ; ni lui, ni ses écoliers ne contribuaient à aucune charge de l'État ; leurs causes étaient commises devant le prévôt de Paris, qui s'honorait du titre de *conservateur des priviléges royaux des Universités de Paris* ; la signature du recteur intervenait dans les actes publics et les traités : l'Université députait aux conciles ; enfin, la science semblait un tel prodige dans ces temps d'ignorance, que l'on croyait ne pouvoir trop faire pour un corps qui en était le dépositaire : la fin du règne de Charles VI vit la diminution du crédit de l'Université par la fin du schisme et par l'invasion des Anglais, qui n'avaient personne à ménager ; et les troubles s'étant apaisés sous le règne de Charles VII, elle fut remise à la place qu'elle devait naturellement occuper, qui était de se tenir à l'instruction de la jeunesse, et à faire fleurir les belles-lettres : non

la justice du Roi. Et nul laïque ne se retirera pour ne pas voir le méfait, ou pour n'en pas rendre témoignage.

(3) Soit que le malfaiteur soit pris en flagrant délit, ou non, le Roi, ou ses officiers feront faire enquête, ou information par des personnes fidèles, clercs, ou laïques, et s'il est prouvé par l'enquête qu'il ait commis le crime, le Roi, ou ses officiers en feront aussitôt justice, quand même le criminel nierait le fait et qu'il offrirait de se purger par le duel ou par l'eau.

(4) Le prévôt du Roi, ou l'officier de sa justice ne pourra mettre la main sur un écolier, ni le mettre en prison, à moins que le forfait ne soit tel que l'écolier doive être arrêté. Dans ce seul cas, la justice du Roi l'arrêtera sur le lieu, sans le frapper, à moins qu'il ne se défende; et elle le rendra à la justice ecclésiastique, qui le gardera jusqu'à ce qu'il ait satisfait au Roi, ou à la partie.

(5) Si le forfait est grand, la justice du Roi ira, ou enverra pour en connaître.

(6) Si l'écolier qui a été arrêté ne s'est pas défendu, et si c'est lui qui a reçu l'injure, le Roi, ou ses officiers en feront justice.

(7) Hors le cas du flagrant délit, la justice du Roi ne pourra mettre la main sur aucun écolier. Et s'il est à propos d'en prendre quelqu'un, il sera arrêté, gardé et jugé par la cour ecclésiastique.

(8) Si le prévôt du Roi arrête un écolier en flagrant délit, et à une telle heure que l'on ne puisse avoir recours à la justice ecclésiastique, l'écolier sera mis et gardé en la maison d'un autre écolier, sans injure, jusqu'à ce qu'il soit livré au juge de l'église.

(9) A l'égard des serviteurs laïques des écoliers, qui ne doivent au Roi ni droit de bourgeoisie, ni résidence, et qui ne sont pas marchands, afin que les écoliers ne s'en servent pas pour faire injure aux autres, les officiers du Roi ne pourront pas mettre la main sur eux, à moins que leur délit ne soit apparent.

(10) Quant aux chanoines de Paris et leurs serviteurs, ils jouiront seulement des libertés que le Roi et ses prédécesseurs leur ont accordées.

---

(1) *Philippus*, etc. Ordinamus quod omnes cives Parisienses jurare faciemus, quod si alicui scholari ab aliquo laico injuriam

qu'elle n'ait conservé encore quelque temps les restes de son ancienne grandeur, qui, diminuant insensiblement jusqu'au règne de Louis XII, où le cardinal d'Amboise acheva de détruire ses prétentions, a enfin cessé lorsque nos Rois ont eu repris toute leur autorité. Mais l'Université de Paris, en perdant des droits peu fondés, et réduite à ses propres forces, n'en a acquis depuis que plus de grandeur et plus d'éclat; mère de toutes les autres Universités, féconde en hommes célèbres, source de tous les genres de savoir, soumise inviolablement au Saint-Siége, dont les pontifes n'ont pas dédaigné de recourir à ses lumières; oracle des conciles mêmes, elle jouit dans tout le monde chrétien de cet empire que donne la supériorité des connaissances, et qui lui est d'autant plus assuré qu'elle ne le doit qu'à elle-même. Ce fut aussi vers ce temps que l'Université de Toulouse fut établie. (Hén., Abr. chr.)

fieri viderint, quòd super eo testimonium perhibeant veritati

(2) Si scholaris armis percutiatur (1), fuste, aut lapide, omnes laïci qui viderint, bonâ fide comprehendent illum malefactorem, vel malefactores, ut tradant justitie nostre, nec se substrahent, ne videant, vel comprehendant, vel testimonium veritati perhibeant.

(3) Si verò (2) malefactor captus sit super ipsum forefactum suum, nos bonam inquisitionem faciemus et fidelem, sive per clericos, sive per laïcos, seu per quascunque bonas personas: præpositus noster, et justitie nostre id facient. Et si intelligere potuerimus, per bonam inquisitionem, vel justitie nostre intelligere potuerint, quòd ille (3) fecerit forefactum, statim faciemus justitiam, seu nostre justitie facient, secundùm qualitatem et modum forefacti : nonobstante quòd malefactor ille factum negabit, vel quòd dicet se paratum esse deffendere per monomachiam (4), vel per judicium atque (5).

(4) Præpositus noster, vel justitie nostre, pro nullo forefacto in scholarem manus mittent, nisi forefactum scholaris tale visum fuerit, ut debeat arestari, et tunc arestabit eum justicia nostra in eodem loco, sine omni percussione, nisi se defenderit, et reddet eum justitie ecclesiastice, quæ eum custodire debet, pro satisfaciendo nobis et injuriam passo.

(5) Et si forefactum grande visum fuerit ibi (6), vel mittet justicia nostra, ut videat quid scholari fiet (7).

(6) Si verò se scholaris non defenderit in arrestatione illa, et injuriam passus fuerit, nos secundùm prædictam inquisitionem, et per juramentum prædictum inde ultionem faciemus.

(7) In nullum scholarium justicia nostra, pro nullo forefacto manum mittet : sed si visum fuerit esse arrestandum, per justi-

---

(1) Il y a dans le manuscrit : Et si contigerit, quòd si aliquis alicui scholari ab aliquo laïco injuriam fieri viderit, si scholaris maximè armis percutiatur aut fuste, aut lapide, etc. (Laur.)

(2) Il y a dans le manuscrit : Sive autem malefactor captus sit super ipsum forefactum, sive non, nos legitimam inquisitionem faciemus, etc. (Laur.)

(3) Le manuscrit ajoute : cui imponitur, fecerit illud forefactum. (Laur.)

(4) V. l'ord. de 1260, touchant les gages de bataille, et le liv. 1er. des Etablissemens, chap. 2, 3 et 4. (Laur.)

(5) V. Ducange in glossario, judicium Dei. *Anastasium* germonium et Innocentium circa eam ad titul. Decretalium de purgatione canonicâ et vulgari, et ejusdem glossa ad capitularia in aquæ ferventis, aut frigidæ judicium. (Laur.)

(6) Il faut lire *ibit*, comme il y a dans le registre de Philip.-Aug. (Laur.)

(7) V. stabilimentum quod fuit factum inter clericos, regem et barones, art. 2 et 6, entre les ord. de Philippe-Auguste. (Laur.)

eiam ecclesiasticam arrestabitis (1) et arrestatum custodietis, ut de illo capitali fiat, quod per ecclesiam bene fuerit judicatum.

(8) Quòd si tali horâ fuerint scholares arestati à præposito, quòd non possit justicia ecclesiastica inveniri, vel statim, faciet prepositus in aliquâ scholari domo eosdem sine injuriâ custodiri, donec justicie ecclesiastice tradentur.

(9) De servientibus (2) laïcis scholarium, qui non debent burgensiam nobis (3) vel residentiam (4), nec vivunt de mercaturis, et unde scholares non faciant injuriam aliis, sic erit, quòd in eos manum non mittemus, nec justicia nostra, nisi forefactum apparens fuerit (5).

(10) Volumus ut canonici pariter et eorum servientes, et ejusdem villæ cononici eandem libertatem habeant, quam predecessores nostri, et nos contulimus.

Statuimus ut præpositus parisiensis se bonâ fide servaturum juramento confirmet (6).

Actum apud Bestisiacum, anno incarnati Verbi 1200, regni vero nostri anno 21.

N°. 100. — LETTRES *par lesquelles le Roi reçoit Arthur à hommage-lige des comtés d'Anjou, Maine et Touraine.*

Gournai, juillet 1202. (Hist. XVII, 54.)

---

(1) Dans le registre de Philippe-Auguste il y a mieux, *arrestabitur, et arrestatus custodiatur*. (Laur.)
(2) *Servientes* ne peut signifier ici que *serviteurs*. Anciennement sergent et serviteur était la même chose; mais ces deux mots ont depuis reçu une signification bien différente. (Laur.)
(3) C'est ce qu'on appelle dans nos cout. le droit de jurée. (Laur.)
(4) V. (Glossaire du Droit français, v°. *resseans* et *estagiers*. (Laur.)
(5) Le manuscrit du Trésor des chartes ajoute : *Pro quo debeamus in eis manum mittere, vel justicia nostra*. (Laur.)
(6) Avant ce mot, il y a dans le manuscrit du Trésor des chartes : *Pro tenore ejusdem privilegii quod Parisiensibus scolaribus contulimus, nolumus, ut canonici parisienses, et eorum servientes in hoc privilegio contineantur, sed volumus ut servientes canonicorum parisiensium, et ejusdem villæ canonici eandem libertatem habeant, quam prædecessores nostri observare debuerunt. Et nos occasione autem prædictarum conventionum, vel occasione hujus cartæ in causam trahi non poterimus nisi in curiam nostram. Ut autem hæc cautius custodiantur et stabili in perpetuum jure firmentur statuimus, ut præpositus nunc noster et parisiensis populus omnia quæ prædicta sunt, in conspectu scolarium tantum, se bona fide servaturos in juramento se confirment. Et de cætero semper quicumque officium præpositura parisiensis administrandum à nobis acceperit, inter ipsa præposituræ suæ initia, dominicâ videlicet primâ, vel secundâ in una ecclesiarun parisiensium, coram scolaribus, prædicta omnia se bonâ fide servaturum publice juramento confirmet.* (Laur.)

PHILIPPE-AUGUSTE.

N.° 101. — ARRÊT de la cour des Pairs, qui condamne à mort Jean-sans-Terre (1) duc d'Aquitaine et de Normandie, roi d'Angleterre, pour l'assassinat du comte Arthur, et confisque toutes ses terres (2).

1202. (Duchesne, tom. V, p. 764.)

N.° 102. — LETTRE d'Eude, duc de Bourgogne, par laquelle il déclare qu'il a conseillé au roi, son seigneur, de ne faire ni paix ni trêve avec le roi d'Angleterre, par contrainte du pape ou d'aucun cardinal; il promet de le secourir en cas de violence du pape, et de ne point traiter séparément avec Rome (3).

Le Vaudreuil, juillet 1203. (Trésor des Chartes, Preuve des Libertés Gallicanes, ch. 7.)

N.° 103. — TRAITÉ entre le Roi et les habitans de Rouen pour la reddition de cette ville.

Rouen, 1er. juin 1204. (Hist. XVII, 57.)

N.° 104. — ÉTABLISSEMENT (4) entre le Roi, les clercs et les barons (5).

1204. (Selon la table de Villevaut, C. L. I, 39.)

SOMMAIRES.

(1) Les clercs connaîtront du parjure, mais sous ce prétexte, ils ne connaîtront pas des matières féodales. Quoiqu'une veuve ait à prendre son douaire sur un fief; il sera néanmoins

---

(1) Il fut ainsi nommé, dit Duchesne, d'autant que, du vivant du roi Henri II, son père, il n'avait aucun apanage, parce qu'il était encore mineur, suivant la loi des fiefs, qui voulait que même les nobles ne possédassent point de fiefs qu'ils ne pussent les desservir, et qu'ils n'eussent 21 ans, qui était l'âge de la majorité féodale (comme celui des roturiers était de 14 ans, parce qu'alors ils pouvaient faire quelque négoce). Philippe-le-Hardi, tige de la seconde maison de Bourgogne, fut aussi surnommé Sans-Terre, avant que le Roi Jean l'eût apanagé du comté de Touraine et du duché de Bourgogne; de même que Philippe, comte de Bresse, devenu duc Savoie, en 1496, par la mort de son petit-neveu, le duc Charles-Jean-Aimé, parce qu'il avait été jusqu'à l'âge de 22 ans sans avoir d'apanage. Cependant il faut remarquer que, suivant les établissemens de saint Louis, lorsqu'un gentilhomme mariait son fils, ou qu'il le faisait chevalier, il devait, suivant la coutume, lui donner le tiers de sa terre. (Hén., Abr. chr.)

(2) Il ne lui resta plus en France que la Guyenne.

(3) Onze seigneurs et barons donnèrent au roi les mêmes conseils et prirent les mêmes engagemens.

(4) Ce mot, dans ces temps-là, signifiait une ordonnance, et Joinville l'emploie toujours ainsi. On dira peut-être que ce n'est ici qu'une convention qui fut faite sous le règne de Philippe-Auguste entre les clercs et les barons, mais il faut observer que le roi était à la tête des barons, qui donnait à cette convention force de loi. (Laur.)

(5) V. Montesquieu, XXVIII, 40-41.

en son option de plaider en cour de chrétienté, ou pardevant le seigneur du fief.

(2) Quand un clerc, arrêté pour un crime capital, aura été dégradé par le juge d'église, ce juge ne le pourra pas délivrer, ni le mettre en un lieu où il ne puisse pas être arrêté, mais la justice ordinaire le pourra arrêter hors de l'église, et du cimetière, et le punir suivant son crime.

(3) Les dîmes seront payées comme elles l'ont été, et comme elles doivent l'être.

(4) Nul bourgeois, ou vilain ne pourra donner à son fils clerc, s'il a d'autres enfans, la moitié, ni plus que la moitié de sa terre, et s'il lui donne moins que la moitié, ce fils clerc rendra au seigneur de la terre les services qui lui en seront dus, mais ce clerc ne pourra être mis à la taille à moins qu'il ne soit usurier, ou marchand. Le fond de terre qui lui aura été ainsi donné, appartiendra après sa mort à ses plus proches parens, et nul clerc ne pourra acheter cette terre, sans rendre au seigneur les services qui lui en seront dus.

(5) Les archevêques ou les évêques ne pourront obliger les bourgeois ou autres, à jurer qu'ils n'ont pas prêté à usure, et qu'ils n'y prêteront pas.

(6) Si un clerc est arrêté en flagrant délit de rapt, il sera mis entre les mains du juge d'église pour être dégradé, et après qu'il aura été dégradé, le juge laïque le pourra prendre hors de l'église, ou du porche, et le punir, sans que le juge d'église puisse accuser le juge laïque d'entreprise.

(7) Si un clerc poursuit un laïque pour raison d'un héritage, que le laïque n'a jamais eu, le clerc ne pourra pas le faire ajourner en cour de chrétienté, mais il faudra qu'il le poursuive pardevant le seigneur, qui en devra connaître, à moins toutefois que la cour de chrétienté n'ait la juridiction temporelle du lieu.

(8) Les clercs ne doivent pas excommunier ceux qui vendent, le jour du dimanche, des blés, ou autres marchandises semblables, ni ceux qui vendent aux juifs, ou qui achètent d'eux, ou qui travaillent pour eux ; mais ils peuvent excommunier les nourrices, qui allaitent les enfans des juifs.

(9) Quand un homme se constitue volontairement prisonnier, pour se racheter d'un crime qu'il a commis, ou quand le Roi, ou un autre seigneur a fait arrêter un criminel, pour lui donner occasion de se rédimer, si ce criminel se sauve de prison et s'enfuit à l'église, il ne peut pas priver le Roi, ou le seigneur du profit qui leur doit revenir de ce rachat, mais on le peut mettre en lieu de sûreté hors de l'église, et du porche, sans que ceux qui l'auront ainsi retiré, puissent être inquiétés.

(10) Les clercs ne peuvent pas excommunier un seigneur, ni mettre sa terre en interdit, pour le forfait de son sergent, à moins que le seigneur n'ait été requis d'en faire justice, ou son bailly, en cas que le seigneur soit hors du pays.

(11) Il en sera de même, si c'est le seigneur qui a commis le forfait contre l'église, soit qu'il l'ait fait à dessein, ou sans dessein.

(12) Le juge d'église ne peut pas obliger celui qui est ajourné devant lui, de jurer qu'il y estera à droit, quoique l'ajourné y ait procédé, et qu'il ne soit pas excommunié.

(13). Lorsque les clercs poursuivent quelqu'un comme leur serf, en cour de chrétienté, et que celui qui est poursuivi, se dit serf d'un autre seigneur, le juge d'église ne peut pas obliger ce serf à se défendre pardevant lui, ni excommunier ceux qui s'en disent les seigneurs; mais il faut que le procès soit terminé dans la justice de celui que le serf aura avoué, ou réclamé pour son seigneur.

---

(1) Primum capitulum est, quòd clerici trahunt causam feodorum in curiam christianitatis, propter hoc quod dicunt quod fiducie, vel juramentum fuerunt inter eos, inter quos causa vertitur, et propter hanc occasionem, perdunt Domini justitiam feodorum suorum.

Responsio.

In hoc concordati sunt rex et barones, quòd benè volunt quod ipsi cognoscant de perjurio et transgressione fidei, sed nolunt quod cognoscant de feodo; et si convictus fuerit de perjurio, vel transgressione fidei, injungant eis penitentiam, sed propter hoc Dominus non amittat justitiam feodi, nec propter hoc se capiant ad feodum.

Preterea volunt rex et barones, quòd vidua possit conqueri regi, vel ecclesie de dotalitio suo (1) : et si conquesta fuerit ecclesie, et ille à quo petit dotalitium, dicat quod

---

(1) On peut voir, dans le Gloss. du droit français, que, suivant quelques lois des empereurs romains, il n'y avait pas de mariage sans dot, ce qu'on prouve par la nov. de Majorien *de sanctimonialibus*, et celle de Just. 11, ch. 4 et 74, ch. 4.

Quant aux papes, ils ordonnèrent aussi qu'il n'y aurait pas de mariage sans dot. can. *consanguin.* 4, causâ 3, q. 4, § 1. L'église gallicane suivit la novelle de Majorien, et elle ordonna que les femmes seraient dotées. Gratien, 30. Quæst 5, d'après le Concile d'Arles de l'an 524. *Nullum sine dote fiat conjugium, juxta possibilitatem fiat dos, nec sine publicis nuptiis quisquam nubere, vel uxorem dicere præsumat.*

Et comme c'étaient anciennement en France les maris qui dotaient leurs femmes, de là vient que l'on obligeait les futurs époux, avant le mariage, de les doter ou de leur constituer leur douaire, ce qui se faisait toujours à la porte du l'église ou du monstier. Et comme par cette raison le douaire était en quelque façon de l'essence du mariage, de là vient que la cour de chrétienté en avait la connaissance concurremment avec les juges royaux ou des seigneurs. V. chap. 18, 1er. liv. des établissemens.

Il semblait que le juge d'église devait aussi connaître des matières féodales, à cause que le serment y était souvent violé, mais les rois et les barons distinguèrent très-bien le violement de foi par rapport au for intérieur ou à la félonie. (Laur.)

respondebit coràm domino de quo feodum movet, ecclesia potest cogere ipsum ad respondendum, et decidere causam inter eos de jure.

(2) Secundum capitulum, quòd quando clericus capitur pro aliquo forisfacto, undè aliquis debet vitam vel membrum perdere, et traditur clerico ad degradandum (1), clerici volunt illum degradatum omninò liberare, ad quod respondetur.

Quòd clerici non debent eum degradatum reddere curie, sed non debent illum liberare, neque ponere in tali loco ubi non possit capi, sed justiciarii possunt illum capere, extrà ecclesiam (2) vel cæmeterium (3), et facere justitiam de eo, nec indè possunt trahi in causam.

(3) De decimis ita statutum est quòd decime reddantur, sicut hactenùs reddite fuerunt (4), et sic debent reddi.

(4) Quartum, quòd nullus burgensis, vel villanus potest filio suo clerico medietatem, terre sue vel plusquàm medietatem donare, si habuerit filium, vel filios, et si dederit ei partem terre citrà medietatem, ipse clericus debet reddere tale servitium et auxilium quale terra debebat dominis quibus debebatur (5). Sed non poterit talliari nisi fuerit usurarius, vel mercator, et post decessum suum, terra redibit ad proximiores parentes. Et nullus clericus potest emere terram, quin reddat domino terre tale servitium quale terra debet.

(5) Quintum capitulum est quod episcopi, vel archiepiscopi non debent requirere à burgensibus, vel ab aliis tale juramentum quod nunquàm prestaverint ad usuram, neque prestabunt.

(6) Si clericus deprehensus fuerit in raptu, tradetur ecclesiæ ad degradandum, et post degradationem poterit eum capere rex, vel justiciarius extrà ecclesiam vel atrium (6), et facere de eo justitiam et non poterit in causam.

---

(1) La dégradation était un acte solennel par lequel on ôtait au clerc ou au prêtre le titre clérical ou sacerdotal. V. nov. 83, de Justinien avec la note de Cujas, l'ord. de Charles IX du 16 avril 1571. Fevret, *de l'abus*, tom. 2, liv. 8, chap. 4. (Laur.)

(2) Les asiles, qui avaient été en usage sous la 1re. et la 2e. race de nos rois, étaient exactement pratiqués dans le temps de cet établissement, mais comme ils ne servaient qu'à l'impunité des crimes, ils furent abolis par l'ord. de 1539, art. 166. (Laur.)

(3) V. Rittbersh. *de asylis*, cap. 3, num. 21, et Mylerum, *de jure asylorum*, cap. 12, n°. 2, page 152. (Laur.)

(4) Ainsi, en Normandie, on ne payait point la dîme des foins, des genêts et des bois, à moins qu'ils n'eussent été premièrement aumônés. (Laur.)

(5) Beaumanoir, chap. 50, pag. 270. (Laur.)

(6) C'est le porche de l'église et le cimetière qui était un lieu d'asile sous les 1re. et 2e. races de nos rois. Décret de Clotaire, *regis post legem salicam*, § 13. V. le chap. 31 du 1er. liv. des établissem. (Laur.)

(7) Si clericus aliquem, qui non sit clericus, traxerit in causam, super aliquâ possessione (1), de quâ nunquàm fuit tenens, non debet eum trahere in curiam christianitatis, sed in curiâ domini ad quem spectat justitia (2), nisi ratione fundi terre ad christianitatem spectet justitia.

(8) Item clerici non debent excommunicare illos qui vendunt blada, vel alias merces diebus dominicis, neque illos qui vendunt judæis, vel emunt ab illis, vel qui opera eorum faciunt. Sed bene volunt quod nutrices judæorum excommunicentur.

(9) Item super eo quod quandò aliquis de voluntate suâ se mittit in carcerem regis, vel alterius, ubi rex vel alius habet capitale, sive vitam, aut membrum perdere, ut redimatur (3), vel quandò rex, vel aliquis alius capit aliquem, pro redimendo suam vitam, vel membrum perdere et evadit de carcere, fugit ad ecclesiam, ecclesia vult eum liberare et auferre Domino redemptionem, respondent.

Quod ex quo aliquis de voluntate suâ se mittit in carcerem alicujus ut redimatur, vel quandò aliquis capitur pro catallo, suam vitam vel membrum perdere ecclesia non debet domino auferre catallum, vel redemptionem suam, neque illum liberare, si fugerit ad ecclesiam, sed potest custodiri extrà ecclesiam, et extrà atrium, nec custodes ex hoc poterunt causari de jure.

(10) Item clerici non possunt de jure excommunicare aliquem propter forifactum servientis sui (4), neque interdicere

---

(1) Ici *possessio* signifie un *fonds*, un *héritage*. (Laur.)

(2) Ce doit être, ce semble, le seigneur du domicile, car si celui qui était poursuivi n'avait jamais possédé l'héritage, il ne pouvait être poursuivi que personnellement. V. Van-Espen, partie 3, chap. 2, 11, 3, 4, 13, 14. (Laur.)

(3) Anciennement, ceux qui étaient condamnés pour crime à perdre quelques membres ou la vie, se pouvaient racheter pour de l'argent. V. *formulam sirmondicam* 32.

Que l'on suppose qu'un homme qui méritait de perdre la vie, ou quelque membre, eût été mis en prison ou se fût constitué lui-même prisonnier pour se rédimer par la perte de ses cateux, et qu'ensuite il se fût évadé de prison et sauvé en lieu d'asile, comme dans l'église ou le cimetière, l'église le pouvait-elle faire évader, et priver ainsi le seigneur des cateux qui devaient lui revenir?

Le roi et les barons décidèrent que l'église ne le pouvait pas, mais qu'elle pouvait seulement tenir le criminel caché, pourvu que ce fût hors de l'église et du porche ou du cimetière. (Laur.)

(4) V. chap. 149 des Établiss., liv. 1. (Laur.)

terram (1) ejus priùsquàm dominus fuerit super hoc requisitus, vel baillivus ejus si dominus fuerit foris paitratus (2).

11. Item si aliquis scienter vel ignoranter forisfecerit, ecclesiæ, non debet excommunicari, vel ejus terra interdici, donec super hoc requisitus fuerit, vel baillivus ejus, si dominus fuerit extrà patriam.

12. Item quandò aliquis citatur, coràm ecclesiastico judice, et ipsi judices compellunt eum in primâ citatione jurare quod stabit mandato eorum, quàmvis non defecerit de jure faciendo, vel quàmvis non sit excommunicatus. Responderunt quod hoc non debet fieri.

13. Item super eo quod clerici aliquem trahunt in causam de servitute, et ille dicit se esse servum alterius, volunt quod ille respondeat in curiâ illorum, quàmvis dicat se esse servum alterius, et cogunt ipsum ad respondendum coràm ipsis per excommunicationem, vel illos excommunicant qui ipsos manutenent: ad quod respondent, quod ille debet respondere in curiâ illius cujus servum se esse profitetur (3).

N°. 105. — ORDONNANCE, ou *Établissement sur les Juifs et l'Usure.*

Paris, 1er. septembre 1206. (C. L. I. 44, et XI, 291. Hist. XVII, 427.)

SOMMAIRES.

(1) Aucun juif ne pourra prendre un plus gros intérêt, que de deux deniers pour livre par chaque semaine.

(2) Nul juif ne pourra forcer son débiteur à compter avant l'an, à moins que le débiteur ne veuille s'acquitter et compter, car toutes les fois que le débiteur voudra compter et rendre au juif ce qu'il lui devra, le juif ne pourra le refuser.

(3) Les juifs feront sceller leurs obligations, dans le jour qui leur aura été fixé par les baillis du Roi, et après ce jour ils ne pourront plus rien exiger par vertu de l'ancien sceau.

(4) S'il arrive qu'un débiteur soit en fuite, ou en pèlerinage, on arrêtera, ou fixera ce qu'il doit, et de ce jour l'intérêt de la somme due ne courra plus qu'à raison de deux deniers pour livre, et par semaine.

(5) Les juifs, en prêtant ainsi à intérêt, ne pourront prendre pour gages des vases, et orne-

---

(1) L'interdit était une excommunication générale d'un royaume, d'une province, d'une ville, ou d'une seigneurie. Les ecclésiastiques abusant de ce prétendu droit, les papes accordèrent à nos rois que les villes de leurs domaines ou du domaine des reines ne pourraient plus être mises en cés ou interdit. (L.)

(2) C.-à-d. hors du pays. Desfontaines, dans son conseil, ch. 17, n°. 1. (L.)

(3) V. chap. 31, liv. 2 d.s Etablis.

mens ecclésiastiques, vétemens ensanglantés, ou mouillés récemment, etc.; et s'ils le font, ils perdront ce qu'ils auront prêté, et rendront les gages à ceux à qui ils appartiennent.

(6) Dans le temps du prêt, le juif et le débiteur seront tenus d'affirmer, le débiteur qu'il aura reçu tout le contenu dans l'obligation et qu'il n'aura rien donné, ni rien promis au juif, et le juif qu'il n'aura rien reçu, ni qu'il ne lui aura été rien promis. Et si dans la suite ils sont convaincus du contraire, le juif perdra sa créance, et le débiteur sera en la miséricorde du Roi.

(7) Le juif ne pourra rien exiger de ce qu'il aura prêté, si son obligation n'est scellée, ou à moins qu'il n'ait des gages entre ses mains, comme or, argent, vétemens ou animaux.

(8) Il y aura dans chaque ville deux hommes de probité qui garderont le sceau des juifs, et ils feront serment sur l'Evangile, qu'ils n'apposeront le sceau à aucune promesse, s'ils n'ont connaissance par eux-mêmes, ou par d'autres, que la somme qu'elle contient est légitimement due.

(9) Il n'y aura dans chaque ville qu'une personne qui rédigera les obligations passées au profit des juifs, et cette personne donnera caution qu'elle fera exactement son devoir.

(10) Cet établissement ne durera qu'autant que le Roi, la comtesse de Troyes, Guide Dam-Pierre, et les autres barons dont le Roi prendra l'avis, le jugeront à propos.

Philippus, Dei gratiâ, Francorum rex.

Noverint universi ad quos litteræ presentes pervenerint quod hoc est stabilimentum quod rex facit judæis per assensum et voluntatem dilectæ et fideli comitissæ trecensis et Guidonis de Dompnâ Petrâ, primâ die septembris, videlicet in festo saucti Egidii.

(1) Nullus judæus prestabit carius, quam singulas libras pro duobus denariis, per hebdomadam.

(2) Neque judæus computare poterit cùm debitore suo infrà annum, nisi debitor computare voluerit infrà annum. Et quandocumque debitor computare et reddere voluerit, judæus id ei denegare non poterit.

(3) Infrà cicam (1) diem, quæ à baillivis domini regis statuta fuerit, facient judæi universa debita sua sigillari in novis sigillis, et si infrà diem statutam non fuerint sigillata, ex tunc in antea non reddetur eis aliquid, quod exigant per vetera sigilla.

(4) Si quis autem fugitivus fuerit, aut in peregrinatione de-

---

(1) Il faut lire *certam diem*.

tentus, ejus debitum arrestabitur, et ex tunc non curret lucrum, nisi duorum denariorum pro librâ per hebdomadam.

(5) Nihilque prestabunt judæi, super alicujusmodi vasa, vel ornamenta ecclesiastica, nec super vadimonia (1) sanguinolenta vel retent. (2) Madefacta, nec super terras ecclesiarum quæ sub nobis sunt, nisi per nos, nec super terras ecclesiarum comitis trecensis, vel baronum aliorum, nisi per ipsos. Et si hoc fecisse convicti fuerint, ipsi præstitum suum amittent, et ille cujus erit vadium illud quietum rehabebit.

(6) Quando autem debitor suum præstitum accipiet à judæo, uterque tam judæus, quam debitor, jurabunt, quod ipse debitor tantum receperit, quantum in scripto conventionis dicetur, et quod judæo per conventionem nihil dederit. Et si quis illorum exinde convictus fuerit, judæus amittet debitum suum, et debitor in misericordiâ domini regis remanebit.

(7) Præterea si judæus sine sigillo (3) aliquid præstaverit; exinde non respondebitur ei, nisi habeat vadium (4) ex auro, vel argento, vestibus, vel animalibus.

(8) Duo quidem de probioribus viris cujuslibet villæ, custodient sigillum judæorum (5), alter videlicet sigillum, et reliquas ruttam (6). Et ipsi jurabunt super sacrosancta, quod nullum ponent inscriptum ad aliquod debitum, cujus non habeant bonam notitiam, vel per se, vel per alium.

(9) In unaquâque villâ erit unus solus scriptor literarum judæorum, et ille dabit securitatem quod legitime scribet, et officium illud legitime faciet.

(10) Hoc autem stabilimentum durabit, quousque nos, et

---

(1) Ce pourrait être les *corporaux* teints du sang de Jésus-Christ, à qui l'on peut appliquer le canon qui suit d'un concile de Reims. (Burch. dans son décret, liv. 3, cap. 48.) *Quando ablutur corporale à sacerdote, diacono, vel subdiacono, primo in ecclesia in loco et vase ad hoc præparato, abluatur quod ex dominico corpore et sanguine infectum sit.*
Mais dans l'art. 4 de l'ord. de 1218, au lieu de *vadimonia* il y a *vestimenta*, ce qui parait détruire cette explication. (Laur.)

(2) Il faut qu'il y ait *recens* ou *recenter madefacta*. (Laur.)

(3) Ainsi les juifs ne pouvaient poursuivre leurs débiteurs en conséquence de leurs promesses, quand ces promesses n'étaient pas scellées. V. *Heineccium de sigillis*, part. 1, cap. n°. 3. (Laur.)

(4) V. l'ord. de 1673, au titre des intérêts de change, art. 8. (Laur.)

(5) Il semblait que les juifs devaient faire apposer aux promesses qui leur étaient faites le sceau du roi ou des seigneurs sous qui ils demeuraient. Mais on voit ici qu'ils avaient un sceau particulier, parce que, suivant leur loi, ils ne pouvaient se servir des figures d'hommes empreintes, gravées ou peintes. *Heinec. ibid.* (Laur.)

(6) Il faut peut-être *et alter rotam*, c.-à-d. le modèle de la *rouelle* que les juifs devaient porter. (Laur.)

comitissa trecensis, et Guido de Domnâ Petrâ, qui hoc facimus, per nos et illos ex baronibus nostris, quos ad hoc vocare volumus, illud diffaciamus.

Quod ut notum sit, presentem paginam sigilli nostri auctoritate, roboramus.

Actum Parisius, anno Domini 1206, mense septembri.

N°. 106. — BULLE *du Pape, qui délègue deux moines Bernardins, pour juger les Albigeois, et leur adjoint l'abbé de Citeaux* (ce sont les inquisiteurs) (1)

1206. (Hist. des Albigeois, p. 568.)

N°. 107. — LETTRES *sur les moyens d'établir le droit au patronage des églises en Normandie* (2).

1208 ou 1209. (C. L. I, 26.)

---

(1) Le pape leur donne pouvoir non-seulement de les excommunier, mais de contraindre tous les seigneurs, par toutes les censures de l'église, à confisquer leurs biens, à les bannir de leurs terres, et même à les punir de mort s'ils osaient appeler de leur jugement. (Mart. VI, 411.)

(2) Le droit de patronage, qui consiste principalement à nommer aux bénéfices et à recevoir les honneurs dans l'église, a été originairement accordé à ceux qui avaient donné des fonds pour y construire des églises ou qui les avaient fait bâtir ou doter, d'où l'on a fait ce vers :

Patronum faciunt dos, ædificatio, fundus.

Mais il y a six à sept cents années et plus, qu'il s'introduisit un abus qui donna lieu à un grand nombre de patronages, et cet abus fut l'inféodation des églises, même des églises paroissiales.

Pour entendre ceci, il faut savoir que, dans ces temps-là, les grands seigneurs ou barons du royaume se rendirent maîtres des évêchés et des églises paroissiales, et qu'ils les donnèrent en fief à des gentilshommes qui faisaient desservir ces bénéfices par des personnes à gages, en sorte que ces gentilshommes tiraient des profits des ordinations, des sépultures, des baptêmes, des confirmations, et, en un mot, de tous les sacremens.

Ainsi, l'on voit dans le premier volume *Galliæ christianæ* des pères bénédictins, p. 4, aux preuves, chap. 8, que le comte Ponce avait donné l'évêché d'Alby en dot à sa femme.

Ainsi Evrard, chevalier, tenait en foi et hommage des comtes d'Anjou, la cure de Saint-Léger de Montbrillois. V. remarq. de Laur. sur Loisel, liv. 2, tit. 2, chap. 40.

Comme cet abus était intolérable, l'église s'éleva contre, autant qu'elle put; et, pour exciter les gens de guerre qui possédaient ainsi des bénéfices à les lui restituer, elle leur accorda, en les lui restituant, le droit de patronage, comme s'ils les avaient dotés et fondés, ce qui a très-bien été remarqué par de Roye. *De jure patronatus*, cap. 7, *Prolegomen*, p. 55.

Lorsque celui qui se prétendait patron avait en main son titre de fondation ou de donation, ou l'acte par lequel il avait restitué à l'église le bénéfice qu'il avait tenu en fief ou en alleu, il n'y avait pas de difficulté, à moins qu'une

N°. 108. — ETABLISSEMENT *sur les devoirs des feudataires en cas de division de fief* (1.)

Villeneuve-le-Roi, 1er. mai 1209. (C. L. I, 29.)

Philippus, Dei gratiâ, Francorum (2) rex.

O. dux Burgundiæ, Her. comes Nivernensis, R. comes Boloniæ, G. comes Sancti-Pauli, G. De Domna Petra, et plures alii magnates de regno Franciæ unanimiter convenerunt, et assensu publico firmaverunt ut à primo die maii in posterum ita sit de feodalibus tenementis.

(1) Quicquid tenetur de domino ligie, vel alio modo (3), si contigerit per successionem heredum, vel quocumque alio modo divisionem inde fieri, quocumque modo fiat, omnis, qui de illo feodo tenebit, de domino feodi principaliter (4), et nullo medio tenebit, sicut unus anteà tenebat priusquàm divisio facta esset.

---

autre personne m'eût prétendu avoir prescrit par trois nominations consécutives, avec une possession continuelle et suffisante, suivant le chap. 3. *Extra de causâ possessionis*, qui est d'Innocent III et de l'an 1206, deux années avant cette ordonnance. Mais quand il n'y avait pas de titre de part et d'autre, ce qui est décidé dans la suite de cette ordonnance devait être observé. (Laur.)

(1) On retrouve cette pièce sous la date de 1210, vol. XII, p. 294 de la C. du L. C'est évidemment la même. V. Nouv. Rép., v°. Etablissement.

(2) Beaumanoir, dans le chap. 48 de ses cout. du Beauvoisis, p. 265, écrit que « quand li rois fait aucun establissement, especiaument en son domaine, li barons ne lessent pas à user en leurs terres selonc les anchiennes coutumes. Mais quand li establissement est généraux, il doit courre par tout le royaume. Et nous devons croire que tel establissement sont fait par très-grand conseil et pour le commun pourfit. » Ainsi l'ord. que l'on rapporte ici ne fut faite que pour avoir lieu dans les domaines ou l'obéissance du roi, et dans les domaines des seigneurs particuliers qui y signèrent, car alors les seigneurs barons faisaient des ord. dans leurs domaines, ce qui était un attentat à l'autorité royale, lequel a été depuis réprimé. V. le mandem. touchant les champions, de 1215. (Laur.)

(3) C.-à-d. que toute division de fief tenu à hommage lige ou plain, soit qu'elle fût faite par partage ou autrement, emporterait dépié de fief; en sorte que tous ceux qui y auraient part la tiendraient du chef seigneur et non de leur aîné, comme il se pratiquait auparavant. (Laur.)

C'était (dit Montesq., XXXI, 28.) une coutume du royaume, que quand les aînés avaient donné des parages à leurs cadets, ceux-ci en faisaient hommage à l'aîné; de manière que le seigneur dominant ne les tenait plus qu'en arrière-fief. L'ordonnance de Philippe-Auguste ne fut pas généralement suivie, car il était impossible de faire en ces temps-là des ordonnances générales; mais plusieurs de nos coutumes se réglèrent là-dessus.

(4) Ce mot exclut le parage; car dans le parage, l'aîné qui garantissait ses puînés sous son hommage, portait seul la foi et paraissait ainsi seul seigneur, *tenebat principaliter*. Cependant le parage fut reçu peu de temps après, comme il se voit par les ch. 22 et 43 du 1er. livre des Etabliss. V. la 5e. dissert. de Ducange sur Joinville, et de la Thaumassière dans ses anciennes cout. du Berry, ch. 36, p. 47. (Laur.)

(2) Et quandocumque contigerit, pro illo totali feodo servitium domino fieri, quilibet, eorum secundum quod de feodo illo tenebit, servitium tenebitur exibere, et illi domino deservire, et reddere rachatum et omnem justiciam (1).

(3) Quicquid autem antea factum contra et usitatum, usque ad primum diem maii, maneat, sicut est factum, sed de cetero fiat sicut est supra dictum.

Quod ne possit oblivione deleri, et in posterum irritari, presens scriptum sigillorum suorum munimine roborari fecerunt.

Actum anno Domini 1209, mense maio, primo die maii, apud Villam-Novam Reg., juxta Senon.

N°. 109. — CHARTE *par laquelle le Roi remet à perpétuité, à l'évêque de Mâcon, la régale de cet évêché, voulant qu'elle soit déposée entre les mains du Chapitre, auquel il permet de procéder à l'élection d'un nouvel évêque sans lui en venir demander la permission; à condition, toutefois, qu'aussitôt que l'évêque aura été confirmé par le Pape, il viendra faire le serment de fidélité au Roi, pour recevoir de sa main ses régales.*

Paris, 1209. (Brussel I, 306.)

N°. 110. — CONCILE *dans lequel les ouvrages de métaphysique d'Aristote sont condamnés au feu* (2).

Paris. (Coll. des Concil. VI, 991.)

N°. 111. — LETTRES *sur le privilége des clercs en matière criminelle.*

Compiègne, 1er. mai 1210. (C. L. XI, 294.) (3)

SOMMAIRES.

(1) Le juge laïque ne pourra arrêter, ni emprisonner un accusé, quand il sera certain qu'il sera clerc, à moins que le criminel ne soit pris en flagrant délit pour meurtre, etc.

---

(1) Il semble qu'alors le rachat se payait à toute mutation. Quant au mot *justitia*, il signifie ici *droits, devoirs* ou *redevances*. (Laur.)

(2) Dans la crainte que les subtilités de ce philosophe, en aiguisant les esprits trop faibles alors, ne les égarassent sur les matières de religion, il fut défendu, sous peine d'excommunication, de transcrire ses ouvrages, de les lire, et de les garder chez soi. (Hén., Abr. chron.)

(3) Celles imprimées au tome 1er, C. L., p. 43, sans date, ne sont pas identiquement les mêmes; elles paraissent une mauvaise copie de celles-ci.

(2) S'il est pris en flagrant délit avant la nuit, il sera rendu au juge ecclésiastique, qui en doit connaître, pour le punir selon l'atrocité du crime.

(3) Si, la nuit oblige de retenir le clerc, on ne l'enfermera pas avec des voleurs, ou d'autres malfaiteurs, mais il sera gardé honnêtement, et, le lendemain renvoyé au juge d'église.

(4) Si quelqu'un était arrêté sans être connu pour clerc, et si ensuite l'église le revendiquait comme clerc, il lui serait rendu.

(5) Il en sera de même à l'égard des personnes religieuses.

Philippus, Dei gratiâ, Francorum rex, universis majoribus et juratis communiarum, ad quos præsentes litteræ pervenerint, salutem et dilectionem.

Quoniàm molestum est nobis, et graviter sustinemus, quòd vos damna et gravamina sœpiùs incurritis, clericos eo modo quòd non debetis capiendo, vobis mandantes (1) præcipimus et firmiter inhibemus.

(1) Ne de cetero aliquem clericum, de quo manifestum sit quòd sit clericus, capiatis vel arestetis, neque incarceretis, nisi eum inveneretis ad præsens forefactum multri, homicidii, adulterii, raptûs, vel alicujus magni criminis hujusmodi, vel sanguinis effusi per baculum, vel per lapidem, vel per arma moluta vel nisi eum deprehenderitis, extrà horam in domo alicujus, qui ei domum suam prohibuit coràm bonis testibus.

(2) Si autem ad aliquod hujusmodi forisfactorum, præsentialiter et de die captus fuerit aliquis de quo certum sit quòd clericus sit, statim reddatis eum judici ecclesiastico sub quo erit, ad faciendum de eo id quod secundùm quantitatem et qualitatem forisfacti fuerit faciendum.

(3) Si verò de nocte captus fuerit, et eâdem nocte à judice ecclesiastico requiratur, si hora est quâ possit reddi, eum reddatis per bonum testimonium; si verò eum eâdem nocte non reddideritis, quia erit forsitan extrà horam, ipsum non mittetis cum latronibus, vel aliis malefactoribus; sed per se in custodiâ honestâ usque ad crastinum servetis, et manè antequàm requiratur, eum reddatis ecclesiastico judici sub quo erit.

(4) Cùm verò aliquis capitur, de quo non erit certum quòd sit clericus, quandò requisitus fuerit, et constiterit eum esse clericum, reddatur ut prædictum est.

---

(1) Ce mandement est adressé aux maires et aux communes, parce que, dans ces temps-là, les communes et les maires exerçaient la justice temporelle dans les villes et les banlieues. V. Beauman., ch. 50, p. 271, l'Etablis. entre les barons et les clercs, ch. 2, et les Lett. de l'an 1200, à l'université de Paris.

Idem per omnia de omnibus religiosis personis volumus et præcipimus observari.

Actum *Compendii*, anno Domini 1210, mense maio.

N°. 112. — LETTRES *portant que le Roi et la comtesse de Champagne se sont réciproquement promis de ne recevoir ni retenir les Juifs du domaine l'un de l'autre.*

Mantes, mai 1210. (Brussel, I, 579.)

N°. 113. — LETTRES *qui permettent à la commune de Bourges de lever un impôt sur les terres et un droit à l'entrée sur les voitures, les animaux chargés et les bêtes à vendre.*

Paris, 1210. (C. L. XI, 295.)

N°. 114. — LETTRES *accordant des priviléges aux ouvriers de la monnaie de Paris.*

Paris, 6 des cals de décembre 1211. (C. L. I, 30.)

(EXTRAIT.)

(2) Duximus statuendum, quòd nullus in opere eorumdem commorari, nec ad illud opus evocari possit, nisi sit *frater*, *filius*, vel *nepos* eorumdem, nec etiam ubi denarii fabricantur et traduntur instanter, ut etiam ubi opus eorum, sicut aliàs construitur, nemo interesse potest (1), nec commorari, nisi de consanguinitate eorumdem operariorum, ut suprà dictum est et expressum.

N°. 115. — TRAITÉ *portant trève entre le roi de France et le roi d'Angleterre* (2).

Chinon, septembre 1214. (Hist XVII, 103.)

---

(1) Ce principe est encore en vigueur dans les hôtels des monnaies.
(2) Ce fut dans la campagne que termina ce traité que l'on vit, pour la première fois, le maréchal de France commander l'armée. C'était Henri Clément. Deux choses remarquables à ce sujet: 1°. Il y eut dans cette famille des Clément quatre maréchaux de France de suite; 2°. Jean Clément, fils de Henri, fut fait maréchal de France à la mort de son père, quoiqu'en bas-âge, comme si cette dignité eût été alors héréditaire; aussi Louis VIII prit-il la précaution de faire donner une déclaration par Jean Clément lorsqu'il fut en âge, par laquelle il reconnaissait que cette charge n'était pas héréditaire; précautions sans doute nécessaires alors, pour éviter ce qui était arrivé à la charge de sénéchal que les comtes d'Anjou avaient rendue héréditaire. D'abord il n'y eut qu'un maréchal de France qui commanda les armées sous Philippe-Auguste, comme il vient d'être dit; on en vit deux sous saint Louis; et, quand un des deux venait à manquer, on le remplaçait. François Ier. en ajouta un troisième; et ce nombre

N°. 116. — TRAITÉ *entre le Roi et la comtesse de Flandre pour la mise en liberté du comte Ferrand.*
Paris, octobre 1214. (Hist. XVII, 105.)

N°. 117. — ÉTABLISSEMENT (1) *sur les croisés* (2).
Paris, mars 1214. (Coll. L., I, 32. Hist. XVII, 26.)

SOMMAIRES.

(1) *Aucun bourgeois, ou vilain ne sera imposé à la taille de la première année qu'il aura pris la croix; mais si la taille avait été assise, avant qu'il se fût croisé, il n'en serait affranchi que pour la seconde année, à moins qu'il ne se fit quelque levée pour l'armée. Et la taille sera sensée imposée, quand elle aura été signifiée à personne, ou à domicile.*

(2) *Les croisés ne sont pas exempts de l'ost et de la chevauchée, soit qu'ils aient pris la croix avant, ou après la convocation.*

(3) *Si le Roi ordonne qu'une ville envoie en l'ost, ou la chevauchée, et si les habitans donnent de l'argent au Roi pour lever des troupes, au lieu de servir en personne, le Roi pourra taxer les croisés, mais il sera en leur option de servir ou de payer, et s'ils se trouvent trop taxés, ils se pourvoiront pardevant l'évêque, ou son official.*

(4) *Si un croisé possède des terres sujettes à la taille, il en paiera la taille comme s'il n'était pas croisé, mais s'il nie que ses terres y soient sujettes, il en fera la preuve pardevant l'évêque diocésain, ou son official.*

(5) *Les croisés qui demeurent dans les communes, seront tenus comme les autres de payer pour l'ost et la chevauchée, pour la clôture de la ville, ou pour sa défense, quand elle sera assiégée. Quant aux dettes de la commune, ils contribueront aux paiemens de celles qui ont été faites avant qu'ils prissent la croix, et ils seront exempts de celles qui ont été faites depuis, jusqu'à leur départ et pendant leur voyage, ou pèlerinage.*

(6) *Si les baillys royaux arrêtent un croisé, pour crime, dont il doive perdre quelque*

était tellement fixé, que ce prince en ayant nommé un quatrième, déclara que ce n'était qu'une expectative pour remplacer un des trois qui manquerait; ils avaient chacun leur département. Henri II en créa un quatrième, François II un cinquième, et enfin il fut ordonné aux états de Blois, sous Henri III, que le nombre serait fixé à quatre. Henri IV s'en dispensa par la situation de ses affaires, mais depuis il ne fut plus question de cette fixation sous Louis XIII, encore moins sous Louis XIV. On en comptait jusqu'à vingt après la promotion de 1703. Mais aussi le nombre des armées était bien augmenté. (Hén., Abr. chr.)

(1) Trésor des chartes, registre 2, f° 17. Cette ord. a pour titre : *Stabilimentum cruce signatorum.* (Laur.)

(2) Dans ces lettres, l'official est nommé trois fois comme lieutenant de l'évêque sans juridiction. V. Mémoire de M. le comte Lanjuinais, sur les Officialités, 1821.

membre, ou la vie, l'église ne pourra plus en connaître, mais quand il sera question de crimes légers, les baillifs seront tenus de rendre le coupable à l'église, pour en faire justice.

(7) Si le croisé est convaincu en cour de chrétienté de crime, pour lequel il doive perdre membre, ou vie, l'église ne pourra plus le défendre, ni ses biens, mais quant aux autres crimes, s'il en est convaincu, il en paiera le dommage suivant la coutume de la ville.

(8) Quand quelque ville, bourg, village, ou château est affranchi par le Roi de l'ost ou de la chevauchée, si le Roi leur demande quelque chose pour la subsistance de ses troupes, les croisés ne paieront rien pour la première année.

(9) Lorsqu'il s'agira de droits féodaux, ou de censives, les croisés seront tenus de se défendre en la cour de leurs seigneurs féodaux, ou censiers, mais s'ils se prétendent surchargés, ou de tailles, ou de taxes, ils se pourvoiront pardevant l'évêque, ou son official.

(10) Quand un croisé poursuivra un chrétien, ou sera poursuivi par un chrétien, pour dette, pour meurtre, ou pour injure, il sera au choix du croisé de plaider devant le juge ecclésiastique, ou le juge laïque.

(11) Nul croisé ne sera tenu de répondre en cour séculière, si ce n'est pour raison de son fief, ou de sa censive.

(12) S'il survient quelque nouvelle difficulté à l'occasion des croisés, elle sera décidée par l'évêque de Paris et par celui de Senlis.

(13) Cet établissement sera exécuté dans les domaines du Roi, jusqu'au prochain concile qui doit être tenu à Rome.

Philippus, Dei gratiâ, Francorum rex, amicis et fidelibus suis baronibus, et aliis ad quos presentes litere pervenerint, salutem et dilectionem.

Noveritis quod nos per dilectos et fideles *P.* parisiensem et *G.* silvanectensem episcopos, ex assensu domini legati, fecimus diligenter inquiri, qualiter sancta ecclesia consuevit defendere cruce-signatos, et ipsorum cruce-signatorum libertates, qui factâ inquisitione, pro bono pacis, inter regnum et sacerdotium usque ad instans concilium romanum (1) ista voluerunt observari.

(1) Nullus cruce-signatus burgensis, vel rusticus (2), sive

---

(1) Ce réglement, quoique approuvé par le Roi, n'était, pour ainsi dire, que provisionnel, en attendant que les contestations qu'il y avait à ce sujet fussent décidées dans un concile qui devait être tenu à Rome. (Laur.)

(2) Il n'y avait que les bourgeois ou les vilains qui payaient la taille, et non les clercs ni les gentilshommes. V. chap. 4 de l'Establiss. entre les clercs, le roi et les barons. (Laur.)

mercator fuerit, sive non, primo anno quo crucem assumpsit, tallietur, nisi tallia priùs fuerit imposita quam crucem assumeret. Quòd si primo anno imposita fuerit, immunis erit secundo anno, nisi aliquid accipiatur pro exercitu. Tunc autem talliam esse impositam intelligimus, quando denuntiatum est alicui, vel domini suæ, quantùm debeat solvere, seu ponere in talliâ.

(2) Quia verò constat de consuetudine hactenùs observatâ in regno Franciæ, quòd cruce-signati debeant exercitum (1), nisi per speciale privilegium domini regis sint exempti, dicimus quod in exercitum quilibet cruce-signatus de supradictis ire tenetur, sive antè citationem, sive post, cruce-signetur, si tamen debeat exercitum (2).

(3) Et si rex viderit expedire quod villa mittat in exercitum, et servientes potiùs, quàm illi qui sunt de villa, vadant, poterit rex accipere pro exercitu de cruce-signatis, competenter, sed habebunt de cetero electionem cruce-signati eundi in exercitum, si voluerint, vel ponendi portionem suam in prisiâ, pro redemptione exercitus factâ. Et si gravati fuerint de prisiâ ad diocesanum episcopum, vel ejus officialem habebunt recursum.

(4) Si verò cruce-signatus habeat possessiones quæ debeant talliam, reddet talliam ac si non esset cruce-signatus, et si neget possessiones debere talliam (3), probetur coram diocesano episcopo, vel ejus officiali.

(5) De cruce-signatis manentibus in communiis (4) dicimus, quòd si à communiâ aliquid accipiatur propter exercitum regis, vel clausuram villæ, vel defensionem villæ ab inimicis obsessæ, vel communiæ debitum factum et juratum reddi, antequam crucem assumerent, partem suam ponent in prisiâ, sicut et alii non cruce-signati. De debito verò creato à communiâ

---

(1) C'était ce que l'on appelait, dans ces temps-là, *devoir ost* et *chevauchée*. V. liv. 1er. des Establiss. de saint Louis, chap. 61. (Laur.)

(2) Suivant le chap. 61 du livre 1er. des Establiss., les exempts étaient entre autres les femmes, les fourniers et les meûniers, etc. (Laur.)

(3) V. l'établiss. entre les clercs, le roi et les barons, chap. 4; et not. sur l'ord. de 1188, art. 2, touchant la dîme saladine.

(4) On appelait *commune* une ville affranchie de la main morte, qui formait un corps civil, et qui avait ses maires et ses échevins. Nos rois accordèrent anciennement des chartes de communes aux meilleures villes du royaume et se réputèrent seigneurs de ces villes, ce qui leur fut un moyen pour reprendre peu à peu leur autorité, que les grands seigneurs avaient usurpée. V. Beaumanoir, chap. 50.

post crucis assumptionem, immunis erit cruce-signatus usque ad præsentem motam (1), et quamdiù erit in peregrinatione (2).

(6) Si baillivi domini regis aliquem cruce-signatum deprehenderint ad præsens forefactum, pro quo debeat membris mutilari, vel vitam amittere, secundùm consuetudinem curiæ sæcularis, ecclesia non defendet eum, vel res ejus. In aliis autem levioribus, et minoribus forefactis, pro quibus non debeat membris mutilari, vel vitam amittere, non debet baillivus corpus cruce-signati, vel res ejus capere, vel captum detinere, imò reddat absolutè ipsum et res suas ecclesiæ requirenti, pro jure faciendo.

(7) Si autem in foro ecclesiæ convictus fuerit, de tali forefacto, pro quo debeat juxtà judicis sæcularis consuetudinem, membris mutilari, vel vitam amittere, ecclesia nec ipsum, nec res ejus ampliùs defendet. De aliis convictus in foro ecclesiæ, secundùm consuetudinem villæ (3), emendat læso.

(8) Quod si dominus rex alicui burgo, vel civitati, vel castello, concesserit immunitatem exercitus, si petat rex aliquid de eis pro exercitu, cruce-signati primo anno nihil ponent.

(9) De feodis (4) autem et censivis respondeat cruce-signatus coram domino, feodi, vel censivæ. Et si gravati fuerint, recurrent ad episcopum, vel ejus officialem.

(10) Si verò cruce-signatus conveniat quemquam christianum, super debito, vel mobili, vel injuriâ corporali sibili latâ, vel conveniatur à christianis super premissis, electionem habet conveniendi eum sub judice sæculari, vel ecclesiastico, sub quo maluerit.

(11) Nullus cruce-signatus tenetur respondere in foro sæculari, sed in ecclesiastico exceptis feodis et censivis, de quibus litigabunt coràm dominis feodorum et censivarum de pos-

---

(1) *Mota* vient de *movere*, et signifie proprement *une armée qui se met en marche*. On disait *meute* en vieux français, mot qui a été appliqué dans la suite aux chiens de chasse lorsqu'ils sont en grand nombre. V. Ducange, *gloss.* v°. *movere*, et l'ord. de 1188 touchant les croisés, art. 1. (Laur.)

(2) Ceux qui se *croisaient*, et qui entreprenaient le voyage de la terre sainte, se nommaient *pélerins*, et prenaient, par cette raison, le bourdon. (L.)

(3) V. Fevret, Traité de l'abus, liv. 8, chap. 1, 2, 3, etc. (Laur.)

(4) *Restabilimentum factum inter clericos*, etc. cap. 1, et l'enquête des droitures des rois d'*Angleterre* vers sainte église que Philippe-Auguste fit faire (vers le milieu). Cette enquête est au registre Saint-Just de la chambre des comptes, f° 9. (Laur.)

sessione quam pacificè tenuerint per diem et annum (1), donec perfecerit peregrinationem.

(12) Si autem super negotio cruce-signatorum aliquæ novæ dubitationes emerserint, ad duos prædictos episcopos recurratur.

(13) Ista pro bono pacis per totum domanium domini regis (2) de cruce-signatis pro terrâ jerosolymitanâ, usque ad concilium volumus observari, salvis jure et consuetudinibus sanctæ ecclesiæ, et similiter salvis jure et consuetudinibus regni Franciæ, et auctoritate sacro-sanctæ romanæ ecclesiæ per omnia salvâ.

Actum *Parisius*, anno Domini 1214, mense martio.

N°. 118. — LETTRES *par lesquelles le Roi s'engage à payer le quarantième de son revenu pour la Croisade, et accorde un répit aux croisés pour leurs dettes.*

1214. (C. L. I, 31.)

N°. 119. — LETTRES (3) *portant Établissement du douaire coutumier de la femme, et sa fixation à l'usufruit de la moitié des immeubles, dont le mari est propriétaire au jour des épousailles.*

1214. (P. Defont. Conseil, XXI, no. 52. — Beauman., ch. 13, p. 75.)

N°. 120. — MANDEMENT *par lequel le Roi donne avis à la comtesse de Champagne de l'ordonnance qu'il a faite touchant les champions, et lui mande que, sous la foi du serment qu'elle lui doit, elle ait à faire publier et exécuter ce réglement portant, qu'à l'avenir les champions ne se battront plus avec des bâtons plus longs que de trois pieds.*

Paris, août 1215. (C. L. I, 35.)

Philippus, Dei gratia, Francorum rex, dilectæ et fideli suæ B. (4) Comitissæ Trecensi, salutem et dilectionem.

---

(1) Ainsi, dès ce temps-là, c'était le juge laïque qui connaissait des complaintes. V. l'art. 7 de l'ord. de 1667, art. 4. (Laur.)
(2) Cet établissement n'eut pas lieu dans les terres des barons. V. le mandement de Philippe-Auguste de l'année 1215, touchant les champions. (Laur.)
(3) Le texte de cette importante ordonnance est perdu. Elle a fondé la coutume de Paris. (Montlosier, I, 60.)
(4) Ce n'est pas ici proprement une ord., mais un mandement qui nous fait connaître la disposition d'une ord. de Philippe-Auguste, que nous n'avons pas. Beaumanoir dans ses Cout. du Beauvoisis, chap. 48. Des aveux, p. 265;

Noveritis quod consilio bonorum virorum, et pro communi omnium utilitate statuimus, quod campiones non pugnent de cetero cum baculis, qui excedant longitudinem trium pedum (1). Ad pedem manus (2) vel minoris longitudinis liceat eis pugnare, si voluerint.

Proinde vobis mandamus, et per fidem, quam nobis debetis, vos requirimus quatenus per totam terram id publice clamari faciatis, et firmiter observari.

Actum *Parisius*, anno Domini 1215, mense Augusto.

N°. 121. — ARRÊT *de la cour du Roi* (garnie de pairs de France, et le Roi présent), *qui déboute Erard de Brienne et Philippine sa femme, l'aînée des filles du dernier comte de Champagne et de Brie, de leur demande tendante à être admis à faire au Roi l'hommage du comté de Champagne, par le motif que la légitimité du mariage de la mère de Philippine était équivoque, et confirme Thibaut IV dans la possession de ce comté.*

Melun, juillet 1216. (Brussel, I, 651. Hist. préf., t. XVII, p. 29.)

N°. 122. — LETTRE CIRCULAIRE *de Louis, fils du roi, aux principaux d'Angleterre, par laquelle il revendique la couronne d'Angleterre, attendu que le roi Jean, cité devant la cour des Pairs de France, pour le meurtre d'Arthur, comte de la Marche, y a été condamné à mort en 1204* (3).

1216. (Hist. XVII, 722.)

---

dit que « quand li rois feseit aucun establissement especiaument en son domaine, li barons ne laissoient pas pour che a user en leurs terres, selon les anciennes coutumes, mais quand li establissement estoient generaux, il devoit courre par tout le royaume, et que l'en devoit croire que tel establissement sont fait par tres grand conseil, et pour le commun pourfit ».

Quand le roi faisait l'ord., ou l'établiss. pour ses domaines, il l'adressait à ses officiers pour le faire publier et exécuter.

Mais lorsque l'établiss. était pour tout le royaume, et pour le bien public, il l'adressait à ses officiers, et il l'envoyait aux grands barons avec ordre et injonction de le faire publier et observer dans leurs domaines. (Laur.)

(1) Il y a ensuite dans l'original, *sed cum baculis trium pedum ad pedem manus.* (Laur.)

(2) Lisez *ad palmum*, ou *ad palmum manus. Palmus* et *palma*, palmée, ou paumée est la distance qu'il y a du bout du pouce, au bout du petit et cinquième doigt, ou au bout du quatrième doigt quand la main est étendue. La première est la grande, et la seconde la petite, et l'une et l'autre est plus petite que le pied. (Laur.)

(3) Jean-Sans-Terre, quoique réconcilié avec le pape, n'en est pas mieux

N°. 123. — TRAITÉ entre Henri, roi d'Angleterre, et Louis, fils du roi Philippe, par lequel celui-ci abandonne tous ses droits sur l'Angleterre.

11 Septembre 1217. (Hist. XVII, 111.)

N°. 124. — LETTRES portant défense à tous autres qu'aux boulangers reçus, de faire et vendre du pain dans la ville de Pontoise.

Novembre 1217. (C. L. XI, 308.)

---

avec ses sujets; il est forcé de leur accorder ce qu'ils appellent la grande charte, peu après il la révoque. Les Anglais ne gardent plus de mesures; ils se révoltent, et appellent Louis, fils de Philippe-Auguste: c'était à lui, disaient-ils, qu'appartenait véritablement la couronne d'Angleterre; le roi Jean l'avait usurpée sur son neveu Arthur, et s'en était rendu indigne par le meurtre de ce prince; et sous défaut Louis était le véritable héritier du chef de sa femme, Blanche de Castille, issue d'une fille de Henri II. Philippe-Auguste, qui voulait en même temps ménager le pape et profiter de la disposition favorable des Anglais, prend le parti d'aider le prince son fils, sans paraître agir lui-même. Louis fait une descente en Angleterre, et est couronné à Londres; il défait le roi Jean. Louis est excommunié par le pape; cette excommunication ne change rien au sort de Jean, qui meurt de douleur le 19 octobre 1216, âgé de 58 ans. Sa mort éteint le ressentiment des anglais qui se déclarent contre Louis pour Henri III, fils de Jean-sans-Terre; ils attaquent Louis, l'assiègent dans Londres, et le forcent à sortir d'Angleterre; et dès ce moment la nation anglaise rentra dans tous ses droits, et fit revivre les lois anciennes que les Anglo-Saxons, appelés par Vortigerne, leur avaient apportées en 449; lois nées de la liberté qui régnait parmi ces peuples, et qu'ils établirent si bien dans ce pays dont ils devinrent les maîtres, qu'elles sont devenues la loi naturelle de l'Angleterre. Edouard, dit le Confesseur, les réduisit en 1040 en un seul corps, qui fut appelé les lois d'Edouard, ou les lois communes; mais ces lois éprouvèrent bien des fortunes différentes sous les règnes suivans, jusqu'à celui de Jean-sans-Terre, où les barons, profitant de la faiblesse de ce prince, demandèrent hautement le rétablissement des lois saxonnes, autrement appelées les lois de Saint-Edouard; Jean-sans-Terre s'en défendit tant qu'il put; mais il fallut céder et leur accorder les deux chartes qu'ils lui demandaient, la première nommée *la charte des libertés* ou *la grande charte*; la seconde, *la charte des forêts*. Voilà l'époque ou plutôt le renouvellement de la liberté de la nation: époque qu'elle a toujours fait valoir depuis, parce que ces deux chartes se sont conservées, et que les anciens titres ne subsistent plus. La grande charte a 67 art., celle des forêts n'en a que 18; leur date est de l'année 1215, un an avant la mort de Jean-sans-Terre. (Hén., Abr. chr.)

N°. 125. — Constitution *sur les Juifs du domaine du Roi, et sur l'usure* (1).

Février 1218. (C. L. I, 35.)

SOMMAIRES.

(1) Aucun Juif, à compter des octaves de la Purification, ne pourra prêter à aucun chrétien qui n'aura aucuns fonds ni aucuns meubles, et qui ne pourra vivre que du travail de ses mains.

(2) La somme que le juif aura prêtée ne produira plus d'intérêt après l'an, et la livre ne produira que deux deniers par semaine.

(3) Aucun juif ne pourra prêter, ni à moine, ni à chanoine régulier, sans le consentement de l'abbé, ou du chapitre, qui le donneront par leurs lettres patentes.

(4) Aucun juif ne pourra prendre en gage aucun ornement d'église, aucun vêtement ensanglanté, ou mouillé, des fers de charrue, ni des animaux qui servent au labour, ni du blé non vanné.

(5) Quand un juif aura prêté de l'argent à quelque chevalier, à quelque bourgeois, ou à quelque marchand, le débiteur, après avoir pris le consentement du seigneur dont il relève, assignera au juif son paiement sur quelque fond ou revenu, et de ce temps, la dette ne produira plus d'intérêt ; mais si le débiteur fait violence au juif, en l'empêchant de jouir de son assignat, les intérêts de la dette courront tant que la violence durera, à compter du jour que le juif en aura rendu plainte, et celui qui aura fait la violence en payera l'amende au Roi.

(6) Les Juifs de Normandie feront registrer les sommes qui leur seront dues, et les assignats qui leur en auront été faits, dans les assises où il y aura record, ou pardevant le bailli, en présence de dix chevaliers. Et si après l'assignat fait en l'absence du bailli, le débiteur refuse le record en l'assise en présence du bailli et de dix chevaliers, ce refus étant prouvé par des témoins légitimes et chrétiens, le bailli contraindra le débiteur et ses cautions de faire le record, et l'enregistrement dans la forme qui vient d'être prescrite.

(7) Si un chevalier, ou telle autre personne que ce soit, met en gage son cheval, ses hardes, ou autres meubles, le juif les pourra prendre, et le Roi, ou ses officiers n'en prendront pas connaissance.

(8) Quant aux prêts que les juifs auront faits avant la Purification, les débiteurs, ni leurs cautions ne pourront pas être forcés de vendre leurs biens pour les payer, ni ne pourront pas être mis en prison, mais il leur

---

(1) Voyez ci-après, p. 222, l'ord. sur les juifs et l'usure, qui comprend d'autres dispositions.

sera permis de céder aux juifs les deux tiers de leur revenu, et de s'en réserver le tiers pour vivre, et cependant leurs bêtes, leurs charrues, et autres effets mobiliers ne pourront être saisis.

(9) Tous les débiteurs, tant de France que de Normandie qui n'ont ni meubles, ni immeubles, et qui ne peuvent vivre que du travail de leurs mains, auront un répit de trois années pour payer leurs dettes, en donnant caution d'en payer chaque année le tiers.

Hæc est constitutio quam fecit dominus Rex de Judæis potestatis suæ anno Domini 1218, mense februario.

(1) Nullus judæus, ab octavis purificationis Beatæ Mariæ inantea, mutuo tradet alicui christiano, qui propriis manibus laboret, sicuti agricola, sutor, carpentarius, et hujusmodi, qui non habent hereditates, vel mobilia undè possint sustentari, nisi laborent propriis manibus.

(2) Nec debitum curret ultrà annum à mutuo facto. Et libra non lucrabitur per septimanam nisi tantum duos denarios.

(3) Item nullus judæus mutuo tradet monacho, vel canonico regulari, nisi de assensu abbatis, et capituli sui, et per literas suas patentes, nec alicui religioso, sine assensu capitanei (1) sui cùm literis suis patentibus.

(4) Item nullus judæus accipiet in vadium ornamentum ecclesiæ aut vestimentum sanguinolentum (2), aut madidum, aut ferrum carrucæ, aut animalia carrucæ, aut bladum non ventilatum (3).

(5) Item si aliquis judæus militi, vel burgensi, seu mercatori mutuo pecuniam tradiderit, pro debito suo accipiet assignamentum, à debitore, hereditatis, tenementi, vel redditus

---

(1) Il faut ce semble *capituli*.
(2) Dans l'ord. de septembre 1206, ch. 5, il y a *Vadimonia sanguinolenta*. Les juifs ne tiennent pour leur prochain que ceux qui sont juifs comme eux, et non tous les autres hommes, en sorte que Maimonidès enseigne que le juif qui est dans un bateau n'est pas obligé de donner la main au chrétien qui est dans l'eau, et qui se noie. Par cette raison les juifs ont toujours exigé des usures excessives des chrétiens, ce qui a donné occasion à nos rois de les faire comme il se voit par l'ord. de septembre 1206. et comme les juifs en prêtant ainsi à usure, recevaient une infinité de gages, on leur défendit de prendre des vêtemens ensanglantés, parce que celui qui aurait commis un assassinat aurait pu, par un pareil gage, cacher la preuve de son crime. Il en était de même des vêtemens mouillés, parce qu'il se pouvait faire que celui qui les donnait eût noyé celui qui les portait, etc., ou qu'il les eût lavés pour en ôter le sang. (Laur.)
(3) Cela fut apparemment réglé ainsi pour ôter toute matière de contestation, et afin que les Juifs fussent tenus de rendre la même mesure de blé qu'ils avaient eue. (Laur.)

per assensum domini de quo debitor tenet (1), et si debitor violentiam fecerit, super assignamento, usura curret quamdiù durabit violentia, post clamorem judæi. Et ille qui violentiam fecerit, domino regi emendabit. Et ex quo factum fuerit assignamentum non curret debitum, nisi facta fuerit violentia, ut dictum est.

(6) Item judæi Normaniæ coram ballivo suo in assisiis quæ habent recordationem (2), vel coram ballivo, presentibus decem militibus, habebunt recordationem debitoris de summa debiti, et de assignamento ut ibi inrotulentur tam debita, quam assignamenta. Si verò absente ballivo factum fuerit assignamentum, et debitor noluerit venire coram ballivo et decem militibus, vel in assisia, sicut dictum est, si judæus id probaverit per testes legitimos christianos, ballivus compellet debitorem et garentos nominatos, coram se et decem militibus, vel in assisia ad faciendam recordationem et inrotulationem tam debiti, quam assignamenti.

(7) Si miles, vel aliquis alius quicumque fuerit, voluerit in vadium ponere equum suum, vel vestimenta (3), vel alias res mobiles, quæcumque fuerint, judæo licebit accipere : sed Dominus rex super hoc se non intromittet.

(8) De debitis mutuatis, antè Purificationem, non compelletur debitor, aut ejus plegius vendere, hereditatem suam (4), aut redditus (5) suos, nec propter hoc capientur corpora eorum, sed assignabuntur judæo duæ partes hereditatum, aut reddituum, tam debitoris quam plegii, et de tertiâ parte vivent, nec propter hoc capientur animalia, carrucæ debitoris, aut culcitra, aut alia utensilia domus suæ.

(9) Omnes debitores, tam Franciæ, quam Normaniæ qui

---

(1) V. l'ordonn. de 1214, art. 2. Ainsi l'on voit que sous le règne de Philippe-Auguste, le vassal ne pouvait pas imposer la moindre charge sur son fief, sans le consentement de son seigneur dominant, quoiqu'il y eût déjà du temps que les fiefs fussent héréditaires en France. On trouvait encore des restes de cet ancien droit dans quelques coutumes, comme celle de Troyes, art. 34 et 38. (Laur.)

(2) Le record était une enquête qui se faisait en Normandie, pour informer de la vérité de quelque chose, comme ici pour informer de la vérité de la dette prétendue par le juif, et quand la dette avait été certifiée par témoins, ou recordée et registrée, le débiteur ne la pouvait plus contester. V. l'anc. cout. de Normandie, chap. 4, 9, 24, 40, 55 et 121. (Laur.)

(3) V. l'art. 4 de cette ord.

(4) C'est proprement à dire leurs propres, mais ici ce mot signifie immeuble. (Laur.)

(5) Il ne faut point entendre par-là les rentes constituées, qui n'étaient pas alors communes; mais il faut entendre toute sorte de revenu. (Laur.)

non habent hereditates, vel mobilia undè possint sustentari, nisi laborent propriis manibus, habent respectum trium annorum (1) ad solvendum debita sua, faciendo securitatem de quolibet tertio singulis annis reddendo.

N°. 126. — ORDONNANCE *sur l'attribution des conquêts au mari en cas de prédécès de la femme sans enfans* (2).

Pont-de-l'Arche, juillet 1219. (C. L. I, 38.)

Dominus rex statuit apud Pontem Arche, anno Domini 1219, mense julio, de viro et muliere matrimonio conjunctis. Si mulier sine herede (3) decesserit, parentes ipsius mulieris non participabunt cum marito suo, ex iis quæ ipsa et maritus ejus simul acquisierunt, dùm ipsa viveret, in mobilibus, nec in tenementis, ymò quiete remanebunt, marito ipsius mulieris (4), salvis rationalibus legatis ipsius mulieris.

Parentibus verò mulieris accedet id (5) quod ipsa secum attulit in matrimonium (6), salvo legato suo, quod ipsa potuit facere per jus.

---

(1) De *respectus* on a fait *répit*, et de *respectare* ou *respectuare*, on a fait *respiter*; pour donner *respit*. (Laur.)

(2) Ou la femme décédait sans enfans, ou avec des enfans.
Si elle laissait des enfans, ils prenaient dans la communauté, la part que leur mère y avait eue.
Mais si elle décédait sans enfans, tous les biens de la communauté, suivant cette ord. devaient appartenir au mari, et les parens de la femme n'y pouvaient rien demander.
Cette loi a été long-temps pratiquée avec quelques restrictions en Normandie. (Laur.)

(3) *Heres* ici signifie *enfant*. Ainsi cette ord. prouve que quand il y avait des enfans, ils prenaient alors dans la communauté la part que leur mère y avait eue. (Laur.)

(4) Ainsi, quoique tous les conquêts meubles ou immeubles appartinssent au mari survivant, quand il n'y avait pas d'enfans, la femme pouvait néanmoins charger de quelques legs la moitié qu'elle avait dans ces biens. Par *rationabilibus Legatis*, il faut, ce semble, entendre les legs pieux, sans lesquels on mourait déconfès. V. Établiss., ch. 87, liv. 1er. V. Glossaire, sur les mots Exécuteurs testamentaires, p. 440. (Laur.)

(5) *Quod ipsa secum attulit in matrimonium*. C'est ce que l'on appelait *maritagium*, et aujourd'hui *mariage*, ce que l'on confond mal avec la dot, qui est le douaire. Comme le mari dotait sa femme, on lui assignait son douaire à la porte de l'église, c'était aussi à la porte de l'église que l'on donnait le mariage des filles. V. les art. 11 et 18 du 1er. livre des Établiss. (Laur.)

(6) Anciennement, on pouvait disposer de ses propres, sans le consentement de ses héritiers présomptifs, qui contestaient même les dons que les défunts avaient faits de leurs acquêts par testament. Mais comme en ce temps ou s'in-

N°. 127. — ORDONNANCE (1) *portant attribution de juridiction des causes concernant la marchandise des bois de la forêt de Retz aux gardes de cette forêt.*

Novembre 1219. (Sainctyon. — Nouv. Rép. v°. Gardes des bois.)

N°. 128. — CONCILE de Latran, *célébré par* Innocent III (2) *avec l'assistance de 412 évêques et 800 abbés et prieurs, les patriarches de Constantinople et de Jérusalem, et 71 primats métropolitains, portant que la puissance séculière serait tenue, sous peine d'excommunication, de promettre par serment d'exterminer les hérétiques dénoncés* (3), *ordonnant aux évêques de frapper d'anathêmes les désobéissans, de délier les sujets et vassaux du serment de fidélité, et qui donne leurs terres au premier occupant* (4).

1219. (Rec. des Conc., tom. II, p. 142.)

N°. 129. — LETTRES *par lesquelles, le Roi autorise le renouvellement annuel des échevins de la commune de Mont-Didier.*

Pacy, mars 1220, 42e. ann. du règne. (C. L. XII, 297.)

N°. 130. — CHARTE *en faveur des bourgeois de Caën, par laquelle le Roi renonce au droit de confiscation qui lui appartient sur ceux qui se livrent à l'usure sur leurs femmes et leurs enfans, au droit de donner leurs filles et leurs femmes en mariage, et au droit de tutelle sur leurs enfans; hors les cas prévus par les coûtumes de Normandie.*

Paris, novembre 1220, 42e. ann. du règne. (C. L. XII, 295.)

---

soit le viatique et la sépulture à ceux qui décédaient sans vouloir laisser quelques aumônes à l'église et aux pauvres, l'usage s'introduisit que l'on pourrait faire des legs pieux proportionnés à ses biens, et dans la suite que l'on pourrait disposer du quint de ses propres. V. Etabl. ch. 87, liv. 1er. (L.)

(1) C'est la première ord. sur les forêts, suivant le Traité des Eaux et Forêts de Beaudrillart. (Paris, 1821, p. 1.)

(2) On peut remarquer que ce pape trouvait qu'il était au-dessous de sa dignité de porter une crosse qui le confondait avec les évêques; cependant on ne peut douter que les papes ne l'eussent toujours portée, ainsi que la preuve s'en trouve à la fin de Luitprand, en la personne de Benoit, qui, renonçant au pontificat où il avait été appelé sans le consentement de l'empereur Othon, remit sa crosse entre les mains de Léon VIII, pape légitime, qui la rompit en présence de l'empereur, des prélats et du peuple. (Hén., Abr. chr.)

(3) On croit que saint Louis, à son sacre, prêta ce serment. Il est, comme nous l'avons déjà dit, le 2e. des cinq sermens prêtés par Louis XVI, à son avènement.

(4) C'est en conséquence de cette disposition que le comté de Toulouse fut adjugé à Simon de Montfort, qui fit aux Albigeois une guerre cruelle dont il fut

N°. 131. — LETTRES *qui limitent le nombre des bouchers à Orléans, à la charge d'une redevance de la part de chacun d'eux.*

Gisors, 1220, 42°. ann. du règne. (C. L. XI, 310.)

N°. 132. — LETTRES *par lesquelles Thibaut, comte de Champagne et de Brie, notifie qu'il a juré au Roi de le servir bien et fidèlement, comme son seigneur lige, tant qu'il lui fera droit en sa cour par ceux qui le peuvent et le doivent juger.*

1220. (Brussel. I, 349.)

N°. 133. — TESTAMENT *du Roi* (1).

Saint-Germain-en-Laye, septembre 1222. (Hist. XVII, 114.)

In nomine sanctæ et individuæ Trinitatis.

Philippus, Dei gratiâ, Francorum rex, omnibus præsentibus et futuris salutem.

Noveritis quod nos anno Domini millesimo ducentesimo vigesimo secundo, mense septembri, de rebus nostris, si aliquid humanitùs nobis contigerit in hâc præsenti ægritudine, ordinavimus in hunc modum :

(1) In primis volumus et concedimus quòd exsecutores testamenti nostri, sine cujusque contradictione, percipiant de rebus nostris et habeant quinquaginta millia librarum parisiensium ad restituendum, secundùm discretionem sibi à Deo datam, à quibus nos cognoverint aliquid injustè percepisse, vel extorsisse, vel detinuisse (et hoc firmiter præcipimus) vel viginti-quinque millia marcarum argenti, quadraginta solidos parisiensium pro marcâ.

---

le chef, et dont Innocent III fut l'âme, Dominique, l'apôtre, et le comte de Toulouse, la victime.

(1) On lit dans *Rigord* qu'aux funérailles du roi, où se trouvèrent les princes ses enfans, le roi de Jérusalem, et les grands barons de France, il s'éleva une grande dispute entre Guillaume de Joinville et le cardinal Conrad. Celui-ci prétendait officier, comme légat du pape, celui-là comme archevêque de Reims, qui était seul en possession de cette glorieuse prérogative. Les prélats français, toujours attentifs à maintenir leurs priviléges contre les étrangers, s'avisèrent d'un expédient qui satisfit également les deux partis. Il fut décidé que tous deux diraient chacun une messe dans le même temps, sur le même ton, à deux autels voisins, et que les évêques, le clergé et les moines, dont la multitude était innombrable, leur répondraient comme à un seul officiant, ce qui fut exécuté au grand étonnement de toute l'assemblée, surprise d'une pareille nouveauté. (Velly, III, 523.)

(2) Item donamus karissimæ uxori nostræ *Isanbor*, reginæ Francorum, decem millia librarum parisiensium, quamvis ampliora eidem reginæ possemus dare; sed nos ità taxavimus, ut ea quæ injustè recepimus, possemus plenius emendare.

(3) Item legamus et donamus karissimo filio nostro *Ludovico*, primogenito nostro, ad defensionem regni Franciæ... (le titre est déchiré en cet endroit)... (soli) dos parisiensium pro marcâ, ità tamen quòd nobis juret, quòd in defensionem regni prædictam pecuniam expendet, vel in peregrinatione aliquâ, si Deus ei inspiraret quòd eam faceret, si istud juramentum sanè potest facere.

(4) Item donamus et legamus abbatiæ quam jussimus ædificari juxtà pontem *de Charenton* pro salute animæ nostræ, et poni ibidem viginti sacerdotes de ordine sancti Victoris, qui singulis diebus celebrent divina pro salute animæ nostræ, ducentas et quadraginta libras parisiensium, in præpositura nostra *Parisius* singulis annis percipiendas in perpetuum ad terminos præpositurarum nostrarum, et duo millia librarum parisiensium ad faciendum ibidem ædificia et capellam.

(5) Item donamus et legamus regi jerosolymitano tria millia marcas argenti, et duo millia marcas argenti domui hospitalis jerosolymitani, et totidem marcas argenti templariis transmarinis, quas volumus quod habeant in præsenti passagio martii.

(6) Item donamus et legamus eisdem, videlicet regi jerosolymitano et hospitalariis et templariis, ad succursum terræ sanctæ transmarinæ, centum et quinquaginta millia marcarum argenti, et quingentas marcas argenti, ità tamen quòd rex transmarinus et domus hospitalis et templi teneant trecentos milites præter conventus earumdem domorum, per tres annos postquàm treuga rupta fuerit inter ipsos et Serracenos; scilicet de prædictà pecuniâ tenebit rex transmarinus centum milites de tertiâ parte pecuniæ prædictæ, et domus hospitalis totidem de aliâ tertiâ parte et domus templi totidem pro aliâ tertiâ.

(7) Item donamus et legamus pauperibus et orphanis, et viduis et leprosis, unum et viginti millia librarum parisiensium, distribuenda per manus testamentariorum nostrorum.

(8) Item donamus et legamus filio nostro *Philippo* decem millia librarum parisiensium.

(9) Item donamus et legamus servientibus nostris duo millia librarum parisiensium.

(10) Item donamus et legamus abbatiæ beati Dionysii, in

quâ sepulturam elegimus, omnia ludicra nostra et coronas nostras aureas cum lapidibus pretiosis, et cruces aureas et omnes lapides pretiosos, itâ tamen quòd pro salute animæ nostræ singulis diebus viginti monachi presbyteri celebrent divina, et super hoc faciendo habeant hæredes nostri cartam abbatis et capitali iu perpetuum faciendo.

(11) Hoc autem testamentum et legatum, eo modo quo præscriptum est, ordinavimus, retinentes nobis plenariam potestatem addendi legato vel detrahendi, vel mutandi circà idem legatum, vel defaciendi secundùm voluntatem nostram, et quotiescumque voluerimus.

(12) Hujus autem testamenti exsecutores constituimus dilectos et fideles nostros Garinum sylvanectensem episcopum, et Bartholomeum de Roia Franciæ camerarium, et fratrem Haymardum thesaurarium templi.

Actum anno Domini 1222, mense septembri, apud Sanctum-Germanum-de-Laya.

(13) Item donamus et legamus Domui-Dei parisiensi singulis diebus viginti solidos parisienses ad reficiendos pauperes ibidem, percipiendos in præpositura parisiensi in perpetuum. Quod ut perpetuum robur obtineant, prædictâ sigilli nostri appensione confirmamus (1).

REMARQUES SUR CE RÈGNE.

Philippe est le premier de nos rois qui ait eu des troupes réglées. Il avait réuni à la couronne la Normandie, l'Anjou, le Maine, la Touraine, le Poitou, l'Auvergne, le Vermandois, l'Artois, Montargis, Gien, etc. Sur quoi il est bon de remarquer que toutes ces provinces, après leur réunion sans condition, n'eurent point d'états particuliers, à la différence des autres provinces qui furent réunies sous condition, et qui conservèrent leurs *états*, telles que le Languedoc, la Provence, le Dauphiné, la Bourgogne, la Bretagne, la Flandre et l'Artois.

Après avoir conquis la Normandie, ce prince y établit la peine du Tallion, qui était alors en usage dans tout le royaume. Il y avait bien des restrictions à la loi du Tallion, dont l'étymologie venait de *talium, tale*. (Hén., Abr. chr.)

Le pape Honorius III défend (1225) l'étude des lois romaines aux ecclésiastiques, dans la crainte qu'elles ne nuisent au droit canon. (Berrial St. Prix, Hist. du Droit rom., 214.)

---

(1) Cette disposition vient après la date; elle est une sorte de codicille que le Roi d'ailleurs a prévu dans l'art. 11.

LOUIS VIII (LE LION) (1).

Couronné roi d'Angleterre, mai 1216. — Obligé de renoncer à cette couronne en 1217; succède à Philippe-Auguste le 14 juillet 1223; sacré (2) à Reims, le 6 août suivant. — Mort à Montpensier, le 8 nov. 1226.

N°. 134. — LETTRES PATENTES de Jean Clément, maréchal de France, portant qu'il a juré au Roi, sur les saints Évangiles, que ni lui ni ses hoirs ne réclameront point cette maréchaussée, pour la tenir à titre héréditaire; comme aussi qu'il ne retiendrait ni les chevaux, ni les palefrois, ni les bêtes de charge que les particuliers lui fourniraient pour le service du Roi, dans la même charge de maréchal.

Soissons, août 1223. (Brussel, 630.)

N°. 135. — ÉTABLISSEMENT (3) touchant les Juifs, fait par le Roi, de l'avis et du consentement des prélats, comtes, barons et autres vassaux du royaume, possédant des juifs.

Paris, novembre 1223. (C. L. I, 47.)

Ludovicus, Dei gratiâ, Franciæ rex, omnibus, ad quos literæ presentes pervenerint salutem.

Noveritis, quòd per voluntatem et assensum archiepiscoporum, episcoporum, comitum, baronum et militum regni Franciæ, qui judæos habent, et qui judæos non habent, fecimus *stabilimentum* super judæos, quod juraverunt tenendum, illi quorum nomina subscribuntur.

Guillelmus, episcopus cathalanensis; comes Pertici; comes Philippus Boloniæ; ducissa Burgundiæ; comitissa Nivernensis; comes Galterius Blesensis; comes Joannes Carnotensis; comes Robertus Drocarum, pro se et pro comite Britanniæ

---

(1) Ce prince, en suivant les maximes de ses prédécesseurs, signala le commencement de son règne par l'affranchissement des serfs, dont il y avait encore grand nombre en France. (Hén., Abr. chr.)

Il fut le premier de nos rois qui prétendit que lui seul pouvait donner les droits de commune. (Mably, observ. sur l'hist. de Fr.)

(2) Il fut le premier roi de la 3e. race, qui ne fut pas sacré du vivant de son père. Étienne, abbé de Sainte-Geneviève, puis évêque de Tournai, fut son parrain, n'étant encore qu'abbé. (Hén., Abr. chr.)

(3) Cette ordonnance a été prise sur l'original, qui est au trésor des chartes, avec le sceau du roi et de tous les barons qui y sont nommés. (Laur.)

fratre suo; comes Namurcii; comes Grandis Prati; comes Vindocinensis; Robertus de Cortenaio Franciæ buticularius; Mathæus de Montemorenciaco Franciæ constabularius; Archembaldus de Bourbon; Guillelmus de Dampetra; Ingeramnus de Cociaco seneschallus; Amauricus Andegavensis; Droco de Melloto, vicecomes Bellimontis; Henricus de Soliaco; Guillelmus de Calviniaco; Galcherus de Joviniaco; Joannes de Viczvi, et Guillelmus de Silliaco.

Stabilimentum autem tale est.

(1) Nullum debitum judæorum curret ad usuram, ab hâc die octabarum omnium sanctorum, inanteà (1), nec nos, nec barones nostri faciemus de cætero reddi judæis usuras, quæ current, ab hâc die octabarum omnium sanctorum inanteà.

(2) Debita universa, quæ debentur judæis, sunt aterminata, ad novem pagas, infrà tres annos, ad reddendum dominis quibus judæi subsunt (2), singulis annis tertiam partem debitorum, tribus terminis, tertium in instanti festo Purificationis beatæ Mariæ, tertium in Ascensione Domini, et tertium in festo omnium sanctorum subsequenti, et sic in aliis duobus sequentibus annis.

(3) Et sciendum quòd nos et barones nostri statuimus, et ordinavimus de statu judæorum, quòd nullus nostrum alterius judæos recipere potest, vel retinere, et hoc intelligendum est, tam de iis, qui stabilimentum juraverunt, quàm de illis qui non juraverunt.

(4) Judæi de cætero sigilla non habebunt ad sigillandum (3) debita sua.

(5) Debent etiam judæi facere inrotulari (4), auctoritate dominorum quibus subsunt, universa debita sua, infrà instans festum Purificationis beatæ Mariæ; ita quòd de debitis quæ tunc inrotulata non fuerint, sicut dictum est, non respondebitur judæis de cætero, nec eis reddetur.

(6) Si quas autem literas exhibuerint judæi de debitis suis continentes longiùs, et remotiùs suæ confectionis tempus, quàm à quinque annis proximo, et ultimo præteritis, statui-

---

(1) De cy en avant, à l'avenir.
(2) C.-à-d. les seigneurs dont les juifs étaient serfs ou mainmortables. V. ch. 129, du 1er. liv. des Établis. et Ordon. de Melun, 1230, n. 2. (L.)
(3) V. l'Ord. de 1206; n. 8.
(4) V. l'Ord. de 1218, art. 6.

mus eas non valere, et debita in literis illis contenta reddi non debere.

In cujus rei testimonium et confirmationem præsentibus literis sigillum nostrum fecimus apponi, et comites, barones, et alii prænominati sigilla sua duxerunt apponenda.

Factum *Parisius*, anno Domini 1223, mense novembri, die mercurii, in octabis omnium sanctorum.

N°. 136. — LETTRES *par lesquelles le Roi confirme celles de 1145, qui portent abolition de plusieurs mauvaises coutumes dans la ville de Bourges* (1).

Paris 1224. (C. L., I, 48.)

N°. 137. — JUGEMENT *rendu par le Roi, en la cour des Pairs, entre la comtesse de Flandres et Jean de Nesles* (2).

Paris, 1224.

(Registre de Philippe-Aug. Bibl. du Roi, Code Colbert, 2670. Reg. 8403, ch. 8, art. dernier, f°. 19, r°. Col. Dutillet. — Brussel, Usage des fiefs, p. 235, 340, 635.)

Ce jugement décide :

1°. Que Jean-de-Nesle ne serait pas forcé de retourner à la cour de la comtesse, qui offrait de le faire juger dans la cour et par les pairs de sa comté; qu'elle devait répondre devant la cour du Roi où elle avait été appelée, pour *défaut de droit* dans les quarante jours que Jean-de-Nesle l'avait requise de faire juger en sa cour de Flandre la cause d'entr'elle et lui.

2°. Que l'ajournement que le Roi avait fait donner à la comtesse de Flandre par le ministère de deux chevaliers seulement, était valable (la comtesse prétendait qu'elle n'avait pu être citée que par ses pairs).

3°. Que les quatre grands officiers de la couronne (le chan-

---

(1) On ne mentionne ces lettres que pour avoir occasion de citer ces mots qui les terminent : *Data per manum Garini silvanectensis episcopi*, et pour faire observer que c'est ce Guérin, évêque de Senlis et chancelier, qui a rendu la charge de chancelier la première de l'état. Ce fut, comme on l'a déjà dit, par son avis que fut établi le trésor des Chartes. (Hén.. Abr. chr.)

(2) La défense de la comtesse était au moins très-plausible. Cependant elle perdit sa cause; et la cour des pairs retint pardevant elle, la connaissance de l'affaire. Voilà un acte de supériorité bien marquée. Ces cas se présentaient, à la vérité, bien rarement; mais cette première conquête de l'autorité royale sur les grands vassaux, familiarisait les esprits avec l'idée de la supériorité de la couronne. Saint Louis acheva la révolution. (M. Heur. de Pans., aut. jud. 43.)

celier, le bouteiller, le chambrier et le connétable), avaient le droit que les pairs de France leur contestaient fortement, d'assister au jugement des causes des pairs.

N°. 138. — DÉCISION *du conseil du Roi sur la question de savoir si des évêques, propriétaires de fiefs, dans la mouvance du Roi sont dispensés du service militaire.*

Tours, 1224. (Trésor des Chartes. Duchesne, vie de Jean Guérin.)

N°. 139. — TESTAMENT *du Roi* (1).

Juin, 1225. (C. L. XI, 323. Hist. XVII, 310.)

In nomine sanctæ et individuæ Trinitatis, amen.

Ludovicus, Dei gratiâ, rex Francorum, omnibus ad quos litteræ præsentes pervenerint, salutem in Domino.

Cupientes successori regni nostri modis omnibus in posterum providere, ne tranquillitas ejusdem regni possit in futurùm perturbari, de totâ terrâ quam possidemus, et omnibus mobilibus nostris, sani et incolumes, Deo dante, à quo bona cuncta procedunt, anno dominicæ incarnationis 1225, mense junio, disposuimus in hunc modum.

(1) Volumus et præcepimus quod filius noster qui nobis succedet in regnum, habeat totam terram quam carissimus genitor noster *Philippus* piæ recordationis tenuit, et sicut eam tenuit et nos tenemus in feodis et domaniis, exceptis illis terris, et feodis et domaniis quæ per præsentem paginam excipimus.

(2) Volumus siquidem et ordinamus quod filius noster secundus natu, habeat totam terram Attrebatesii in feodis et domaniis, et totam aliam terram quam ex parte matris nostræ *Elisabeth* possidemus, salvo dotalitio matris suæ, si superviveret. Quod si idem qui Attrebatesium tenebit, sine hærede decederet, volumus quod tota terra Attrebatesii, et alia terra

---

(1) Dans ce testament, où le roi appela les évêques et comtes qui se trouvaient à la cour, et qui fût exécuté, le roi dispose de la vocation de son cinquième fils, Jean, et de ceux qui le suivront, en ordonnant *qu'ils entreront dans la cléricature.* On peut être surpris qu'un prince si religieux ait fait une pareille disposition; mais c'était sans doute pour moins multiplier les apanages, ou plutôt pour ne point trop démembrer des portions du domaine, dont les princes avaient alors la propriété, car les apanages n'étaient pas encore trop connus. (Hén. Abr. chr.)

quam teneret, ad filium nostrum regni nostri successorem, libere et integre redeat.

(3) Item. Volumus et ordinamus quod tertius filius noster habeat totum comitatum Andegaviæ, et Cenomanniæ in feodis et domaniis, cum pertinentiis suis.

(4) Item. Volumus et ordinamus quod quartus filius noster habeat comitatum Pictaviæ, et totam Alverniam in feodis et domaniis cum pertinentiis suis.

(5) Item. Præcipimus et volumus quod terra quam charissimus frater et fidelis noster *Philippus* comes Bolonicæ tenet ex donatione nostrâ, revertatur ad successorem nostrum regem Franciæ, si idem *Philippus*, comes Boloniæ, decesserit sine hærede.

(6) Item. Volumus et præcipimus quod quintus filius noster, sit clericus et omnes alii qui post eum nascentur.

(7) De mobilibus nostris quæ penès nos habemus, sic ordinamus. Donamus enim filio nostro qui nobis succedet in regnum, quicquid habemus in turri nostrâ parisiensi, juxtà sanctum Thomam videlicet, in auro et argento et pecuniâ numeratâ, ad regni deffensionem.

(8) Item. Volumus et præcipimus quod de mobilibus nostris omnes interceptiones nostræ emendentur, et debita quæ debemus nostris creditoribus reddantur.

(9) Item. Donamus et legamus carissimæ uxori nostræ *Blanchæ* illustri Francorum reginæ, triginta millia librarum.

(10) Item. Donamus et legamus *Elisabeth*, charissimæ filiæ nostræ, viginti millia librarum.

(11) Item. Donamus et legamus ducentis domibus Dei, viginti millia librarum; scilicet, singulis domibus centum libras.

(12) Item. Donamus et legamus duobus millibus domorum leprosorum, decem millia librarum; videlicet, cuilibet earum, centum solidos.

(13) Item. Donamus et legamus sexaginta abbatiis Præmonstratensis ordinis sex millia et sexcentas libras pro anniversario nostro faciendo, scilicet cuilibet abbatiæ sexaginta libras.

(14) Item. Donamus et legamus quadraginta abbatiis ordinis sancti *Victoris*, pro anniversario nostro faciendo. Quatuor millia librarum, scilicet cuilibet centum libras.

(15) Item. Donamus et legamus abbatiæ Sancti-Victoris pro anniversario nostro faciendo, quadragintas libras.

(16) Item. Donamus et legamus abbatiæ beatæ *Mariæ* de Victoriâ propè Silvanectum, mille libras, præter redditus illos quos ei donavimus.

(17) Item. Donamus et legamus sexaginta abbatiis Cisterciensis ordinis, pro anniversario nostro faciendo, sex millia librarum; scilicet, unicuique abbatiæ centum libras.

(18) Item. Donamus et legamus viginti abbatiis monialium Cisterciensis ordinis, pro anniversario nostro faciendo, duo millia librarum, videlicet cuilibet abbatiæ centum libras.

(19) Item. Legamus et donamus orphanis et viduis et pauperibus mulieribus maritandis, tria millia librarum.

(20) Item. Donamus et legamus omnibus servientibus nostris duo millia librarum.

(21) Hanc autem divisionem quam fecimus inter filios nostros, ne posset inter eos discordia suboriri, volumus modis omnibus observari, sicut superius continetur : videlicet, quod filius noster qui nobis succedet in regnum, habeat et possideat totum regnum Franciæ, et totam terram Normanniæ, sicut eam possidebamus et tenebamus eâ die quâ præsens condidimus testamentum, exceptis illis comitatibus quos superius excipimus; videlicet, comitatum Attrebatesii, et comitatus Andegaviæ et Cenomanniæ, et comitatus Alverniæ et Pictaviæ, quos divisimus aliis filiis nostris, sicut superius est expressum.

(22) Præterea volumus ut omnes lapides nostri pretiosi, qui sunt in coronis nostris, vel extra coronas, vendantur, et de pretio eorum construatur nova abbatia de ordine sancti *Victoris*, in honore beatæ *Mariæ* virginis, et omne aurum quod est in coronis vel annulis, vel aliis jocalibus, similiter vendatur ad opus prædictæ abbatiæ.

(23) Executores autem testamenti nostri super mobilibus constituimus amicos et fideles nostros, Carnotensem, Parisiensem et Silvanectensem episcopos, cum abbate sancti *Victoris*. Quod si omnes ad hoc exequendum interesse non possent, duo ex illis cum abbate sancti *Victoris* hoc fideliter exequantur. Quod si post satisfactionem interceptionum nostrarum, et solutionem debitorum nostrorum, mobilia nostra ad prædicta legata perficienda non sufficerent, volumus ut legato detrahant sicut viderint detrahendum.

N°. 140. — LETTRES *sur l'exécution des condamnés pour crime d'hérésie, et portant des peines contre ceux qui leur donneront asile.*

Avril 1226. (C. L. XII, 319.)

Ludovicus, Francorum rex, universis baronibus, fidelibus

suis, baillivis, et bonis villis in *Arelatensi* et *Narbonensi* provinciis et *Ruthenensi, Caturcensi, Agennensi, Albiensi* diocæsibus constitutis, salutem.

De magnorum et prudentum virorum consilio, statuimus quod hæretici qui à catholicâ fide deviant, quocumque nomine censeantur, postquam fuerint de hæresi per episcopum loci, vel per aliam personam ecclesiasticam quæ potestatem habeat, condemnati, indilatè animadversione debitâ puniantur.

Ordinantes et firmiter decernentes, ne quis hæreticos receptare vel defensare quomodolibet, aut ipsos fovere præsumat.

Et si quis contra prædicta præsumpserit facere, nec ad testimonium, nec ad honorem aliquem de cetero admittatur, nec possit facere testamentum, nec successionem alicujus hæreditatis habere: bona ipsius mobilia et immobilia, ipso facto, ad ipsum vel ad ipsius posteritatem nullatenùs reversura (1).

Actum anno gratiæ 1226, mense aprili.

N°. 141. — LETTRES *patentes du Roi portant ordre à tous les prélats, barons et vassaux de la couronne, de faire au cas qu'il décède de sa maladie, le serment de fidélité et l'hommage à Louis, son fils aîné, et de se trouver à son sacre au jour qu'ils en seront requis.*

Montpensier, novembre 1226. (Brussel, 68. Dupuy, Pr. de la Major. des Rois.)

Ludovicus, Dei gratiâ, Francorum rex.

Universis amicis et fidelibus suis ad quos literæ præsentes pervenerint, salutem et dilectionem.

Noverit universitas vestra, quod dum nos apud Montempencerium gravi valetudine corporis laborare contigisset, timentes de periculo regni post decessum nostrum, providâ deliberatione et perhabito salubri consilio, adjuravimus dilectos et fideles nostros prælatos et barones quos habere ilic invenimus, etc. (*suivent les noms de* 12 *grands du royaume*), eosque rogavimus adjurantes sub fidelitate quâ nobis tenebantur, ut jurarent coràm nobis se, quàm citiùs possent, si de nobis humanitùs contingeret, *Ludovico*, majori filio nostro fidelitates et hommagia tanquam domino et regi bonâ fide facturos; et quod procurarent quod ipse, quàm citiùs commodè fieri posset, coronaretur in regem. Quod juramentum ipsi, devotâ voluntate et libenti animo, in præsentiâ nostrâ fecerunt.

(1) Ces dispositions forment les art. 2 et 3 de l'ord. d'avril 1228, de saint Louis. V. ci-après, pag. 230.

Unde volumus quod universitas prælatorum, baronum et aliorum fidelium regni Franciæ, eidem filio nostro fidelitates et hommagia faciant, et ad diem coronationis ipsius ad quem submoniti fuerint, personaliter accedant.

Actum apud Montempencerium, anno Domini 1226, mense novembri.

N°. 142. — LETTRES (1) *relatives à la régence de la reine Blanche durant la minorité de Louis IX* (2).

1226. (Dupuy, Preuves de la Majorité des Rois.)

Omnibus ad quos præsentes litteræ pervenerint, *G.* Dei miseratione Senonen. archiepiscop. et *G.* Carnoten. et *M.* Belvacen. episcopi, salutem in Domino.

Noverit universitas vestra quod nos fuimus apud Montempencerium, quando illustris et carissimus dominus noster rex Franciæ *Ludovicus,* felicis recordationis, in lecto suæ ægritudinis, præsentibus nobis et audientibus, in bonâ deliberatione, et sanâ mente voluit et disposuit quod filius ejus qui ei in regno succederet, cum ipso regno, et pueris ipsius aliis essent sub ballo sive tutelâ carissimæ dominæ nostræ *Blanchæ* reginæ genitricis eorum, donec ad ætatem legitimam pervenirent, si disponente domino in illâ ægritudine contingeret humanitùs de ipso domino nostro rege, quod nos præsentibus testificamus litteris sigillorum nostrorum appensione munitis.

Actum anno gratiæ 1226. Sigillat. tribus sigillis.

REMARQUE.

Maurice, évêque du Mans, et Guillaume de Beaumont, évêque d'Angers, prêtent serment de fidélité au Roi (1223). Bondonnet, dans ses évêques du Mans, dit qu'avant Maurice on n'exigeait point ce serment, et qu'il ne se prêta qu'en conséquence d'un arrêt du parlement: mais il me semble que Bondonnet se trompe, et que la date du serment remonte bien plus haut, comme on le voit par le 3e. concile de Tours, qui est de 817; et par le 2e. concile tenu sous Louis-le-Débonnaire, à Aix-la-Chapelle, en 836. Et indépendamment de ces autorités, depuis que les évêchés furent fondés, comme les évêques ne tenaient que du Roi l'autorité séculière qu'ils y exerçaient, il ne pouvait être douteux qu'ils ne dussent le serment de fidélité au prince qu'ils représentaient chacun dans leur province. (Hén., Abr. chr.) V. note 1, pag. 160.

---

(1) L'acte est perdu : la nomination eut lieu en présence de l'archev. de Sens et des évêq. de Beauvais et de Chartres, qui l'attestèrent par leurs lettres authentiques, scellées de leur sceau. *Trésor des chartes, Layette des Régences.*

(2) V. Nouv. Rép., v°. Régence, § 1. (Hén. Abr. chr.)

LOUIS IX.

Succède à son père, le 8 novembre 1226, âgé de 12 ans (1). Sacré à Reims, le 29 du même mois. — Mort au camp devant Tunis, le 25 août 1270.

RÉGENCE de la Reine mère (BLANCHE).
1226 à 1234.

N°. 143. — SIGNIFICATION *faite par les douze prélats, et grands vassaux y dénommés, au comte de Champagne, après la mort du Roi, de se trouver à Reims, au jour qu'ils lui marquent, pour assister au Sacre du nouveau Roi.*

Novembre, 1226. (Brussel, 69.)

N°. 144. — ORDONNANCE *contre les hérétiques* (2) *du Languedoc* (3).

Paris, avril 1228. (C. L. I, 50. Duchesne, hist. V, 810.)

SOMMAIRES.

(1) *Les églises de Languedoc jouiront des privilèges, et des immunités de l'église gallicane.*

(2) *Ceux que l'évêque aura condamnés pour quelque hérésie que ce soit, seront punis sans retardement.*

(3) *Personne ne pourra donner retraite aux hérétiques, ni les défendre, ou les favoriser.* Et ceux qui contreviendront à ces défenses, ne seront pas reçus à témoignage, ni à posséder aucune dignité. Ils ne pourront faire testament, ni succéder, et tous leurs biens meubles et immeubles seront confisqués, sans espérance pour leurs héritiers, d'y pouvoir jamais rentrer.

(4) *Les barons et les baillis*

---

(1) C'est la troisième minorité sous la 3e. race.
(2) C'est le 1er. édit pénal qu'on connaisse contre les hérétiques. St. Martin de Tours, vivant au quatrième siècle, avait refusé de communiquer avec les évêques qui avaient demandé que Priscillien, hérétique, fût condamné à mort. (Hén. Abr. chr.)
Le pape Innocent IV fait de grands éloges de cette ordonnance, dans une épitre écrite à Blanche, reine de France en 1250. (Laur.)
(3) Les pays possédés alors par le comte de Toulouse, joints à ceux que le comte Amauri avait remis au Roi, commencèrent à prendre la dénomination générale de Languedoc. (Hén. Abr. chr.)

du Roi et tous ses sujets auront soin de purger le pays d'hérétiques. Ils les chercheront, et quand ils les auront trouvés, ils les livreront aux personnes ecclésiastiques pour en faire ce qu'ils devront.

(5) Les baillis, dans les deux premières années, donneront deux marcs, et dans les années suivantes un marc, pour chaque hérétique, à ceux qui les auront arrêtés, dans leur bailliage, après néanmoins que les hérétiques auront été condamnés.

(6) Les routiers seront chassés du Languedoc, afin que n'y étant plus, il y ait dans ce pays une paix perpétuelle, que chacun aura soin d'observer.

(7). Personne n'aura commerce avec les excommuniés, suivant les constitutions canoniques. Et si les excommuniés laissent passer une année sans se faire absoudre, ils y seront contraints par la saisie de leurs biens meubles et immeubles, dont ils n'auront main-levée que quand ils seront rentrés dans le sein de l'Eglise, et par ordre du Roi.

(8) Les laïques restitueront les dîmes qu'ils possèdent, et ne les pourront plus retenir à l'avenir.

(9) Les barons, les vassaux, et les bonnes villes feront serment qu'ils observeront ces présentes et les baillis qu'ils les feront observer, à quoi ils seront tenus sous peine de perdre le corps et les biens.

(10) Le frère du Roi, lorsqu'il entrera en possession du pays de Languedoc, sera tenu de jurer qu'il observera cette ordonnance et qu'il la fera exécuter.

Ludovicus, Dei gratiâ, Francorum rex, universis civibus Nemausi et aliis fidelibus suis per Nemausensem diocesim constitutis (1) salutem et dilectionem.

Cupientes in primis etatis, et regni nostri primordiis, illi servire, à quo regnum recognoscimus, et id quòd sumus. Desideramus ad honorem ipsius, qui nobis culmen dedit honoris, quòd ecclesia Dei, que in partibus nostris (2) longo tempore fuit afflicta, et tribulationibus concassata in nostro dominio, honoretur et fideliter gubernetur. Undè de magno (3) nostrorum et prudentium consilio, statuimus.

(1) Quòd ecclesie, et viri eccesiastici in terris constituti pre-

---

(1) Cette ord. ayant été envoyée dans plusieurs diocèses, et en différentes villes, elle a, par cette raison, des adresses différentes. Celle donnée par Baluze (notes sur le Traité de Marca, *de Concordiâ*. p. 128.) est adressée aux bourgeois de Narbonne. Et celle qui est au regist. *Noster* est adressée aux barons, vassaux et baillis des provinces d'Arles, de Narbonne et des diocèses de Rhodez, de Cahors, d'Agen, d'Alby, etc. (Laur.)

(2) Dans l'édition de Baluze il y a mieux *vestris*. (Laur.)

(3) Dans l'édition de Baluze il y a mieux *de magnorum*. Il y a aussi *magnorum* dans le manuscrit de Foucault. (Laur.)

dictis, libertatibus et immunitatibus utantur, quibus utitur ecclesia gallicana, et eis plené gaudeant secundùm consuetudinem ecclesie memorate.

(2) Et heretici virus suum longo tempore in nostris partibus effuderunt, ecclesiam matrem (1) multipliciter maculantes, ad ipsorum extirpationem statuimus, quod heretici qui à fide catholicâ deviant, quocumque nomine censeantur, postquàm fuerint de heresi per suum episcopum, vel per aliam personam ecclesiasticam, qui potestatem habeat condempnati, indilate animadversione debitâ puniantur.

(3) Ordinamus etiam quam firmiter decernentes, ne quis hereticos receptare, vel deffendere quomodolibet, aut ipsis favere quocumque modo presumat; et si aliquis contra predicta facere presumpserit, nec ad testimonium, nec ad honorem aliquem de cetero admittatur, nec possit facere testimonium (2) tn. vel (3) successionem alicujus hereditatis habere. Omnia bona mobilia, que sint ipso facto publicata, decernimus ad ipsum, vel posteriores (4) ipsius nullatenùs reversura.

(4) Statuimus et mandamus ut barones terre, et bajuli nostri, et subditi nostri presentes et futuri solliciti sint et intenti terram purgare hereticis, et hereticâ feditate (5), et precipientes quod predicta diligenter investigare studeant et fideliter invenire, et cum eos invenerint, presentent, sine moræ dispendio, personis ecclesiasticis superiùs memoratis, ut eis presentibus, de errore heresis condempnatis, omni odio, prece et pretio, honore, gratiâ et honore postpositis, de ipsis festinanter faciant quod debebunt.

(5) Verùm quia honorandi sunt, et muneribus provocandi, qui ad inveniendum et capiendum hereticos solicité diligentiam suam exercent, statuimus et volumus et mandamus ut bajuli nostri, in quorum bajuliis capti fuerint heretici, pro quolibet heretico capto, postquàm fuerit de heresi condempnatus, usque ad biennium solvant integré duas marchas capienti, post biennium autem unam.

---

(1) *Nostram*. Edition de Baluze. (Laur.)
(2) Dans le Reg. *Noster* et dans l'édition de Baluze il y a mieux *testamentum*. (Laur.)
(3) Dans le manuscrit de Baluze, il y a mieux *nec successionem*. (Laur.)
(4) Dans le manuscrit de Baluze il y a mieux *posteritatem*. (Laur.)
(5) *Turpitudine*. (Laur.)

(6) Sané quia ruptarii (1) solent devastare terram predictam, et quietem ecclesie et ecclesiasticorum virorum turbare, statuimus ut omninò ruptariis illis expulsis, pax perpetua servetur in terrâ, ad quam servandam dent omnes operam efficacem.

(7) Ad hec quia claves ecclesie consueverunt in terrâ illà contempni, statuimus ut excommunicati vitentur secundum canonicas sanctiones, et si aliqui per annum contumaciter in excommunicatione perstiterint, ex tunc spiritualiter (2) compellantur reddire ad ecclesiasticam umtatem, ut quos a malo non retrahit amor Dei, saltem pena temporaliter compellat. Unde precipimus quod bajuli nostri omnia bona talium excommunicatorum mobilia et immobilia post annum capiant, nec eis aliquo modo restituant, donec predicti absoluti fuerint, et ecclesie satisfactum, nec tunc etiam nisi de nostro speciali mandato.

(8) Decime sanè quibus fuit ecclesia longo tempore per maliciam inhabitantium defraudata, statuimus et ordinamus quod restituantur ecclessiis, et ampliùs laïci non detineant decimas, sed eas ecclesiis liberè habere permittant.

(9) Hec statuta inviolabiliter servari jubemus, mandantes quod barones et vassali et bone ville jurent ista servari, baillivis nostris ad hoc executoribus deputatis, qui infra mensem, postquàm fuerint in baliviis suis constituti, publicè et in loco publico et die solempni, jurent quod hec servabunt, et facient ab omnibus bonâ fide servari, quod si non fecerint, penam bonorum omnium, et corporum poterunt formidare.

(10) Noveritis etiam quòd ista statuta sic volumus observari, quod etiam frater noster, qui terram ipsam tenebit, jurabit hoc facere servari.

(11) Et ea sigilli nostri fecimus munimine communiri. Actum anno gratie 1228 (3) mense aprilis.

N°. 145. — LETTRES PATENTES *portant confirmation de celles de 1200, en faveur de l'université de Paris* (4).

Fontainebleau, août 1229. (C. L. XI, 326.)

(1) C'étaient des brigands et des voleurs ramassés qui vivaient sans solde. Ils étaient ainsi nommés selon de Marca du mot *rupta* qui signifiait dans la moyenne et la basse latinité une compagnie de soldats. Comme ils étaient infracteurs de la trêve de Dieu, de là vient qu'il est dit dans la suite de cet article que *illis expulsis pax perpetua servetur in terrá*. (Laur.)

(2) Dans le registre de Joubert il y a *corporaliter* qui vaut mieux. (Laur.)

(3) Au Reg. *noster* il y a 29, ainsi que dans le manuscrit de Joubert. (Laur.)

(4) L'année suivante il s'éleva des troubles dans l'université. Les Jacobins en profitèrent pour établir deux chaires de théologie. (Hén., Abr. chr.).

N°. 146. — **Concile de Narbonne**, qui ordonne aux juifs de porter une marque sur leurs habits, qui excommunie les Albigeois, qui exige, pour la validité d'un testament, la présence du curé pour s'assurer de la foi du testateur, qui enjoint d'établir dans toutes les paroisses des inquisiteurs de l'hérésie, et qui exclut de toutes charges, les notés ou suspects d'hérésie.

Narbonne, 1229. (Rec. des Conc. T. 1er. p. 304.

N°. 147. — **Concile de Toulouse**, qui établit définitivement le tribunal de l'inquisition (1), ordonne aux évêques de députer dans chaque paroisse un prêtre avec d.ux laïques, pour la recherche des hérétiques ; prononce la confiscation des biens de ceux qui les recéleraient ; place les convertis sous la surveillance de l'autorité, les oblige de porter une marque sur leurs habits ; les déclare incapables d'exercer aucunes charges, ni aucuns droits civils, sans une dispense du pape ; condamne à la prison perpétuelle, ceux convertis par crainte ; oblige tout individu en âge de puberté à prêter serment à la foi catholique, et à dénoncer les hérétiques ; défend l'usage de l'Ancien et du Nouveau Testament ; ordonne aux juges de rendre la justice gratis.

1229, Toulouse. (Rec. des Conc. t. II , p. 727.)

N.° 148. — **Lettres** (2) qui autorisent l'évêque de Maguelonne à recevoir le serment des professeurs de droit canonique ou civil de Montpellier.

Juin 1230. (Baluze, Hist. Paper. Avenionens. I, 976.)

---

(1) L'inquisition qui avait pris naissance en 1224, qui fut adoptée par le comte de Toulouse, en cette année 1229, fut enfin confiée aux dominicains, par le pape Grégoire IX, en 1233. (Hén.. Abr. chr.)

(2) Quand l'enseignement du droit romain a-t-il été autorisé ? Quand lui a-t-on donné force de loi ? On n'aperçoit dans le 12e siècle, dit M. Berryat de Saint-Prix, hist. du droit romain, p. 214, aucune trace des actes de la puissance législative à cet égard. On en trouve plusieurs des deux siècles suivans qui le supposent en vigueur dans les provinces méridionales de la France : (celle que nous donnons est la première qu'il cite, V. les autres dans son ouvrage.) On en trouve également plusieurs qui considèrent d'abord le droit romain en quelque sorte comme le droit commun, et successivement comme le complément des coutumes des provinces septentrionales ; tels que les établiss. de saint Louis de 1270, etc ; mais ni les uns ni les autres ne rappellent les actes souverains qui l'ont érigé en loi dans les premières provinces, et en supplément des lois dans les secondes. On observe à peu près la même chose en Europe. Cela conduit le savant professeur à penser que répandu par de simples particuliers sans caractère et sans mission, le droit romain ne fut pas d'abord reçu légalement par les peuples d'Europe très-attachés à leurs vieilles coutumes,

N°. 149. ÉTABLISSEMENT (1) *touchant les juifs* (2) *et l'usure, fait de l'avis et consentement d'un grand nombre de barons qui jurent de l'observer et de forcer à le garder, ceux des barons qui s'y refuseraient.*

Melun, décembre 1230. (C. L. I, 53.)

SOMMAIRES.

(1) *Le Roi et les barons n'autoriseront plus les juifs à contracter aucunes dettes.*

(2) *Personne dans le royaume ne pourra retenir le juif qui appartiendra à un autre, et celui qui en sera le maître le pourra reprendre comme son serf.*

(3) *Les sommes dues aux juifs seront payées en trois années, et le terme de chaque paiement écherra à la Toussaint.*

(4) *Le Roi et les barons ne permettront pas aux chrétiens de prêter à usure, et par usure* on entend tout ce qui est au-delà du sort principal.

(5) *S'il y a quelques barons qui ne veulent point observer cette ordonnance, ils y seront contraints par le Roi, et les autres barons seront tenus de se joindre à lui et de l'aider de leur pouvoir.*

(6) *Les juifs représenteront leurs lettres, ou leurs obligations à leurs seigneurs avant la Toussaint prochaine, et s'ils y manquent leurs obligations seront nulles.*

Ludovicus, Dei gratiâ, Francorum rex.

Noverint universi, presentes pariter ut futuri, quod nos pro salute animæ nostræ, et inclitæ recordationis regis Ludovici genitoris nostri, et antecessorum nostrorum, pensatâ ad hoc utilitate totius regni nostri, de sincerâ voluntate nostrâ, et de communi consilio baronum nostrorum.

(1) Statuimus quod nos, et barones nostri judeis nulla (3) de cetero contrahenda faciemus haberi.

(2) Nec aliquis in toto regno nostro poterit retinere judeum alterius domini, et ubicumque aliquis invenerit judeum suum,

---

qu'il s'est glissé en quelque sorte dans leur législation et leur jurisprudence, et qu'il a triomphé de leurs usages par la sagesse, l'humanité et la sagacité de ses décisions.

(1) V. Nouv. Rép. vo. enregist. des lois, et M. Henrion, autor. jud. 23.

(2) « Aussi, vous dis-je, me fit le Roy (à Joinville), que nul, si n'est grand clerc et théologien parfait, ne doit disputer aux Juifs. Mais doit l'homme Lay, quand il oit médire de la foy chrétienne, défendre la chose non pas seulement de parolles, mais à bonne espée tranchant, et en frapper ces médisans et mescréans à travers du corps, tant qu'elle y pourra entrer. » (Hist. de St. Loys Joinvill 182.)

(3) *Nulla*. Dans le registre intitulé : *Fermes de Normandie*, et dans Albéric, chron. 536, il y a *nulla debita*. (Laur.)

licite capere poterit tanquam proprium servum (1), quantamcumque moram fecerit judeus sub alterius dominio, vel in alio regno.

(3) Debita vero que nunc judeis debentur, solventur tribus terminis, videlicet in instanti festo omnium sanctorum tertia pars, in sequenti festo omnium sanctorum tertia pars, et in alio sequenti festo omnium sanctorum tertia residua pars.

(4) De christianis vero statuimus, quod nullas usuras de debitis contrahendis eos faciemus habere nos, seu barones nostri. Usuras autem intelligimus quidquid est ultra sortem. Hec autem statuta servabimus et faciemus servari in terrâ nostrâ, et barones nostri in terris suis.

(5) Et si aliqui barones noluerint hoc servare, ipsos ad hoc compellemus, ad quod alii barones nostri, cum posse suo, bonâ fide nos juvare tenebuntur, et si aliqui in terris baronum inveniantur rebelles, nos et alii barones nostri juvabimus ad compellendos rebelles predicta statuta servare.

Hec autem in perpetuum volumus illibata servari, et a nobis et heredibus nostris, et barones nostri similiter concesserunt se et heredes suos perpetuo servaturos. Ego Philippus, comes Bolonie eaque premissa sunt, volui, consului, et juravi. Ego Theobaldus, comes Campanie, eadem volui, consului, et juravi. Ego Hugo, comes Marchie, eadem. Ego Amalricus, comes Montisfortis, Francie constabularius, eadem. Ego Hugo, comes Sancti-Pauli, eadem. Ego Guillelmus comes, Lemovicensis, eadem. Ego Guillelmus, de Dompno Petro, eadem; hec autem voluimus, consuluimus et juravimus, pro salute animarum nostrarum et antecessorum nostrorum.

(6) Adjunctum est insuper quod omnes judei literas quascumque habent de debitis suis non dent (2). Dominis suis infra festum omnium sanctorum; alioquin non valebunt litere ille, nec eis ex tunc uti poterunt judei ad petenda debita sua.

Nos autem ut predicta omnia rata in perpetuum remaneant et inconcussa, in eorum perpetuam memoriam, et testimonium, sigilla nostra presentibus literis fecimus apponi.

Actum apud Meledunum, anno Domini 1230, mense decembri.

---

(1) Ce... prouve que, dans ces temps-là, les juifs étaient serfs. V. l'ord. touchant les juifs, de 1223. (Laur.)

(2) Dans le registre *Pater*, il y a mieux, *ostendent*. (Laur.)

N°. 149. — ARRÊT (1) *contre le comte de Bretagne,* (2) *qui le déclare déchu de son titre, et de la tutelle de ses enfans, en punition de ses forfaitures envers le Roi.*

1230, Marlène. (C. T. Ier. p. 1289. — Brussel XXXIII.)

Gauthier, par la grâce de Dieu, archevêque de Sens ; Gauthier, par la même grâce, évêque de Chartres, et Guillaume, évêque de Paris. F. comte de Flandre. Th. comte de Champagne, le comte de Nivernois..... et autres barons et chevaliers dont les sceaux sont ici apposés, à tous présens et à venir qui ces lettres verront, salut à perpétuité.

Nous faisons savoir qu'en présence de notre très-cher seigneur Louis, illustre roi des Français, nous avons unanimement jugé que Pierre, ci-devant comte de Bretagne, a perdu par justice, le bail de la Bretagne, à cause des forfaitures qu'il a commises envers ledit seigneur roi..... Et que les barons de Bretagne, qui lui ont fait hommage, à cause dudit bail, sont déliés de leur féauté, et qu'ils ne sont plus tenus de lui obéir, ni de rien faire pour lui en conséquence. En foi de quoi nous avons fait mettre nos sceaux à ces présentes.

---

(1) Quoique ce jugement ne soit pas intitulé au nom du Roi, il présidait à cette assemblée. C'est, dit Du Tillet, que nous en avons seulement le *dictum*. Rec. des Rangs des Grands, p. 30. On ne peut guère douter que la Reine Blanche n'ait assisté au jugement. Ducange remarque, d'après une charte du prieuré de *Lihons*, qu'elle assistait aux jugemens de la cour du Roi, avec les barons qui peuvent et doivent y juger. (Observ. sur l'histoire de st. Louis, p. 54.)

(2) C'était Pierre Mauclerc, qui, malgré l'honneur qu'il avait d'être seigneur du sang (comme on parlait alors) entra dans toutes les ligues qui troublèrent la minorité de st. Louis ; il fut enfin réduit et *se présenta devant le Roi*, dit un auteur contemporain, *la corde au col, se jeta à ses pieds, et demanda pardon de sa félonie* ; le Roi, suivant le même auteur, le reçut fort mal, et lui parla ainsi. « Mauvais traître, encore que tu ayes mérité une mort infâme, » cependant je te pardonne en considération de la noblesse de ton sang, mais je ne » laisserai la Bretagne à ton fils que pour sa vie seulement, et je veux qu'après sa » mort les rois de France soient maîtres de la terre. » *S'il est vrai que ce prince religieux parla ainsi*, dit l'abbé de Vertot, *il fallait qu'il fût bien persuadé que la Bretagne, ainsi que tous les autres fiefs, fût sortie originairement de la couronne, puisqu'il pouvait l'y réunir :* l'abbé de Vertot se sert de cette preuve pour appuyer son système de l'autorité originaire de nos rois sur la Bretagne ; mais indépendamment de ce droit ancien, nos rois n'en avaient-ils pas un aussi certain, par la conquête que fit Clovis de l'Armorique ? (Hén. Abr. Chr.)

N°. 150. — ORDONNANCE OU TRAITÉ (1) *avec le duc de Bretagne où l'on stipule la renonciation au droit de naufrage, moyennant un droit à lui concédé sur les navigateurs.*

Angers, 1231. (Addit. de Joly, au Traité des offices de Girard, T. II, p. 1805.

Louys, par la grace de Dieu, roy de France, a tous ceux qui ces presentes lettres verront et oiront, salut en celuy qui est le vray salut de tous.

Nous voulans estre notoire à ceux qui sont a advenir, que comme autresfois nostre amé cousin *Pierre* de Dreux, autrement de Braine, duc de Bretagne, par l'instigation et exortement de *Henry* roi d'Angleterre eut encommencé guerre à l'encontre de nous, et desja gasté plusieurs parties de nostre royaume, et mesme par puissance d'armes enst pris nostre chateau de Belesme, et iceluy longuement detenu de sa saisine, affirmant avoir droict au dit chasteau, pour raison de certaines demandes à nous autresfois exibées, et par nous pour partie desniées, tant pour cause de la succession de bonne mémoire messire *Robert* son pere, et nostre frere *Germain*, comme autrement.

Nous pour ce desirans à ses malices obuier, et le peuple à nous subject deffendre des oppressions d'icelle nécessité, à ce nous contraignant et interpellant mesme sur puissante armée encontre de luy, et pour les injures par luy inférées et obuier à celles qu'il pourrait au temps advenir inférer, et mesmes par les droicts de nostre héritage conserver et garder, vinsmes en nostre ville d'Angers, voulans mieux au secours et ayde de nos subjets, et adherans à l'encontre de luy aller et manifestement recourir, que les périls par lui encommencez et continuez attendre à nos portes. Et comme illec en l'expédition de nostre guerre, longuement bénissons la grace de Dieu aydante, et moyennant la supplication de plusieurs comtes et barons, nous et nostre dit cousin aux choses soubscrites admonestans, et nous considérans les inconuéniens et dommages irréparables, lesquels non pas seulement à nous et à nos subjets, ou au duc dessudit ou à ses subjects, mais à moult

---

(1) V. ci-après les jugemens d'Oleron, p. 1226, et nouv. Rép. v°. Naufrage. Elle est en latin et en français dans Joly : quoique le texte latin nous paraisse l'original, nous donnons ici le texte français. La traduction paraît être de Dargentré.

d'autres sont advenus, et pourraient avec le temps advenir plus griefs, si par la providence de Dieu par paix et concorde n'estaient esteints; et non voulans si grand bien comme le bien de paix, à la desplaisance de nostre rédempteur empescher, ainçois à ce nous rendre de toutes parts appareillez, afin que Dieu vueille adresser et conduire nos affaires, et par la béatitude de paix les subjects de nous et du dessusdit duc, puissent vivre et demeurer en seureté et nous et iceluy duc, par lequel entière paix est dédiée à ceux de bonne volonté plus franchement servir, et à la rage des batailles cesser, eux délecter en la tranquilité et bonté de paix : et que les entreprises d'aucuns forcenez, et comme serpens venimeux decouurans par les terres les cornes eslevées, et sans aucun frein, en furent par le vouloir de Dieu extirpées du tout en tout, le peuple chrestien uny en prospérité, et nous et le dit duc de Bretagne corps et biens et subjets sans empeschement contraire puissions contre les mescréans et blasphemes du nom chrestien, ou passage outre-mer exposerons en la guerre de Dieu entendre: laquelle, las! est maintenant contemnée en la honte non pas petite de la chevalerie chrestienne.

Icelles choses et autres qui ensuiuent de chacune partie diligemment considérées pour concorde de paix, et perpétuelle mémoire et confédération et amitié entre nous et ledit duc encommencée, sommes convents et accords en cette manière. C'est à savoir :

Premierement le dit duc de toutes ses demandes tant à cause de sa succession devant dicte, comme autrement, nous quittera du tout, ainsi comme de faict il a quitté et submis le dit duc soy et son dit duché à nous et nos successeurs roys de France, de cy en avant et soubs certains poincts déclarés cy-dessous: et pour cette cause nous a faict l'hommage et submission.

En outre, en bonne foy a promis pour luy et ses successeurs ducs de Bretagne, nous et nos successeurs, contre toutes personnes, de quelque dignité, estat, ou preeminence qu'ils soient, ayder et conseiller loyallement selon son pouvoir, sauf et excepté nostre S. père le pape, et l'église saincte de Dieu : lesquels ledit duc a exceptez et voulu excepter; lesquelles submissions et hommages dessusdits nous considérans et attendans, euë sur ce meure délibération, et avons promis en bonne foy, et pour nous et nos successeurs roys de France, et par ces présentes promettons le dessusdit duc et ses successeurs ducs de Bretagne, perpétuellement ès-temps advenir loyallement ayder, conseiller et conforter de sa partie tenir contre tous ses aduersaires quelconques qu'ils soient, exceptés l'église de Rome et son vicaire, nostre S. pere le pape et tous ses droicts royaux et son duché, et superioritez, prerogatiues, noblesses, et franchises quelconques cy-dessous à plein déclarées, Promettons en bonne foy tenir, garder au temps advenir entierement et sans aucune diminution selon nostre pouuoir.

C'est assavoir, son parlement de droict de regales, lequel es eglises cathedrales de son duché luy compete et appartient d'ancienneté, ainsi qu'on disait communement la garde et sauve garde des dessusdites cathedrales et des autres eglises, de gens d'eglises, de veufues et d'orphelins,

La cognoissance et tuition des chemins publics de son duché,

De mouuoir et faire guerre à ses ennemis, si et entant comme besoin seroit :

De deffendre ports d'armes en son duché, de forger et faire faire ses monnoies blanches et noires ainsi comme à luy et à ses autres successeurs plaira. De punir et deputer à execution faux monnoyeurs :

D'auoir et exercer toute manière de justice par lui et ses seneschaux, baillifs et autres ses justiciers, ainsi comme iceux constituer et deputer luy plaira, donner sauue gardes,

D'avoir ports de mer (1), romptures de nefs auec forfaitures, amendes et emolumens tant pour raison de nefs pareilles, comme de brevets ou sceaux de mer, prendre, perceuoir, auoir et leuer es villes, havres et ports de son duché, et en la mer toutes et quantes fois le cas esdits lieux ou au-

---

(1) Il y a dans le latin : *portus marinos habendi, marina naufragia cum eorum fracturis, emendis et emolumentis ex fracturâ navium. Et ratione permissorum procerorum et naufragiorum, ac ob defectum brevetorum seu sigiliorum marinorum capiendi in villis, hauris, portis sui ducatûs et in mari circumadiacen. Obviam quocum percipiendi, habendi, et levandi totiens quotiens hoc in eisdem locis seu eorum altero contigerit.*

Voici l'interpretation du répertoire, mais nous doutons qu'elle soit conforme au texte.

« St. Louis, au lieu de punir le duc de Bretagne, qui exerçait à la rigueur le droit de naufrage, traita avec lui en 1231 pour l'engager à renoncer à ce droit, et cette renonciation n'eut lieu qu'à condition que les navigateurs prendraient du duc des *brefs* ou *brieux*, appelés les uns de *sauvés*, et les autres de *conduite* ou de *victuaille*. Il nous paraît au contraire résulter de ce texte que saint Louis confirma le duc dans le droit de percevoir les débris des naufrages, sans condition. »

cuns d'iceux aduiendra, confiscation de biens des condamnez à mort à cause de l'heresie, biens vacans par exederation, thresors mucez, et trouuez, pescheries en mer et ez fleuues doux de son duché, desiccations en terre, poissons royaux pris en la mer de Bretagne, breuets ou sceaux de breuets; c'est assauoir de saluations et saufs-conduits de viures pour les marchands et passans par la mer de Bretagne en la saluation et faueur d'iceux marchands d'ancienneté par certaine composition pour ce ordonnees, tant aux ports, havres et villes de son duché, comme aussi à Bordeaux et à la Rochelle, et deposer et forbannir les malfaicteurs, de leur pardonner et eux absoudre de tous crimes : les déposez et forbannis rappeler, comme au duc dessusdit, et à ses successeurs ducs de Bretagne semblera de faire.

Tous lesquels droicts royaux, prerogatiues, superintendances, noblesses et franchises dessusdites ; et chacune d'icelles au dit duc et non à autre d'ancienneté appartenans, et par le dit duc reseruez à luy et à ses successeurs, spécialement en nostre présence, et spécifiez comme dict est.

Nous par la teneur de ces présentes promettons en bonne foy et sommes tenus pour nous et nos successeurs roys de France, sans enfraindre en aucune diminution, observer et loyallement garder comme dict est.

Lesquelles choses ainsi faictes, reseruées, specifiées, et d'un costé et d'autre permises, ledit duc en signe de la dite submission et en icelle declarant, voulant alors que de son parlement de Bretagne doresnauant on appellerait ou par ressort serait deuolu en nostre parlement de France, en deux cas tant seulement qui s'ensuiuent, jaçoit que le dit duc et ses predecesseurs n'eussent oncques accoustume jusqu'alors hommage ou submission auoir faicte à nous et à nos predecesseurs (ainsi comme notoirement et publiquement on disoit) c'est assauoir.

Le premier cas, que de faux ou mauuais iugement, ou sentence inique en son dit parlement de Bretagne au temps aduenir données, on appellera doresnauant en nostre parlement.

Le second, que du dit duc semblablement on appellera par faute ou denegation de droict, le dit duc toutesfois en personne si bonnement et en lieu seur peut estre trouué par trois fois et par interualle de temps, premierement sommé et requis suffisamment : et iceluy duc (qui a ue face) le dit droict premier refusant ou desniant, et pour cause du ressort des deux cas dessus dits et non autrement, le duc, nous a faict le premier hommage ou submission et obeyssance du duché de Bretagne, et serment de fidelité pour luy, ses successeurs, saunez et exceptez tous ses deuants dits droicts, superioritez et prerogatiues quelconques a chacun d'iceux par le dit duc, ainsi comme dict est, reseruees et entierement retenues en la forme et maniere que dessus dit : et ainsi comme luy et ses predecesseurs de toute ancienneté les souloient auoir deuant cette submission. Lesquels aussi nous de ceste authorité royale et de certaine science, au dit duc et à ses successeurs ducs de Bretagne par la teneur de ces présentes, en tant comme besoing serait, nous reseruons.

En outre declaré et specifié entre nous et le dit duc, afin d'euiter toutes dissentions, lesquelles pour ce pourroient (que Dieu ne veuille) sourdre au temps aduenir, que les appellans du dessusdit duc en demandant ou en defendant ne doiuent jouyr d'aucune exemption soubz la protection royale, fors és cas esquels ils seront appellans, seulement et ainçois en toutes leurs autres causes tant en demandant comme en deffendant, demeureroient justiciables du dit duc, ainsi comme ils estaient et auoient accoustumé estre auparauant cest hommage et submission.

Et fut encores appointé et accordé entre nous et le dit duc, que les dits appellans, de quelque condition qu'ils soient, ne puissent le dit duc ou ses subjets par simples adjournemens ou autrement devant nous ou les gens de nostre parlement, adjourner et conuenir, fors en cas d'appellation par faute de droict à nostre cour justement interposée, ou de mauvais ou faux jugement ou sentence inique au parlement du dit duc donnee comme dessus est plus amplement declaré seulement, et non autrement.

Et si (que ja à Dieu ne plaise) le contraire aduenait, en ce cas le dit duc ny ses subjects ne seroient point tenus à nous ny aux gens de nostre dit parlement aucunement obeyr : et nous et nos successeurs ne pourront pour cette cause iceux ou aucun d'eux au temps aduenir reprendre, corriger ny punir.

Toutes lesquelles choses deuant dites et chacune d'icelles en nos présentes lettres contenuës tant d'un costé comme d'autre, ..ns fermes et agreables : et icelles d'un commun accord et ..sentement auons voulu et voulons, louons, approuuons, confirmons et à l'encontre d'icelles auons juré, et de chacune part, jamais au temps à advenir aucunement non venir. Les quelles choses affin qu'elles obtiennent force et fermeté, nous avons faict ces presentes sceller de nostre sceau.

Donné en nostre ville d'Angers, l'an de nostre Seigneur 1231.
(Signé) *Louys*; (contresigné) *Pierre et de Crevecœur*.

N°. 151. — LETTRES *par lesquelles le Roi annule les confédérations et ligues que les vassaux et sujets de l'évêque de Langres, avaient jurées entre eux au préjudice de cet évêque.*

St.-Germain-en-Laye, 1233. (Brussel, 276.)

N°. 152. — LETTRES *sur les juifs, portant, entr'autres choses, qu'ils ne pourront recevoir aucuns gages qu'en présence de personnes dignes de foi.*

1234. (C. L. I, 54.)

SOMMAIRES.

(1) *Le Roi quitte les chrétiens du tiers des sommes registrées, qu'ils doivent aux juifs. En sorte que ce tiers sera rendu à ceux qui auront tout payé, et sera remis à ceux qui seront encore débiteurs, à condition qu'ils payeront la première moitié des deux parties restantes à la Toussaint suivante, et l'autre moitié à la Purification.*

(2) *Les baillis ne pourront faire emprisonner aucun débiteur pour les dettes des juifs, ni forcer aucun chrétien à vendre ses immeubles pour les payer.*

(3) *Les juifs ne pourront recevoir aucun gage qu'en présence de gens dignes de foi, et s'ils y manquent, leurs meubles ou cateux seront confisqués.*

(4) *Il est défendu aux baillis de prendre quelque chose pour l'exécution des présentes sous peine de l'indignation du Roi et de confiscation de leurs meubles et immeubles.*

Anno Domini 1234, INSTITUTUM est à Ludovico filio regis Ludovici.

(1) Sciendum est quod dominus Rex Francorum, pro salute animæ suæ, et animæ patris sui, et omnium antecessorum suorum, quietavit omnibus christianis, qui debebant judæis, quando ultimo capti fuerunt, et debita fuerunt irrotulata (1) tertiam partem totius debiti quod debebant judæis : ita vide-

---

(1) V. l'ord. de 1218, art. 6, et celle de 1223, art. 5.

licet quod tertia pars redderetur illis, qui totum persolverunt; et illis qui adhuc debent, tertia pars quietata erit, et de duabus partibus remanentibus habebunt terminum, videlicet de prima medietate usque ad instans festum omnium sanctorum, et de alia medietate usque ad Purificationem proxime sequentem.

(2) Præceptum est etiam districte omnibus baillivis, ne corpora christianorum capiantur pro debito judæorum; et quod christiani non cogantur pro hoc ad vendendum hereditates suas.

(3) Præceptum est autem quod judæi nullum vadium accipiant, nisi per testimonium bonorum hominum et fide dignorum, quia si aliqua vadia penes ipsos inventa fuerint, de quibus bonam garanticationem non habuerint: catalum suum amittent, et per jus tamquam christiani deducentur (1).

(4) Præceptum est etiam baillivis quod nihil capere præsumant pro supradictis fideliter adimplendis, sicut carum habent dominum regem, et sicut diligunt corpora sua, terras, et omnia mobilia sua. Valete.

N°. 153. — ORDONNANCE *touchant le relief ou rachat des fiefs* (2).

St.-Germain-en-Laye, mai 1235. (C. L. I, 55.)

SOMMAIRES.

(1) *Lorsqu'il y aura mutation de fief, de père à fils, si le fils n'a pas de quoi payer le relief, le seigneur jouira de son domaine pendant une année, si le domaine consiste en terres labourables. Le seigneur aura la moitié des fruits des vignes cultivées, et si elles ne sont pas cultivées, il les fera cultiver et en aura tous les fruits.*

(2) *S'il y a des viviers, ils seront prisés par deux chevaliers, hommes de foi du seigneur, s'il les a, sinon il les demandera au chef seigneur. Ces chevaliers s'informeront combien ces viviers peuvent produire de revenu en cinq années, et le seigneur en aura la cinquième partie pour son relief. Il en sera de même à l'égard des garennes.*

(3) *Quant aux bois, on estimera ce qu'ils produiront en sept années, et de ces sept années le seigneur en aura une.*

(4) *Le Seigneur ne prendra rien sur les tailles ou les aydes qui seront dues au vassal par ses hommes.*

---

(1) C.-à-d. ce semble, que les gages seront ôtés, ou imputés aux Juifs comme à des chrétiens, qui auraient prêté sur gages. (Laur.)

(2) Cette ordonnance est rapportée par Brodeau sur la coutume de Paris article 3, page 61. Voyez ce qu'il y dit. (Laur.)

(5) *Le seigneur aura le relief des arrière-fiefs qui seront ouverts pendant l'année, et à la fin de l'année, il aura quatre parisis pour chaque arrière-fief.*

(6) *Si quelque veuve jouit du fief qui est à relever, à titre de douaire, l'héritier en fera raison au seigneur.*

(7) *Après que le seigneur aura joui du fief pendant une année pour son relief, il recevra l'hommage de l'héritier, pourvu néanmoins que l'héritier lui donne assurance que dans 80 jours il le payera de ce qui lui sera dû de son relief sur les viviers et les garennes.*

(8) *Tant que le seigneur aura en sa main les viviers et les garennes de son vassal, il sera tenu de les garder de bonne foi.*

———

(1) ORDINATUM fuit ad relevationem malarum consuetudinum, quod de patre ad filium, vel alio modo, quando relevare convenerit, nisi finator (1) possit finare cum domino suo, dominus tenebit domanium suum per annum, si ibi sit terra (2) arabilis quæ culta sit. Dominus capiet medietatem de vineis cultis, et si cultæ non essent, dominus eas coleret, et fructus perciperet.

(2) Et si ibi sint (3) vivaria, appreciarentur per duos milites juratos homines domini, si habeat, alias (4) requireret à domino capitali (5), qui inquirerent quantùm vivaria possent valere in quinque annis, et dominus habebit quintam partem pretii pro illo anno, et idem de garennis.

(3) Quoad nemora (6) dominus haberet septimam partem ejus quod valerent si custodirentur per septennium.

(4) Et si essent homines qui talliam, vel auxilium deberent, dominus non posset hoc levare.

(5) In retrofeudis (7) venientibus infra annum, dominus habebit relevamen, et in fine anni pro quolibet retrofeudo, habebit servitium quatuor parisiensium, quas relevator tenebitur reddere domino.

———

(1) C'est celui qui doit la finance pour le relief. (Laur.)
(2) Voyez les art. 58. et 59. de la coutume de Paris. (Laur.)
(3) V. l'art. 48 de la coutume de Paris. (Laur.)
(4) V. l'art. 47 de la cout. de Paris, et remarques sur le mot *prud'homes*. (Laur.)
(5) V. note sur le chap. 4 du premier livre des Etablissemens, et Beaumanoir dans ses coutumes du Beauvoisis, chapitre 67 des *Jugemens*, p. 307, au commencement. (Laur.)
(6) V. l'art. 43 de la cout. de Paris et les commentateurs. (Laur.)
(7) V. la coutume d'Anjou, art. 133 ; celle du Maine, article 133 ; celle de Touraine, art. ... ; celle du Lodunois, chap. 14. art. 12 ; celle du Poitou, art. 64 ; et Louet dans ses not. des coutumiers, liv. 4. tit. ..., art. 9. (L.)

(6) Et si dos fuerit in quolibet feudo relevato, faciet satisfactionem secundum valorem dotis.

(7) Postquam dominus per annum terram tenuerit, recipiet homagium ab herede, tali modo quod heres de pretiis vivariorum, garennarum, nemorum, et valore dotium, et servitiorum, debet domino prius facere gratum suum, vel competentem securitatem ei dare, quam infra 80. dies facere debebit.

(8) Et quamdiu dominus tenebit in manu sua vivaria, garennas, nemora, ea custodire debet bonâ fide.

N°. 154. — LETTRES *portant que les habitans de Tournai peuvent faire des legs aux églises et maisons religieuses, sans autorisation du Roi.*

Compiègne, juin 1235. (C. L. XI, 328.)

FIN DE LA RÉGENCE. — MAJORITÉ DU ROI (1).
1235.

N°. 155. LETTRES *portant concession à un frère du Roi, pour son apanage, du pays d'Artois* (2).

Juin 1237. (C. L. XI, 329.)

N°. 156. — ORDONNANCE *par laquelle le Roi enjoint d'arrêter tous les marchands anglais commerçant en France, et de saisir leurs effets* (3).

Juillet 1242. (Math. Paris.)

N°. 157. — ORDONNANCE *portant que les seigneurs qui possèdent des fiefs en France et en Angleterre seront tenus de choisir celui de ces deux royaumes auquel ils voudront rendre leur hommage, et qu'à l'avenir ils ne pourront reconnaître deux suzerains.*

1244. (Math. Paris, 614.)

---

(1) Alors fixée à 21 ans. (Dupuy, de la Majorité des Rois de Fr.)
(2) V. ci-après les ord. de 1268 et mars 1269, sur les *apanages.*
(3) Ordonnance rendue nécessaire par l'ordre de Henri III de mettre à mort tous les marchands français trouvés sur mer. (Beugnot, Essai sur les Inst. de saint Louis.

« En cela (dit l'Anglais Math. Paris) il blessa énormément l'antique dignité de la France, qui offrit toujours un asile assuré aux proscrits et aux exilés qui n'ont pas de mauvaises intentions, leur présentant son sein comme un lieu de refuge; c'est de là que dans la langue propre et originale le mot *Francus* est dérivé. »

N°. 158.—DÉCLARATION (1) *en faveur de l'université de Paris.*

7 mai 1245. (M. Henrion, aut. jud., 79.)

N°. 159. — ORDONNANCE ou *Établissement sur les guerres privées, nommées la Quarantaine-le-Roi* (2).

Pontoise, octobre 1245. (C. L. I, 56.)

D'anchien tamps (3), et mesmement par les ordonances de bon eurée (4) recordation *saint Loeys* (5) de France nostre predecesseur Roy; el temps qu'il vivoit, eust esté ESTABLI et ORDENÉ, que

Toutes fois que aucuns descorde, tenchon, meslée, ou delict estoit meus en caude-meslée entre aucuns de nostre royaume; ou par agait, et de fait appensé, des quelles coses plusieurs occisions, mutilations, et plusieurs autres injures souventesfois avenoient, li ami carnel (6) de chiauls qui les dites mellées, et delicz faisoient, demouroient, et demeurer devoient en leur estat, du jour dudit assault, ou messait, jusques à quarante jours continuelement ensuivans, excepté tant seulement les personnes qui s'entremessaisoient, les queles personnes pour leur messait, pooient être prins et arresté, tant durant les dis quarante jours, come aprés, et pooient estre emprisonnez és prisons des justiciers, en le jurisdiction des-

---

(1) Nous n'avons pas trouvé l'original de cette pièce.
(2) C'est ce qu'on appelle la trève de Dieu et les lois de la paix. Ces sortes de conventions ont commencé en 1041 dans la Gaule Narbonaise. Les évêques en furent les promoteurs. Dans le réglement pour l'église de Tours de 1096, il est dit que la trève durera 3 ans. V. préface du tom. X des histor., p. 197 et 507, et du tome XIV, préf., p. 23, 24 et 39. Hénault, Abr. chron. et ord. de 1155.
(3) Ce n'est donc point l'ord. de saint Louis, mais un extrait de celle du roi Jean du 9 avril 1353 qui est latine et française. (Laur.)
(4) Heureuse, du mot latin *hora*. (Laur.)
(5) Beaumanoir l'attribue à Philippe-Auguste. Il faut, ou que Beaumanoir se soit trompé, ce qui est difficile à croire, ou qu'il y ait eu deux lois qui aient ordonné la quarantaine dont il est parlé dans celle-ci. (Laur.)
(6) C'est-à-dire, les parens. Beaumanoir chap. 60, p. 306.
Les guerres privées n'avaient lieu qu'entre gentilshommes, et non entre gens de poote, ou roturiers. « Il est coutume, dit Beaumanoir, en le chastellenie de Clermont, que se gens de poote ont mesfet à l'autre de set apparent, et l'une des parties demande treves de l'autre par devant justice, il ne l'ara pas, ainchois fera le justice fere à plein asseurement, si pés ne se fet entre les parties; car gens de poote par le coutume ne puent guerre demener, et entre gens qui ne puent guerroier nules trives n'appartiennent, etc. » V. Dissert. 29 de du Cange sur Joinville. (Laur.)

quels li dit maleficé avoient esté perpetré, pour être justicié de leurs maleficés, selonc le qualité du delict, ainsi qui li ordres de droit l'enseigneoit. Et se en dedens le terme des quarante jours devans dis aucuns du lingnage, progenie, consanguinité, ou affinité d'aucunes des parties principalment meffaisans à aucun de l'autre lignage des dis meffaisans, en aucune manière fourfaisoit, ou malfaisoit pour chelle cause, en prenant vengeance, ou en aultre manière, excepté les malfaiteurs principauls devant dis, liquel, si come dit est, pooient estre prins et puni, si come li cas lo desiroient. Ichiauls, come traistres et convaincus du meffait, et come enfraigneurs des ordenances et statuts royauls, devoient estre puni et justicié par le juge ordinaire, sous qui jurisdiction li delict avoient esté perpetré, ou el lieu, ou quel il estoient dudit crime convaincu, ou condempné. Lesqueles ordonances encore en plusieurs et diverses parties de nostre royaume, non mie sans cause, sont tenuës, et fermement pour le bien publique, tuition du pays, et des habitans en nostredit royaume demourans et manans, loialment wardees, si come est dist, etc.

N°. 160. — CONCILE *tenu par le pape du consentement du Roi, dans lequel Frédéric II est excommunié* (1), *et déposé de l'empire par Innocent IV* (2).

Lyon, 1245. (Rec. Concil. VII.)

---

(1) Les motifs de l'excommunication sont que Frédéric a souvent juré le vilain serment; — qu'il a rompu la paix entre l'Eglise et l'Empire; — qu'il détient les terres de l'Eglise; — qu'il a eu des intelligences avec les Sarrasins; — qu'il a erré en plusieurs articles de foi, et qu'il a commis un sacrilége en faisant arrêter des cardinaux.

Frédéric en appela au futur concile. C'est dans ce concile de Lyon que le chapeau rouge est donné aux cardinaux. (Hén. Abr. chr.)

(2) Le saint-siége avait été vacant pendant vingt mois, par le refus qu'avait fait l'empereur Frédéric de relâcher quelques cardinaux qu'il avait fait emprisonner.

Mathieu Paris rapporte, au sujet de l'élection d'Innocent IV, que sur les délais que les cardinaux apportaient à nommer un pape, on leur fit dire, de la part de la France, que s'ils ne faisaient cesser une vacance aussi pernicieuse au repos de l'église, on trouverait moyen de se passer d'eux, et d'élire un pape en deçà des monts. Mathieu Paris ajoute que cette menace des Français n'était pas une entreprise, et qu'ils en avaient le privilége accordé à Saint-Denis par Saint-Clément, en lui donnant l'apostolat sur les peuples d'Occident; mais cette opinion de Mathieu Paris est absolument détruite. (Hén. Abr. chr.)

N°. 161. — DÉCLARATION (1) *touchant le bail et le rachat des terres, et la majorité féodale des filles du pays du Maine et d'Anjou, à l'âge de quinze ans accomplis.*

Orléans, mai 1246, 20°. année du règne. (C. L. I, 58.)

SOMMAIRES.

(1) *En Anjou la veuve d'un homme noble ou d'un seigneur de fief, a le bail de ses enfans sans rachat, et si elle meurt, le bail est déféré au plus proche parent paternel, ou maternel du côté dont la succession est échue aux mineurs.*

(2) *Ceux qui auront le bail d'une mineure héritière principale de terre, soit la mère, ou un parent collatéral, seront obligés de donner assurance au chef seigneur qu'elle ne sera pas mariée sans son consentement, et sans l'avis de ses parens.*

(3) *Si la veuve d'un noble, ou d'un seigneur de fief, baillistre de ses enfans, passe en secondes noces, son mari fera hommage du fief et en payera le rachat.*

(4) *Il n'y a pas de rachat dans les mutations de père à fils, ni de frère à frère, et tous les autres qui tiennent en bail doivent hommage et rachat.*

(5) *Le parent collatéral héritier présomptif du fief du mineur en a le bail, mais la garde de la personne du mineur appartient au parent collatéral qui est dans le degré suivant. Et l'enfant doit être nourri et entretenu suivant son état, et le revenu de sa terre, etc.*

(6) *L'âge des mâles pour porter la foi et pour entrer en jouissance de leur fief, est à vingt-un an commencés.*

(7) *Il en est du bail et du rachat dans le Maine, comme en Anjou, à l'exception que dans le Maine la veuve qui passe en secondes noces perd le bail de la terre que son fils mineur a eue de la succession de son père, et celui à qui le bail est dévolu, en doit l'hommage et le rachat, à moins qu'il ne soit frère du défunt.*

(8) *A la Ferté-Bernard, et dans la Châtellenie il y a un autre usage touchant les rachats.*

(9) *L'âge des filles, pour faire hommage et tenir fief sera dès qu'elles auront quatorze ans accomplis.*

---

(1) Cette déclaration a été donnée par de Renusson à la fin du Traité des Gardes, p. 228. On appelle *Bail* la jouissance que les pères, les mères et les collatéraux ont des biens des mineurs, sans leur en rendre compte, à la charge de les nourrir, et de les acquitter de toutes leurs dettes. En quelques coutumes cette jouissance est nommée *Garde*, en ligne directe, et *Bail* en collatérale. En ligne directe, comme en collatérale, elle est nommée *Bail*. Quant au rachat, c'était le revenu d'une année qui appartenait au seigneur suzerain en cas de mutation. En quelques coutumes, ce *rachat* était nommé *relief*, parce qu'au moyen de ce droit, le nouveau vassal reprenait du seigneur, et relevait le *fief*. (Laur.)

In nomine sanctæ et individuæ Trinitatis, amen.

Ludovicus, Dei gratiâ, Francorum rex. Notum facimus, quod cum dubitaretûr ab aliquibus de consuetudine ballorum et rachatorum Andegaviæ et Cenomaniæ. Nos volentes super hoc cognoscere veritatem, et quod erat dubium DECLARARE, vocatis ad nos apud Aurel. baronibus et magnatibus earundem terrarum, habito cum eis tractatu et consilio diligenti, communi assertione eorum didicimus de consuetudine terrarum illarum, quæ talis est.

(1) Videlicet quòd relicta (1) alicujus nobilis, vel alterius feodati habet in Andegaviâ ballum liberorum suorum et terræ, et non facit rachatum, nisi se maritet, et si ipsa moriatur, ille habet ballum qui magis propinquus est ex parte patris, vel ex parte matris, ex parte cujus hereditas movet.

(2) Quicunque etiam, sive mater, sive aliquis amicorum, habeat custodiam feminæ quæ sit heres, debet præstare securitatem domino a quo tenebit in capite quod maritata non erit (2), nisi de licentiâ ipsius domini, et sine assensu amicorum (3).

(3) Et si relicta nobilis, vel alterius feodati se maritet, maritus suus (4) facit homagium domino, et solvit rachatum. Et rachatum est valor terræ unius anni.

(4) Dominus autem non habet rachatum de patre ad filium, nec de fratre ad fratrem. Et omnes alii qui tenent ballum, debent homagium domino, et debent solvere rachatum.

(5) Ille autem qui tenet ballum, si terra debet ad ipsum devenire, non habet custodiam puerorum (5), immò proximior post ipsum: et habent pueri beneficium de terrâ patris

---

(1) C'est une veuve. V. le parag. 7. (Laur.)
(2) V. liv. 1er. des Établis. ch. 124.
(3) Les fiefs étant devenus héréditaires, les seigneurs, qui devaient veiller à ce que le fief fût servi, exigèrent que les filles qui devaient succéder au fief, et je crois quelquefois les mâles, ne pussent se marier sans leur consentement: de sorte que les contrats de mariage devinrent pour les nobles une disposition féodale et une disposition civile. Dans un acte pareil, fait sous les yeux du seigneur, on fit des dispositions pour la succession future, dans la vue que le fief pût être servi par les héritiers: aussi les seuls nobles eurent-ils d'abord la liberté de disposer des successions futures par contrat de mariage, comme l'ont remarqué Boyer et Automnes. (Montesq. XXXI, 34.)
(4) V. chap. du liv. 1er. des Établiss., et l'art. 85 de la coutume d'Anjou. (Laur.)
(5) Les Anglais ont pris cette jurisprudence de nous. (Fortescue *de laudibus legum Angliæ.* cap. 44.)
La coutume d'Anjou avait une disposition conforme à cet ord. dans l'art. 85. (Laur.)

et matris suæ, secundum valorem terræ, et secundum statum suum. Et quicunque tenet ballum, debet facere rachatum, solvere debita, et tenere ballum in bono statu.

(6) Est autem ætas heredis masculi faciendi homagium domino, et habendi terram suam, quam citò idem heres ingressus fuerit vicesimum primum annum.

(7) De ballis et rachatis Cenomaniæ dicunt idem barones Cenomaniæ, hoc excepto, quod vidua perdit ballum (1) terræ moventis ex parte patris puerorum in Cenomaniâ, quam citò se maritat, et ille qui ballum habet, facit homagium domino, et solvit rachatum, nisi sit frater defuncti (2).

(8) Sciendum est tamen quod Feritas Bernardi, et castellania Feritatis aliam habet consuetudinem quantum ad rachata.

(9) Quia vero super ætate feminarum certa consuetudo non inveniebatur, statuimus et ordinavimus assensu baronum et militum prædictorum, quod femina non maritata postquam quintum decimum annum (3) compleverit, habeatur legitimæ ætatis ad faciendum homagium domino, et ad habendum terram suam.

Hæc autem omnia, prout superius continentur, de communi consilio, et assensu dictorum baronum et militum volumus et præcipimus de cætero in perpetuum firmiter observari.

Quod ut perpetuæ stabilitatis robur obtineat, præsentem paginam sigilli nostri auctoritate et regii nominis charactere inferius annotato, fecimus confirmari.

Actum Aurelianis, anno Incarnationis dominicæ 1246, mense maio, regni vero nostri anno 20, astantibus in palatio nostro quorum nomina supposita sunt et signa. Dapifero nullo.

(S.) *Stephani*, buticularii; (S.) *Johannis*, camerarii. Constabulario nullo.

N°. 162. — CHARTE *d'affranchissement en faveur des habitans de Villeneuve-le-Roi, près Paris.*

Pontoise, octobre 1246. 20e. année du règne. (C. L. XII, 321.)

In nomine sancte et individue Trinitatis, amen.

---

(1) V. art. 85 de la coutume d'Anjou, et 98 de la coutume du Maine. (Laur.)
(2) V. l'art. 84 de la coutume d'Anjou, et 97 de celle du Maine. (Laur.)
(3) V. l'art. 86 de la coutume d'Anjou. (Laur.)

Ludovicus, Dei gratiâ, Francorum Rex.

Noverint universi presentes pariter et futuri presentem paginam inspecturi, quòd cum omnes, tam homines, quam feminae ville nostre que *Villa-Nova-Regis* appellatur, prope Parisius, inferius scripti et nominati, essent homines nostri de corpore et conditionis servilis.

Nos pietate et misericordiâ moti tam ipsos quam eorum heredes presentes et futuros in posterum descendentes, perpetuo DECORAVIMUS MUNERE LIBERTATIS; retentis tamen et salvis nobis et heredibus nostris aliis juribus nostris et redditibus que antea nobis debebant, et solvere consueverant.

Statuimus autem quòd si aliqui subscriptorum vel ab ipsis descendentium, quos manumittimus, aliquo tempore cum personis servilis conditionis matrimonialiter, jungerentur ipso facto redigi eos volumus in pristinam servitutem, et bona ipsorum omnia in manu nostrâ et heredum nostrorum capiantur. Nomina autem eorum sunt ista, etc.

N°. 163. — DÉCRET *d'alliance entre les barons de France contre les entreprises des ecclésiastiques.*

1246. (Corps diplomat. I, 194.)

Quia clericorum superstitioni non attendens quòd bellis et quorumdam sanguine sub *Carolo* magno et aliis regnum Franciae de errore gentilium ad fidem catholicam sit conversum primò quadam humilitate nos seduxit, quasi vulpes se nobis opponentes, ex ipsorum castrorum reliquiis, quae à nobis habuerant fundamentum, jurisdictionem saecularium principum sic absorbent, ut filii servorum secundùm suas leges liberos et filios liberorum; quamvis secundùm leges priorum triumphatorum deberent à nobis potius judicari, et per novas constitutiones non deberet antecessorum nostrorum consuetudinibus derogari: cum non deterioris conditionis faciant, quàm Deus etiam voluit esse gentiles, cum dixerit *reddite quae sunt Caesaris Caesari, et quae sunt Dei Deo*.

Nos, omnes regni majores attento animo percipientes quòd regnum non per jus scriptum, nec per clericorum arrogantiam, sed per sudores bellicos fuerit adquisitum, praesenti DECRETO omnium juramento statuimus et sancimus.

Ut nullus clericus vel laicus alium de cetero trahat in causam coram ordinario judice vel delegato, nisi super haeresi, matrimonio, vel usuris, amissione omnium bonorum suorum, et unius membri mutilatione transgressoribus imminente, certis à nobis super hoc executoribus deputatis, ut sic jurisdictio nostra resuscita respiret, et ipsi hactenus ex nostra depauperatione ditati quibus dominus propter eorum superbiam profanas voluit revelare contentiones, reducantur ad statum ecclesiæ primitivæ et in contemplatione viventes nobis sicut decet, activam vitam ducentibus, ostendant miracula, quæ dudum à sæculo recesserunt.

Nº. 164. — LETTRES *portant commission des barons de France, à quatre d'entr'eux pour l'exécution de leur décret d'alliance.*

Novembre 1246. (Corps diplomat. I, 194.)

SECONDE RÉGENCE DE LA REINE BLANCHE.
1248 à 1253.

Nº. 165. — LETTRES *par lesquelles le Roi donne à sa mère la régence du royaume pendant son voyage à la Terre Sainte.*

Corbeil, juin 1248. (C. L. I, 60.)

SOMMAIRES.

(1) La Régente choisira qui elle voudra pour l'administration des affaires d'état.

(2) Elle pourra instituer les châtelains, les forestiers et autres officiers, et les destituer.

(3) Elle conférera les bénéfices vacans, recevra le serment de fidélité des évêques et des abbés, donnera main-levée des regales, et permettra aux chapitres et aux monastères de faire leurs élections.

Ludovicus, Dei gratiâ, Rex, universis presentes literas inspecturis, salutem.

(1) Notum facimus quod nos carissimæ dominæ et matri reginæ concessimus (1) et voluimus quod ipsa in hâc nostræ peregrinationis absentiâ plenam jam habeat potestatem re-

---

(1) Saint Louis donna par ces lettres plus de pouvoir à Blanche, sa mère, que Philippe-Auguste n'en avait donné à la sienne, par son testament de l'année 1190. (Laur.)

piendi et attrahendi ad regni nostri negotia, quos sibi placuerit et visum fuerit attrahere, removendi etiam quos viderit removendos, secundum quod ipsi videbitur bonum esse.

(2) Baillivos etiam instituere valeat, castellanos, forestarios, et alios in servitium nostrum et regni nostri ministros ponere et amovere (1), prout viderit expedire.

(3) Dignitates etiam et beneficia ecclesiastica vacantia conferre; fidelitates episcoporum et abbatum recipere, et eis regalia restituere (2), et eligendi licentiam dare capitulis, et conventibus vice nostrâ.

In cujus rei testimonium sigillum nostrum, præsentibus literis duximus apponendum.

Actum apud hospitale, juxta Corbolium, anno Domini 1248, mense junii.

N°. 166. — ORDONNANCE (3) *au sujet des hérétiques (Vaudois), adressée aux inquisiteurs* (4).

Vincennes, avril 1250. (C. L. I, 61.)

SOMMAIRES.

(1) *Les biens saisis en exécution de l'ordonnance du mois d'avril 1228 seront rendus à ceux qui les demandent, à moins qu'ils n'ayent été en fuite, par crainte de l'inquisition, ou qu'après avoir été cités, ils n'ayent persévéré dans leur contumace, ou que l'on ait découvert chez eux quelque hérétique caché, ou qu'ils n'ayent été condamnés à être renfermés, ou qu'ils n'ayent été abandonnés au bras séculier.*

(2) *Les femmes ne perdront pas leurs biens pour le crime de leurs maris. Et quant aux hérétiques qui seront entrés en religion avant qu'ils eussent été ci-*

---

(1) V. l'art. 7 du testament de Philippe-Auguste. (Laur.)
(2) Ainsi, dès ces temps-là, les *Abbayes* comme les Évêchés, tombaient en régale, parce qu'il y avait parité de raison. (Laur.)
(3) Cette ord. a été faite pour servir d'interprétation à l'ord. d'avril 1228, contre les hérétiques (*Vaudois*), ainsi nommés, de *Valdo*, lyonnais, leur chef. En 1208, il y eut une croisade contre eux, et *Raymond*, comte de Toulouse, qui les protégeait. Les Croisés donnèrent ensuite la conduite de cette guerre à *Simon*, comte de Montfort.
En 1226, *Louis* VIII prit la croix contre eux.
En 1239, *Trincavel* et d'autres seigneurs du pays se mirent à la tête des *Vaudois* qui ne voulaient pas se soumettre à l'inquisition; saint Louis envoya contre eux *Jean*, comte de Beaumont. (Laur.)
(4) M. Beugnot (Essai sur les Institutions de saint Louis, p. 97 et 128) prétend que ce n'est pas ce roi qui a fondé l'inquisition en France; que cette cruelle institution, établie par l'ord. de 1228, est l'œuvre de *Blanche*. A cette époque saint Louis n'avait que 14 ans.

tés, et qui y auront fini leurs jours, leurs biens seront rendus à leurs héritiers.

(3) Ceux qui avant l'arrivée des croisés, auront loué leurs biens à des hérétiques, ne les perdront pas pour cela, à moins qu'il n'y ait quelque loi, ou quelque coutume contraire.

(4) Celles qui ont épousé des maris avant qu'ils fussent hérétiques, ou ceux qui ont contracté avec des personnes qui sont devenues ensuite hérétiques, seront payés, les femmes de leur dot et de leur augment, et les autres de tout ce qui leur sera dû, jusqu'à concurrence des biens, quoique le contraire se pratique dans les pays coutumiers, ou de Languedoc.

(5) Quant à celles ou ceux qui ont contracté avec des hérétiques manifestes, cités et notés, ils ne pourront rien demander.

(6) Si cependant il se trouvait quelqu'un, qui eût contracté de bonne foi avec de tels hérétiques, ils ne perdraient pas ce qui leur serait dû, à moins qu'il n'y ait quelque décrétale, qui ôte aux hérétiques le pouvoir d'aliéner, et d'obliger leurs biens.

(7) Si ceux contre qui l'inquisition a commencé ses poursuites, vivent et méritent d'être enfermés, ou si étant morts, ils le méritaient, leurs biens seront confisqués, mais s'il n'y a rien de cela, leurs biens leur seront rendus, ou à leurs héritiers.

(8) S'il y avait néanmoins dans le cas précédent quelque soupçon d'hérésie, ceux à qui les biens seront ainsi rendus, donneront caution de les restituer, en cas que dans les cinq années suivantes il y ait quelque preuve, ou charge nouvelle. Et il leur sera fait défense de par le Roi, de rien aliéner pendant ce temps, etc.

(9) Ceux qui auront été du parti du Roi Louis VIII lorsqu'il alla en Languedoc, et qui seront restés en possession de leurs biens, n'en seront pas dépouillés pour avoir pris les armes contre le comte Monfort, ou pour avoir donné secours, ou conseil contre lui.

(10) S'ils demandaient cependant des biens, dont le comte, en arrivant, se serait rendu maître, ou qu'il aurait pris sur ceux qui se seraient révoltés contre lui; ces biens ne leur seront pas rendus, à moins qu'ils ne fassent voir que le père du Roi, le Roi, ou le comte de Monfort, n'en ayent ordonné la restitution, ou à moins qu'ils ne les ayent possédés publiquement et paisiblement pendant vingt années, depuis l'arrivée du père du Roi en Languedoc.

(11) Les biens confisqués de ceux qui se sont opposés au Roi dans la guerre de Trincavel et du comte de Tolose, ne leur seront pas rendus, à moins qu'ils ne fassent voir que le Roi, ou ses prédécesseurs leur en ayent fait grâce.

(12) A l'égard de ceux qui n'ont pas porté les armes dans la guerre de Trincavel et du comte de Tolose, mais qui demeuraient alors avec les ennemis, s'ils demandent des biens, qu'eux, ou ceux dont ils sont héritiers ne possédaient pas

dans le temps de la guerre, ils ne seront pas écoutés, à moins qu'il n'y ait preuve de minorité, de démence, ou de violence de la part des ennemis. Il en sera de même des femmes qui demeuraient chez les ennemis, à moins qu'elles n'ayent eu part à leur rébellion.

(13) On ne payera rien aux femmes, ni aux créanciers qui ont contracté avec les rebelles depuis leur crime. Quant à ceux qui ont contracté auparavant, ils seront payés à concurrence des biens.

(14) A l'égard des immeubles que ceux de Carcassonne possédaient dans le temps de la guerre, il leur en sera fait récompense, suivant la lettre du Roi, adressée au sénéchal qui était alors.

(15) Pour les jardins qui sont autour de la ville, on s'en rapportera à la déposition des témoins qui seront produits.

(16) Et attendu que l'on fait demande de plusieurs biens qui ont été donnés à cens ou à rente, si ce sont des personnes ecclésiastiques qui les revendiquent, elles agiront contre les possesseurs. Il en sera de même des biens des laïques, à moins qu'il n'ait été fait mention expresse d'eux, dans le bail, ou qu'il n'y ait preuve qu'il y ait eu intention de donner leurs biens à rente, quoique dans le bail il ne soit point parlé d'eux, auxquels deux cas les demandeurs entreront en composition avec les possesseurs, ou les possesseurs avec les demandeurs, sans que la prescription de quarante années puisse être opposée.

(17) Il ne sera rien rendu à ceux qui ont pris à ferme les revenus du Roi, moyennant une certaine somme de tournois, ou de melgoires par an, sous prétexte que depuis le bail l'une de ces monnaies a cessé d'avoir cours.

(18) Ceux dont les maisons bâties nouvellement dans le bourg de Carcassonne, entre la ville et la rivière, ont été abattues par l'ordre du maréchal du Roi, en seront dédommagés.

(19) Les tailles imposées par le comte de Monfort, et payées au Roi seront levées sur le même pied, et s'il y a eu quelque augmentation elle sera ôtée.

(20) Dans les lieux, où il y a eu des confiscations de terres au profit du Roi, la taille sera diminuée à proportion des confiscations, jusqu'à ce que ces terres soient retournées à des taillables.

(21) Dans les lieux, où il n'y aura plus de tailles, les anciens droits qui étaient dus dans le pays d'Alby, et qui avaient cessé d'être payés depuis l'imposition des tailles, seront confisqués.

(22) A l'égard des tailles de C... des lieux qui sont pris de Nîmes, et des places qui ont été mises en la main du Roi, et qui servaient aux usages publics, on en composera.

(23) Les cens ou redevances portant lods, imposés sur les aleux seront ôtés, et l'on n'en imposera plus dans la suite.

(24) Les baillis ne permettront pas que les fiefs qui relèvent du Roi soient vendus sans

son consentement, à moins qu'on ne prouve que la coutume soit contraire, ce que le Roi se réserve à examiner.

(25) Si l'on n'a autre chose à opposer à B..., sinon qu'il s'est rendu caution d'E... sa demande doit être écoutée, étant constant qu'il ne s'est pas rendu caution, sous peine de confiscation de ses biens, et que d'ailleurs la terre d'E... appartient au Roi par confiscation.

(26) Quant aux enfans de rebelles on suivra les dispositions du droit canonique pratiquées dans le pays.

(27) Toutes ces dispositions seront observées par les baillis, et par tous les seigneurs, etc.

In nomine Domini, etc., *Ludovicus*, Dei gratiâ, Franciæ rex, dilectis suis, magistro *Henrico de Surzil, Nicolao de Cath.* et *Petro de vicinis*, inquisitoribus restitutionum et emendarum suarum in Carcassonæ et Bellicadri bailliviis, salutem et dilectionem.

Cum ex nostro mandato diversas examinaveritis quæstiones, illorum videlicet, qui in Carcassonæ et Bellicadri bailliviis, aliqua de bonis suis minus justè à nostris officialibus asserunt occupata, et ex dictâ examinatione, dubitationes variæ vobis occurrerint, quas sine nostro consilio, et assensu dirimere noluistis. Nos volentes laudabiliter cæptum negotium laudabiliùs terminari, consultationibus vestris duximus respondendum (1) taliter.

(1) Proposuistis siquidem, quod qui partem nostram coram vobis defenderunt, objiciunt aliquibus petitoribus, eis non esse restituenda quæ petunt, quia, vel fovendo, vel receptando, vel modis aliis extitisse probantur pravitatis hæreticæ labe respersi. Nos autem licet in regni nostri primordio ad terrorem duriùs scripserimus contra tales, in quibusdam literis nostris, quæ incipiunt cupientes; nolumus tamen aliquem eâ causâ solummodo à suâ petitione repelli; nisi vel metu inquisitionis aufugerit, vel citatus in contumaciâ perseveraverit, vel in domo ejus hæreticus fuerit deprehensus, vel ad murum fuerit condemnatus, vel relictus curiæ sæculari.

(2) Nec propter virorum culpam uxores bonis suis privari volumus, nisi et ipsæ in tantùm deliquerint, et propter culpam propriam sint privandæ, juxta formam proximè prætaxatam. Eis autem qui hæretici fuerant, et ante citationem religionem ingressi, vitam suam laudabiliter ibidem finierunt, hanc gra-

---

(1) C'est donc un rescrit. (Is.)

tiam facimus, ut eorum hæredibus bona reddantur, si aliud non obsistat.

(3) Eos sane, qui ante crucesignatorum adventum, hæreticis publice in terrâ morantibus, possessiones suas habitandas, vel excolendas tradidisse, vel locasse dicuntur, ob hoc solum nolumus possessiones quas petunt amittere, nisi consuetudo terræ aliud teneat approbata, vel constitutio de hoc specialiter fuerit contra tales.

(4) Quia vero quæsistis quid nobis de creditoribus hæreticorum, qui credita sua repetunt, vel eorum uxoribus dotem, vel dotalitium (1) repetentibus sit tenendum, vobis taliter respondemus : quod licet de consuetudine gallicanâ aliter observetur, quia tamen terra illa regi consuevit (ut dicitur) et adhuc regitur jure scripto, volumus creditoribus, et uxoribus satisfieri, qui cum eis antequam essent hæretici, contraxerunt, usque ad valorem bonorum, si culpa propria non obsistat.

(5) Eos vero vel eas, qui cum eis postquàm fuerunt hæretici contraxerunt, repelli volumus ab agendo, si cum hæreticis manifestis, vel pro hæresi jam citatis, vel notatis, vel publice infamatis, contrahere præsumpserunt.

(6) Si vero iis cessantibus, bona fide cum talibus contraxerint, eos audiri volumus, nisi prout, vobis suggeritur, inveniatur per interpretationem summi pontificis declaratum, quod personis hujus commissi criminis, sit rerum alienatio et obligatio interdicta.

(7) Verum de his contra quos pendet inquisitio dicimus, quod si vobis per ipsos inquisitores, vel acta inquisitionis constiterit, quod in eâ sint causâ, ut saltem ad murum debeant condemnari, si vivunt, vel jam mortui si vixerunt debuissent, bona non reddatis eorum. Si vero nihil tale contra eos inventum fuerit, eos, vel eorum heredes in suis petitionibus audiatis.

(8) Si tamen aliqua vos movet suspicio contra ipsos, et aliquid eis reddendum fuerit, recipiatis ab eis idoneam cautionem, si eam præstare poterunt de bonis, quæ receperint vobis reddendis, si infra quinquennium inventum fuerit super prædicto crimine aliquid contra ipsos, propter quod bona ipsorum amittere debuissent, et interim authoritate nostrâ interdicatis eisdem bonorum prædictorum alienationem. Si

---

(1) Dans les pays coutumiers, c'était le *douaire*; mais, dans les pays de droit, c'était *l'augment de dot*, que le mari donnait à sa femme. (Laur.)

vero dictam præstare non poterunt cautionem, vos possitis eam remittere personaliter negotii qualitate pensata.

(9) Quia vero, ut dicitis, de diversis faidimentis (1) excipitur coram vobis, ad repellendos agentes, et quæritis quid super... his tenere debeatis; vobis breviter respondemus, quod illi qui eo tempore, quo bonæ memoriæ charissimus genitor noster venit ad tertam illam, adhæserunt eidem, et in suis possessionibus remanserunt, sive super pacem literas habeant, sive non, ob hoc solum repellendi non sunt, quia antea in guerrâ fuerant contra comitem *Montisfortis*, vel ad eum repellendum dederant consilium, seu juvamen.

(10) Si tamen coram vobis aliqua bona petunt, quæ dictus comes in suo adventu occupaverat, vel posteà super rebelles suos acquisierat, et possederat, ea volumus eis reddi (2); nisi ostenderent factam fuisse sibi super his à genitore nostro, vel nobis, vel à prædicto comite restitutionem, seu specialem gratiam et expressam; vel nisi ea post adventum patris nostri per viginti annos continuè possedissent.

(11) Illos autem qui se nobis opposuerunt in guerrâ Trincavelli, et comitis Tolosani, ad petitionem illorum bonorum admitti nolumus, quæ verè possidebant tempore motæ guerræ, sed prius à nostris genitoribus fuerant occupata..... nec..... ostenderent super hoc gratiam specialem.

(12) Qui vero tempore dictæ guerræ Trincavelli, et comitis Tolosani guerram personaliter non fecerunt, sed tamen in villis, vel castris à nostris hostibus occupatis promiscuè cum ipsis hostibus remanserunt, à petitione bonorum quæ tempore motæ guerræ non tenebant, repelli volumus; nisi essent juniores decem octo annis, vel decrepiti, vel mente capti, vel inviti retenti ab hostibus, vel etiam mulieres, quæ cum hostibus remanserunt, nisi alias eorum proditioni, facto vel dicto, consensisse probentur.

(13) Creditoribus autem faiditorum, uxoribus eorumdem, qui, vel quæ cum eis à tempore commissi criminis contraxerunt, nolumus quicquam solvi; aliis autem usque ad valorem bonorum, quæ ab ipsis habuimus satisfiat.

(14) Sanè super possessionibus hominum Carcassonæ, quas eis, ut dicitur, reddi jussimus, eas scilicet quas tenebant tempore motæ guerræ, volumus quod eisdem si aliter... non

---

(1) Id est, *inimicitiis; bellis privatis, rebellione.* (Laur.)
(2) Il faut, ce semble, *ea nolumus eis reddi.* (Laur.)

commiserint, recompensationem idoneam faciatis, juxta tenorem literæ, quam misimus *Joanni* de *Cranis* tunc tempore senescalli.

(15) De hortis autem qui sunt circa civitatem, stari volumus dictis testium coram vobis super hoc productorum.

(16) Ceterum quia multa petuntur à vobis, quæ data sunt aliis in assisiis (1) et quædam ex his personis ecclesiasticis, quædam laïcis repetuntur, vobis duximus respondendum: quod cum ecclesiarum bona aliis dare, nec voluerimus, nec potuerimus, agant ecclesiæ contra possessores rerum ipsarum, et volumus et mandamus maturam eis, et expeditam justitiam exhiberi. Et idem dicimus de laïcis petitoribus, nec constet... ex litera assisiæ, quod vel bona ipsorum nominatim dedimus in assisiam, vel aliter probari possit, quod senescallus noster, quando dedit assisiam, bona illa expressim assisiæ computavit, quamvis in litera assisiæ nihil de hoc inveniatur expressum, in quibus duobus casibus audiri volumus petitores, et si aliud non obsistat componi cum possessore, vel cum petitore, prout commodius poterit expediri, nec eis noceat possessio quadriennii, quæ de jure scripto tales repellere consuevit.

(17) His qui reditus nostros alicubi ad certam summam Turonensium, vel Melgorensium emerant, et aliquæ monetæ quæ currebant, cum Turonensibus, et Melgorensibus tempore emptionis, de terrâ postea infra solutionis terminum sunt expulsæ, vobis dicimus quod nihil hac occasione reddatis eisdem.

(18) De servientibus vero, et aliis qui in burgo novo Carcassonæ ædificato inter civitatem et flumen domos ædificaverunt, quas noster postea diruit mareschallus, volumus quod aliqua recompensatio competens eis fiat.

(19) Porro de talliis a comite *Montisfortis* impositis, et postmodum quamdiu terram tenuimus in pace levatis, volumus quod in eo statu, in quo fuerunt impositæ, perseverent, et si quid est super additum resecetur.

(20) Si vero, prout dicitur, in locis aliquibus magna pars possessionum ad nos ex confiscatione pervenit, volumus talliam diminui pro ratâ, donec dictæ possessiones ad illos venerint, qui conferre possint in talliâ.

(21) Ubi autem tallias recipimus, servitia vetera, quæ ante

---

(1) C'était donner un fonds en imposant, retenant, ou asseyant dessus un cens, un revenu ou une rente foncière, et le bail qui en était fait, était nommé *litera assisiæ*, comme il se voit ci-après. (Laur.)

impositionem talliarum accipiebantur ab hominibus albigensibus, seu gistis, et post impositas tallias cessaverant, volumus amodo confiscari.

(22) De talliis vero Calvissonis, et aliorum locorum circa Nemausum, dicimus quod vel componatis cum eis, vel secundum ea quæ acta sunt coram vobis, quod justum fuerit faciatis. Et idem dicimus de plateis ad manum nostram redactis, quæ antea publicis usibus serviebant.

(23) Demum de allodiis quæ, ut dicitur, a possessoribus eorum vendi libere consueverunt, et baillivi nostri vendi non permittunt, nisi et insuper pecunia pro laudimio eis detur, volumus quod census impositi revocentur, et similia in posterum non attemptent.

(24) Ea vero quæ à nobis tenentur in feudum particulariter, vendi baillivi nostri, sine nostro non permittant assensu (1); nisi contraria consuetudo probetur, quæ si probata fuerit, probationes super hoc productæ ad nostrum referantur examen.

(25) Verum super facto *Berengarii* de Cautio, vobis (2) taliter respondemus, quòd si ei aliud non obsistat, nisi quòd fidejussisse dicitur pro *Eumenone de Fontosio*, qui contra suam promissionem se nobis opposuit. Eundem *Berengarium*, ob hoc solum à suâ petitione repelli volumus (3); tum quia, prout dicitis, non probatur quòd fidejusserit pro eodem, sub suorum commissione bonorum. Terra dicti *Eumenonis* ad nos ex confiscatione pervenit.

(26) De filiis præterea saiditorum tenere vos volumus, quòd jure scripto in illis partibus observetur.

(27) Hæc autem omnia à baillivis nostris, vel aliis terrarum dominis ex hac ordinatione, ac juris authoritate trahi volumus, cùm non animo jus custodiendi ordinavimus, sed ut in dubiis temperato juris rigore, animæ nostræ salutis viam possimus eligere tutiorem, et in his omnibus mutandi, et corrigendi retinemus nobis liberam potestatem.

Actum apud Vicenas, anno Domini 1250, octavo mensis aprilis.

---

(1) V. *lib. feudorum*, *Titulum* de alienatione feudi, *et ibi Cujac*. (Laur.)
(2) Lis. *Vobis*. (Laur.)
(3) *Nolumus*.

1er. décembre 1253, MORT DE LA RÉGENTE.

LOUIS, fils aîné du Roi, âgé de 12 ans, prend le gouvernement, en attendant le retour du Roi.

N°. 167. — CHARTE de *Louis, fils aîné du Roi*, *par laquelle il enjoint au sénéchal de Carcassonne de laisser Béranger Guillelain dans la possession du château de Clermont-Lodève, dont il a fait hommage au Roi.*

1253. (Dom. de Montp. act. de Clerm. Lod. N°. 1er.)

N°. 168. — CHARTE *du même, par laquelle il enjoint au sénéchal de Baucaire, de rendre la terre d'Yerle à Guillaume d'Auduse.*

1254. (Mss. Colb. n° 2269 et 2670.)

~~~~~~~~~~~~~~~~

GOUVERNEMENT DU ROI.

N°. 169. — LETTRES *réformant, sur la plainte des chevaliers et des bourgeois de Beaucaire, divers abus commis par le bailli de Beaucaire dans l'administration de la justice.*

Saint-Gilles, juillet 1254. (C. L. XI, 330.)

Ludovicus, D. g., Francorum rex, universis præsentes litteras inspecturis : salutem.

Visis petitionibus et discussis, quas fideles nostri *milites* et *burgenses* Bellicadri nobis obtulerunt, super variis gravaminibus quæ per baillivos nostros sibi asserunt irrogari ; quieti eorum et paci benignitate regiâ providentes, ea cassavimus quæ per baillivorum abusum usurpata concepimus, et ad gratiæ cumulum amplioris, nonnulla quæ temporis antiquissimi consuetudo firmaverat, in statum reduximus meliorem.

Intelleximus siquidem quod in curiâ nostrâ Belliquadri, diebus singulis quibus judicia ventilantur, ex usu veteri pignora redduntur, à partibus, et aliqua quantitate pecuniæ reddita redimuntur, quo sit ut nocens et innocens equis subdantur oneribus expensarum : sed et causa finita, solvit qui succubuerit, nostræ curiæ tertiam partem litis, seu æstimationem ejusdem.

Hæc igitur in melius reformantes decrevimus et mandavimus ex nunc, in litis initio contestatæ, ab utraque parte reddi curiæ pignora quæ valeant decimam litis partem, et sic recepta pignora, partibus, si petierint, recredantur; nec in toto processu negotii levetur aliquid à curiâ pro expensis, sed negotio vel sententia, vel transactione deciso, pars decima solvatur curiæ ab eo qui succubuerit per sententiam, *et à victore nihil penitus exigatur.* Et si transactum fuerit, det decimam pars utraque, pro rata quantitatis vel æstimationis in qua à sua intentione ceciderit hæc vel illa. In debitis verò de quibus controversia non refertur, si forsan curia præceptum dare voluerit debitori, de persolvendo debito infra diem, pœnam tertii, vel aliam majorem aut minorem in præcepto non ponat; sed si debitor die per curiam sibi dicta non solverit, per captionem bonorum solvere compellatur.

Sanè ut rebus suis uti liberiùs eisdem liceat, firmiter inhibemus, ne senescalli nostri pro suæ voluntatis arbitrio, bladi vel vini, vel aliarum rerum venalium ipsis faciant interdictam, quin ea eis liceat exportare, vel exportare volentibus vendere, hac tamen moderatione subintellectâ, ut arma nullo tempore Sarracenis, vel victualia, dum guerram cum christianis habuerint, sed nec quibuscumque nobiscum guerram habentibus liceat exportare.

Si tamen causa urgens institerit, propter quam videatur interdictum hujusmodi faciendum, *congreget senescallus consilium non suspectum, in quo sint aliqui de prælatis, baronibus, militibus et hominibus bonarum villarum; cum quorum consilio dictum faciat interdictum* (1): et semel factum, absque consilio consimili non dissolvat, nec interdicto durante, prece vel pretio, cuiquam faciat gratiam specialem.

Hæc autem quæ circa pignora et sportulas curiæ nostræ apud Belliquadrum, et pœnas pecuniarias, et interdicta rerum venalium suprà statuimus, ad curias nostras senescalliarum nostrarum Belliquadri et Carcassonæ extendi volumus, et per eas firmiter observari.

Quia verò sub nostri prætextu servitii, prout dicunt, quidam à communibus collectis sibi in castro Belliquadri immunitatem vindicant, in damnum et præjudicium aliorum, declaramus immunes esse à taliis vicarium et judicem curiæ Belliquadri, et notarium quem specialiter suo servitio curia deputabit.

---

(1) Delà il paraît que les trois États étaient consultés, quand il était question de matières où le peuple avait intérêt (Hén. abr. chr.). Cette pièce est, dit Velly, V. 136, le plus ancien monument où l'on voit le tiers-état appelé dans les assemblées qui traitent d'objets intéressants pour le peuple.

Alias verò personas immunes non facimus, nec à nostris bailliuis fieri volumus. Si qui tamen immunitatem habent de jure vel de consuetudine approbatam, jus suum eis salvum volumus remanere.

Vicarium et judicem castri Bellicadri jurare volumus, secundum jus et bonos usus justitiam omnibus exhibere.

Ad dirimendas autem quæstiones de plano, et sine figura judicii, quæ incidunt infra castrum, de stillicidiis et parietum oneribus, fenestris et avannis, et similibus quæstionibus frequenter contingentibus inter habentes domos contiguas vel vicinas, volumus secundum quod petierunt, duos lathomos, quos ipsi magistros lapidum appellant, juratos constitui, sicut fuisse dicunt longis temporibus observatum.

Porro quod postularunt, ut nullus captus detineatur à curia, *qui velit vel valeat idoneè satisfacere*, ipsis benignè duximus indulgendum, nisi tamen enormitas criminis hoc requirat, quo casu jura scripta quibus utuntur ab antiquo, volumus observari : non quod eorum obliget nos autoritas, seu adstringat ; sed quia mores eorum in hac parte ad præsens non duximus immutandas.

Demum cùm pro pascuario animalium suorum in tenemento Belliquadri ovem reddant tricesimam, alia extranea in idem territorium introduci, pascendi causâ, districtiùs inhibemus.

Quod ut ratum et stabile permaneat, præsentes litteras sigilli nostri fecimus impressione muniri.

Actum apud S. *Egidium*, anno 1254, mense julio.

N°. 170. — ORDONNANCE (1) *pour la réformation des mœurs* (2) *dans le Languedoc et le Languedoil.*

Paris, décembre 1254. (C. L. 1, 65.)

SOMMAIRES.

(1) *Les sénechaux et les autres officiers des bailliages prê-teront serment ; le Roi se réserve la punition des infracteurs.*

---

(1) Elle est qualifiée *établissement.* (Edition de Baluze, fol. 68.) Elle a été adoptée dans une assemblée de prélats, barons et militaires.

Cette ordonnance est en latin pour le Languedoc, (pays où on dit oc pour oui, et en français pour le Languedoil (pays où on disait pour *oui*. oïl.)

L'ordonnance insérée dans le Trésor de Marten., sous la date de 1154, T. 1er, p. 436, est évidemment identique avec celle-ci. Il faut y lire *ducentesimo* et non *centesimo.* On sentira d'ailleurs qu'une ordonnance générale et aussi importante, ne pouvait appartenir au règne de Louis-le-Jeune, dont l'autorité était encore bien faible. (Is.)

(2) V. Nouv. Rép. v°. *Enregistr. des lois, Parjure, Domaine public,* § 5.

1254.

(2) Les sénéchaux jureront qu'ils rendront la justice, sans distinction de personnes, suivant les coutumes et usages approuvés.

(3) Qu'ils conserveront de bonne foi les droits du Roi, sans faire préjudice aux particuliers.

(4) Qu'ils ne recevront ni par eux-mêmes, ni par leurs femmes, enfans, etc., aucuns présens, si ce n'est de choses à boire ou à manger, et dont la valeur n'excédera pas dix sous en une semaine.

(5) Qu'ils n'emprunteront par eux, ou par d'autres de leurs administrés, ou des personnes ayant procès devant eux, au-delà de vingt livres, qu'ils rendront dans deux mois, quand même le créancier voudrait attendre.

(6) Qu'ils n'enverront aucun présent à ceux du conseil du Roi, ou à leurs femmes, enfans, ou domestiques, aux examinateurs des comptes et aux envoyés du Roi.

(7) Qu'ils n'auront aucune part dans le profit des ventes ou adjudications des baillies inférieures, des rentes, monnaies, etc.

(8) Qu'ils ne protègeront point les baillis inférieurs qui abuseront de leur pouvoir, qui commettront des exactions, qui seront suspects d'usure, ou qui mèneront une vie scandaleuse.

(9) Les juges et viguiers jureront qu'ils ne donneront rien aux sénéchaux, à leurs parens ou domestiques.

(10) Les viguiers, substitués aux sénéchaux ou baillis, ne pourront entrer en exercice qu'après le même serment.

(11) Le serment sera fait publiquement aux assises, quand même il aurait eu lieu devant le Roi.

(12) Les sénéchaux, etc., ne proféreront aucunes paroles contre Dieu, la Vierge et les saints, et ils s'abstiendront de jeu, fornication et tavernes.

(13) Les baillis supérieurs ne pourront acheter directement, ni indirectement, sans la permission du Roi, des immeubles dans leurs bailliages, pendant l'exercice de leur charge, sous peine de nullité et de confiscation.

(14) Tant qu'ils seront baillis, ils n'y pourront prendre des filles en mariage pour eux, leurs parens ou domestiques, ni leur donner entrée dans des monastères ou bénéfices.

(15) Ils ne prendront gîtes ni repas dans les maisons religieuses, ou à leurs dépens, sans permission du Roi.

(16) La défense aux baillis d'acquérir des fonds et de prendre des filles en mariage n'est pas pour les prévôts, ni les autres officiers inférieurs.

(17) Les sénéchaux et baillis auront peu de bedeaux ou sergens pour exécuter leurs jugemens, et nul ne sera sergent ou bedeau, s'il n'a été nommé publiquement aux assises.

(18) Les sergens, ou bedeaux qui seront envoyés dans les lieux éloignés, ne seront point crus, s'ils n'ont des commissions de leurs supérieurs.

(19) Les sénéchaux, et les baillis inférieurs ne pourront faire arrêter personne pour dettes, autres que celles du Roi.

(20) Ils ne pourront retenir en

détention, à moins de crime énorme, ou de conviction de l'accusé, par aveu, preuves ou présomptions suffisantes.

(21) Les enquêtes en matière criminelle seront communiquées à l'accusé lorsqu'il le demandera.

(22) Les personnes de bonne renommée, même pauvres, ne seront pas mises à la question sur la déposition d'un seul moin.

(23) Les baillis ne leveront amende pour crimes, ou délits, à moins de condamnation ou offre, n'intimideront ou n'accuseront personne pour provoquer ces offres.

(24) Ceux qui auront acheté des bailliages inférieurs ne les pourront revendre. S'il y a plusieurs acheteurs, un seul exercera la justice, et jouira de l'exemption des charges publiques. Les sénéchaux ne les pourront vendre à leurs enfans, frères, etc., et les acheteurs ne poursuivront le paiement de leurs dettes que dans les sénéchaussées seulement.

(25) Les sénéchaux et baillis tiendront leurs audiences aux lieux accoutumés.

(26) Ils ne pourront priver de la possession ou de la saisine, sans connaissance de cause ou mandement spécial du Roi. Ils ne pourront charger le peuple d'aucune imposition. Ils n'ordonneront de chevauchées que pour des causes nécessaires, et ne pourront forcer ceux qui voudront servir en personne à payer finance.

(27) Ils ne défendront l'exportation des blés et des vins, etc.

que de l'avis d'un conseil, et ne pourront la révoquer sans conseil.

(28) On ne pourra porter des armes, vivres, ni marchandises, ni prêter aux Sarrasins et autres ennemis du Roi, sans sa permission.

(29) Les parties qui succomberont, paieront, au lieu de dépens, le dixième de la chose controversée. Les débiteurs assignés, non contestant, seront condamnés de payer à jour certain, sans amende.

(30) Celui qui, après serment, nie en jugement ce qu'il a fait ou dit, le contraire étant prouvé, perd le bénéfice de l'appel.

(31) Les baillis supérieurs, ou subalternes seront obligés, après que leurs fonctions seront finies de rester, pendant cinquante jours, pour défendre contre les plaintes qui seront faites contre eux.

(32) L'ordonnance contre les usures, les blasphèmes et les sortilèges des juifs, sera exécutée.

(33) L'édit de décembre 1230 sera exécuté.

(34) Les femmes publiques seront chassées tant des villes que de la campagne, et celui qui leur aura loué sciemment sa maison, la perdra.

(35) Interdiction des dez, échecs et académies de jeu.

(36) Ceux qui tiennent des tavernes ne logeront que des passans ou voyageurs.

(37) Dans les terres du domaine du Roi, on ne pourra prendre les chevaux, si ce n'est pour le service du Roi, et par l'autorité des sénéchaux, qui ne pourront prendre ceux des mar-

chands, des passans, ni des pauvres.

les chevaux des clercs, si ce n'est de l'ordre du Roi.

(58) *On ne pourra prendre*

Ludovicus, Dei gratiâ, Francorum rex, universis presens scriptum inspecturis, salutem.

Ex debito regie potestatis, pacem et quietem subjectorum nostrorum, in quorum quiete quiescimus, precordialiter affectantes, et adversus injuriosos et improbos, qui tranquillitati eorum invident et quieti, zelum indignationis habentes, ad hujusmodi propulsandas injurias, et statum regni reformandum in melius ad presens tempus subscripta duximus ordinanda.

(1) Questus quidem illicitos, quàm possibile fuerit, in bailliviis, et aliis curialibus, reprimere cupientes, senescallos nostros, et alios officiales in Bellicadri et Caturcensi bailliviis juramento subscripto duximus astringendos, cujus si ipsi senescalli fuerint transgressores, pœnas debitas, in bona ipsorum, vel si res exigat, in personas, nostre voluntatis, vel deputatorum a nobis arbitrio reservamus (1).

(2) Jurabunt ergo utriusque bailliviæ senescalli, quod quamdiu commissam sibi tenebunt bailliviam, tam majoribus quam mediocribus, tam minoribus quàm advenis, tam indigenis quam subditis, sine personarum et nationum acceptione, jus reddent (cum judicum suorum concilio juratorum) secundum jura, usus, et consuetudines in locis singulis approbatas.

(3) Jurabunt insuper jura nostra, bonâ fide, requirere et salvare, et aliorum jura scienter, nec diminuere, nec etiam impedire.

(4) Jurabunt etiam donum, seu munus quodlibet a quacumque personâ, per se, vel per alios non recipere in pecuniâ, argento, vel auro, vel rebus aliis quibuscumque mobilibus vel immobilibus, vel beneficiis personalibus, vel perpetuis, preter esculenta et poculenta (2), quorum valor in unâ ebdomadâ summam decem solidorum parisiensium non excedat, et quod dicta dona, seu beneficia dari uxoribus, liberis, fratribus vel sororibus (neptibus), vel consanguineis, consilia-

---

(1) Au Trésor des chartes, au Registre St.-Just. et dans l'édition de Baluze, il y a ensuite : *Si vero prepositos, majores, vicecomites, vel alios inferiores officiales dejerare contigerit, sub bonorum testimonio personarum cum ipsorum consilio puniantur.* (Laur.)

(2) V. leg. 7. S. 2. *Dig. de officio proconsulis.* (Laur.)

riis, vel domesticis suis minimè procurabunt : imò bonâ fide diligentiam adhibebunt, ne uxores aut alie gentes ipsorum munera recipiant; quod si fecerint, ex quo hoc sciverint (senescalli) eos ad restitutionem bonâ fide compellent, sub debito juramento.

(5) Jurabunt etiam quod ab illis de suâ senescalliâ, nec ab aliis qui causam habeant coram ipsis, vel scient in proximo habituros, mutuum non recipient per se, vel per alios, ultra summam viginti librarum quas reddent à die conventi mutui, infra duos menses, licet (etiam) creditor velit solutionis terminum prorogare.

(6) Addetur etiam juramento ipsorum, quod nihil dabunt, vel mittant alicui de nostro concilio, vel uxoribus eorumdem, liberis, aut aliis domesticis, vel illis qui compotum coram recipient, atque illis quos ad visitandum terram, vel facta eorum inquirenda mittemus.

(7) Quod etiam in venditionibus bailliarum, vel nostrorum reddituum (1) partem non habebunt, nec etiam in monetâ vel navibus que a mercatoribus, aut a peregrinis conducantur.

(8) Quod etiam baillivos infideles, injuriosos, aut improbos, exactores, vel de usurâ suspectos, aut turpem vitam aperte ducentes, in suo non sustinebunt errore; imò eorum excessus corrigent bonâ fide.

(9) Jurabunt etiam judices, et locorum vicarii (2) singulorum, quod nec ipsis senescallis, vel eorum domesticis, aut propinquis quidquam dabunt, et in fine juramenti concludent se universa et singula supradicta servare, nec quidquam per se, vel per alios in fraudem facere predictorum.

(10) Vicarios autem, quos senescalli quandoque pro se substituunt, nolumus ab ipsis institui, nisi priùs sub formâ predictâ prestiterint juramentum.

(11) Ut verò hec officiales, juramenta firmius observentur, volumus, quod in publicâ assisiâ (3) fiant, coram clericis et laïcis, ab omnibus et singulis supradictis etiam si antea facta

---

(1) Les bailliages inférieurs et les prévôtés se vendaient alors à temps, ou se donnaient à ferme, le plus souvent pour une année, comme tous les revenus du Roi. V. l'Ord. de 1256, art. 9. (Laur.)

(2) Dans le registre Saint-Just, dans celui du Trésor et dans l'Edition de Baluze, il y a *præpositi nostri, vicecomites, majores villarum, forestarii, aut alii, sub eis in officiis constituti, quod superioribus suis, nec uxoribus eorum, liberis, propinquis, sive domesticis*, etc. (Laur.)

(3) L'assise était le grand plait, ou le plait extraordinaire. V. Loiseau, des Seigneuries, chap. 7, Lo. 15. (Laur.)

fuerint coram nobis, ut non solum metu divine indignationis et nostre, sed etiam confusionis, et erubescentie apud homines perjurium manifestum incurrere vereantur.

(12) Volumus autem et precipimus quod senescalli nostri predicti, et alii quicumque sub ipsis tenentes officia, necnon et omnes qui in dictis duabus bailliviis vadia nostra percipiunt, abstineant ab omni verbo, quod vergat in contumeliam, vel contemptum Dei, matris sue et sanctorum ejus, a ludo etiam cum taxillis, sive aleis, vel saccis (1) et a fornicatione, vel tabernis.

(13) Inhibemus vero districte baillivis nostris predictis possessiones aliquas per se, vel per alium emere (2), administratione sua durante in bailliva sua, vel alia fraudulenter, sine nostra licentia procedere; quod si fecerint, emptionem irritam esse, et possessiones sic emptas fisco nostro, si nobis placuerit, volumus applicari.

(14) Prohibentes insuper senescallis, ne quamdiu baillivi fuerint, sibi, vel suis domesticis, aut propinquis matrimonia copulent (3) tempore sue baillivie, sine nostro speciali consensu, nec predictos in religionibus ponant, aut beneficia ecclesiastica, vel possessiones eis acquirant.

(15) Gista (4) etiam, vel procurationes in domibus religiosis, vel circa, cum expensis eorum, non recipiant, sine nostra licentia speciali.

(16) Prohibitionem vero istam quam facimus de matrimoniis non copulandis, et possessionibus non acquirendis non extendimus ad præpositos, majores et alios officiales minores, qui majorias, præposituras et alia officia tenebunt in locis mansionum suarum, dum tamen hæc faciant sine nostra, vel alterius læsione.

(17) Et senescalli autem nostri et inferiores baillivi (5) ca-

---

(1) Dans le registre Saint-Just et dans celui du Trésor, il y a *scacis*. C'est-à-dire, au jeu d'échecs.
(2) Ceci doit être entendu des grands baillis qui étaient puissans dans les provinces, et qui abusant de leur autorité, auraient pu s'y faire vendre des biens considérables pour peu de chose. V. l'article 14. (Laur.)
(3) V. Tit. cod. *Si quacumque prædatus potestate, vel ad eum pertinentes, ad suppositarum jurisdictioni suæ aspirare tentaverint nuptias*, lib. 7, tit. 7. (Laur.)
(4) Les Gistes étaient des repas, et des logemens que les baillis se faisaient donner. (Laur.)
(5) Touchant ces petits baillis V. ch. 4 de l'ancienne coutume de Normandie, et Loiseau, des Seigneuries, chap. 8, nombre 35. (Laur.)

veant sibi a multitudine bedellorum (1), et quanto paucioribus poterint, sint contenti, ad curie exequenda precepta, et illos nominent in assisia publica, aliter vero pro bedellis non habeantur.

(18) Ubi autem bedelli, vel servientes ad remota loca mittuntur, eis sine superiorum literis non credatur; et si aliter inventi fuerint facientes executionem, vel mandata, nuncietur senescallo, qui eos puniat competenter.

(19) Ne vero senescalli nostri, et inferiores baillivi (2) contra justitiam subditos nostros gravent, inhibemus eisdem, ne pro quocumque debito preter nostrum capiant, vel captum, detineant, aliquem subditorum.

(20) (3) Sed nec occasione criminis, seu delicti detineant aliquem personaliter, qui possit, vel valeat idonee se purgare, nisi criminis hujus requirat enormitas, de quo confessione propria, vel probatione legitima sit convictus, vel nisi tam violentis presumptionibus urgeatur, ut judex cognoscat reum esse personaliter detinendum.

(21) Et quia in dictis senescalliis secundum jura et terre consuetudinem fit inquisitio in criminibus, volumus et mandamus quod reo petenti, acta inquisitionis tradantur ex integro.

(22) Personas autem honestas, et bone fame, etiamsi sint pauperes, ad dictum testis unici, subdi tormentis, seu questionibus inhibemus, ne hoc metu, vel confiteri factum, vel suam vexationem redimere compellantur.

(23) Emendas autem pro maleficiis, seu delictis a baillivis nostris levari nolumus, nisi in foro judiciario publice de bonorum consilio (4), fuerint judicate, vel estimate quamquam antea fuerint gagiate (5). Si tamen ille cui crimen imponitur, curia sibi offerente judicium, id noluerit expectare, et pecuniam certam offerat pro emenda, et tale sit crimen de quo emenda pecuniaria recipi consuevit, liceat curie eam recipere,

---

(1) C'étaient, comme il se voit ici, ceux qui mettaient à exécution les sentences; comme nos sergens et nos huissiers. (Laur.)

(2) Il y avait des grands et des petits baillis qui ne doivent pas être confondus. (Laur.)

(3) Cet article, le 21 et le 22 ne sont pas dans le registre de Saint-Just, dans celui du Trésor; ni dans l'Edition de Baluze. Et tous ces articles manquent aussi dans l'Ord. françaiśe. (Laur.)

(4) C'étaient ceux que l'on nommait alors jugeurs, ou hommes jugeans. V. chap. 105 du premier livre des Etablissemens. (Laur.)

(5) C'est-à-dire, quoique les amendes aient été consignées ou payées, V. coutume de Saint-Paul, art. 32. (Laur.)

si sibi competens videatur, alioquin emendam faciat judicari, vel estimari secundum quod dictum est, licet reus se velit subjicere omnimodè curie voluntati. Caveant tamen judices et baillivi ne minis, vel, terroribus, vel machinationibus callidis clàm, vel palam, aliquem ad emendam offerendam inducant, vel sine causâ rationabili accusent.

(24) Eos sane qui baillivias (1) nostras tenuerint, aliis easdem revendere prohibemus; quòd et si plures emptores fuerint, unus tamen jurisdictionem exerceat et immunitate gaudeat in cavalcatis, talliis, seu collectis et aliis oneribus publicis, quibus vicarii consueverunt gaudere. Vendi autem eas filiis, fratribus, nepotis, neptibus, aut consanguineis, aut domesticis a nostris nolumus senescallis. Emptores autem bailliviarum debita propria, et que debentur eisdem non ex bailliviâ vel eorum sociis, authoritate propriâ non coërceant, sed per manum senescalli, aut judicis ea repetant, sicut facerent si bailliviam non tenerent.

(25) Porrò viam maliciis volentes precludere quantùm possumus, firmiter inhibemus, ne senescalli, aut inferiores baillivi in causis criminalibus, vel civilibus, subditos nostros locorum mutatione fatigent, sed singulos in illis locis audiant ubi consueverunt audiri, ne gravati laboribus et expensis, cogantur cedere juri suo.

(26) Quia verò nemo sine culpâ, vel causâ privandus est jure suo, baillivis nostris majoribus et minoribus inhibemus ne dissaisiant aliquem sine cause cognitione, vel nostro speciali mandato. Subditos etiam nostros novis exactionibus, consuetudinibus, oneribus non affligant. Cavalcatas extorquende pecunie causâ non mandent, sed ex causâ tantummodo necessariâ, et tunc nolentes (2) personalem facere cavalcatam, ad eam redimendam, datâ pecuniâ, non compellant.

(27) Deffensum etiam bladilis, vini, vel mercium aliarum non extrahendarum de terra, sine causa urgente. Si faciant (3), et tunc cum bono et maturo consilio, nec suspecto et factum cum consilio sine consilio non dissolvant, nec eo durante cuiquam faciant gratiam specialem.

---

(1) Dans l'Ord. française, il y a *Prevostez*, ce qui marque que par *baillivias* il faut entendre ici les petits bailliages qui se vendaient, ou donnaient à ferme, comme les Prevotés. (Laur.)
(2) Dans l'Edition de Baluze, et dans le Registre Saint-Just, il y a mieux *volentes*. L'Ord. française est conforme à cette correction. (Laur.)
(3) Dans le Registre Saint-Just, et dans l'Edition de Baluze, il y a mieux *non faciant*, ce qui est conforme à l'Ord. française. (Laur.)

(28) (1) Arma tamen Saracenis deferri prohibemus, et tam victualia quam res alias omni tempore quo christianis guerram habebunt. Inimicis etiam nostris nihil sine licentiâ nostrâ deferri volumus, nisi tempore quo treugam habebimus cum eisdem.

(29) Demum perversam consuetudinem abolentes, que in aliquibus curiis nostris, circa judiciales expensas et penas subcumbencium in judiciis, diu fuerat observata, volumus et mandamus in litis initio contestate, reddant pignora litigantes (2) ad valorem decime partis litis, vel estimationis ejusdem, que pignora partibus reddantur, nec in toto processu negotii levetur aliud pro expensis; sed eo finito, per compositionem, vel summam, solvat eo ie qui victus fuerit partem decimam ejus in quo succubuerit, vel estimationem ejusdem. Et si ambo quadam parte (3) victi fuerint, solvat quilibet pro parte in qua succumbet. Qui vero in litis principio reddere pignora non poterunt, dent fidejussores idoneos, et si nec illos dare valuerint, juramentis propriis committatur. Super debitis vero de quibus controversiam non referunt debitores, placet nobis quod precipiat curia simpliciter, et penâ aliquâ non adjectâ, solvi debita certâ die; quod si factum non fuerit, de bonis debitorum, creditoribus legitimè satisfiat.

(30) Si quis autem ab alio ex facto proprio, vel dicto conventus, factum suum proprium, sive dictum post juramentum prestitum in judicio negare (4) presumpserit, et legitimâ probatione convictus, fuerit condempnatus, beneficium appellationis amittat.

(31) Omnes autem baillivos nostros majores et minores, finito officio, remanere volumus, vel saltem procuratorem sufficientem dimittere in ipsâ bailliviâ, per quinquaginta dies, ut de se conquerentibus coram illis, respondeant, quibus hoc committetur.

(32) Ceterùm ordinationem factam in perpetuum de judeis observari districtè precipimus, que talis est: judei cessent ab usuris, et blasphemiis, sortilegiis et caracteribus; et

---

(1) Cet article et les deux suivans ne sont pas dans l'Edition de Baluze, ni dans le registre Saint-Just, ni dans l'Ord. française. (Laur.)

(2) C'est-à-dire, que ceux qui plaideront, donneront, avant contestation, des gages de la valeur de la dixième partie de la chose qui sera la matière du procès, pour en payer les dépens, en cas qu'ils succombent. V. chap. 9. du 1er. livre des Etablissemens. (Laur.)

(3) *Id est pro parte.* (Laur.)

(4) V. la Coutume du Loudunois, au titre des amendes, art. 17. (Laur.)

1254.

tam talibus (1) quam alii libri in quibus inveniuntur blasphemie, comburantur, et judei, qui hoc servare noluerint, expellantur, et transgressores legitime puniantur. Et vivant omnes judei de laboribus manuum suarum, vel de negociationibus sine terminis vel usuris.

(33) Preterea statutum olim de consilio baronum nostrorum (1) apud Meledunum editum, observari precipimus firmiter et teneri, videlicet quod nullum debitum haberi faciant barones, senescalli, vel alie quecumque persone judeis. Nec aliquis in toto regno nostro judeum retineat alterius dominii, nec impediat quominus aliquis judeum suum possit capere tamquam proprium suum servum, quantum cumque sub alterius dominio fecerit ipse moram. De christianis vero, sicut in eodem statuto continetur, prohibemus districte, quod nullas usuras haberi faciant barones, senescalli nostri, vel alie quecumque persone eisdem. Usuras autem intelligimus quidquid est ultra sortem. Istud autem statutum factum Meleduni volumus quod senescalli nostri observent et faciant observari, tam in terra nostra, quam in terra nostrorum baronum, vel aliorum si defecerint, postquam sufficienter fuerint requisiti.

(34) Expellantur autem publice meretrices, tam de campis, quam de villis, et factis monitionibus, seu profectionibus (2), bona earum per locorum judices capiantur, vel eorum auctoritate a quolibet occupentur, etiam usque ad tunicam vel ad pellicium (3). Qui vero domum publice meretrici locaverit scienter, volumus quod ipsa domus incidat domino a quo tenebitur in commissum.

(35) Preterea prohibemus districte ut nullus homo ludat ad taxillos, sive aleis aut scaccis, scholas autem deciorum prohibemus et prohiberi volumus omnino, et tenentes eas districtius puniantur. Fabrica etiam deciorum prohibetur.

(36) Nullus preterea recipiatur ad moram in tabernis fa-

---

(1) Au registre du Trésor, il y a *Talemus*. Dans l'édition de Baluze, il y a *Talemis*. C'est le Talmud, *seu Pandectæ rerum judaïcarum, divinarum et humanarum, seu juris civilis et canonici Hebræorum*. (Laur.)

(2) C'est l'ord. de décembre 1230. (Laur.)

(3) Dans le Registre Saint-Just, et dans l'Edition de Baluze, il a mieux *prohibitionibus*. (Laur.)

(4) Vêtement de peaux qui était appelé *pelicon*. Dans ces temps-là, presque tout le monde était vêtu de peaux, et les prêtres mêmes, d'où le vêtement de linge qu'ils mettaient par-dessus tous leurs habits était nommé *surpellis*, surplis. (Laur.)

1.

18

ciendam, nisi sit transiens, vel viator, vel in ipsâ villâ non habeat aliquam mansionem.

(37) Inhibemus autem ne aliquis in terrâ nostrâ, capiat aliquem equum, contrà voluntatem ejus cujus equus erit, nisi sit pro proprio negotio nostro. Et tunc per senescallos nostros, aut alios inferiores officiales, vel eos qui loco ipsorum erunt, et de equis conducticiis capiatur, et si equi conducticii sufficere nequeant pro nostro servicio faciendo, senescalli, vel alii inferiores officiales non capiant equos mercatorum transeuntium, vel pauperum, sed divitum tantùm, si sufficere possint ad nostrum proprium servitium faciendum.

(38) Inhibemus etiam ne pro servitio nostro, vel alio capiantur equi personarum ecclesiasticarum, nisi de nostro speciali mandato, nec capiant senescalli, aut alii predicti equos plusquàm fuerit nobis opus, illos etiam quos ceperint, pro pecuniâ non relaxent. Hec autem que de equis capiendis diximus, volumus observari quamdiù nobis placuerit, salvis serviciis nobis debitis, et juribus nostris et alienis.

(39) Omnia ergò singula supradicta, que pro subditorum quiete duximus ordinanda, retentâ nobis plenitudine regie potestatis declarandi, mutandi, vel etiam corrigendi, addendi vel minuendi, a bailliviis nostris et subditis (in dictis duabus bailliviis Carcassonum (1) scilicet et Bellicadri, districtè volumus observari).

Actum Parisiis, anno Domini 1254, mense decembris.

N°. 171. — ORDONNANCE (2) *sur le guet à Paris.*
1254. (Hist. de Paris, I, 343; Traité de Police, I, 236.)

---

(1) Dans l'ord. qui est au registre Saint-Just, ces mots ne se trouvent pas, parce qu'elle fut envoyée dans une autre sénéchaussée. Et comme dans chaque sénéchaussée il y avait des abus différens auxquels il fallait remédier, de là vient que cette ord. a quelque différence suivant les différens lieux où elle a été envoyée.

En 1256 saint Louis renouvela cette ordonnance *par une autre* (que nous donnons par extrait à la page suivante), tirée du Registre Croix de la chambre des comptes, où il fit des changemens, des modifications et des retranchemens considérables. (Laur.)

(2) Il paraît que les habitans de Paris, trouvant insuffisans les moyens employés pour maintenir l'ordre et la sûreté dans leur ville, avaient demandé la permission de se garder eux-mêmes; les gens des différens métiers s'étaient engagés à faire le guet à tour de rôle, de trois semaines en trois semaines, et à s'armer à leurs dépens. Saint Louis accéda à leurs vœux. Ce guet fut organisé et reçut le nom de *guet des métiers* ou *guet bourgeois*. Déjà il existait un guet entretenu aux frais du Roi, composé de 20 sergens à cheval et 40 à pied

1256.

N°. 172. — ORDONNANCE *additionnelle sur la réformation des mœurs dans le Languedoc.*

Paris, février 1255. (C. L. I, 76.)

Ludovicus, Dei gratiâ, Francorum rex.

Universis presentes literas inspecturis, salutem.

Ad reformandum statum terræ nostræ, quam in senescalliis Carcassonæ, Bellicadri obtinemus, nuper dum per partes illas fecerimus transitum (1), quædam ordinavimus, et sigilli nostri auctoritate duximus roboranda, quæ districte præcepimus observari, adjicientes aliqua in eisdem obmissa, quæ inferius exprimuntur.

(1) In primis ordinamus et præcipimus quod senescalli nostri non teneant armenta, vel greges, nisi in propriis pascuis, si quæ habent.

(2) Item quod clerici, vel scriptores eorum, pro patentibus literis, ultra sex denarios turonenses, et pro clausis, ultra quatuor recipere, vel exigere præsumant.

(3) Cæterum, quod homines baronum, vel aliorum dominorum de terrâ prædictâ, in guidagio non recipiant senescalli.

Et hæc quidem inter alias ordinationes prædictas conscribi volumus et mandamus, et præcipimus observari firmiter, et districte.

Actum Parisius, anno Domini 1254, mense februarii (2).

---

commandé par un chevalier appelé chevalier du guet, en latin *custos villæ*. (Hist. de Paris. I, 346); il avait inspection sur le guet bourgeois, qu'il devait, dans tous les cas, aider et secourir. Le prévôt de Paris avait le suprême commandement des deux guets. (Hist. de Paris, I, 409. — Beugnot, Inst. de saint Louis, 120.)

(1) Apparemment en revenant, en 1254, de son premier voyage d'outremer. (Laur.)

(2) Après cette ord. il y a au registre D. de la sénéchaussée de Nimes ce qui suit, que l'on met en note, parce que l'on ne sait si c'est une ordonnance.
1°. Si questio sit inter *Regem et aliquos milites*, vel alios super jurisdictione, vel aliis, et *Rex sit in possessione*, defendatur in ea, et agant illi contra eum, constituto defensore.
2°. *Si alii sint in possessione*, defendantur in eâ, et *defensor regis* agat contra eos.
3°. Si sit dubium, quod uterque dicat se possidere, *inquiratur de possessione*, et reddatur illi qui inventus fuerit possidere. Pendente tamen inquisitione, *Rex teneat*, ut superior, in manu suâ, sine præjudicio partis adversæ. (Laur.)

Beati possidentes! disent les jurisconsultes allemands.

N°. 173. — ORDONNANCE *pour l'utilité du royaume* (1).
Paris, 12:6. (C. L. I, 77.)

(EXTRAIT.)

(5) Item tous nos officiaulx jureront que ils ne partiront à vente nulle, ne à marchié que l'en face de nos rentes, de nos prévostez, baillies, de nos yaues, de nos forez, de nos monoyes, et de nos autres devoirs, ne à chose nulle, qui à nous appartiegne, et que le profit des monoyes qu'ils recevront pour nous bien et loyaument, ils nous rendront, et que nos dites rentes qu'ils vendront, ou nos autres fermes et devoirs qu'ils baudront, ils les vendront et bailleront au mieus, et au plus loyaument et couvenablement que il pourront à nostre profit.

(10) Item que la forge des dez soit desfenduë et devée par tout nostre royaume, et tout homme qui sera trouvé jouant aux dez communément, ou par commune renommée, fréquentant taverne, ou bordel, soit réputé pour infame, et débouté de tout témoignage de vérité.

(11) Item que toutes foles fammes, et ribaudes communes soient boutées et mises hors de toutes nos bonnes citez et villes, especiallement qu'elles soient boutées hors des rues qui sont eu cuer des dites bonnes villes, et mises hors des murs, et loing de tous lieus saints, comme églises et cimetières. Et quiconque loëra maison nulle esdites citez et bonnes villes, et lieus à ce non establis, à folles femmes communes, ou les recevra en sa maison, il rendra et payera aux establis à ce garder de par nous, le loyer de la maison d'un an.

(23) Item nous desfendons que il ne dessaisissent personne nulle, de choses que ils tiegnent sans cognoissance de cause, ou sans mandement especial de nous, ne que il ne grievent nos subgiez de nouvelles exactions de tailles et de costumes nouvelles, ne se semoignent que l'en face chevauchie pour l'achoison d'avoir pecune, car nous voulons que nul qui chevauchie doie, ne soit contraint en hoste, en leurs propres personnes à aller, sans cause raisounable et nécessaire, et ceuls qui vendront ne soient pas contraints à racheter leur voye par argent (2).

---

(1) Cette ord. est, à quelques variantes près, la même que celle de décembre. Pour éviter d'inutiles répétitions, nous ne donnerons que les articles qui présentent des différences notables.

(2) Dans cette ordonnance-ci, il n'est rien dit du *jeu d'échecs*, des usures,

N°. 174. — ORDONNANCE *sur l'administration municipale des bonnes villes* (1).

Vers 1256. (C. L. I, 82.)

(1) Nous ordenons que tuit li mayeur de France soient fait lendemain de la feste saint Simon et saint Jude.

(2) Derechief nous ordenons que li noviaus maires, et li viez, et quatre des preudeshomes de la ville, des quiex quatre li uns, ou les deux qui auront receu, ou despandu cette année les biens de la ville, viegnent à Paris à nos gens aux octaves de la saint Martin ensuivant, pour rendre compte de leur recepte, et de leurs dépens.

(3) Derechief nous ordenons et deffendons sur corps et sur avoir à nos communes et à nos bonnes villes, que il ne prestent, ne ne doignent à nulle maniere de prest, ne de don, fors vin en potz, ou en bariz, sans nostre congié.

(4) Derechief nous ordenons que nulle ville de commune, combien que elle soit grant, n'aille ne ne viegne à court, ne ailleurs pour les besoignes de la ville, fors que li maires, ou celuy qui sera en lieu de luy, ne ne puisse amener avec li, fors deux de ses compaignons et le clerc de la ville, et un pour parler, se métier en aura, ne ne puisse aller, ne venir li maires, ou celuy qui sera en son lieu, ne ses compaignons, a plus de chevaux et de gens, que il iroient pour leurs propres besoignes.

(5) Derechief nous ordenons que cil qui font les dépens en nos bonnes villes, et qui font les payemens, et les emprunts, que il ne retiegnent nuls des deniers de la ville par devers euls, fors que cil qui font les dépens. Et cil n'en ait ensemble plus de vingt livres. Més les deniers de la ville soient gardez en la huche commune de la ville.

---

des blasphémes, des sorts, des caraz et du *Talmud* des Juifs dont il est parlé dans l'art. 3 de l'ord. de décembre 1254, ni de l'édit de Melun dont il est parlé dans l'art. 33 de la même ord. (Laur.)

(1) Elle a pour titre (Reg. *Croix*, fo. 25.) *Ordinatio facta a rege sancto Ludovico de bonis villis suis et majoribus suis eligendis.*
On remarquera que comme nulle commune ne pouvait être faite sans le consentement de nos rois, ils se regardaient comme seuls seigneurs de toutes les villes de communes. (Laur.)

(2) Nouv. Rép. vo. chambre des comptes. Cette ord. est la 1re. de la collection en feuilles des archives du royaume.

N° 175. — ORDONNANCE *sur l'élection des maires et l'administration des communes, en Normandie* (1).

1256. (C. L. I. 83.)

(1) Nos ordinavimus de nostris communibus Normannie, quod crastino beatorum apostolorum Simonis et Jude, major qui anno illo fuerit, simul cum aliis probis hominibus ville eligant tres probos homines, qui tres homines præsententur nobis, in octabis sancti Martini sequentis, apud Parisios. De quibus tribus probis hominibus nos trademus unum ville in majorem. Et volumus quod in die prædictà, videlicet in crastino dictorum apostolorum Simonis et Jude, et in quolibet anno, computetur de toto statu ville coram predictis tribus hominibus probis, et illum statum, vel compotum ville afferant major, et illi tres probi homines, supradicti, ad nostras gentes, que ad nostros compotos (2) deputantur, in octabis sancti Martini hiemalis.

(2) Item nos ordinamus et inhibemus communibus nostris, bonis villis, sub penà corporum et bonorum suorum ubicumque sint, quod alicujus mutui contractum alicui facere non presumant, nec alicui doni maneriem facere non attemptent, nisi solummodo prt (3) vini in potis, vel cadis sine licentià nostrà.

(3) Item nos ordinamus quod nulla villa communia quantacumque sit, non eat vel redeat ad Curiam, vel alibi pro negociis ville, nisi major, aut ille qui loco ejus erit, tantummodo, nec possit secum ducere amplius quam duos socios et clericum ville, cum quodam causidico, si sibi necesse fuerit. Nec possint dicti major et socii cum pluribus equis, vel gentibus pro dictis ville negociis ire, nec majores expensas facere quam si pro propriis negociis irent.

(4) Item ordinamus quod nullus quicumque sit, preter quam ille qui facit expensas denariorum dicte ville, penes se retineat. Et idem qui faciet expensas plusquam viginti libras

---

(1) Cette ordonnance contient à peu près les mêmes dispositions que la précédente, ce qui indique qu'elle a été publiée dans les différentes provinces avec quelques variantes. (Is.)

(2) C'est la première fois qu'il est fait mention de la chambre des comptes nouv. Rép. v°., ch. des comptes.

(3) *Id est præsens, seu præsentia*, un présent. (Math. Paris. ann. 1258. *Gervasius Dorobernensis*, in Henrico II, ann. 1186. (Ducange, Glossar.

insimul habere non valeat, sed denarii villæ in area communi reserventur. Et quelibet communia tantam talliam (1), quolibet anno faciat, quam quando computatum venient; coram nostris gentibus, ad terminum supradictum, ab omnibus usuris et debitis penitus sit immunis.

N°. 176. — ARRÊT *du parlement, qui décide* (2) *que le Roi n'est point tenu de payer les dettes de son prédécesseur.*

1256. (Registre *Olim.* Le Bret., de la souveraineté, L. IV, chap 10.)

N°. 177. — LETTRES PATENTES *autorisant la fondation d'un collège de théologie, par Robert de Sorbon, et portant don d'une maison à cet effet* (3).

1256. (Hén. abr. chr.)

N°. 178. — ORDONNANCE *par laquelle le Roi interdit entièrement les guerres privées* (4).

Saint-Germain-en-Laye, janvier 1257. (C. L. I, 84.)

Ludovicus, etc., universis regni fidelibus in Aniciensi diocœsi, et feodis Aniciensis ecclesiæ constitutis, salutem.

---

(1) V. Beaumanoir, chap. 50, p. 270.
(2) V. la loi du 8 nov. 1814. Il n'est pas son héritier. — Quant aux dettes personnelles, V. la même loi, le discours du chancelier L'hospital au parlement, 5 juillet 1560. — Lettres patentes de Henri IV, 5 avril 1592, et les lettres d'enregistrement du 27 mai 1592. — V. Edit de juillet 1607. — Arrêt de la cour royale de Paris, dans l'affaire Desgraviers contre Louis XVIII, audience solennelle, 19 janvier 1821, et l'Arrêt de cassation qui l'a suivi.
(3) Le président Hénault date ces lettres de 1250, probablement sur la foi de Duboullay, qui dans son hist. universelle, leur donne la même date. Tous deux paraissent s'être trompés. — L'abbé Oroux (hist. ecclés. de la cour de Fr.) dit, en faisant remarquer cette erreur, qu'on conserve en Sorbonne les lettres originales du Roi, de l'an 1256, par lesquelles il donne, pour la fondation du Collège, à son chapelain, une maison située dans la rue Coupe-Gueule, devant le palais des Termes, donation qu'il augmenta, 2 ans après, de plusieurs autres maisons situées dans les rues des 2 Portes et des Maçons. Jaillot (Recherches sur Paris., art. collège de Sorbonne) donne la même date que l'abbé Oroux; il ajoute que cette date est en toutes lettres. Ces deux autorités ne laissent pas de doute. — Nous aurions voulu pouvoir donner ces lettres qui reçoivent quelque importance de la célébrité du collège qu'elles ont fondé, mais il nous a été impossible de les trouver. (Decr.)
(4) Cette ordonnance est rapportée par *Ducange*, dans sa 20e. dissertation sur Joinville, page 344. Elle est au registre *Olim*, feuillet 28. Et elle semble avoir été faite par saint Louis, pour confirmer et faire exécuter, dans le diocèse du Puy, son ordonnance de 1245, nommée la *Quarantaine-le-Roi*. V. ci-dessus p. 247. (Laur.)

Noveritis nos, deliberato consilio, guerras omnes inhibuisse in regno, et incendia, et carrucarum perturbationem. Unde vobis districtè præcipiendo mandamus, ne contra dictam inhibitionem nostram guerras aliquas, vel incendia faciatis, vel agricolas qui serviunt carrucis, seu aratris, disturbetis. Quòd si secùs facere præsumpseritis, damus senescallo nostro in mandatis, ut fidelem et dilectum nostrum G. Aniciensem electum (1) juvet fideliter et attentè, ad pacem in terrâ suâ tenendam, et fractores pacis, prout culpa cujuscumque exigit, puniendos.

Actum apud sanctum Germanum in Layâ, anno Domini 1257, mense januarii.

N°. 179. LETTRES *sur la restitution des usures extorquées par les juifs, et sur la vente de leurs immeubles, à l'exception des anciennes synagogues, cimetières, etc.*

Paris, 1257 ou 1258. (C. L. I, 85.)

N°. 180. — ORDONNANCE *portant réglement pous différens métiers de la ville de Paris* (2).

1258. (C. L. II, 575, note (a).)

N°. 181. — ARRÊT *du parlement qui ordonne d'arrêter (3) trois individus soupçonnés d'avoir volé les titres de l'église d'Amiens.*

Paris, 1258. (Reg. Olim, 193.)

N°. 182. — ORDONNANCE *rendue en parlement, par laquelle le Roi abolit, dans quelques parties du Vermandois, la coutume de ne pouvoir relever une charrette versée, sans la permission du seigneur, sous peine de 60 fr. d'amende.*

Parlement, de la Chandeleur, 1258. (Reg. Olim, p. 4 et 5.)

---

(1) C'est le célèbre *Guy Foucaud*, dont parle *Durand*, surnommé le spéculateur, et qu'*Onuphre* appelle le plus savant des jurisconsultes. En 1265, il fut pape, sous le nom de *Clément IV*. (Laur.)

(2) On ne donne ici que le titre de cette ordonnance. On en trouvera le texte en l'année 1320. Il est douteux qu'elle soit de saint Louis. (V. vol. II, C. L., p. 575, note (a).)

(3) Le parlement eut donc dès son origine le droit d'ordonner des arrestations. (M. Benguot, Instit. de saint Louis, 166.)

N°. 183. — TRAITÉ *entre le Roi et Henri III, par lequel saint Louis cède à l'Anglais le Limosin, le Périgord, le Quercy, l'Agénois et partie de la Saintonge; et le roi d'Angleterre cède au Français le duché de Normandie, les comtés d'Anjou, du Maine, de la Touraine et du Poitou; — le roi d'Angleterre s'oblige en outre à lui faire hommage comme pair et duc d'Aquitaine* (1).

Paris, 13 octobre 1259. (Rymer, part. II, p. 5c; Beugnot, Essai sur les Inst. de saint Louis, 49.)

---

(1) M. Beugnot établit :

1°. Que saint Louis ne pouvait avoir aucun doute sur la légitimité de sa possession des terres confisquées sur le roi d'Angleterre;

2°. Que les causes du traité furent les sentimens personnels de saint Louis pour Henri III;

3°. Que ce traité fut impolitique;

4°. Qu'il fut contraire au vœu des Français;

5°. Qu'il statuait sur des choses dont saint Louis ne pouvait pas disposer.

Pour prouver que la jurisprudence de ce temps ne permettait pas au Roi de décider seul un point de cette importance, M. Beugnot cite une chronique du temps (Joarn. a Leydis, l. 22, chronic., c. 7), où on lit : *Sanctus Ludovicus, rex Franciæ, ordinavit in regno Franciæ duodecim Pares Franciæ constituens inde collegium seu capitulum, qui haberent ardua regni negotia tractare.*

Math. Paris dit (p. 650): *Consilium optimatum suorum, quod non potest aliquis regum Francorum subterfugere.*

Beaumanoir prouvant qu'en temps de guerre le pouvoir royal doit être augmenté, n'ose dire autre chose (ch. 49) que : *tout tiex establissemens et autres qui semblent convenables à lui et à son conseil peut faire li Roy, pour le tems de guerre.*

Saint Louis reconnut lui-même cette doctrine quand il dit à Joinville que *pour nulle riens il ne marieroit sa fille oultre le gré de ses barons.* (Joinv. sur Ducange, p. 118.)

Il s'écrie en parlant au roi d'Angleterre: *O utinam duodecim Pares Franciæ et baronagiam mihi consentirent, certe amici essemus!* (Math. Paris, page 41.)

Le même Math. Paris dit (p. 833) : qu'en 1252 un murmure d'indignation s'éleva parmi les barons (*factum est murmur horribile et grunnitus inter magnates Francorum*), parce qu'ils apprirent que saint Louis avait le désir de rendre la Normandie à Henri, sans avoir pris sur cela leur avis (*eo quod... sine eorum assensu præsumpsisset*).

N°. 184. — Relation *de l'hommage lige et serment de fidélité fait par Henri, roi d'Angleterre, au Roi de France à Paris* (1).

Paris, 1259. (Brussel, 34.)

Anno Domini M°. CC°. LIX°., die jovis post festum beati Andreæ apostoli, fecit *Henricus*, rex Angliæ, *homagium ligium et sacramentum fidelitatis Ludovico* regi Franciæ illustri, Parisius, in horto regio; astantibus cum ipso rege Angliæ, archiepiscopo Tarentesionensi in Sabaudia; Lincolniensi et Norviconensi episcopis; electo Londonensi; de Glocestria, et de Leicestria, et de Aubemalle, comitibus; domino Petro de Sabaudia, domino Johanne de Balliolo, domino Petro de Monteforti, domino Johanne Manselli thesaurario Eboracensi, consiliariis ipsius regis Angliæ; cum multis aliis.

N°. 185. — Lettres *par lesquelles le Roi reconnaît que l'abbaye de Saint-Denis, en France, ne doit aucun droit de gîte au Roi.*

1259. (Brussel, 541.)

N°. 186. — Arrêt *du parlement, qui décide que les trésors trouvés appartiennent savoir: l'argent au seigneur de la terre, et l'or au Roi.*

1259. (Reg. Olim., p. 9. Velly. Hist. de Fr. V, 276.)

N°. 187. — Ordonnance *attribuant aux maires des bonnes villes, la connaissance des délits commis dans leur ressort par les juifs baptisés.*

Paris, au parlement, des octaves de la Nativité, 1260. (C. L. XI, 333.)

N°. 188. — Lettres *qui règlent les aumônes que les Rois de France doivent faire annuellement dans le carême.*

Paris, octobre 1260, 33°. année du règne. (C. L. XI, 333.)

---

(1) Quelques années avant, Henri III était venu voir saint Louis à Paris. Mathieu Paris, historien anglais et contemporain, rapporte que saint Louis, au festin qu'il donna à ce prince, voulant, pour lui faire honneur, le placer entre lui et Thibaut-le-Jeune, roi de Navarre, Henri ne voulut point accepter cette place, en disant qu'elle était mieux et plus convenablement remplie par le roi de France; *car*, ajouta-t-il, *vous êtes mon seigneur et le serez toujours*. (Hén., Abr. chr.)

N°. 189. — ORDONNANCE *sur les duels et la preuve par témoins* (1).

Au parlement, des octaves de la Chandeleur, 1260. (C. I. I. 86.)

SOMMAIRES.

(1) Le Roi défend les batailles dans ses domaines, et établit en leur place la preuve par témoins.

(2) Celui qui accusera un autre de meurtre se soumettra à la peine du talion. On l'avertira qu'il n'y aura plus de bataille, qu'il sera obligé de faire sa preuve par témoins, et que les témoins pourront être reprochés par son adversaire.

(3) Celui qui voudra se désister de son accusation, le pourra faire sans peine et sans péril. S'il la veut poursuivre, il suivra la Coutume, et il aura ses délais ou répits. Mais au lieu de la bataille, la preuve se fera par témoins, que la justice entendra aux dépens de celui qui la requerera.

(4) Si l'accusé veut reprocher les témoins, il sera entendu. Si ses raisons sont bonnes et notoires, les témoins seront rejetés. Si ses raisons ne sont pas bonnes, s'il nie le fait et produit d'autres témoins, tous ces témoins seront entendus, et la justice jugera suivant leurs dépositions, après qu'elles auront été publiées aux parties.

(5) Si après la publication l'accusé avait quelque chose à dire contre la déposition des témoins, ils seront derechef entendus, et ensuite le jugement sera rendu. Il en sera de même dans les accusations de trahison, de rapine, d'arsin et d'autres crimes, où il y aura péril de perdre la vie, ou quelque membre.

(6) Dans les cas marqués ci-dessus, les baillis n'auront la connaissance que jusques aux preuves, et renverront les procès en la cour, afin que les preuves y soient entendues.

(7) En matière de servitude, ou de main morte, la preuve se fera par témoins et par titres. Et si le demandeur ne prouve pas, il paiera l'amende à la volonté du seigneur.

(8) Dans les pays où les roturiers peuvent appeler des jugemens de leurs seigneurs, les procédures ou errements seront portés en la cour du Roi, où le jugement dont est appel sera confirmé ou mis au néant, et la partie qui succombera condamnée en l'amende.

(9) Si quelqu'un interjette appel contre son seigneur de déni de justice, le déni doit être prouvé par témoins. Si le déni n'est point prouvé, celui qui aura interjeté appel en sera puni suivant la coutume du pays, et si le déni est prouvé, le seigneur perdra ce qui lui est dû.

(10) Ce qui a été dit ci-dessus

___
(1) Ce désordre des combats particuliers, pour soutenir le jugement en cas d'appel, ne se trouve entièrement aboli que sous Philippe-le-Bel. (M. Henrion Pensey, autor. jud., p. 43 ; Hén.. Abr. chr.)

aura lieu dans les contestations touchant les servitudes ou main mortes, et les appellations de déni de justice, pourvu que les dépositions des témoins ayent été publiées aux parties, comme on l'a déjà dit.

(11) *Ceux qui auront déposé faussement seront punis à l'arbitrage des juges.*

(12) *Tout ce que dessus n'aura lieu que dans le domaine du Roi, et non dans les terres de ses barons.*

---

(1). Nous deffendons à tous les (1) batailles par tout nostre

---

(1) V. *Savaron*, Traité des Duels, p. 109; Joly, Additions, p. 18..

On voit par l'autorité de Velleius Paterculus, chap. 118, que l'usage était chez les anciens Allemands de terminer par le duel tous leurs différens, soit en matière civile ou criminelle. Cet usage fut approuvé par la loi des Bourguignons, ch. 45; il fut reçu généralement dans tout le royaume.

Saint Louis, après avoir défendu les guerres privées, par son ord. de 1245, voulut, par celle-ci, abolir les duels. Mais comme l'autorité royale n'était pas alors aussi grande qu'elle devait l'être, cette dernière ord. ne fut faite que pour les lieux qui étaient des domaines du Roi, et il fut au pouvoir des barons d'user du duel dans leurs seigneuries, comme il se voit par l'autorité de Beaumanoir, chap. 61, pag. 309.

Il faut à présent observer que, quand cette ordonnance fut faite, il y avait en cour laie huit sortes de preuves, dont le demandeur ou l'accusateur se pouvaient servir, mais avec cette particularité, que quand il en avait choisi une, si elle suffisait, il ne pouvait plus varier pour en prendre une autre, ce que nous apprenons du passage qui suit de Beaumanoir, chap. 39.

« Voirs est que il sont plusieurs manieres de prueves, par lesquelles, ou par une desquelles, il souffit que cil qui ont à prouver leur intention, la puissent prouver.

» La 1re., si est quand cil à qui l'en demande, congnoist che qui li est demandé.

» La 2e., si est par letres; si comme quant aucuns s'est obligé par letres, et cil qui se obliga, nie l'obligation, il ne li convient prouver fors par letres.

» La tierche maniere si est par gage de batailles. Mais cheste maniere de prueve ne doit pas estre receue, fors és cas, es quels on doit gages recevoir. Et bien se gart, qui prent cheste prueve, car de toutes manieres de prueves cle est la plus perilleuse. V. le chap. 62 et 63.

» La quarte maniere si est par témoins. Si comme une chose est niée, et li demandieres l'offre à prouver par témoins. Et en cheste maniere de prueves convient il deux loyaux témoins, etc.

» La quinte maniere si est par recort. Si com quant aucun descort est entre les parties, de che qui a esté plaidié en court, pardevant hommes qui doivent jugier, etc.

» La sixième maniere si est quant aucunes raisons sont proposées en court, et elles ne sont niées, ne débatues des parties, etc.

» La septieme si est quand le chose que l'en a à prouver est si claire de soy-mesme, que il n'y convient autres témoins. si comme si je demande demain à un homme, que il paye cinq sols d'une amende, etc.

» La huitième si est par presomptions, etc.

» Toutes les huit manieres de prueves que nous avons dites, ont tele verta que chenquy a à prouver, se il prueve par l'une tant seulement, il gaagne la querelle que li estait niée. Et quand une des prueves li souffit, il ne convient pas qu'il offre à prouver par deux autres manieres de prueves, ne par trois. Et se il l'offre, ne doit-il pas estre reçu dou juge etc.»

De ces huit sortes de preuves, saint Louis ne supprima que la troisième, par gages de batailles, et il conserva toutes les autres, comme on va le voir. (L.)

demengne (1), més nous n'ostons mie les clains, les respons (2), les convenants (3), ne tous autres convenants (4) que l'en a fait en court laie, siques à ore, selon les usages de divers pays, fors que nous ostons les batailles, et en lieu des batailles nous meton prüeves de tesmoins (5), et si n'oston pas les autres bones prüeves et loyaux, qui ont esté en court laye siques à ore.

(2) Nous commandons que se aucun veut appeller aucun

---

(1) Tant en matières criminelles que civiles. En matières criminelles pour toutes sortes de crimes, et en matières civiles, quoiqu'il fût question de propriété, et quoiqu'en l'un et l'autre cas, il n'y eût nulles preuves, sçavoir nulles preuves par témoins en matière criminelle, ou nulles preuves par lettres ou par témoins en matière civile. (V. Beaumanoir, chap. 61.)
Quand le plet était commencé, suivant cette ord., dans les justices des barons, on ne pouvait plus revenir à l'ancien droit, ni ordonner les gages de batailles. « il est, dit Beaumanoir, à le voulenté des houmes dou comte de Clermont, de tenir leur court, se il leur plest de ches cas, selon l'ancienne coutume, ou selon l'establissement le Roy. Mes se li ples est tamé sur l'establissement, par la souffrance dou seigneur, li sires ne le piet puis mettre à gages; se partie s'en vient aidier. Et aussi se li ples est entamés sur les gages par l'ancienne coutume, li sires ne le piet pas ramener à l'establissement le Roy, se che n'est par l'accord des deux parties, etc. p. 309. »
Les seigneurs refusèrent long-temps de se soumettre à cette pieuse ordonnance par pur intérêt, car quand il y avait gages de batailles, l'amende du vaincu roturier était pour eux de soixante sols, et du gentilhomme de soixante liv. (V. Beaumanoir, chap. 61, p. 309.)
(2) Les clains, clamores, sont les plaintes en matières criminelles, et les demandes en matières civiles.
Les respons sont les défenses. (V. Desfont., en son conseil, chap. 13.) (L.)
(3) Lisez les contremans. Le contremant était la raison proposée pour remettre, ou différer l'ajournement, et il différait de l'essoine, en ce que celui qui contremandait, remettait l'ajournement à un jour certain, au lieu que celui qui proposait l'essoine ne remettait pas l'ajournement à un jour certain, et était obligé d'affirmer que la cause qu'il alléguait était véritable. Les contremans étaient en usage en gages de batailles, comme en matières purement civiles. V. Beaumanoir, chap. 61, p. 304., et l'art. 2, 1er. livre des Etablis. (L.)
(4) In judicio et contrahitur, et quasi contrahitur lege 3. S. Idem scribit digestis de peculio. Quand une partie fait des offres, et que l'autre partie les accepte, c'est un contrat qui se fait en jugement. Les duels s'offraient et s'acceptaient en jugement, et ainsi ils se faisaient par convenant. Saint Louis n'a aboli que ces convenans, et a réservé tous les autres. (Laur.)
(5) Avant cette ordonnance, quand les faits étaient si publics, que le juge n'avait qu'à se transporter sur le lieu pour en connaître la vérité, la preuve s'en faisait par témoins, et non par le duel, ce que nous apprenons de Beaumanoir qui écrivait dans le Beauvoisis, où cette ord. n'était point reçue. (Ch. 61. p. 308.)
Mais quand le fait n'était pas public, les parties en venaient d'abord au duel, s'il n'y avait pas de témoins. Et lorsque le demandeur, l'accusateur ou le défendeur administraient des témoins, le demandeur, le défendeur ou l'accusé pouvaient appeler en duel les témoins. (Beaumanoir.)
Saint Louis crut abolir entièrement les duels ou les gages de bataille, en ordonnant que dans ces deux cas la preuve par témoins serait encore nécessaire, mais ses intentions restèrent sans effet, comme l'on en peut juger par l'ord. de Philippe-le-Bel, du 1er. juin 1306. (Laur.)

de multre (1), que il soit ois, et quant il voudra faire sa clameur (2), que l'en li die, si tu veux appeller de multre tu seras ois, més il convient que tu te lies à tel paine souffrir (3) comme ton adversaire souffieroit, se il estoit ataint. Et sois certain que tu n'auras point de bataille, ains te conviendra preuver par témoins, comme il te plest à preuver tout quant que tu connoitras (4), que aidier te doie, et si vaille ceu qui te doit valoir, quar nous t'oston nulle preuve qui ait esté recheue en court laie, siques à ores, fors la bataille, et saches bien que ton adversaire pourra dire contre tes témoins.

(3) Et se chil qui appeller veut, quant il aura ainsi dit, ne veut poursievre sa clameur, il la peut laissier sans peine et sans peril, et se il veut sa clameur poursievre, il fera sa clameur ainsi que l'en la doit faire par la coûtume du pays, et aura ses repis selon la coûtume de la terre. Et quant il vendra au point donc la bataille souloit venir, cil qui preuvast par la bataille, se bataille fut, preuvera par tesmoins, et la justice fera venir les tesmoins as cousts de celuy qui les requiert, se il sont dessous son pouvoir.

(4) Et se chil contre qui les tesmoins seront amenez, veut aucun reson contre les tesmoins qui seront amenez contre luy, dire (5), pourquoy il ne doit estre recheus, l'en l'oira, et se la reson est bonne, et apperte, et communement seue, les tesmoins ne seront pas receus, et se la reson n'est communement seue, et ele noie d'autre partie, l'en oira d'une partie et

---

(1) L'appel en duel n'était autre chose qu'un défi qui se faisait en justice par gages. Il ne faut pas confondre cet appel avec celui qui est interjeté d'un juge inférieur à un supérieur. (Laur.)

(2) C'est-à-dire, intenter son accusation de meurtre. (Laur.)

(3) Par l'ancien droit de la France, quand le duel avait été ordonné, ou le gage de bataille reçu, pour meuble ou pour héritage, celui qui était battu perdait la chose contentieuse avec amende ; et s'il avait combattu par avoué, ou par champion, le champion ou l'avoué avait le poing corpé, ce qui fut introduit avec raison, pour empêcher que les champions gagnés par argent, ne se laissassent vaincre. Beaumanoir, ch. 61, p. 315.)

4 Il y a mieux dans le ch. 4 du 1er. livre des Etablissemens. *Tant comme tu cuideras que aidier te puissent et doivent*, etc.
Lorsque le gage de bataille ou le duel étaient pour crimes, le talion avait lieu, soit pour la mort, ou la mutilation de membres, comme il se voit par les vers de Guillaume le Breton, (Hist. tom. XVII. — V. Beaumanoir, ch. 61. p. 315.)
Saint Louis dérogea à cette ordonnance de Philippe-Auguste, en ce qu'il défendit les gages de bataille ; mais il la confirma en ce qu'il en prit le talion. (V. leg. 7 et 14 Cod. Theod. *De accusationibus. Et ibi Jac. Gotofredus.* (Laur.)

(5) V. l'ord. de 1670, au titre des Recollemens et Confrontations, art. 16, avec la conférence. (Laur.)

d'autre les tesmoins (1), et adonc len jugera selon le dit des tesmoins peuplé as parties (2).

(5) Et se il avenoit que chil contre qui les tesmoins sont amenez, voussist dire, aprés le peuplement, aucune chose resonnable (3) contre ledit as dits tesmoins, il seront ois, et puis aprés fera la justice son jugement: en teles manieres yra len avant, és querelles de traison, de rapine, de arson (4), de larcin (5), et de tous crimes, ou aura peril de perdre, ou vie, ou membre.

(6) Et en tous les cas desusdits, se aucun est accusé par-devant aucun baillif, ora la querelle, jusques as preuves, et adoncques il le nous le fera assavoir, et nous renvoyera pour les preuves oir, et appelleron ceux qui boens soient, o le conseil de celz qui devront estre au jugement fere.

(7) En querelle de servage (6), chil qui demandera homme comme son serf, il fera sa demande, et poursievra sa querelle jusqu'au point de la bataille. Cil qui prouveroit par bataille, prouvera par témoins, ou par chartre, ou par autres

---

(1) V. l'ord. de 1670, titre 38, des faits justificatifs, et l'ord. civile de 1667, titre 22 des enquêtes.

(2) C'est la déposition des témoins publiée ou lue aux parties, suivant le droit canonique.
Il paraît par cette ord. que cela se pratiquait ainsi, tant en matière civile que criminelle. (V. Imbert. sa Pratique ch. 48, avec les notes de Guenois.)
Tout ce droit a été changé. V l'Ord. de 1667, titre 22 des enquêtes, art. 1, 2, 3, 4, etc. et l'Ord. de 1670, titre 15 des Recollemens, art. 15 et 16, etc.)

(3) Ceci paraît contre les règles. Le reproche est contre la personne du témoin, ainsi il faut qu'il soit opposé au témoin avant lepeuplement, c'est-à-dire avantque l'on sache sa déposition. Cela doit donc être entendu suivant le chap. præsentium 31 extrà de testibus, qui ne permet les reproches après le peuplement, qu'en trois cas. Le premier, lorsque celui qui les oppose jure qu'il en use ainsi sans fraude. Le second, lorsqu'avant la publication il s'est reservé, par sa protestation, la faculté de reprocher, et le troisième, lorsque depuis le peuplement il a appris des choses du témoin qu'il ne savait pas auparavant. (V. les art. 15 et 16 de l'Ord. criminelle de 1670, titre des Recollemens. (Laur.)

(4) Ou *arsin*, viennent du latin *ardere*, et signifient incendie. (Laur.)

(5) Larcin. Dans la suite on ne permit plus le duel pour le larcin. (V. Fab. ad tit. Inst. *de hæreditatibus ab intestato* § 3. *Per contrarium*. Delà est venu que le larcin a été un cas de basse justice, au lieu que la connaissance du duel appartenait au haut justicier. (Laur.)

(6) La querelle de servage se terminait ou par témoins, ou par gages de bataille. Et quand il y avait ainsi combat entre gentilhomme et homme de poote, l'homme de poote combattait à pied en forme de champion, et le gentilhomme à cheval. (V. Beaumanoir, ch. 61. p. 508.) Saint Louis, par cette ordonnance, ôta dans ce cas les gages de bataille, et retint la preuve par témoins. (Desfontaines, dans son Conseil, chap. 22, art. 7.) Laur.

preuves bons et loyaux, qui ont esté à coustume en court laie jusques à ore. Et ce que il prouvast par bataille il prouvera par témoins. Et se il faut à sa preuve, il demourra à la volenté au seigneur pour l'amende.

(8) Se aucun veut fausser jugement (1), ou païs, ou il appartient que jugement soit faussé (2), il n'i aura point de bataille, més les clains, et les respons, et les autres destrains (3) de plet seront apportez en noste court, et selon les erremens du plet, l'en fera depécier le jugement (4), ou tenir (5), et cil qui sera trouvé en son tort, l'amendera selon la coûtume de la terre.

(9) Se aucuns veut appeller son seigneur de deffaute de droit (6); il conviendra que la deffaute soit prouvée par tes-

_____

(1) *Falsare judicium*, dans la moyenne et basse latinité, est soutenu qu'un jugement était faux ou mal et iniquement rendu. Selon Beaumanoir, (chap. 67, p. 357.) « Il estoit deux manieres de fausser jugement, desquelles li un des apiaux se devoit mener par gages. Si estoit quant l'en adjoustoit avec l'appel, vilain cas. L'autre se devoit demener par erremens, seur quoy li jugement avoit esté faits. Ne pourquant se l'en appeloit de faux jugemens des hommes qui jugeoient en le cour le comte, et li appellieres ne metoit en son appel vilain cas, il estoit au choix de chelui contre qui l'en vouloit fausser jugement, de faire le jugement par gages devant le comte, et devant son conseil, etc. » Ainsi, selon cet auteur, les jugemens se faussaient, ou parce qu'ils n'étaient pas juridiquement rendus, par défaut de droit et deni de justice, ou parce qu'ils étaient faussement rendus, « car, comme dit Pierre Des Fontaines dans son Conseil (chap. 22, art. 19), celui qui faussait de la seconde maniere devait prendre le seigneur à partie, en lui disant, je fausse le mauvais jugement que vous m'avez fait, par le loyer que vous en avez eu, ou promesse, etc. » (Laur.) — V. M. Henrion de Pensey, Autorité judiciaire, préface.

(2) C'est vraisemblablement aux pays coutumiers. V. ch. 6 des Etablissemens, liv. 1er. (Laur.)

(3) Lisez erremens. V. chap. 6 du 1er. livre des Etablissemens. (Laur.)

(4) C'est le mettre en pièces, ou le mettre au néant. (Laur.)

(5) Ou confirmer. (Laur.)

(6) « Quiconques vouloit son seigneur appeller de faux jugement, ou de desfaute de droit, il devoit tout avant son seigneur requerre que il luy fit droit, et en la presence de ses pers. Et se li sires li veeoit, il y avoit bon appel de desfaute de droit, et se il appelloit avant qu'il eût son seigneur sommé en telle maniere, il estoit renvoyé en le court son seigneur, et li devoit, pour che que il le traioit en le court du souverain, seur si vilain cas, il estoit l'amende en le voulenté dou seigneur, de tout ce que li appellieres tenoit de luy. Tout ainsint se un homme de poote vouloit appeller de desfaute de droit, il devoit sommer le seigneur de qui il tenoit, par trois quinzaines, et s'il se hastoit trop, il cheoit de son appel, et il estoit renvoyé en le court de cheli de qui il appella, et estoit l'amende en le volenté dou seigneur de che qui estoit tenu de li, etc. » (V. Baumanoir, p. 311, 312, et le 1er. liv. des Etablis. chapitre 76, 136.)

Quand le jugement était faussé pour vilain cas, (Desfontaines, chap. 22, nombre 1.) « Chil contre ki jugement estoit donnés, pouvoit tantost demander, au ques kil li plaisoit des hommes ki estoient au jugement rendre, s'ils usoient de tel jugement, et au si au secons, et puis au tiers. Et se il disoient que il

moins, non pas par bataille. Ainsi que se la deffaute n'est prouvée, cil qui appelera le seigneur de la deffaute, il aura tel dommage comme il doit, par l'usage du païs. Et se la deffaute est prouvée, li sire l'amandera, et perdra ce que l'en li doit, par la coûtume del païs, et de la terre.

(10) Et tex cas aviennent, quant tesmoins sont amenez en querelle de servage, et quant l'en appele contre son seigneur de deffaute de droit, et il soit peuplée, si comme il est dessus dit, et se chil contre qui les tesmoins sont amenez, veut dire

---

s'y assentoient, li faussieres pouvoit dire à aus trois. Je vous fausse de cest jugement, que il n'est, ne bons, ne loiaus, et en devoit porter son gage en la main son seigneur, et devoit requerir jor resonable à prover che kil arami. »
Lorsque le jugement ainsi faussé, avait été rendu par Pers on par Jugeurs, si celui qui le faussait, n'y prenait garde, il pouvait arriver qu'il fût seul obligé de combattre contre plusieurs. Et c'est pour cela que Beaumanoir, (p. 313,) remarque, « que qui sagement voulloit appeller, et poursievre son appel, si que ne conviengnist combattre fors à un, il devoit dire, quand il voyoit les jugeurs appareillés de juger, avant que il dissent rien, en tele maniere au seigneur qui tenoit le cour. Sire je ay cheens un jugement à avoir à li journée d'huy, si vous requiert que vous le fachiez prononcer à un des hommes, et que tel jugement que il prononcera, que vous demandiez, que l'en siut à chascun à par soi, par loisir, si que je puisse veoir, se li jugement est contre moy, et je en vüeil appeller, li quiex ensuivra dou jugement. Et le court li devoit faire cette requeste. Et quand li jugement estoit prononciez par l'un des hommes, et li second s'ensuivoit, il ne devoit plus attendre à fere son appel, ainchois devoit appeller cheluy qui ensuivoit et dire en cette maniere à li justice. Sire, je dis que chis jugement qui est prononciez contre moy, et auquel P. s'est accordés est faux, mauvais et desloiaux, et tel le feray contre ledit P. qui s'est accordé au jugement, par moy, ou par mon home, qui fere le püet, et doit pour moy, comme chil qui a essoine, etc.

» Et quand il avoit ainsi dit, chil qui estoit appellés devoit dire que li jugement estoit bon, et loiaux, et offrir loy à fere, par luy, ou par un autre, qui post, ou fere le dust, pour son essoine, en li court, c'est-à-dire, devant le seigneur, où li faux jugement avoit esté fait, et où là où droit le meneroit.

» Quand gages estoient rechus, les parties ne pouvoient plus fere paix, sans l'accort dou seigneur. Et se chil qui estoit appelez de defaute de droit, ou de faux jugement estoit convaincu en l'appel, il perdoit le jugement, et le justiche de sa terre, et si l'amendoit de soixante livres. Et tuit cil qui avoit appellé de defaute de droit, et estoit convaincu de leur appel, ils n'estoient pas quittes tant seulement de faire l'amende à l'appellé, ainchois l'amende au seigneur en qui court il appellerent. Et se li appelliéres estoit gentilhomme, l'amende estoit de soixante livres, et s'il estoit homme de poote, de soixante sols. (Beaumanoir, p. 312.)

» Mais néanmoins, quant aucuns appelloit de faux jugement, pour plet que il avoit de meuble, ou d'heritage, et li sire voyoit que li cas dont le jugement estoit fait, estoit moult de fois avenu, et que le coûtume estoit toute clere et bien approuvée, par lequelle coûtume estoit clere chose, que li jugement estoit bon, et ne devoit pas souffrir les gages, ainchois devoit faire aftender à chest qui appella, le villenie que il avoit dite en cour, mes li amende si n'estoit que de dix sols. etc. (Beaumanoir, p. 31) ch. 6 et 78, 1er. liv. des Etabliss. » (Laur.) — Montesquieu, Esprit des lois. — Henrion, autor. judiciane.

I.

19

aucune chose resonnable contre les tesmoins, qui seront amenez contre luy, il sera ois.

(11) Se aucun est attaint, ou repris de faux tesmoignage és querelles dessus dites, il demourra en la volenté de la justice.

(12) Et ces batailles nous ostons en nostre demaigne à toujours, et voulon que les autres choses soient gardées, tenuës partout nostre domaine, si comme il est devisé dessus, en telle maniere que nous y puisson mettre et oster, et amander toutes les foys que il nous plera, et que nous voirron que biensoit.

N°. 190. — Établissement *ou livre des métiers* (1).

RÉDIGÉ PAR LE PRÉVÔT BOILEAU (2),

Vers 1260. — Archives de la préfecture de police.

Estienne Boileau, garde de la prevosté de Paris;

A tous les bourgeois et à tous les residens de Paris,

Et a tous ceux qui dedens les bonnes (3) de cel meisme lui, verront; asquex ce apartendra: salut.

Pour ce que nous avons veu à Paris en notre tans, mout de

---

(1) M. *Peuchet*, dans la préface du 1er. volume de son Recueil des ordonnances de police, ouvrage précieux, et que l'on regrette tant de ne pas voir continué, a donné (p. 66 et suiv.) des détails fort interessans sur les diverses collections des lois de police. Les ordonnances du prévôt *Boileau*, en sont le monument le plus ancien et le plus remarquable. Elles forment le 1er. volume des livres de couleur : on distingue le registre qui les renferme, sous le titre de livre *blanc*, à cause de la couleur de la couverture; mais il a retenu le nom de *livre des métiers*, à cause de son contenu.

Ce réglement n'a jamais été imprimé. Il en existe aux archives une excellente copie, collationée sur 3 manuscrits, par ordre du chancelier *Lamoignon*, avec des notes philologiques très-précieuses. Nous aurions voulu pouvoir donner le texte entier du livre des métiers aux amateurs de notre antique législation, mais il est excessivement long, et comme d'ailleurs, il sort de notre cadre, nous nous contentons d'en publier ici la préface et les titres. (Is.)

(2) Etienne Boilesve ou Boileau, fut nommé par le Roi, prévôt de Paris, en 1258. On croit que c'est le premier prévôt nommé par le souverain (Velly, IV, 382), et que ses réglemens ont été approuvés par le Roi.

Magistrat digne des plus grands éloges, il s'appliqua d'abord à punir les crimes; les *prévôts fermiers* avaient tout vendu jusqu'à la liberté du commerce, et les impôts sur les denrées étaient excessifs; il remédia à l'un et à l'autre; il rangea tous les marchands et artisans en différens corps de communautés, sous le titre de confréries; il dressa les premiers statuts et forma plusieurs réglemens, ce qui fut fait avec tant de justice et une si sage prévoyance, que ces mêmes statuts n'ont presque été que copiés ou imités dans tout ce qui a été fait depuis pour la discipline des mêmes communautés, ou pour l'établissement des nouvelles qui se sont formées dans la suite des temps. (Hénault, abr. chr.)

(3) Bornes, limites.

plais et de contens (1) par la delloyal envie qui est mere de plais et de desernée (2) convoitise qui gaste soy-meisme et par le non sens as jones et as poisachans (3), entre les estranges gens et ceus de la ville qui aucun mestier usent et hantent. Pour la reson de ce qu'il avoient vendu as estranges aucunes choses de leur mestier qui n'estoient pas si bones ne si loiaux queles deussent; et entre les paageurs et les coutumiers de Paris, et ceux qui les coustumes et les paages doivent de Paris, et ceux qui ne les y doivent pas. Et mesmement entre nous et ceux qui justice ou juridiction ont à Paris, qui se nous demandoient et requiroient, autre que il ne le devoient avoir ne n'ont usée ne accoustumée de avoir. Et pour ce que nous nous doutiemes quely Roys ni euisse domages, et cil qui ont les coustumes ou de par le Roy, ni perdisent, et que fauses œuves ni fussent faites ne vendues à Paris ou que mauvaises coustumes ni fussent accoustumées. Et pour ce que ly offices au bon juge est d'abatre et de finer (4) les plez à son pooir et de voloir tous faire bons, non pas tant seulement par paour des paines, mes par amonestement de louiers (5), notre intencion est à esclairer en la premiere partie de ceste œuvre au mieus que nous porrons tous les mestiers de Paris, leurs ordenances, la maniere des entrepresures de chacun mestier, et leurs amendes. etc. (6).

En la seconde partie entendons nous à tretier des chauciés, des tonlieus, des travers, des conduis, des rivages, des halages, des pois, des botages, des rouages et de toutes les autres choses qui a coutume appartiennent; En la tierce partie et en la dehareniere, des jousticies et des juridicions, à tous ceux qui justice et juridicion ont dedens la ville et dedens les faux-bourgs de Paris. Ce avons nous fait pour le profit de tous, et meesmement pour les povres et pour les étranges qui à Paris viennent achepter aucune marchandise, que la' marchandises soit si loiaus qu'il n'en soient deçeu par le vice de-li, et pour ceus qui à Paris doivent aucune droiture ou aucune coutume, ou qui ne les doivent pas, et mesmement pour chastier ceus qui par convoitise de vilain gaaing, ou par non sens les demandent et prendent contre Dieu, contre droit et contre raison.

Quant ce fut fait concoilli asamblé et ordené, nous le fimes lire devant grant plente (7) des plus sages, des plus leaux et des plus anciens hommes de Paris et de ceux qui plus devoient savoir de ces choses, li quelles tout ensemble loerent moult de ceste œuvre.

___

(1) Dispute, du latin *contentio*. (Dict. de Trévoux.)
(2) Effrénée.
(3) *Vieux*, par opposition à jeunes, jores.
(4) Terminer. (Dict. de Trévoux.)
(5) Loyers, récompenses (ibid.)
(6) Ici finit la préface, dans le Traité de la police de Delamarre, liv. V, tit. XII, des Boulangers ou Talmeliers, auxquels cette préface ne s'applique pas plus qu'à tous les autres statuts des arts et métiers compris dans ce même règlement.
(7) Grand nombre. (Dict. de Trévoux.)

Et nos quemandames a tous les metiers de Paris, à tous les paagiers, et coustumiers de cel mesme liu, et à tous ceux qui justice et juridicion ont dedens les murs et dedens la banliue de Paris, que ils ne feissent ne alaisent en contre, et que se ils le faisoient, a leur tort, que ils l'amendroient a la partie, tous les domages qu'ils auroient eux et faiz pour cele occhoison (1) par le leau taxement de nous et de nos successeurs.

Pour ce que nostre sire (2) Diu commande en l'évangile que on quiere au commencement le règne de Dieu, et touttes choses adreceront en bien, nous dirons au comencement d'icele partie, des clercs qui à Paris sunt à escole pour accause d'apprendre à celebrer le devin office; c'est à savoir, des clers qui sunt escoliers à Paris, liquels clercs ont université.

Première Partie. — Des Métiers.

Titre 1er. Des clercs de l'université.
2. Des talmeliers (boulangers).
3. Des meuniers de Grand-Pont.
4. Des blatiers et revendeurs de toutte manière de grains.
5. Des mesureurs de bled, et de toutte autre manière de grains.
6. Des crieurs.
7. Des jaugeurs de vin.
8. Des taverniers.
9. Des cervoisiers.
10. Des regrattiers de pain, sel, et de touttes autres denrées, excepté le poisson d'eau douce, et la cire ouvrée.
11. Des regrattiers de fruit et esgrun.
12. Des orfèvres.
13. Des potiers d'étain.
14. Des cordiers.
15. Des ouvriers de menues œuvres d'étain ou de plomb.
16. Des fevres-mareschaux veillers, greffiers, heaumiers.
17. Des fevres coutelliers.
18. Des couteliers faiseurs de manches.
19. Des serruriers.
20. Des boëtiers faiseurs de serrures à boëte.
21. Des batteurs d'archal.
22. Des boucliers de fer.
23. Des boucliers d'archal de cuivre ou de laiton neuf ou vieil.
24. Des tréfiliers de fer.
25. Des tréfiliers d'archal.
26. Des attacheurs, faiseurs de cloux pour attacher boucles, mordans, et membres sur courroyes ou ceintures.
27. Des haubergers.
28. Des patenotriers d'os et de cor.
29. Des patenotriers de corail et de coquilles.
30. Des patenotriers d'ambre et de jais.
31. Des cristalliers et pierriers de pierres naturelles.
32. Des batteurs d'or et d'argent à filer.
33. Des batteurs d'étain.

---

(1) Occasion.
(2) Seigneur.

34. Des batteurs d'or et d'argent en feuilles à part.
35. Des lasseurs de fil et de soye.
36. Des fileresses de soye à grands fuseaux.
37. Des fileresses de soye à petits fuseaux.
38. Des crepiniers de fil de soye.
39. Des ouvriers de tissus de soye.
40. Des braaliers de fer.
41. Des ouvriers de draps de soye et veluzeaux.
42. Des fondeurs mouleurs.
43. Des fermaillers de laiton.
44. Des patenotriers faiseurs de boucles à souliers, et de noyeaux à robe, que on fait d'os, de cor, et d'yvoire.
45. Des tisserans de cœuvre chiefs de soye.
46. Des lampiers.
47. Des barilliers.
48. Des charpentiers.
49. Des maçons platriers, mortelliers, tailleurs de pierre.
50. Des esenelliers et vendeurs d'auges.
51. Des tisserans de lange.
52. Des tapissiers de tapis sarrazinois.
53. Des tapissiers de tapis nostres.
54. Des foulons.
55. Des teinturiers de draps.
56. Des chanviers.
57. Des tailleurs de robes.
58. Des liniers.
59. Des marchands de chanvre et de fil.
60. Des chanevaciers (marchands de toille).
61. Des espeingliers.
62. Des imagers, tailleurs de crucifix.
63. Des peintres et tailleurs d'images.
64. Des huiliers.
65. Des chandeliers de suif.
66. Des guainiers.
67. Des garnisseurs de guaisnes et d'épées.
68. Des peigners lenterniers.
69. Des faiseurs de tables à écrire.
70. Des cuisiniers.
71. Des poulaillers.
72. Des deiciers faiseurs de dez à jouer.
73. Des boutonniers et deiciers faiseurs de dez à coudre.
74. Des etuveurs.
75. Des potiers de terre.
76. Des merciers.
77. Des frippiers.
78. Des boursiers et barayers.
79. Des selliers.
80. Des chapinseurs de selles et d'arçons.
81. Des blazonniers couvreurs de selles.
82. Des boureliers.
83. Des lormiers.
84. Des baudroyeurs.
85. Des cordonaniers.
86. Des cavetonniers de petits souilliers de bazanne.
87. Des cavetiers.
88. Des corroyers.
89. Des gantiers.
90. Des feniers.
91. Des chapeliers de fleurs.
92. Des chapeliers de feutre.
93. Des chapeliers de coton.
94. Des chapeliers de paon.
95. Des fourreurs et garnisseurs de chapeaux de feutre.
96. Des feseresses de chapeaux d'or frois et de touttes œuvres à 4 pertuis.
97. Des fourbeurs.
98. Des archers, faiseurs d'arcs et d'arbalestres.
99. Des pescheurs à verge.
100. Des poissonniers d'eau douce.
101. Des poissonniers de mer.

DEUXIÈME PARTIE. — *Des Chauciés de Paris.*

Nous avons tretié en la partie devant ceste, des metiers de Paris, de leus ordenances, des entrepresures que l'en i fait, et des amendes de chascun mestier.

Or volons en ceste seconde partie tretier des chauciés des tonlieu, des travers, des conduits, des rivages, des hallages, des pois, des hocages, des rouages et de touttes les autres choses qui a coustume (1) ou a droiture apartiennent dedens la vile et dedens la banlieue de Paris.

1. Des chauciers de Paris.
2. Du péage de Petit Pont.
3. Du rouage de Paris.
4. Des métiers de hauban, et des métiers que l'on vend de par le Roi.
5. Du liage et de la monte des vins.
6. Du rivage de Seine.
7. Du chahtelage.
8. Du conduit de tous avoirs.
9. Du tonlieu et hallage de pain.
10. Du tonlieu, du hallage, et du minage de bled et de tout autre grain.
11. Du tonlieu de sel.
12. Du tonlieu de tonneaux, viez, etc.
13. Du tonlieu de chevaux, et de touttes autres bêtes.
14. Du tonlieu, et du conduit de oint, de suif, de bacon et des pemuaux de bacons.
15. Du tonlieu et conduit de fer et d'acier.
16. Du tonlieu de fer, d'alesne, de aguilles, etc.
17. De la coutume de poivre, de cire, etc.
18. De la coutume de vans, etc.
19. Du tonlieu de toutte manière de pelleterie neuve, et viez.
20. Du tonlieu de cordouart, et de peaúx de mouton.
21. Du tonlieu de hanaps, etc.
22. Du tonlieu et hallage de cordes de lit.
23. Du tonlieu et coutume de pots de terre.
24. Du tonlieu d'huile, miel et cendre clavelée.
25. Du tonlieu et hallage de fruits.
26. Du tonlieu et hallage d'aux, d'oignons, etc.
27. Du tonlieu et hallage de laines de mouton, de brebis, d'aignelet, lavées et à laver.
28. Du tonlieu et hallage de draps.
29. Du tonlieu et conduit de fil de laine et de chanvre.
30. Du tonlieu et hallage de toile.
31. Du tonlieu de fil de lin et de chanvre.
32. Du tonlieu et hallage de lin et de chanvre.

(Manque la 3e. partie, traitant des justices subalternes.)

---

(1) Coustume est un terme générique qui signifie ici un droit qui se lève et se perçoit au profit du seigneur. Le roi est considéré dans ce réglement comme seigneur direct et comme vicomte de Paris, et non comme prince.

1260.

N°. 191. — ARRÊT, qui décide (1) qu'un chevalier ne doit point l'hommage à l'acquéreur non noble du fief dont il relève.

1260. (Reg. Olim.)

N.° 192. — ORDONNANCE (2) portant que, dans les domaines du Roi, les terres des débiteurs seront discutées et vendues avant de s'adresser aux cautions.

Novembre 1261. (Reg. Olim. vol. I, f°. 148.)

N°. 193. — ORDONNANCE rendue en parlement, qui abolit une coutume de la Touraine, par laquelle un serviteur ou une servante qui avaient volé à leur maître un pain, une poule, ou un pot de vin, étaient condamnés à perdre un membre.

Parlement de la Chandeleur, 1261. (Reg. Olim, p. 15.)

N°. 194. — ORDONNANCE qui défend à la Reine de nommer aucun magistrat et de donner des ordres aux officiers de justice, et lui enjoint de ne prendre personne à son service et à celui de ses enfans, sans le consentement du parlement et la permission du Roi, (3).

1261. (Ordin. antiquæ, Mss. de Tillemont, p. 146-147.)

N°. 195. — ORDONNANCE sur la Maison du Roi.

1261. (Ducange sur Joinv. 108.)

N°. 196. — ARRÊT du parlement qui décide que le roi d'Angleterre n'a pas le droit d'obliger ses vassaux de Gascogne de lui faire hommage en Angleterre.

1261. (Olim, tom. I, p. 15.)

---

(1) V. les lettres de 1354.
(2) Elle est perdue.
(3) Tant il était persuadé que les princes n'ont pas d'ennemis plus dangereux que leurs entours. (M. Beugnot, Iust. de saint Louis, p. 151.)

N°. 197. — ORDONNANCE *ou réglement touchant les monnaies.*
Chartres, vers la mi-carême 1262. (C. L. I, 93.)

(1) Il est esgardé que nul ne puisse faire monoies semblant (1) à la monoie le Roy, que il n'y ait dessemblance apperte, et devers croix et devers pille (2), et que elles cessent des ors en avant.

(2) Et que nulle monoie ne soit prinse, ou royaume, de la Saint-Jean en avant, là où il n'a point de propre monoie, fors que la monoie le Roy, et que nul ne vende, ne achate, ne fasse marchié, fors à celle monoie. Et peut et doit courre la monoie le Roy (3).

(3) Et ne seront refusez parisis, ne tournois, tous soient pelez, més que il aient connoissance devers croix, ou devers piles, que ils soient parisis, ou tournois, pour qui ni faille piece; et li Roy veut et commande que telles monoies soient receües à ses rentes, et comme il commande à prendre en sa terre.

(4) Et que nuls ne puisse recourre, ne trebuchier la monoie le Roy sus paine de corps et d'avoir.

Facta fuit hec ordinatio Carnoti, anno Domini 1262, circa mediam Quadragesimam, cui faciendæ interfuerant jurati *Clemens* de *Visiliac*, *Joannes* dictus *Rigidus*, *Joannes Hermam*, cives parisienses; *Nicolaus* de *Castello*, *Garinus Fernet*, *Jacobus Frif*, burgenses pruvinienses; *Joannes de Lori*, *Stephanus Morin*, cives aurelianenses; *Evrardus Maleri*, *Joannes Purergini*, cives senonenses; *Robaille de Claustro*, *Petrus de Moncellis*, cives laudunenses (4).

---

(1) Il y avait alors plus de 80 seigneurs particuliers en France qui pouvaient faire battre monnaie; mais il n'y avait que le Roi seul qui avait droit d'en faire battre d'or ou d'argent. Celles des barons étaient noires, et comme elles ne devaient avoir cours que dans leurs terres, elles ne devaient avoir, suivant cette ord. et celles de 1273 et 1313, aucune ressemblance avec celle du Roi.

Comme ces monnaies étaient différentes, la peine de ceux qui en faisaient de fausses était aussi différente. Car ceux qui contrefaisaient les monnaies du Roi étaient bouillis, ce qui n'était pas à l'égard de ceux qui fabriquaient celles des barons. (Laur.)

(2) Du temps de saint Louis, il y avait de gros tournois d'argent, qui avaient d'un côté une croix, et de l'autre des pilliers. Et delà vient qu'encore aujourd'hui les différens côtés des monnaies se nomment croix et pile. (Laur.)

(3) Dans l'édition de Le Blanc, il y a ensuite, *par tout son royaume, sans contredit de nul qui ait propre monnaie, ou point*. (Laur.)

(4) Voilà bien, dit M. Beugnot (Essai sur les institutions de saint Louis, p. 84), les bourgeois des villes participant au pouvoir législatif.

N°. 198. — SENTENCE *arbitrale* (1) *ou ordonnance, donnée par le Roi, au sujet des difficultés survenues entre le roi d'Angleterre, et ses barons, au sujet des articles d'Oxford.*

Amiens, veille de la fête de saint Vincent, ja... 1263. (Rymer II, 83.)

Ludovicus, Dei gratiâ, Francorum rex, universis, presentes literas inspecturis, salutem :

Notum facimus quod carissimus consanguineus noster, Henricus, illustris rex Angliæ, et subscripti barones Angliæ, in nos compromiserunt, prout continetur in literis eorum infrà scriptis; tenor autem literarum ipsius regis, talis est.

Compromis du roi d'Angleterre (HENRI III).

Henricus, Dei gratiâ, rex Angliæ, dominus Hiberniæ, et dux Aquitaniæ, omnibus, ad quos præsentes literæ pervenerint, salutem :

Noveritis quod nos compromisimus in dominum Ludovicum, regem Francorum illustrem, super provisionibus, ordinationibus, statutis et obligationibus omnibus oxoniensibus : et super omnibus contentionibus et discordiis, quas habemus, et habuimus, usque ad festum omnium sanctorum nuper præteritum, adversus barones regni nostri, et ipsi adversus nos occasione provisionum, ordinationum, statutorum, vel obligationum oxoniensium prædictarum.

Promittentes, et per dilectos et fideles nostros, Willelmum Belet militem, et Robertum Fulconis clericum, de mandato nostro speciali, in animam nostram jurantes, tactis sacrosanctis evangeliis, quod, quicquid idem rex Franciæ super omnibus prædictis, vel eorum aliquibus, de alto et basso, ordinaverit, vel statuerit, nos observabimus bona fide; ita tamen quod idem dominus rex Franciæ dicat super his dictum suum citra Pentecostem proximo venturam.

---

(1) La guerre entre Henri III, roi d'Angleterre, et ses barons devenait fort vive et fort incertaine. L'équilibre des partis et les clameurs universelles du peuple obligèrent Henri et les barons de négocier. On consentit des deux côtés à remettre les différens à l'arbitrage de saint Louis, *Hume*, hist. d'Anglet. II, 304, éd. 1819. Math. Paris, p. 688.

Ce vertueux monarque, dit Hume, était le seul homme à qui, en de pareilles circonstances, une nation voisine pût confier de tels pouvoirs.

In cujus rei testimonium, præsentibus litteris sigillum nostrum fecimus apponi.

Adhésion du fils du roi d'Angleterre.

Nos autem *Edwardus*, prædicti domini regis Angliæ primogenitus : etc.

Prædicto compromisso, per dictum dominum nostrum regem Angliæ facto, sicut prædictum est, consentimus et juramus, tactis sacrosanctis evangeliis, quod, quicquid dominus rex Franciæ, super omnibus prædictis, vel eorum aliquibus, de alto et basso ordinaverit vel statuerit, observabimus bona fide; ita tamen quod idem dominus rex Franciæ dicat, super his, dictum suum citra Pentecostem proximo futuram, sicut superius est expressum.

In cujus rei testimonium præsenti scripto, sigillo domini nostri prædicti regis Angliæ signato, sigilla nostra fecimus apponi.

Datum apud *Windesoram*, dominica proxima post festum sanctæ Luciæ virginis, anno Domini 1263.

Confectioni istius instrumenti interfuerunt, *Johannes de Chishul*; *Willelmus de Willon*, frater J. de *Derlington*, etc. (*Suivent les noms de* 30 *seigneurs.*)

Compromis DES BARONS.

Universis, præsentes litteras inspecturis; H. Londonensis, W. Wigornensis episcopi; *Simon* de *Monteforti*, comes Leycestriæ et senescallus Angliæ (*suivent les noms de* 21 *barons*), salutem in Domino.

Noveritis quod nos compromisimus in dominum Ludovicum regem Franciæ illustrem, super provisionibus, ordinationibus, statutis, et obligationibus omnibus Oxoniæ, et super omnibus contentionibus et discordiis quas habemus et habuimus, usque ad festum omnium sanctorum nuper præteritum, adversus dominum nostrum regem Angliæ illustrem, et ipse adversus nos, occasione provisionum, ordinationum, statutorum, vel obligationum oxoniensium prædictarum.

Firmiter promittentes, et jurantes, tactis sacrosanctis evangeliis, quod, quicquid idem rex Franciæ, super omnibus prædictis, vel eorum aliquibus, de alto et basso, ordinaverit vel statuerit, nos observabimus bona fide; ita tamen quod

1263.

idem dominus rex Franciæ dicat, super his, dictum suum citra Pentecostem proximo venturam.

Actum *London*, die sanctæ Luciæ virginis, anno Domini 1263.

POINT DE FAIT (1).

Insuper prædictus rex Angliæ, ex una parte, et superius nominati, ex alia parte, barones, de omnibus contentionibus, exortis inter eos post prædictum festum, usque in præteritum diem sanctæ Luciæ, occasione prædicta, in nos compromiserunt, et promiserunt per juramenta, tactis sacrosanctis evangeliis præstita, bona fide se servaturos quicquid statuerimus et ordinaverimus de his, vel eorum aliquibus; ita tamen quod citra Pentecostem proximo venturam, dicamus, super his, dictum nostrum, et super omnibus quæ super rebus, in compromissum deductis, vel circa ipsas interim contigerit attemptari.

Nos vero, partibus propter hoc convocatis Ambiani, dicto rege personaliter, et quibusdam de baronibus per se, et aliis per procuratores comparentibus coram nobis; auditis hinc inde propositis, et etiam defensionibus ac rationibus partium plenius intellectis, attendentes per provisiones, ordinationes, statuta, et obligationes oxonienses, et per ea, quæ ex eis, et occasione eorum subsecuta sunt, juri et honori regio plurimum fuisse detractum, regni turbationem, ecclesiarum depressionem, et deprædationem, et aliis personis ipsius regni, ecclesiasticis et secularibus, indigenis et alienigenis, gravissima dispendia provenisse; et quod verisimiliter timebatur ne graviora contigerent in futurum, communicato bonorum et magnatum consilio.

---

(1) L'affaire, dit Mathieu *Paris*, p. 994, dont Hume dissimule ici les raisons, l'affaire fut agitée de part et d'autre avec beaucoup de force, le droit primitif des peuples mûrement pesé, le pouvoir transféré aux souverains par la société scrupuleusement examiné. On exposa en faveur des sujets, qu'en se donnant aux Rois, ils n'avaient cherché qu'à posséder leurs biens et leur vie en une parfaite sécurité, non à les exposer en proie à la cupidité et à l'ambition; qu'un état policé n'était point un composé d'esclaves, qu'on ne dût consulter sur rien, dont on pût prodiguer arbitrairement le sang et les trésors, enfin que les articles d'Oxford n'étaient qu'une interprétation ou plutôt une suite naturelle des lois du royaume. (Velly.)

Le grand roi, sans nier ces principes, annula les articles d'Oxford, comme contraires à la prérogative royale et au bien du royaume, dans les termes suivans, après une grande délibération, V. Capit. de Kiersy, de 877, ci-dessus, p. 86. (Is.)

Dictum ou Sentence.

In nomine Patris, et Filii, et Spiritus Sancti.

(1) Prædictas provisiones, ordinationes, statuta et obligationes, quocumque modo censeantur, et quidquid ex eis, vel occasione eorum subsecutum est, per *dictum nostrum*, seu *ordinationem nostram*, cassamus et irritamus; maxime cum appareat summum pontificem eas per suas litteras cassas et irritas nunciasse; ordinantes quod tam dictus rex, quam barones, et alii quicumque præsenti compromissa consenserunt, et de prædictis observandis se quoquo modo astrinxerunt, se de eisdem quietent penitus, et absolvant.

(2) Addicimus etiam quod, ex vi, seu viribus prædictarum provisionum, sive obligationum, seu ordinationum, vel alicujus jam super hoc concessæ potestatis a rege, nullus nova statuta faciat; neque jam facta teneat vel observet nec propter non observantiam prædictorum debeat aliquis alterius capitalis vel aliter inimicus haberi, vel pœnam propter hoc aliquam sustinere.

(3) Decernimus etiam, quod omnes litteræ, super præmissis provisionibus, et eorum occasione confectæ irritæ sint et inanes; et ordinamus, quod ipsi regi Angliæ restituantur a baronibus et reddantur.

(4) Item, dicimus et ordinamus, quod castra, quæcumque fuerint tradita custodienda ad securitatem, seu occasione prædictorum, et adhuc sunt detenta, libere a dictis baronibus eidem regi reddantur tenenda ab eodem rege, sicut ea tenebat ante tempus dictarum provisionum.

(5) Item, dicimus et ordinamus, quod libere liceat prædicto regi, capitalem justiciarium, cancellarium, thesaurarium, consiliarios, justos, minores, vice-comites, et quoscumque alios officiales, ac ministeriales regni sui, ac domus suæ, præficere, destituere, et amovere, pro suæ libito voluntatis, sicut faciebat et facere poterat ante tempus provisionum prædictarum.

(6) Item, retractamus et cassamus illud statutum factum, quod regnum Angliæ de cætero per indigena gubernetur, necnon ut exirent alienigenæ, non reversuri; exceptis illis quorum moram fideles regni communiter acceptarent.

(7) Ordinantes per dictum nostrum quod liceat alienigenis morari in dicto regno secure, et quod rex possit alienigenas et indigenas vocare secure ad consilium suum, quos sibi vide-

rit utiles et fideles, sicut facere poterat ante tempus prædictum.

(8) Item, dicimus et ordinamus, quod dictus rex plenam potestatem et liberum regimen habeat in regno suo, et ejus pertinentiis; et sit in eo statu, et in ea plenaria potestate, in omnibus et per omnia, sicut erat ante tempus prædictum.

(9) Nolumus autem, nec intendimus per præsentem ordinationem derogare in aliquo regiis privilegiis, chartis, libertatibus, statutis, et laudabilibus consuetudinibus regni Angliæ, quæ erant tempus provisionum ipsarum (1).

(10) Ordinamus etiam quod idem rex prædictis baronibus indulgeat et remittat omnem rancorem, quem habet adversus eos occasione præmissorum, et similiter barones eidem; et quod unus alterum occasione præmissorum de quibus in nos extitit compromissum, per se, vel per alium de cætero non gravet in aliquo vel offendat.

Hanc autem *ordinationem nostram* seu *dictum nostrum* protulimus *Ambianis*, in crastino beati Vincentii martyris, anno Domini 1263, mense januario.

In cujus rei testimonium præsentibus litteris nostrum apponi fecimus sigillum.

Actum anno, mense, die et loco prædictis.

---

(1) Ceci doit s'entendre de la grande charte de 1215, de la charte des forêts, et d'autres statuts confirmés par Henri III. « Cet équitable arrêt, dit Hume, ne fut pas plutôt connu que les barons coururent aux armes. Henri fut pris à la bataille de Lerves, et signa un traité appelé la *mise de Lerves*, par laquelle le roi de France était chargé de nommer de nouveaux commissaires, pour régler le gouvernement; par suite, le 20 janvier 1265, les députés des bourgs furent admis au parlement pour la première fois. (Rymer, tom. 1er., p. 802.) Cette querelle se termina à la mort du comte de Leicester; la grande charte fut de nouveau confirmée ainsi que celle des forêts; (18 nov. 1269, statut de la 52e. année du règne); le fonds des réglemens d'Oxford a aussi été conservé, sauf les articles contraires à la prérogative, par le parlement de *Marlebridge*, Hume, ibid, p. 332.

Nous n'avons pu résister au désir de donner ici le texte de la grande CHARTE, afin qu'on puisse le comparer avec les ordonnances de nos rois, surtout avec celle du Roi Jean du 22 janvier 1356, rendue en conséquence des états de 1355, que M. *de Lally Tolendal* considère comme la grande charte des Français. (Rapp. à la chambre des pairs sur la responsabilité des minist. 10 déc. 1816.) (Is.)

N°. 199. — CHARTE (1) *des communes libertés, ou la grande Charte.*

Runingemade, 15 juin 1215, 1re. année du règne du roi Jean (Math. Paris. p. 177, édit. de Paris, 1634.)

Johannes, Dei gratiâ, Rex Angliæ, etc.

Sciatis nos intuitu Dei, et pro salute animæ nostræ et antecessorum omnium et hæredum meorum, et ad honorem Dei et exaltationem S. ecclesiæ et emendationem regni nostri, per consilium venerabilium patrum nostrorum *Stephani Cantuariensis* archiepiscopi (*suivent les noms de 8 évêques*), et magistri *Pandulphi*, domini papæ, subdiaconi et familiaris; fratris magistri militiæ templi Angliæ, et nobilium virorum *Willielmi Mareschalli* comitis *Penbroc* (*suivent les noms de 15 seigneurs*), et aliorum fidelium nostrorum, in primis concessisse Deo, et hac præsenti CHARTA nostrâ confirmasse pro nobis et hæredibus nostris in perpetuum.

(ART. 1er.) Quod *Anglicana ecclesia* libera sit, et habeat jura sua integra, suas et libertates illæsas, et itâ volumus observari, quod appareat ex eo, quod libertatem electionum quæ maxima et magis necessaria reputatur ecclesiæ anglicanæ, merâ et spontaneâ voluntate, ante discordiam inter nos et barones nostros manifeste motam, concessimus, et chartâ nostrâ confirmavimus, et eam obtinuimus a domino papâ Innocentio papâ tertio, confirmari : quam et nos observabimus, et ab hæredibus nostris in perpetuum bonâ fide volumus observari.

(2) Concessimus etiam et omnibus liberis hominibus nostris regni Angliæ, pro nobis et hæredibus nostris in perpetuum, omnes libertates subscriptas, habendas et tenendas eis et hæredibus suis de nobis et hæredibus nostris.

(3) Si quis comitum vel baronum nostrorum, sive aliorum tenentium de nobis in capite per servitium militare, mortuus fuerit, et cum decesserit, hæres suus plenæ ætatis fuerit, et relevium debeat, habeat hæreditatem suam per antiquum relevium; scilicet hæres vel hæredes comitis de Baroniâ comitis integra per centum libras;

---

(1) Au mois de décembre 1213, dans une assemblée tenue à Londres, Etienne, archevêque de Cantorbery, proposa aux grands du royaume de forcer le Roi à rapporter ses lois iniques, et à remettre en vigueur les bonnes lois d'Edouard. Il leur dit qu'on avait trouvé une charte du roi Henri Ier., propre à ramener les libertés perdues depuis long-temps. Il leur donna lecture de cette pièce, dans laquelle le Roi reconnaît tenir sa couronne de Dieu et des barons, déclare vouloir que l'église soit libre, que les mauvaises coutumes, nouvellement introduites, fussent détruites : il stipule des garanties en faveur des barons, au sujet de leurs fiefs. — Il garantit que les forfaitures des barons seront jugées

CHARTE DES COMMUNES LIBERTÉS, OU LA GRANDE CHARTE,

Donnée par le roi Jean à ses sujets, en 1215; confirmée par la décision arbitrale de saint Louis, et par le roi d'Angleterre, le 18 novembre 1269.

JEAN, par la grâce de Dieu, Roi d'Angleterre, etc.

A tous les archevêques, évêques, comtes, barons, etc., qu'il vous soit notoire que nous, en présence de Dieu, pour le salut de notre âme et de celle de nos ancêtres et descendans, à l'honneur de Dieu, à l'exaltation de l'église, et pour la réformation de notre royaume, en présence des vénérables pères Etienne, archevêque de Cantorbéry, primat d'Angleterre et cardinal de la sainte église romaine; (*suivent les noms de 8 évêques*); de M^e. Pandolphe, sous-diacre et familier de notre saint-père le pape, du frère maître de la milice d'Angleterre et des nobles, *Guillaume Marcshal*, comte de Penbroc; (*suivent les noms de 15 seigneurs*) et autres nos vassaux et hommes liges, avons accordé, et, par cette présente CHARTE, accordons, pour nous et pour nos héritiers et successeurs à jamais.

(ART. 1er.) Que l'Eglise d'Angleterre sera libre et jouira de tous ses droits et libertés, sans qu'on y puisse toucher en façon quelconque: nous voulons que les priviléges de l'église soient par elle possédés, de telle manière qu'il paraisse que la liberté des élections, estimée très-nécessaire dans l'église anglicane, et que nous avons accordée et confirmée par notre charte, avant nos différens avec les barons, a été accordée par un acte libre de notre volonté, et nous entendons que ladite charte soit observée par nous et par nos successeurs à jamais.

(2) Nous avons aussi accordé à tous nos sujets libres du royaume d'Angleterre, pour nous et pour nos héritiers et successeurs, toutes les libertés spécifiées ci-dessus, pour être possédées par eux et par leurs héritiers, comme les tenant de nous et de nos successeurs.

(3) Si quelqu'un de nos comtes, barons ou autres qui tiennent des terres de nous, sous la redevance d'un service militaire, vient à mourir, laissant un héritier en âge de majorité, cet héritier ne paiera pour entrer en possession du fief, que selon l'ancienne taxe; savoir: l'héritier d'un comte pour tout son fief, 100 marcs; l'héritier d'un

---

suivant les lois. Enfin il promet de garder et de maintenir la paix et de renoncer à toutes exactions.

Les seigneurs jurèrent de défendre ces libertés jusqu'à la mort, et de les revendiquer par la force des armes. — Ils se réunirent de nouveau vers l'époque où Jean revenait du continent, au mois de novembre 1215. — Ils jurèrent, pour la seconde fois, leur confédération. — Ils vinrent en demander au Roi la confirmation. Le Roi requit un délai pour en délibérer; puis il déclara ne pas vouloir y consentir. Les barons prirent les armes. — Le Roi abandonné de tous (il n'avait plus que sept cavaliers), signa la charte dans les termes qui suivent. (Extr. de Math. Paris.) (Is.)

hæres vel hæredes baronis de baroniâ integrâ centum marcas ; hæres vel hæredes militis de feudo militis integro per centum solidos ad plus ; et qui minus debuerit minus det, secundum antiquam consuetudinem feudorum.

(4) Si autem alicujus hæres talium fuerit infra ætatem, et fuerit in custodiâ ; dominus ejus non habeat custodiam ejus nec terræ suæ antequam hommagium ejus ceperit, perdat curiam, et postquam talis hæres fuerit in custodiâ et ad ætatem pervenerit, scilicet viginti et unius anni, habeat hæreditatem suam sine relevio et sine fine : ita tamen quod si ipse, dum infra ætatem fuerit, fiat miles, nihilominus terra remaneat in custodiâ dominorum suorum usque ad terminum prædictum.

(5) Custos terræ hujusmodi hæredis, qui infra ætatem fuerit, non capiat de terrâ hæredis nisi rationabiles exitus, et rationabiles consuetudines, et rationabilia servitia : hæc sine destructione et vasto, hominum vel rerum. Et si nos commiserimus custodiam alicui talis terræ vice-comiti vel alicui alii, qui de exitibus terræ illius nobis debeat respondere, et ille destructionem de custodiâ fecerit vel vastum : nos ab illo capiemus emendam, et terra committatur duobus legalibus et discretis hominibus de feudo illo, qui similiter nobis respondeant, sicut prædictum est.

(6) Custos autem quamdiu custodiam terræ habuerit, sustentet domos, parcos, vivaria, stagna, molendina, et cætera ad illam terram pertinentia, de exitibus terræ ejusdem, et reddat hæredi, cum ad plenam ætatem pervenerit, terram suam totam instauratam de carucis et omnibus aliis rebus, ad minus secundum quod illa recepit. Hæc omnia observentur de custodiis archiepiscopatuum, episcopatuum, abbatiarum, prioratuum, ecclesiarum et dignitatum vacantium quæ ad nos pertinent : excepto quod custodiæ hujusmodi vendi non debent.

(7) Hæredes maritentur sine disparagatione : ita tamen, quod antequam destruatur matrimonium, ostendatur propinquis de consanguinitate ipsius hæredis.

(8) Vidua post mortem mariti sui, statim et sine difficultate aliquâ habeat maritagium suum securum conductum et hæreditatem suam ; nec aliquid det pro dote suâ vel pro maritagio suo, vel hæreditate suâ, quam hæreditatem maritus suus et ipsa tenuerant, die obitus ipsius mariti ; et maneat in capitali mesnagio mariti sui per quadraginta dies, post obitum ipsius mariti, infra quos assignetur ei dos sua, nisi ei prius assignata : vel nisi domus illa fuerit castrum, et si de castro recesserit, statim provideatur ei domus competens, in quâ possit honeste morari, quousque ei dos sua assignetur, secundum quod prædictum est, et habeat rationabile estoverium suum interim de communi. Assignetur autem ei pro dote suâ, tertia pars totius terræ mariti sui, quæ suâ fuit in vitâ, nisi de minori dotata fuerit ad ostium ecclesiæ.

baron, pour un fief entier, 100 schellings, et tous les autres à proportion, selon l'ancienne taxe des fiefs.

(4) Si l'héritier se trouve en âge de minorité, le seigneur de qui son fief relève, ne pourra prendre la garde noble de sa personne, avant que d'en avoir reçu l'hommage qui lui est dû, ensuite cet héritier étant parvenu à l'âge de 21 ans, sera mis en possession de son héritage, sans rien payer au seigneur, que s'il est fait chevalier pendant sa minorité, son fief demeurera pourtant sous la garde du seigneur, jusqu'au temps ci-dessus marqué.

(5) Celui qui aura en garde les terres d'un mineur ne pourra prendre sur ces mêmes terres que des profits des services raisonnables, sans détruire ni détériorer les biens des tenanciers, ni rien de ce qui appartient à l'héritage; que s'il arrive que nous commettions ces terres à la garde d'un sheriff, ou de quelqu'autre personne que ce soit, pour nous en rendre compte, et qu'il y fasse quelque dommage, nous promettons de l'obliger à le réparer, et de donner la garde de l'héritage à quelque tenancier discret du même fief, qui en sera responsable envers nous de la même manière.

(6) Les gardiens des fiefs maintiendront en bon état, tant les maisons, parcs, garennes, étangs, moulins et autres choses en dépendant, que les revenus, et les rendront à l'héritier, lorsqu'il sera en âge, avec la terre bien fournie de charrues et autres choses nécessaires, ou du moins autant qu'ils en auront reçu. La même chose sera observée dans la garde qui nous appartient, des archevêchés, évêchés, prieurés, abbayes, églises, etc., excepté que ce droit de garde ne pourra être vendu.

(7) Les héritiers seront mariés selon leur état et condition, et les parens en seront informés avant que le mariage soit contracté.

(8) Aussitôt qu'une femme sera veuve, on lui rendra ce qu'elle aura eu en dot, ou son héritage, sans qu'elle soit obligée de rien payer pour cette restitution, non plus que pour le douaire qui lui sera dû sur les biens qu'elle et son mari auront possédés jusqu'à la mort du mari. Elle pourra demeurer dans la principale maison de son défunt mari, 40 jours après sa mort, et pendant ce temps-là, on lui assignera son douaire, en cas qu'il n'ait pas été réglé auparavant; mais si la principale maison était un château fortifié, on pourra lui assigner quelqu'autre demeure, où elle soit commodément jusqu'à ce que son douaire soit réglé. Elle y sera entretenue de tout ce qui sera raisonnablement nécessaire pour sa subsistance, sur les revenus des biens communs d'elle et de son défunt mari. Le douaire sera réglé à la 3ᵐᵉ partie des terres possédées par son mari,

(9) Nulla vidua destringatur ad se maritandum, dum voluerit vivere sine marito; ita tamen quod securitatem faciet, quod se non maritabit sine assensu nostro, si de nobis tenuerit, vel sine assensu Domini sui, de quo tenuerit, si de alio tenuerit.

(10) Nos vero vel ballivi nostri non scisiemus terram aliquam, nec reditum pro debito aliquo, quandiu catalla debitoris præsentia sufficiunt ad debitum reddendum : et ipse debitor paratus sit inde satisfacere ; nec plegii ipsius debitoris destringantur, quandiu ipse capitalis debitor sufficiat ad solutionem debiti.

(11) Et si capitalis debitor defecerit in solutione debiti, non habens unde reddat, aut reddere nolit cum possit, plegii respondeant de debito; et si voluerint, habeant terras et reditus debitoris, quousque sit eis satisfactum de debito, quod ante pro eo solvitur, nisi capitalis debitor monstraverit se inde esse quietum versus eosdem plegios.

(12) Si quis mutuo acceperit aliquid à Judæis, plus vel minus, et moriatur antequam debitum illud persolverit, debitum illud non usuret quandiu hæres fuerit infra ætatem, de quocumque tenet : et si debitum istud incidat in manus nostras, nos non capiemus ni catallum contentum in chartâ.

(13) Et si quis moriatur, et debitum debet Judæis, uxor ejus habeat dotem suam, et nil reddat de debito illo. Et si liberi ipsius defuncti qui fuerunt infra ætatem remanserint, provideantur eis necessaria secundum tenementum quod fuerit defuncti, et de residuo solvatur debitum; salvo tamen servitio dominorum. Simili modo fiat de debitis, quæ debentur aliis quam judæis.

(14) Nullum scutagium vel auxilium ponam in regno nostro, nisi per commune consilium regni nostri, nisi ad corpus nostrum redimendum, et ad primogenitum filium nostrum militem faciendum, et ad progenitam filiam nostram semel maritandam, et ad hoc non fiet nisi rationabile auxilium.

(15) Simili modo fiat de auxiliis de civitate *Londinensi* : et civitas Londinensis habeat omnes antiquas libertates et liberas consuetudines suas, tam per terras quam per aquas.

(16) Præterea volumus et concedimus, quod omnes aliæ civitates et burgi et villæ, et barones de quinque portubus, et omnes portus, habeant omnes libertates et omnes liberas consuetudines suas, et ad habendum commune consilium regni de auxiliis assidendis aliter quam in tribus casibus prædictis.

(17) Et de scutagiis assidendis, submoveri faciemus, archiepiscopos, episcopos, abbates, comites et majores barones regni singillatim per litteras nostras.

pendant qu'il était en vie, à moins que par son contrat de mariage, il n'ait été réglé à une moindre portion.

(9) On ne pourra contraindre aucune veuve à prendre un autre mari, pendant qu'elle voudra demeurer dans l'état de viduité; mais elle sera obligée de donner caution qu'elle ne se remariera point sans notre consentement, si elle relève de nous, ou sans celui du seigneur de qui elle relève immédiatement.

(10) Ni nous, ni nos baillis ne ferons jamais saisir les terres ou les rentes de qui que ce soit pour dettes, tant que le débiteur aura des meubles pour payer ses dettes, et qu'il paraîtra prêt à satisfaire son créancier. Ceux qui l'auront cautionné ne seront point exécutés, tant que le débiteur même sera en état de payer.

(11) Que si le débiteur ne paye point, soit par impuisssance, soit par défaut de volonté de paiement, on exigera la dette des cautions, lesquelles auront une hypothèque sur les biens et rentes du débiteur, jusqu'à la concurrence de ce qui aura été payé pour lui, à moins qu'il ne fasse voir une décharge des cautions.

(12) Si quelqu'un a emprunté de l'argent des Juifs, et qu'il meure avant que la dette soit payée, l'héritier, s'il est mineur, ne paiera point d'intérêt pour cette dette, tant qu'il demeurera en âge de minorité de qui que ce soit qu'il relève. Que si la dette vient à tomber entre nos mains, nous nous contenterons de garder le gage livré par le contrat, pour sûreté de la même dette.

(13) Si quelqu'un meurt étant débiteur des juifs, sa veuve aura son douaire, sans être obligée de payer aucune partie de cette dette; et si le défunt a laissé des enfans mineurs, ils auront la subsistance proportionnée au bien réel de leur père; et du surplus, la dette sera payée, sauf toutefois le service dû au seigneur. Les autres dettes dues à d'autres qu'à des juifs seront payées de la même manière.

(14) Nous promettons de ne faire aucune levée ou imposition, soit pour droit de scutage ou autre, sans le consentement de notre commun conseil du royaume, à moins que ce ne soit pour le rachat de notre personne, ou pour faire notre fils aîné chevalier, ou pour marier, une fois seulement, notre fille aînée. Dans tous lesquels cas, nous leverons seulement une aide raisonnable et modérée.

(15) Il en sera de même à l'égard des subsides que nous leverons sur la ville de Londres, laquelle jouira de ses anciennes libertés et coutumes, tant sur l'eau que sur terre.

(16) Nous accordons encore à toutes les autres villes, bourgs et villages, aux barons des cinq ports, et à tous autres ports qu'ils puissent jouir de leurs priviléges et anciennes coutumes, et envoyer des députés au conseil commun, pour y régler ce que chacun doit fournir, les trois cas de l'art. 14 exceptés.

(17) Quand il sera question de régler ce que chacun devra payer pour le droit de scutage, nous promettons de faire sommer par des ordres particuliers, les archevêques, les évêques, les abbés, les

(18) Et præterea faciemus submoneri in generali, per vicecomites et baillivos nostros, omnes alios qui in capite tenent de nobis, ad certum diem, scilicet ad terminum quadraginta dierum ad minus, et ad certum locum; in omnibus literis submonitionis illius, causam submonitionis illius exponemus;

(19) Et sic factâ submonitione, negotium procedat ad diem assignatum secundum consilium eorum qui præsentes fuerint, quamvis non omnes submoniti venerint.

(20) Nos non concedimus de cætero alicui, quod capiat auxilium de liberis hominibus suis, nisi ad corpus suum redimendum, et ad faciendum primogenitum filium suum militem, et ad primogenitam filiam suam semel maritandam, et ad hoc non fiat nisi rationabile auxilium.

(21) Nullus destringatur ad faciendum majus servitium de feudo militis, nec de alio libero tenemento quod inde debetur.

(22) Communia placita non sequantur curiam nostram, sed teneantur in aliquo loco certo. Recognitiones de novâ disseisinâ, et de morte antecessoris, et de ultimâ præsentatione, non capiantur nisi in civitatibus suis, et hoc modo. Nos (vel si extra regnum fuerimus) capitalis justiciarius noster, mittet justitiarios nostros per unumquemque comitatum semel in anno, qui cum militibus comitatuum, capiat in comitatibus assisas prædictas.

(23) Et ea quæ in illo adventu suo in comitatibus per justitiarios prædictos, ad prædictas assisas capiendas missos, terminari non possunt, per eosdem terminentur alibi in itinere suo; et ea quæ per eosdem propter difficultatem articulorum aliquorum terminari non possunt, referantur ad justitiarios nostros de banco.

(24) Assisæ de ultimâ præsentatione ecclesiarum, semper capiantur coram justitiariis de banco, et ibi terminentur.

(25) Liber homo non amercietur pro parvo delicto, nisi secundum modum ipsius delicti; et pro magno delicto, secundum magnitudinem delicti, salvâ contenemento suo et mercator eodem modo, salvâ marchandisâ suâ.

(26) Et villanus alterius quam noster, eodem modo amercietur, salvo wamagio suo, si inciderit in misericordiam nostram et nulla prædictarum misericordiarum ponatur, nisi per sacramentum proborum et legalium hominum de vicineto comitatus.

(27) Comites et barones non amercientur nisi per pares suos, et non nisi secundum modum delicti.

(28) Nulla ecclesiastica persona amercietur secundum quan

comtes et les grands barons du royaume, chacun en son particulier.

(18) Nous promettons encore de faire sommer en général, par nos sherifs et baillis, tous ceux qui tiennent des terres de nous en chef quarante jours avant la tenue de l'assemblée générale, de se trouver au lieu assigné; et dans les sommations, nous déclarons les causes pour lesquelles l'assemblée sera convoquée.

(19) Les sommations étant faites de cette manière, on procédera sans délai à la décision des affaires, selon les avis de ceux qui se trouveront présens, quand même tous ceux qui auraient été sommés n'y seraient pas.

(20) Nous promettons de n'accorder à aucun seigneur que ce soit la permission de lever aucune somme sur ses vassaux et tenanciers, si ce n'est pour les délivrer de prison, pour faire son fils aîné chevalier, ou pour marier sa fille aînée, dans lesquels cas, il pourra seulement lever une taxe modérée.

(21) On ne saisira les meubles d'aucune personne pour l'obliger à raison de son fief, à plus de service qu'elle n'en doit naturellement.

(22) La cour des plaids communs ne suivra plus notre personne, mais elle demeurera fixe en un certain lieu. Les procès touchant l'expulsion de possession, la mort d'un ancêtre, ou la présentation aux bénéfices, seront jugés dans la province dont les parties dépendent. De cette manière, nous, ou notre grand justicier, enverrons une fois tous les ans dans chaque comté, des juges qui, avec les chevaliers des mêmes comtés, tiendront leurs assises dans la province même.

(23) Les procès qui ne pourront être terminés dans une session, ne pourront être jugés dans un autre lieu de l'arrondissement des mêmes juges, les affaires qui, pour leurs difficultés, ne pourront pas être décidées par ces mêmes juges, seront portées à la cour du banc du Roi.

(24) Toutes les affaires qui regardent la dernière présentation aux églises, seront portées à la cour du banc du Roi, et y seront terminées.

(25) Un tenancier libre ne pourra pas être mis à l'amende pour de petites fautes, mais seulement pour les grandes, et l'amende sera proportionnée au crime, sauf la subsistance, dont il ne pourra être privé. Il en sera usé de même à l'égard des marchands auxquels on sera tenu de laisser ce qui leur sera nécessaire pour entretenir leur commerce.

(26) Semblablement, un paysan, ou autre personne à nous appartenant, ne pourra être mis à l'amende, qu'aux mêmes conditions: c'est-à-dire qu'on ne pourra point toucher aux instrumens servant au labourage. Aucune de ces amendes ne sera imposée que sur le serment de 12 hommes du voisinage, reconnus pour gens de bonne réputation.

(27) Les comtes et les barons ne seront mis à l'amende que par leurs pairs, et selon la qualité de l'offense.

(28) Aucun ecclésiastique ne sera mis à une amende proportionnée

tatem beneficii sui, sed secundum laicum tenementum suum; et secundum quantitatem delicti.

(29) Nec villa, nec homo destringatur facere pontes ad riparias, nisi qui de antiquo et jure facere debent.

(30) Nulla riparia de cætero defendetur, nisi illa quæ fuerat in defenso tempore Henrici Regis avi nostri.

(31) Nullus vice-comes, constabularius, coronator, vel alii baillivi nostri, teneant placita coronæ nostræ.

(32) Omnis comitatus et Hundredi et Wapentag et Trethingi, sint ad antiquas firmas absque ullo incremento, exceptis dominicis maneriis nostris.

(33) Si aliquis tenens de nobis laicum feudum, moriatur, et vice-comes vel baillivus noster litteras nostras ostendat patentes de sub-monitione, de debito quod defunctus nobis debuit : liceat vice-comiti vel baillivo nostro attachiare et imbreviare catalla defuncti inventa in laico feudo, ad valentiam illius debiti per visum legalium hominum, ita tamen quod nihil inde amoveatur, donec persolvatur debitum nobis quod clarum fuerit, et residuum relinquatur executoribus ad faciendum testamentum defuncti, et si nil nobis debeatur ab ipso, omnia catalla cedant defuncto, salvis uxori ejus et pueris suis rationabilibus partibus.

(34) Si aliquis liber homo intestatus decessit, catalla sua per manus propinquorum, parentum et amicorum suorum per visum ecclesiæ distribuantur; salvis unicuique debitis quæ defunctus ei debebat.

(35) Nullus constabularius vel baillivus noster capiat blada vel alia catalla alicujus, qui non de villa ubi castrum situm sit nisi statim inde reddat denarios, aut respectum inde habeat de voluntate venditoris, si autem de villa ipsa fuerit, infra quadraginta dies pretium reddat.

(36) Nullus constabularius destringat militem aliquem ad dandum denarios pro custodia castri, si ipse eam facere voluerit in propria personna sua, vel per alium probum hominem, si ipse eam facere non possit per rationabilem causam.

(37) Et si nos duxerimus eum vel miserimus in exercitum, erit quietus de custodia, secundum quantitatem temporis quo per nos fuerit in exercitu, de feudo pro quo fecit servitium in exercitu.

(38) Nullus baillivus noster vel vice-comes, vel alius, capiat equos vel caretas alicujus pro cariagio faciendo, nisi reddat liberationem antiquitus statutam, scilicet pro careta ad duos equos, decem denarios per diem : et pro careta ad tres equos, quatuordecim denarios per diem.

(39) Nulla careta dominica alicujus ecclesiasticæ personnæ vel militis, vel alicujus dominæ capiatur per baillivos prædictos; nec nos, nec baillivi nostri, nec alii capiemus boscum alienum ad castra vel agenda nostra, nisi per voluntatem illius cujus boscus ille fuerit.

au revenu de son bénéfice, mais seulement aux biens laïques qu'il possède, et selon la qualité de sa faute.

(29) On ne contraindra aucune ville, ni aucune personne, par la saisie des meubles, à faire construire des ponts sur les rivières, à moins qu'elles n'y soient obligées par un ancien droit.

(30) On ne fera aucune digue aux rivières, qu'à celles qui en ont eu du temps de Henri Ier.

(31) Aucun shériff, connétable, coroner, ou autre officier, ne pourra tenir les plaids de la couronne.

(32) Les Comtés, Centaines, Wapentacks, Dixaines, demeureront fixés selon l'ancienne forme, les terres de notre domaine particulier exceptées.

(33) Si quelqu'un, tenant de nous un fief laïque, meurt, et que le shérif ou bailli produise des preuves pour faire voir que le défunt était notre débiteur, il sera permis de saisir et d'enregistrer des meubles trouvés dans le même fief jusqu'à la concurrence de la somme due, et cela par l'inspection de quelques voisins réputés gens d'honneur, afin que rien ne soit détourné, jusqu'à ce que la dette soit payée. Le surplus sera laissé entre les mains des exécuteurs du testament du défunt. Que s'il se trouve que le défunt ne nous devait rien, le tout sera laissé à l'héritier, sauf les droits de la veuve et des enfans.

(34) Si quelque tenancier meurt sans faire testament, ses effets mobiliers seront distribués par les plus proches parens et amis, avec l'approbation de l'église, sauf ce qui était dû par le défunt.

(35) Aucun de nos baillis ou connétables, ne prendra le grain, ou autres effets mobiliers d'une personne qui ne sera pas de sa juridiction, à moins qu'il ne les paie comptant, ou qu'il n'ait auparavant convenu avec le vendeur du temps du paiement. Mais si le vendeur est de la ville même, il sera payé dans 40 jours.

(36) On ne pourra saisir les meubles d'aucun chevalier, sous prétexte de la garde des châteaux, s'il offre lui-même le service, ou de donner un homme en sa place en cas qu'il ait une excuse valable pour s'en dispenser lui-même.

(37) S'il arrive qu'un chevalier soit commandé pour aller servir à l'armée, il sera dispensé de la garde des châteaux, tout autant de temps qu'il fera son service à l'armée, pour raison de son fief.

(38) Aucun shériff ou bailli ne prendra par force, ni chariots, ni chevaux, pour porter notre bagage, qu'en payant le prix ordonné par les anciens réglemens, savoir : 10 sols par jour pour un chariot à deux chevaux, et 14 sols pour un à trois chevaux.

(39) Nous promettons de ne faire point prendre les chariots des ecclésiastiques, ni des chevaliers, ni des dames de qualité, non plus que du bois pour l'usage de nos châteaux, que du consentement des propriétaires.

(40) Nos autem non tenebimus terras eorum qui convicti fuerint de felonia nisi per unum annum et unum diem, et tunc reddantur terræ dominis feudorum.

(41) Omnes *Kidelli* de cætero deponantur penitus per Tamisiam et per Medunesiam et per totam Angliam, nisi per costam maris.

(42) Breve quod vocatur *præcipe*, de cætero non fiat alicui de aliquo tenemento, unde liber homo perdat causam suam.

(43) Una mensura vini et cervisiæ sit per totum regnum nostrum, et una mensura bladi, scilicet quarterium londinense et una latitudo pannorum tinctorum et russetorum et haubergetorum, scilicet duæ ulnæ infra listas. De ponderibus vero sit ut de mensuris.

(44) Nihil detur de cætero pro brevi inquisitionis, ab eo qui inquisitionem petit de vita vel membris, sed gratis concedatur et non negetur.

(45) Si aliquis teneat de nobis per feudi firmam vel socagium vel burgagium, et de alio teneat terram per servitium militis, nos non habebimus custodiam hæredis vel terræ suæ, quæ est de feudo alterius, occasione illius feudi firmæ, vel socagii vel burgagii, nec habebimus custodiam illius feudi firmæ vel socagii vel burgagii, nisi ipsa feudi firma debeat servitium militare.

(46) Nos non tenebimus custodiam hæredis vel terræ alicujus, quam tenet de alio per servitium militare, occasione alicujus parvæ serganteriæ, quam tenet de nobis per servitium reddendi cultellos, vel sagittas, vel hujusmodi.

(47) Nullus baillivus ponat aliquem de cætero ad legem nec ad juramentum, simplici loquela sua, sine testibus fidelibus ad hoc inductis.

(48) Nullus liber homo capiatur vel imprisonetur aut desseisietur de aliquo libero tenemento suo, vel libertatibus, vel liberis consuetudinibus suis aut ut lagetur aut exulet, aut aliquo alio modo destituatur, nec super eum ibimus, nec eum in carcere mittemus, nisi per legale indicium parium suorum; vel per legem terræ.

(49) Nulli vendemus, nulli negabimus, aut differemus rectum vel justitiam.

(50) Omnes mercatores, nisi publice prohibiti fuerint, habeant salvum et securum exire de Anglia, et venire in Angliam, et morari et ire tam per terram quam per aquam, ad emendum vel vendendum sine omnibus toltis malis per antiquas et rectas consuetudines, præterquam in tempore werræ, et si sint de terra contra nos werrina.

(51) Et si tales inveniantur in terra nostra, in principio werræ attachientur sine damno corporum vel rerum, donec sciatur a nobis vel a capitali justiciario nostro, quomodo mercatores terræ nos-

(40) Nous ne tiendrons les terres de ceux qui seront convaincus de félonie, qu'un an et un jour : après quoi nous les mettrons entre les mains du seigneur.

(41) Tous les filets à prendre des saumons ou autres poissons, dans les rivières de Midway, ou dans la Tamise, et dans toutes les rivières d'Angleterre, excepté sur les côtes, seront ôtés.

(42) On n'accordera plus aucun writ, ou ordre appelé *præcipe*, par lequel un tenancier doive perdre son procès.

(43) Il y aura une même mesure dans tout le royaume, pour le vin et pour la bière, aussi bien que pour le grain, et cette mesure sera conforme à celle dont on se sert à Londres. Tous les draps auront une même largeur, savoir : deux verges entre les deux lisières. Les poids seront aussi les mêmes dans tout le royaume.

(44) On ne prendra rien, à l'avenir, pour les writz ou ordres d'informer, de celui qui désirera qu'information soit faite, touchant la perte de la vie ou des membres de quelque personne. Mais ils seront accordés *gratis*, et ne seront jamais refusés.

(45) Si quelqu'un tient de nous une ferme, soit soccage ou burgage, et quelques terres d'un autre, sous la redevance d'un service militaire, nous ne prétendrons point, sous prétexte de cette ferme, avoir la garde de l'héritier mineur, ou de la terre qui appartient au fief d'un autre. Nous ne prétendrons pas même à la garde de la ferme, à moins qu'elle ne soit sujette à un service militaire.

(46) Nous ne prétendons point avoir la garde d'un enfant mineur, ou de la terre qu'il tient d'un autre sous l'obligation d'un service militaire, sous prétexte qu'il nous devra quelque petite redevance, comme de nous fournir des épées ou des flèches, ou quelqu'autre chose de cette nature.

(47) Aucun baillif ou autre de nos officiers n'obligera personne à se purger par serment sur sa simple accusation ou témoignage, à moins que ce témoignage ne soit confirmé par des gens dignes de foi.

(48) On n'arrêtera, ni n'emprisonnera, ni ne dépossédera de ses biens, coutumes et libertés, et on ne fera mourir personne, de quelque manière que ce soit, que par jugement de ses pairs, selon les lois du pays.

(49) Nous ne vendrons, ni refuserons ou ne différerons la justice à personne.

(50) Nos marchands, s'ils ne sont publiquement prohibés, pourront librement aller et venir dans le royaume, en sortir, y demeurer, le traverser par terre ou par eau, acheter, vendre selon les anciennes coutumes, sans qu'on puisse imposer sur eux aucune maltote, excepté en temps de guerre, ou quand ils seront d'une nation en guerre avec nous.

(51) S'il se trouve de tels marchands dans le royaume au commencement d'une guerre, ils seront mis en sûreté, sans aucun dommage de leurs personnes ni de leurs effets, jusqu'à ce que nous ou notre

træ tractentur in terrâ contra nos werrinâ, et si nostri salvi sint ibi alii salvi sint in terrâ nostrâ.

(52) Liceat unicuique de cætero exire de regno nostro, et redire salvo et secure per terram et per aquam, salvâ fide nostrâ, nisi in tempore guerræ per aliquod breve tempus propter communem utilitatem regni, exceptis imprisonnatis, et utlagatis, secundum legem regni et gentis contra nos uverrinæ et mercatoribus, de quibus fiat sicut supra dictum est.

(53) Si quis tenuerit de aliquâ eschectâ, sicut de honore *Walingofordiæ*, *Bononiæ*, *Lancastriæ*, *Nottingham*, vel de aliis eschætis, quæ sunt in manu nostrâ, et sint baroniæ et obierit, hæres ejus non det aliud relevium, nec faciat nobis aliud servitium quam faceret baroni, si illa baronia esset in manu baronis, et nos eodem modo eam tenebimus, quo baroniam tenuit, nec nos occasione talis baroniæ vel eschætæ habebimus aliquam eschætam vel custodiam aliquorum hominum nostrorum, nisi alibi tenuerit de nobis in capite, ille qui tenuit baroniam vel eschætam.

(54) Homines qui manent extra forestam, non veniant de cætero coram justiciariis nostris de forestâ per communes submonitiones nisi sint in placito, vel plegii alicujus vel aliquorum qui attachiati sunt propter forestam.

(55) Omnes autem bosci qui fuerunt afforestati per regem Richardum fratrem nostrum, statim deafforestentur, nisi fuerint dominici bosci nostri.

(56) Nullus liber homo de cætero det amplius alicui, vel vendat de terrâ suâ, quam ut de residuo terræ suæ possit sufficienter fieri domino feudi servitium ei debitum, quod pertinet ad feudum illud.

(57) Omnes patroni abbatiarum, qui habent chartas regum Angliæ de advocatione, vel per aliquam antiquam tenuram vel possessionem, habeant earum custodiam cum vacaverint; sicut habere debent, et sicut supra declaratum est.

(58) Nullus capiatur vel imprisonetur, propter appellationem fœminæ de morte alterius quam viri sui.

(59) Nullus comitatus tentur de cætero, nisi de mense in mensem, et ubi major terminus esse solebat, major sit.

(60) Nec vice-comes aliquis vel baillivus suus faciat terminum suum per Hundredum, nisi bis in anno, et non nisi in loco debito et consueto, videlicet semel post Pascha, et iterum post festum

grand justicier soyons informés de la manière dont nos marchands sont traités chez les ennemis ; et si les nôtres sont bien traités, ceux-ci le seront aussi parmi nous.

(52) Il sera permis, à l'avenir, à toutes personnes, de sortir du royaume, et d'y retourner en toute sûreté, sauf le droit de fidélité qui nous est dû ; excepté toutefois en temps de guerre, et pour peu de temps, quand il sera nécessaire pour le bien commun du royaume ; excepté encore les prisonniers et les proscrits selon les lois du pays, et les peuples qui seront en guerre avec nous, aussi bien que les marchands d'une nation ennemie, comme en l'art. précédent.

(53) Si quelqu'un relève d'une terre qui vienne à nous écheoir, soit par confiscation ou autrement, comme de Wallingford, de Boulogne, de Nottingham, de Lancastre, qui sont en notre possession, et qui sont des baronnies, et qu'il vienne à mourir, son héritier ne donnera rien, et ne sera tenu de faire aucun autre service que celui auquel il serait obligé si la baronnie était en la possession de l'ancien baron, et non dans la nôtre. Nous tiendrons ladite baronnie de la même manière que les anciens barons la tenaient avant nous. Nous ne prétendrons point, pour raison de ladite baronnie tombée entre nos mains, avoir la garde noble d'aucun des vassaux, à moins que celui qui possède un fief relevant de cette baronnie ne relevât aussi de nous, pour un autre fief, sous l'obligation d'un service militaire.

(54) Ceux qui ont leurs habitations hors de nos forêts, ne seront point obligés de comparaître devant nos juges des forêts, sur des sommations générales ; mais seulement ceux qui sont intéressés dans le procès, ou qui sont cautions de ceux qui ont été arrêtés pour malversation concernant nos forêts.

(55) Tous les bois qui ont été réduits en forêts par le roi Richard, notre frère, seront rétablis en leur premier état, à l'exception des bois de nos propres domaines.

(56) Personne ne pourra vendre ou donner aucune partie de sa terre au préjudice de son seigneur, c'est-à-dire, à moins qu'il ne lui en reste assez pour pouvoir faire le service dû au seigneur.

(57) Tous patrons d'abbayes qui ont des chartres de quelqu'un des rois d'Angleterre, contenant droit de patronat, ou qui possèdent ce droit de temps immémorial, auront la garde de ces abbayes pendant la vacance, comme ils doivent l'avoir, selon ce qui a été déclaré.

(58) Personne ne sera mis en prison sur l'appel d'une femme, pour la mort d'aucun autre homme que du propre mari de la femme.

(59) On ne tiendra le shire-gemot ou la cour du comté qu'une fois le mois ; à moins que ce ne soit dans les lieux où la coutume est de mettre un plus grand intervalle entre les sessions, et l'on continuera de même, selon l'ancienne coutume.

(60) Aucun shériff ou bailli ne tiendra sa tournée, ou sa cour, que deux fois l'an, savoir : la première, après les fêtes de Pâques ; la deuxième, après la Saint-Michel, et dans les lieux accoutumés.

sancti Michaelis, et visus similiter de franco plegio, tunc fiat ad illum terminum sancti Michaelis sine occasione, ita scilicet quod quilibet habeat suas libertates, quas habuit et habere consuevit tempore Henrici regis avi nostri.

(61) Vel quas posteà acquisivit fiat autem visus de franco plegio sic, ut pax nostra teneatur et quod lethinga integra sit, sicut esse consuevit.

(62) Et quod vicecomes non quærat occasiones, et quod contentus sit de eo quod vicecomes habere consuevit de visu suo faciendo tempore *Henrici* regis avi nostri.

(63) Non liceat de cætero, alicui dare terram suam domui religionis, ita quod illam resumat tenendam de eadem domo.

(64) Nec liceat alicui domui religionis terram sic accipere, quod tradat eam illi à quo illam recepit tenendam. Si quis autem de cætero terram suam sic dederit domui religiosæ, et super hoc convincatur donum suum penitus cassetur, et terra illa domino suo illius feudi incurratur.

(65) Scutagium de cætero capiatur, sicut capi tempore Regis Henrici avi nostri consuevit, et quod vicecomes non quærat occasiones, et quod contentus sit de eo quod vicecomes habere consuevit.

(66) Omnes autem consuetudines prædictas et libertates quas concessimus in regno nostro tenendas, quantum ad nos pertinet erga omnes homines nostros de regno nostro, tam clerici quam laici nostri observent, quantum ad se pertinet erga homines suos.

(67) Salvis archiepiscopis, episcopis, abbatibus, prioribus, templariis, hospitalariis, comitibus, baronibus, militibus, et omnibus aliis tam ecclesiasticis personis quam secularibus, libertatibus et liberis consuetudinibus, quas prius habuerunt.

———

His testibus, etc. (*27 commissaires du Roi et la noblesse anglaise presque toute entière.*)

(*La* Charte *des* Forêts *vient ensuite; c'est une disposition relative au régime forestier, qu'on a rédigé séparément à cause de sa longueur.*

Cette pièce n'étant pas aujourd'hui d'une grande importance, nous avons cru devoir la passer.)

alors. L'inspection ou l'examen des cautions ou sûretés, dont les hommes libres de notre royaume se servent mutuellement, se fera au terme de Saint-Michel, sans aucune oppression; de telle manière que chacun ait les mêmes libertés dont il jouissait sous le règne de Henri Ier., et celles qu'il peut avoir obtenues depuis.

(61) Que ladite inspection se fasse de telle sorte qu'elle ne porte aucun préjudice à la paix, et que la dixaine soit remplie comme elle doit être.

(62) Que le shériff n'opprime et ne vexe personne, mais qu'il se contente des droits que les shériffs avaient accoutumé de prendre sous le règne de Henri Ier.

(63) Qu'à l'avenir, il ne soit permis à qui que ce soit de donner sa terre à une maison religieuse, pour la tenir ensuite au fief de cette maison.

(64) Il ne sera point permis aux maisons religieuses de recevoir des terres de cette manière, pour les rendre ensuite aux propriétaires, et à condition de relever des monastères. Si à l'avenir quelqu'un entreprend de donner sa terre à un monastère, et qu'il en soit convaincu, le don sera nul, et la terre donnée sera confisquée au profit du seigneur.

(65) Le droit de scutage sera perçu, à l'avenir, selon la coutume pratiquée sous Henri Ier. Que les shériffs n'entreprennent point de vexer qui que ce soit, mais qu'ils se contentent de leurs droits.

(66) Toutes les libertés et priviléges que nous accordons par cette présente charte, à l'égard de ce qui nous est dû par nos vassaux, seront observés de même par les clercs et par les laïques, à l'égard de leurs tenanciers.

(67) Sauf le droit des archevêques, évêques, abbés, prieurs, templiers, hospitaliers, comtes, barons, chevaliers, et de tous autres, tant laïques qu'ecclésiastiques, dont ils jouissaient avant cette charte.

Après la CHARTE DES FORETS, *on trouve ce qui suit comme garantie de l'exécution de la grande* CHARTE.

Cum autem pro Deo et ad emendationem regni nostri, et ad melius sopiendam discordiam inter nos et barones nostros, hæc omnia concessimus, volentes ea integra et firma stabilitate gaudere facimus et concedimus eis securitatem suscriptam.

Videlicet, quod barones eligant vigenti quinque barones de regno nostro quos voluerint, qui debeant pro totis viribus suis observare, tenere, et facere observari pacem et libertates quas eis concessimus, et hac præsenti chartâ nostrâ confirmavimus, ita scilicet quod si per nos vel justiciarium nostrum erga aliquem in aliquo deliquerimus, vel aliquem articulorum pacis vel securitatis transgressi fuerimus, et delictum fuerit ostensum quatuor baronibus de vigenti quinque baronibus, illi quatuor barones accedent ad nos, vel ad justiciarium nostrum, si fuerimus extra regnum, et proponentes nobis excessum, petent ut sine dilatione faciamus emendari. Et si nos excessum non emendaverimus (vel justiciarius noster si fuerimus extra regnum) inter tempus quadraginta dierum, computando à tempore quo monstratum fuerit nobis, prædicti quatuor barones referent causam illam ad residuos de illis vigenti quinque baronib. et illi barones cum communa totius terræ, distringent et gravabunt nos modis omnibus quibus potuerint : scilicet per captionem castrorum, terrarum e possessionum, et aliis modis quibus potuerint: donec fuerit emendatum secundum arbitrium eorum : salvâ personâ nostrâ, et reginæ nostræ, et liberorum nostrorum. Et cum fuerit emendatum, intendent nobis sicut prius fecerunt et quicunque voluerit de terrâ, juret quod ad prædicta omnia exequenda parebit mandatis prædictorum viginti quinque baronum : et quod gravabit nos pro posse cum ipsis. Et nos publice et libere damus licentiam jurandi cuilibet, qui jurare voluerit : et nulli unquam jurare prohibebimus. Omnes autem illos de terrâ nostrâ, qui per se et sponte suâ voluerint jurare viginti quinque baronibus de distringendo nos, et gravando nos cum eis : faciemus jurare eosdem de mandato nostro, sicut prædictum est. In omnibus autem istis, quæ vigenti quinque baronibus committuntur exequenda, si forte in aliquo inter se discordaverint, vel aliqui ex eis submoniti noluerint vel nequiverint interesse, ratum habeatur et firmum, quod major pars eorum providerit vel præceperit, ac si omnes vigenti quinque in hoc consensissent. Et vigenti quinque barones jurent, quod omnia ante dicta fideliter observabunt, et pro toto posse suo facient observari. Et nos nihil impetrabimus per nos nec per alium per quod aliquid istarum concessionum et libertatum revocetur aut minuatur. Et si aliquid tale fuerit impetratum, irritum sit et inane, et nunquam eo utemur per nos vel per alium. Et omnes malas voluntates, et indignationes et rancores ortos inter nos, et homines nostros clericos et laïcos, a tempore discordiæ plenè omnibus remisimus, et condonavimus, et ad melius distringendum nos quatuor castellani, de Norhanton scilicet, de Kenillewurthe, de Nothingham, et de Scardebuck, erunt jurati vigenti quinque baronibus, quod facient de castris prædictis quod ipsi præceperint et mandaverint, vel major pars eorum, et tales semper castellani ponantur in illis castris, qui fideles sint et nolint transgredi juramentum suum. Et nos amovebimus omnes alienigenas à terrâ, parentes omnes, *Girardi de Athies*, etc., et *Flandrenses* omnes et ruptarios, qui sunt ad nocumentum regni. Præterea omnes transgressiones factas occasione hujus discordiæ à Paschâ transacto, qui fuit annus decimus sextus, usque ad hanc pacem reformatam, plene remisimus omnibus clericis et laïcis, et quantum ad nos pertinet, plene condonavimus. Et insuper fecimus illis fieri litteras testimoniales et patentes domini *Stephani*

Cantuariensis archiepiscopi, domini *Henrici* Dublinensis archiepiscopi, domini *Pandulphi* subdiaconi et domini Papæ familiaris, et episcoporum prædictorum, super securitate istâ concessionibus prælatis. Quare volumus et firmiter præcipimus, quod anglicana ecclesia libera sit, et quod omnes homines de regno nostro habeant et teneant omnes libertates præfatas, jura et consuetudines bene et in pace, liberè et quietè, plenè et integrè, sibi et heredibus suis, de nobis et hæredibus nostris in omnibus rebus et locis in perpetuum, ut prædictum est. Juratum autem est tam ex parte nostra, quam ex parte baronum, quod hæc omnia supradicta, bonâ fide et sine malo ingenio observabimus : testibus supradictis, et multis aliis.

Data per manum nostram in prato quod vocatur *Runingemade*, inter *Stanes* et *Windeleshores*, 15 die junii, anno regni nostri XVII.

N°. 200. — PROVISION *des magnats d'Angleterre, acceptée par le Roi, pour le réglement des affaires du royaume* (1).

1244. (Math. Paris, ibid. p. 433.)

De libertatibus alia vice emptis concessit, et per chartam domini Regis confirmatis, quod de cætero observentur. Ad cujus rei majorem securitatem fiat nova charta, quæ super hæc specialem faciat mentionem, et ab omnibus prælatis solemniter excommunicentur, qui scienter et prudenter libertates a domino Rege concessas vel impugnare, vel impedire, quo minus observentur, præsumpserint, et reformetur status eorum, qui post ultimam concessionem in libertatibus suis læsionem incurrerunt et quia propter virtutem sacramenti præstiti, nec non propter timorem sententiæ latæ a sancto viro *Ædmundo*, quod ea vice promissum fuerat, hactenus non extitit observatum, ne hujus modi periculum de cætero eveniat et sic *fiant novissima pejora prioribus*, de communi assensu quatuor eligantur potentes et nobiles de discretioribus totius regni, qui sint de concilio domini Regis, et jurati, quod negotia domini Regis et regni fideliter tractabunt, et sine acceptione personarum omnibus justitiam exhibebunt. Hi sequentur dominum Regem, et si non omnes, semper duo eorum ad minus præsentes sint, ut audiant quærimonias singulorum, et patientibus injuriam celeriter possint subvenire. Per visum et testimonium eorum tractetur thesaurus domini Regis, et pecunia ab universis specialiter concessa, et ad commodum domini Regis et regni expendantur secundum quod melius et uti-

---

(1) Les barons abusèrent des pouvoirs qui leur étaient donnés pour dicter en 1258, les statuts d'Oxford, que la sentence arbitrale annula comme contraires à la prérogative royale. (Is.)

lius viderint expedire, et erunt libertatum conservatores. Et sicut de omnium assensu eligantur, sic etiam sine communi assensu non poterit aliquis eorum amoveri, aut suo officio privari. Uno eorum sublato de medio de assensu et electione trium, loco illius, alius substituatur infra duos menses, nec sine ipsis, sed cum necesse fuerit, et ad eorum instantiam, iterum conveniant universi. Brevia contra Regem et consuetudinem regni impetrata, penitus revocentur et aboleantur. Memorandum quoque, de sententia ferenda in contradictores, item de obligatione sacramenti in invicem, item, de itinere justitiariorum. Justitiarius et cancellarius ab omnibus eligantur, et quia frequenter debent esse cum domino Rege, poterunt esse de numero conservatorum. Et si aliqua interveniente occasione, dominus Rex abstulerit sigillum suum a cancellario, quicquid fuerit interim sigillatum, irritum habeatur et inane. Deinde cancellario fiat restitutio, nullus substituatur cancellarius; vel justitiarius, nisi solummodo per solemnem et universalem omnium convocationem, et liberum assensum. Duo justitiarii eligantur in banco. Duo itidem barones in scacario constituantur. Unus quoque ad minus justitiarius judeorum deputetur; hac vice autem per communem, universalem liberamque omnium electionem, fiant et constituantur omnes officiarii praedicti, ut quemadmodum omnium negotia sint tractaturi, sic etiam in eorum electione concurrat assensus singulorum, et post modum, cum necesse fuerit alius loco alicujus ipsorum praedictorum substitui aut subrogari per praevisionem et auctoritatem quatuor illorum consiliatorum praedictorum, fiat illa substitutio aut subrogatio hactenus suspecti, aut minus necessarii, a latere domini Regis amoveantur.

N°. 201. — CHARTE *de Henri III, roi d'Angleterre, qui donne pouvoir à 12 commissaires des barons, réunis à 12 membres de son conseil, pour réformer les abus du royaume.*

Westminster, 2 mai 1258, 42e. année du règne. (Rymer II, 37.)

Rex omnibus, etc. Noveritis nos concessisse proceribus et magnatibus regni nostri, juramento in animam nostram per Robertum Walerand praestito, quod per 12 fideles de consilio nostro jam electos, et per alios 12 fideles nostros electos ex parte procerum ipsorum (qui apud Oxon. a festo Pentecostes proximo futuro in unum mensem convenient) ordinetur, rectificetur et reformetur status regni nostri, secundum quod melius viderint expedire, ad honorem Dei, et ad fidem nostram, ac regni nostri utilitatem.

Et, si forte aliqui electorum ex parte nostra absentes fuerint, liceat illis, qui praesentes fuerint, alios substituere loco absentium;

et similiter fiat ex parte prædictorum procerum et fidelium nostrorum.

Et quicquid per viginti quatuor, utrimque electos et super hoc juratos, vel majorem partem eorum circa hoc ordinatum fuerit, inviolabiliter observabimus; volentes, et firmiter ex nunc præcipientes quod ab omnibus inviolabiliter observetur eorum ordinatio.

Et securitatem omnimodam, quam ipsi, vel major pars eorum ad hujus rei observationem providerint, vel providerit, eis, sine qualibet contradictione, plene faciemus, et fieri procurabimus.

Protestamur etiam quod Edwardus filius noster primogenitus, præstito sacramento corporali, per litteras suas concessit quod omnia superius expressa et concessa, quantum in ipso est, fideliter et inviolabiliter observabit, et procurabit imperpetuum observari.

Promiserunt etiam comites et barones memorati, quod, expletis negotiis superius tactis, bonâ fide laborabunt ad hoc, quod auxilium nobis commune præstetur a communitate regni nostri.

In cujus, etc., hiis testibus, etc.

Datum apud Westmonasterium, secundo die maii.

N°. 202. — ORDONNANCE *faite en parlement, qui exempte les paysans portant eux-mêmes au marché le vin de leur crû, de payer des droits.*

Parlement de la Chandeleur, 1265. (Reg. Olim, p. 260.)

N°. 203. — ARRÊT *du parlement, qui renvoie le comte de Saint-Pol, de la plainte en assassinat portée contre lui, par les associés d'un marchand tué dans ses domaines, renvoi motivé sur ce que le crime avait été commis après le coucher du soleil*(1).

18 février 1265. (Reg. Olim. p. 209.)

N°. 204. — LETTRES *qui défendent de faire dans la ville de Paris, des prises de matelas, et de coussins pour le roi.*

1265. (C. L. II. 434.)

On lit dans le préambule :

Opus bonum, et regia magnificentia dignum facimus quoties illicitas exactiones extinguimus, et pravas consuetudines abolemus(2).

---

(1) V. en 1269, l'arrêt contre le seigneur de Vierzon.
(2) M. Artn Beugnot, attribue ces lettres à saint Louis, mais elles sont de 1165 et appartiennent au règne de Louis-le-Jeune, ainsi que le prouve la note de Secousse. p. 268, tom. IV. Coll. des Ordon.

N°. 205. — DIPLOME *du pape Urbain IV* (1), *qui transfère la couronne de Naples et Sicile à Charles, comte d'Anjou, frère de saint Louis.*

1265. (Spicil. t. III, p. 630.)

N°. 206. — ORDONNANCE *portant que les vignerons à loyer n'emporteront pas les échalas des vignes, sans la permission du propriétaire.*

1265. Reg. des enquêtes. (C. L. I, 294.)

N°. 207. — ORDONNANCE *qui défend aux particuliers de porter habituellement des armes.*

1265. (Reg. Olim., I. 261.)

N°. 208. — JUGEMENS *de la mer, ou d'Oléron* (2).

Mardi, après la fête Saint-André, 1266. (Rec. du conseil d'état, par M. de Saint-Geniès, vol. 1252 à 1267, us. et cout. de la mer, Rouen, in-12, 1615, chez Mégissier.)

(*Cy commencent les* JUGEMENTS *de la mer, des nefs, des maistres, des marriniers, et aussi des marchands et de tout leur estre.*

(1) *Et premierement l'on faict un homme maistre d'un nef, la nef est a plusieurs compaignons. La nef se part du pays*

---

(1) Celui qui a institué la fête du Saint-Sacrement. (Hén., abr. chr.)
(2) Ils eurent pour objet la navigation des côtes de Guyenne, Poitou et Normandie ; mais ils parurent si judicieux qu'on les adopta partout. (Nouv. Rép. V°. Naufrage.

C'est le recueil des usages pratiqués dans la navigation de ces côtes, rédigé vers 1152, par ordre d'Eléonore d'Aquitaine, épouse de Louis-le-Jeune, qui, après son divorce, épousa le duc de Normandie depuis roi d'Angleterre, sous le nom de Henri III ; il fut publié à Rouen en 1266 ; il avait été revu par Richard 1er., roi d'Angleterre et duc de Guyenne, au retour de la Terre-Sainte.

Ce recueil fut compilé d'après les coutumes de la mer du levant, qui sont du même temps, et qui ont été elles-mêmes recueillies sous le titre de *consulat de la mer*. On retrouve dans ces anciens monumens du droit maritime, des dispositions tirées des lois rhodiennes. (V. à ce sujet notre dissertation, 1er. vol. de la *Thémis*.)

Les ordonnances de Wisbuy, rédigées après la fondation de la ville de ce nom, dans l'île de Gothland, 1288, en sont tirées en partie, ainsi que les lois de Lubeck ou de la Hanse Teutonique, en 1597 ; vient ensuite le *Guidon de la mer* dressé par les marchands de Rouen, en 20 *titres* : les usages et coutumes recueillis des ord. de 1400, 1450, 1517, 1584 et 1586; L'ord. de la marine en 1681, et le Code de commerce de 1807. (Is.)

dont elle est et vient à Bordeaux ou en autre lieu, et prette à aller en pays estrange le maistre ne peut mye vendre la nef s'il n'a procuration ou mandememt des seigneurs. Mais s'il a mestier d'argent pour les despens de la nef, il peut mettre aucune des appareils en gaige par le conseil des mariniers de la nef (1). C'est le iugement en tel cas.

(2) Vne nef est en havre et demeure pour attendre son fret et son temps, et quand il vient à soy départir, le maistre doib prendre conseil à ses compaignons et leur dire : Seigneurs, *vous haite ce temps ?* Aucun y aura qui dira : *ce temps n'est pas bon*, car il est nouvel devenu, et le debvons laisser asseoir : et les autres diront, *le temps est bel et bon* : le maistre est tenu soy accorder avec ses compaignons (2). et s'il le faisoit autrement et la nef se perdoit, il est tenu de rendre la nef ou la somme qu'elle seroit prisée s'il a de quoy. C'est de ce le jugement.

(3) Item si une nef se pert en aucunes terres en quelque lieu que ce soit, les mariniers sont tenus de sauver le plus qu'ils pourront des biens de la nef et des denrées (3); mais s'ils aident à les sauver, le maistre est tenu de leur bailler leur cousts raisonnablement à venir en leur terre, aussi s'ils ont tant sauvé, par quoy le maistre le puisse faire et peut bien le maistre engaiger des choses qui seront sauvées à aucun preudhomme pour les avoir; et s'ils n'eydent desdites choses sauver, il n'est mie tenu à les pourvoir en rien; ainçois perdent leurs loyers quand la nef est perduë, et aussi ne peut le maistre vendre les appareils de la nef s'il n'a mandement ou procuration des seigneurs : ainçois il les doibt mettre à sauvegarde, jusques à tant qu'il sçache la volonté des seigneurs et le doibt faire le plus loyallement qu'il pourra, et s'il faisoit autrement, il est tenu à l'amender s'il a de quoy ; c'est le jugement.

(4) Item, vne nef se part de Bordeaux ou d'autre part chargée, il advient aucunefois que la nef s'empire, l'on sauve le plus qu'on peut les denrées. Les marchans et le maistre sont en grand debat, et demandent, les marchauds à avoir des

---

(1) Ord. de Wisbuy, art. 13 et 15. Ord. de Philippe II, 1563, art. 12; ord. de la Hanse Teutou., art. 3, 4 et 5. (Is.)
(2) Consul. de la mer, ch. 99 et 118; Wisbuy, 14 de Philippe II, titre des avar. art. 4. (Is.)
(3) Tit. *Nautæ*, *Caupon.* D. art. 12 ; tit. des avar. Ord. de Philippe II, Hanse-Teuton. art. 44; Wisbuy, art. 15 et 16.

maistres leurs denrées; ils les doibvent bien avoir payant le fret, d'autant que la nef aura faict tel voyage veüe par veüe, cours par cours (1), s'il plaist au maistre. Et si le maistre veut, il peut adouber sa nef (2), et s'il est en cas quelle peut estre prestement adoubée. et sinon, il peut louër vne autre nef à achever son voyage. Et aura le maistre son fret de tant comme il aura des denrées sauvées. Et doibt le fret desdictes denrées qui sont sauvées estre compté tout livre à livre (3) et les denrées a payer son advenant des cousts qui auroyent esté mis esdites denrées sauvées. Et s'ainsi estait que le maistre et les marchans promissent (4) aux gens qui leur ayderoit a sauver la nef et lesdictes denrées, la tierce-partie ou la moitié (5) desdictes denrées qui pourront estre sauvées pour le peril ou ils sont, la justice du pays doibt bien regarder quelle peine et quel labeur ils auront mis a les sauver; et selon celle peine contenant celle promesse que lesdicts maistres et marchands leur avoient faicte guerdonner. C'est le jugement.

(5) Item, une nef se part d'aucune part chargée ou vuidée et est arivée en aucune part, les mariniers ne doivent yssir (6) sans le congé du maistre (7), car si la nef se perdoit ou empiroit par aucune adventure il sont tenus à amender; mais si la nef estoit en lieu ou elle estoit ancrée des deux amares ou de trois, ils peuvent bien yssir, sans le congé du maistre laissant une partie desdicts mariniers à garder la nef et les denrées à eux revenir par temps en leur nef, et s'ils estoyent en demeure il les doivent amender, s'ils ont par quoy.

(6) Mariniers se louënt avecques leur maistre, et sont deux qu'ils s'en yssent hors de la nef sans le congé de leur maistre et s'enyvrent, et puis son contemps et meslez, desquels y en a aucuns qui sont navrez, le maistre n'est mie tenu à les faire guarir n'a les pourvoir en rien; ains les peut bien mettre hors de la nef eux et leurs escours : et s'ils cousterent ils sont

---

(1) C.-à-d. au prorata.
(2) Loi Rhod. art. 42; Wisbuy, 16, 37 et 55; Philippe II, tit. des avaries. art. 3.
(3) La cargaison et le navire font une livre ; les avaries une autre livre ; ce calcul revient au marc-la-livre, V. le *Guidon*.
(4) Ces promesses sont nulles, comme celles faictes aux médecins. (Is.)
(5) V. Loi Rhod. art. 45; Ord. 1543, art. 11; 1584, art. 89.
(6) Débarquer.
(7) Tit. *Nautæ Caup.* D.-Consul. ch. 169; Wisbuy, art. 47; Ord. Charles V, 1582, art. 9 et 10; Loi Rhod., 36; Hanse Teuton. 40; Ord. de 1584, art. 66 et 68.

tenus à payer le plus au maistre (1). Mais si le maistre les envoye en aucun service pour le profit de la nef, et s'il se blessoyent, ou on leur fist chose grevante, il doivent estre guaris sur le coust de la nef (2). C'est le jugement.

(7) Quand il vient qu'aucune maladie prend vn des mariniers de la nef, en faisant le service de la nef, le maistre le doibt mettre hors de la dicte nef, et luy doibt querir hostel, et luy doibt querir lumiere comme un grasset ou chandelle, et luy doibt bailler vn varlet de la nef pour le garder, ou luy louër une femme, qui prenne garde de luy, et si luy doibt pourvoir de telles viandes comme l'on use en la nef. C'est à savoir autant comme il prenoit quand il estoit en santé, ne rien plus s'il ne plaist au maistre. Et s'il veut avoir viandes plus delicieuses, le maistre n'est mie tenu les querre ce n'est à ses despens; et si la nef estoit preste a se partir, elle ne doibt mie demourer pour luy. S'il guerit, il doibt avoir son loyer comptant, et rabbattant le fret (3) si le maistre luy a faict. Et s'il meurt, sa femme ou ses prochains amys le doibvent avoir pour luy. Et tel est le jugement (4).

(8) Item, une nef est chargée a aller à Bordeaux ou en autre lieu, et advient, que tourment la prend en la mer, et quelle ne peut eschapper, sans jetter les denrées de la nef, le maistre doibt dire : *Seigneurs il convient jetter hors ces denrées pour sauver la nef*; et s'il n'y a nuls marchands qu'ils respondent leurs volontez, et greent (5) le git bien les raisons ou maistre sont plus clers ou maistre (6) s'ils ne greent, le maistre ne doibt mye pour ce laisser qu'il ne jetteroit tant qu'il verroit que bien seroit, jurant luy et le tiers de ses compaignons sur le sainct Evangile de Dieu, quand il venoit a sa droicte voye descharge qui le faisoit pour sauver le corps de la nef, et aussi les autres denrées qui encores sont, et les vins qui sont jettez doibvent estre presagez au feur de ceux qui seroyent venus à se sauvete, et quand ils seront vendus, si les doibt on partir à la livre entre les dicts marchans, et le maistre y doibt

---

(1) Wisbuy, art. 18; Charles-Quint. art. 28.
(2) Wisbuy, art. 18; Hanse Teuton. 39; Charles-Quint, 27 et 28; Philippe II, 16; Consulat, ch. 182.
(3) Lis. les frais, variante de l'édit. de 1671.
(4) V. Wisbuy, art. 19; Hanse Teuton. 45; Charles-Quint, art. 27, et Philippe II, art. 16; Ord. de 1584, art. 76; Consul. ch. 128 et 129.
(5) C.-a-d. agréent.
(6) Ceci est inintelligible : il y a dans l'édit. de 1671 : lors le maistre doit faire ce qui sera en lui, et faire le jet.

partir et compter la nef ou le fret à son choys, et pour recouvrer le dommage et les mariniers doibvent avoir un tonneau franc; l'autre se doibt partir au gect, selon ce qu'il aura s'il le deffend comme bon homme en la mer. Et s'il ne se deffend il n'aura rien de franchise, et peuvent bien les marchans charger le maistre par son serment. C'est le jugement (1).

(9) S'il advient que le maistre couppe son mast pour la force du temps, il doibt appeler les marchans qui ont les denrées en la nef s'il y en a nuls, et leur dire qu'il convient coupper ce mast, pour sauver la nef et les denrées, il fut redevable par loyauté et aussi aucunes fois advient qu'on couppe les cables, et laisse l'on cable et austier (2) pour sauver la nef et les denrées toutes les choses sont comptées livre à livre comme ject. Et quand Dieu donne que la navire est venue à sa droicte descharge a souveté, tous les marchands doibvent payer leur advenant sans delay : ou vendre gaiger d'argent tout avant que les denrées soyent mises hors de la nef. Et si la nef est à louage et que le maistre y demourast par raison de leur debat et il voit collaison; le maistre n'y doibt mie partir; ains doibt avoir son fret ainsi comme si les tonneaux fussent plains. C'est le jugement (3).

(10) Item le maistre d'une nef vient à sauveté à sa droicte descharge, il doibt monstrer aux marchans le cordage auquel il guindera, et s'ils voyent qu'il y ayt qui amender, le maistre le doibt amender, car si le tonneau se perdoit par defaute de guindages ou de cordage, le maistre est tenu de le payer aux marchans entre luy et ses mariniers, et si doibt le maistre payer selon ce qu'il doibt prendre du guindage et doibt ledit guindage estre mis a à recouvrer le dommage premièrement, et le remenant doibt estre party entre eux. Mais si d'aventure les cordages rompent sans que le maistre les monstrast aux marchans, il sera tenu a rendre le dommages. Mais si les marchans disent : *ce cordaige est bel et bon, et il rompt* : chacun doibt partir au dommage c'est à sçavoir le marchant

---

(1) V. la Loi Rhodienne, art. 9; Consul. ch. 99 et 296; Wisbuy, 20 21 et 38; Philippe II, tit. des avaries, art. 3.

(2) On lit *ancres* dans l'édition de 1671.

(3) V. Loi Rhodienne, art. 9; L. 2. D. *de Lege rhodia*; Guidon, ch. des avaries, art. 1er.; Consulat, ch. 248; Brodeau sur Louet, L. R. n°. 27; Wisbuy, art. 12 et 21.

à qui le vin sera tant seulement, et le maistre, et les mariniers (1). C'est le jugement de ce cas.

(11) Item, vne nef est chargée à Bordeaux ou austre port, et leve sa voile pour mener ses vins, et n'offre mie le maistre et ses mariniers leur voyle comme ils dussent; et les prend mauvois temps en la mer en telle maniere que la futaille croîe ou effonce tonnel ou pippe, le navire arrive à sauveté à sa droicte descharge. Le marchant dit au maistre que par la futaille est perdue leur vin. Le maistre dit que non, si le maistre peut jurer luy et ses mariniers soyent trois, quatre, ou six, ou de ceux que les marchans voudroyent que les vins ne perdirent par eux ne par leur futaille ne leur deffaut, comme les marchans leurs mettent sus, ils doibvent estre quittés et delivrez. Mais si ainsi est qu'ils ne veulent jurer, ils sont tenus a officier leur voille bien et instamment avant que partir de leur charge. C'est le jugement (2).

(12) Item, un maistre loue ses mariniers et les doibt bien tenir en paix et offre estre leur juge, et s'il y a nul qui desmente l'autre, pourquoy ils ayent vin et pain à table celuy qui desmentira, doibt payer 4 deniers, et si nul desment le maistre, il payera 8 deniers, et aussi le maistre desment nul, il payera aussi 8 deniers, et si ainsi est que le maistre frappe aucun de ses mariniers, le marinier doibt attendre la premiere colée (3) comme du poing ou de paume, et s'il le fiert plus, il se peut deffendre. Et se marinier fiert (4) le maistre doibt payer cinq sols ou perdre le poingt. C'est (5) le jugement.

(13) Vne nef se frette à Bordeaux ou en autre lieu et vient à sa droicte descharge, et sans chargez my partie tonnaiges, et pesis lomaux servantes sont sur les marchans. La coustume de Bretaigne est, tous ceux que l'on prent depuis que l'on passe l'isle de bas et l'en soit païus la main et ceux de Normandie et d'Angleterre, puisqu'on passe Grenesse, et ceux de Flandres puisqu'on passe celle Grenesse, et ceux de Copues puisqu'on passe Gernessemie. C'est le jugement (6).

---

(1) V. Wisbuy, art. 22 et 49; Philippe II, art. 7; Consulat, ch. 66, Loi Rhod. art. 11; Guidon, ch. 5 des avaries, art. 17.
(2) V. Wisbuy, art. 25.
(3) Le premier coup.
(4) Frappe.
(5) V. ch. 165 du Consul.; Wisbuy, art. 24; Réglement de l'ordre de Malte, art. 10.
(6) Cet art. n'est pas dans l'édition de 1671. Le sens n'est pas facile à saisir.

(14) Sé content se siet (1) entre le maistre d'une nef et les mariniers, le maistre doibt oster la tonnaille (2) troys foys devant son marinier avant que le mettre hors, et si le marinier s'offre à faire l'amende au regard des mariniers qui sont a table. Et si le maistre est tel qui ne vueille rien faire et le met hors, le marinier s'en peut aller suyvre la nef jusques sa droicte descharge, et doibt avoir aussi bon loyer comme s'il estoit venu dedans amendant le mesfaict au regard des compaignons. et s'ainsi est que le maistre ne prenne aussi bon compaignon, comme celuy en la nef; et la nef s'empire par aucune adventure, le maistre est tenu à rendre la nef et la marchandise, s'il a parquoy (3). C'est le jugement.

(15) Item, si une nef est en un cours lice et amarée, une autre nef vient de hors de la mer, et ne se gouverne mie bien, et se fiert (4) à la nef qui est en sa voye, si que la nef est dommagée du coup que l'autre nef luy a donné : et a des vins enfondrez d'une part et d'autre, par la raison de ce coup, le dommage doibt estre party et presagé moitié par moitié, et les vins qui sont dedans les deux nefs doibvent partir le dommage aussi entre les marchans et le maistre de la nef qui a feru, l'autre est tenu a jurer les saincts Evangiles luy et ses marchands qu'ils ne le firent mie de leur gré, et est raison pourquoy ce jugement fut faict, premierement qu'une vieille nef ne se mette mie volontiers en la voye d'vne meilleure si auant qu'elle endommage chose pour grever la nef; mais quand elle sçait bien qu'elle y doit partir jusques à la moitié, elle se tranche volontiers hors de sa voye (5). Et tel est le jugement.

(16) Item, deux nefs ou plusieurs sont en un havre et y a peu d'eau et asseché l'ancre de la nef, le maistre de cette nef doibt dire : *Maistre, devez votre ancre; car elle est trop pres de nous et nous pourroit faire dommage*; et s'ils ne le veulent, le maistre et ses mariniers qui pourroit partir du dommage, la peuvent lever et esloigner d'eux; et s'il deffend à lever l'ancre et leur face dommage, il sont tenus a amender tout au long. Et aussi pareillement, si ainsi estoit que ils n'eussent mis bouvic, et il faict dommage, il sont tenu a rendre le

---

(1) S'il y a contention.
(2) C.-à-d. le recevoir à table pendant 3 jours.
(3) Wisbuy, art. 25; Consulat, ch. 267.
(4) Se choque.
(5) Est excepté le cas de dol, Wisbuy, art. 16, 50, 67 et 70; Ord. de Charles-Quint, art. 46 et 48.

dommage tout au long. Et se ainsi estoit qu'ils fusseut en un havre assechez, ils sont tenus de mettre alongues a leur ancre qui apparoissent au plain de la mer (1). Et tel est ce jugement.

(17) Vne nef est arrivée à sa charge à Bordeaux ou autre lieu, le maistre est tenu dire a ses compaignons : Seigneurs frettes ô nous à marcages ou vous leverez au fret de la nef (2). ils sont tenus a respondre lesquels ils feront, et s'ils prennent au fret de la nef ils auront comme la nef aura, et s'ils veulent freter par eux ils doivent freter en telle maniere que la nef ne soit mye demourant, et s'il advient, chose qu'il ne trouvassent fret, le maistre n'y a nul blasme : et leur doit monstrer leur ramage et peut mettre le pesant de leur marcage chacun. Et s'ils veulent mettre tonneau d'eau, ils le peuvent mettre pour tonneau de vin : et si gettaison se faisoit à la mer, leur tonneau d'eau, doibt estre pour tonneau de vin, ou pour autres denrées, livre à livre, parquoi les mariniers se puissent deffendre et ayder à la mer, et se ainsi est qu'ils le fretegent ès marchans telle franchise comme le marinier aura, doibt avoir le marchant (3). C'est le jugement.

(18) Les mariniers de Bretaigne ne doibvent avoir que une cuisine le jour par raison, car ils ont bruvages allans et venans. Et ceux de Normandie doibvent avoir deux mets de cuisine, le jour, pource qu'ils n'ont que eau a aller aux despens de la nef : et puisque la nef est à terre au vin. Les mariniers doibvent avoir bruvages et ce leur doibt le maistre querir (4). C'est le jugement.

(19) Vne nef vient a descharger, les mariniers veulent avoir leur fret : aucuns y a qui n'ont mye licine arche (5) en la nef; le maistre peut retenir de leur loyer pour rendre la nef ou ils la prindrent, s'ils ne donnent bonne caution de fournir tout le voyage (6). C'est le jugement.

(20) Le maistre d'une nef louë ses mariniers en la ville dont la nef est : et les louë les uns a marcage, les autres à deniers.

---

(1) V. Wisbuy, art. 28 ; Charles-Quint, 51 ; Philippe II, 49 ; Consulat, ch. 200 ; ord. 1415, art. 19 et 20.
(2) C.-à-d. voulez-vous freter votre ordinaire, ou voulez-vous le prendre sur l'entier de la nef.
(3) V. Wisbuy, art. 30 ; Consulat, ch. 133.
(4) Wisbuy, art. 29 ; Charles-Quint, art. 19 ; Philippe II, art. 10 ; Hanse Teuton. art. 52.
(5) Lit ne arche. Ed. 1671.
(6) Wisbuy, art. 31 ; Consulat ch. 139 et 149; Hanse Teuton. art. 28.

Il advient que la nef ne peut trouver fret à venir es parties et leur convient, aller plus loing : ceux qui sont a marcage le doibvent suyre; mais ceux qui sont a deniers le maistre leur doit croistre loyer veuë pour veuë et cours par cours, par la raison qu'il les auroit louez pour aller en certain lieu. Et s'ils vont plus près que le lieu ou la bonnement fut prins, ils doibvent avoir tout loyer; mais ils doibvent rendre la nef ou ils la prindrent et la mettre à l'aventure de Dieu (1). C'est le jugement.

(21) Item, il advient qu'vne nef vient à Bordeaux ou en autre lieu de telle cuisine qu'il aura en la nef, deux des mariniers en peuvent porter un met a la mer (2) demy mets tel comme ils seront tranchez en la nef, et tel pain comme il y aura selon ce qu'il pourront menger en vne fois, et du bruvage rien, et doibvent iceux tost et appertement retourner pourquoy le maistre ne perde terre de la nef, car si le maistre perdoit et y eust dommage, ils sont tenus à l'amender : ou se vn des compaignons se blesse par besoing d'ayde, ils sont tenus a le faire guerir et l'amender au dict (3) d'un des compaignons et audict de son maistre et de ceux de sa table (4). Et tel est le jugement.

(22) Vn maistre frete la nef à un marchand, devise un certain terme loyallement dedans quand le marchant doit charger la nef a estre preste à s'en aller, le marchant ne le faict, ains tient le maistre et ses mariniers par l'espace de huict jours ou de quinze ou plus aucune fois il perd sa maison (5) et son temps par defaute du marchant. Le marchant est tenu à amender au maistre, et telle amende comme le maistre aura faite, les mariniers en doyvent avoir le quart, et le maistre les trois parts par raison qu'il leur trouve leurs despens (6). C'est le jugement.

(23) Vn marchant frete une nef et la charge et la met au chemin. Cette nef entre en vn port, et demeurent tant que

---

(1) Wisbuy, art. 32; Charles-Quint, art. 12 et 13; Hanse Teuton. art. 24; Philippe II, art. 9.

(2) Il y a dans l'edition de 1671, à *terre*.

(3) Dictum.

(4) Wisbuy, art. 33; Loi Rhod. *vector in navi piscem ne frigito*; Hanse Teuton. art. 31.

(5) Sa saison, édit de 1671.

(6) Wisbuy, art. 34; Charles-Quint, art. 39; Consulat, 105; Hanse Teuton. 11; Philippe II, art. 5.

deniers leur faut (1). Le maistre doit envoyer tost en son pays, pour querir de l'argent; mais il ne doit perdre son *arniogan* (2); s'il le fait il est tenu a rendre aux marchans tous cousts, interest, ou dommage qu'ils pourroyent avoir : mais le maistre peut bien prendre du vin, des denrées aux marchands, et vendre pour querir son estorement (3); et quand la nef sera venue à sa droicte descharge, ce que le maistre aura prins doivent estre asseurez et mis au seur que les autres seroyent vendues communément ; ne a plus ne a moins, et doibt le maistre avoir son fret des vins qu'il aura prins (4). C'est le jugement.

(24) Vn locman (5) prend vne nef à amener a *Sainct-Malo* ou en autre lieu, s'il faut que la nef s'empire, pour faute qu'il ne le sçache pas conduire, les marchans ayent dommage, il est tenu de rendre les dommages s'il a de quoy, et s'il n'a de quoy il doibt avoir la teste couppée (6). Et si le maistre ou aucuns des mariniers ou aucuns des marchands luy couppent la teste, ils ne sont pas tenus a payer amendement : mais toute fois l'on doibt sçavoir avant ce faire s'il a de quoy amender (7). C'est le jugement.

(25) Vne nef guide à sa decharge et se met à seche; ou elle est si jolie que les mariniers prennent à sur voile ou au sortil devant, ou derriere, le maistre leurs doibt croistre leur loyer veuë pour veuë, et guident vins, et advient qu'ils laissent une broche ouverte au tonneau qu'on guide, et ne l'on mie amarée aux cordes au bout de la nef. Et le tonneau se defraude, chiet et se pert et se fonce sur vn autre, sur lequel il chiet et sont perdus. Le maistre et les mariniers les doibvent rendre aux marchans. Et les marchans doibvent payer le fret des deux tonneaux, par raison qu'on leur doibt payer au fur des autres qui sont vendues. Le maistre et les mariniers doibvent mettre leur guindage premierement a recouvrer leur dommage, livre à livre. Les seigneurs de la nef ne doibvent

---

(1) Ils manquent d'argent.
(2) Temps opportun.
(3) Sa récompense.
(4) Consul. ch. 107; Wisbuy, 35 et 69; Hanse Teuton. art. 55 et 57.
(5) C'est un pilote pour entrer en rivière. V. Guidon, ch. des avaries, art. 19; Wisbuy, art. 69, 44, 59, 60; Philippe II, art. 9, 15 et 27.
(6) Consulat, ch. 250 ; cette disposition est promptement tombée en désnétude.
(7) Dans l'édition de 1671, on trouve ici 2 art. (25 et 26) qui sont fort importans, et qu'on ne trouve pas dans l'édition du conseil d'État.

rieu prendre : car c'est par faute du maistre et des mariniers de marcer le tonneau (1). C'est le jugement.

(26) Deux vaisseaux sont compaignons pour aller és harencs ou aux maquereaux, et doibvent mettre autant d'engins l'un comme l'autre ; à gré sont de partir la gaigne (2) par moitié entre eux. Et s'il advient que Dieu face sa volonté d'un des vaisseaux de la gent et des engins et des autres choses. L'vn eschappe et vient a sauveté : il est ainsi que les amis d'y celuy qui est mort leur demandent a avoir partie du gain qu'ils ont faict tant aux engains que és harencs et au vaissel. Ils auront leur partie et leur gain des engrins et des harencs par le serment de ceux qui seront eschappez : mais au vaissel ils n'auront nulle chose. Et tel est le jugement.

(27) Si vn navire vient en aucun lieu, et veut entrer en port ou en havre, et elle met enseigne d'assistance pour avoir un pilote ou un bateau pour l'arrester, parceque le vent ou la marée est contraire et il advient que ceux qui vont pour amener le dit navire, qui ont fait marché pour le pilotage ou touage. Mais parcequ'en aucuns lieux la coutume court, et sans raison, que des navires qui se perdent le seigneur du lieu en prend le tiers ou le quart (3), et les sauveurs un autre tiers ou quart, et le demeurant aux maistres et marchands. Ces choses considerées, et pour être aucunefois en bonne grace du seigneur, et aussi pour avoir aucuns des biens de la dite navire, comme vilain, traitres et deloyaux, menent la dite navire tout à leur écient, et de leur certaine malice font perdre le dit navire et marchandise, et feignent à secourir les pauvres gens, cependant ils sont les premiers à dépecer et rompre le navire, et emporter la marchandise : qui est une chose contre Dieu et raison : et pour estre les biens venus en la maison du seigneur, ils courent dire et annoncer la pauvre adventure des marchands : et ainsi vient le dit seigneur avec ses gens, et prend sa part des biens adventurez, et les sauveurs l'autre part, et le demeurant est laissé aux marchands :

---

(1) Ord. de l'amirauté, 1543 art. 44 et 1584, art. 71 ; Guidon, titre de la Baratterie.
(2) Le gain.
(3) Le droit de naufrage a été aboli par les Romains. Dig. tit. *de incendio et ruinâ, de naufragiis* ; L. 9, *de Lege Rhodiâ*. Le duc de Bretagne exerçait ce droit. V. ci-dessus
Il fut abrogé bientôt, et notamment en Guyenne, lettre de Henri III, roi d'Angleterre 1226.
V. notre Dissertation sur les Lois Rhodiennes. Thémis, 401-415.

mais veu que c'est contre le commandement de Dieu omnipotent, nonobstant aucunes coutumes et ordonnances, il est dit et sentencié, que les seigneurs, les sauveurs et autres qui prendront aucune chose des dits biens, seront maudits, excommuniez et punis comme larrons : mais des faux et deloyaux traitres pilotes, le jugement est tel, qu'ils doivent souffrir martyre cruellement, et l'on doit faire des gibets bien hauts sur le lieu propre ou ils ont mis le dit navire ou bien près de là, et au dit lieu doivent les dits maudits pilotes finir hontensement leurs jours : et l'on doit laisser estre les dits gibets sur le dit lieu, en mémoire perpétuelle, et pour faire balises aux autres navires qui viendront là.

(28) Si le dit seigneur estoit si felon et cruel qu'il souffrit telle maniere de gens, et soutint, ou fut participant à leurs malices pour avoir fait le naufrage : le dit seigneur doit estre pris : et tous ses biens vendus et confisquez en œuvres pitoyables, pour faire restitution à qui il appartiendra et doit estre lié à une étape au milieu de sa maison, et puis on doit mettre le feu aux quatre coins de sa maison, et faire tout bruler : et les pierres des murailles jetter par terre, et là, faire la place publique, et le marché pour vendre les pourceaux à jamais perpétuellement.

(Les articles qui suivent n'existent pas dans l'édition du conseil d'Etat. — Ils sont tirés de l'édition de 1671.)

(29) Item, si un navire fluctuant et seillant par la mer, tant en fait de marchandise que pescherie : si par fortune et impetuosité du temps elle se rompt, brise et périt en quelque région ou contrée que ce soit ; et les mariniers, ou l'un d'eux echape et se sauve, ou les marchands et marchand : le seigneur du lieu ne doit empescher la salvation du bris et marchandise du navire par ceux qui seront echapez, et par ceux aux quels apartient le navire ou marchandise : mais doit le dit seigneur aider a secourir par luy ou ses sujets lesdits pauvres mariniers et marchands, à sauver leur biens sans rien en prendre : sauf toutefois à remunerer les sauveurs, selon Dieu et raison, et conscience en leur état, et selon que justice ordonnera : combien qu'aucune promesse aurait esté faite aux dits sauveurs (comme dit est cy-dessus au jugement quatrieme), et qui en fera le contraire, et prendra aucuns des dits biens des pauvres naufragez, perdus et détruits outre leur gré et volonté, il est excommunié de l'église, et doit estre puni

comme un larron, s'il n'en fait restitution en bref; et n'y a coutume ny statuts quelconques qui puissent garder d'encourir lesdites peines (1).

(30) Item, si un navire entrant en aucun havre, et par fortune il se rompt ou périt, et le maître, mariniers, marchands meurent, et les biens vont à la coste, ou demeurent en mer sans aucune poursuite de ceux à qui appartiennent les biens, quand ils n'en sçavent rien : en tel cas, qui est très piteux, le seigneur doit mettre gens pour sauver lesdits biens, et iceux biens doit le dit seigneur garder ou mettre en seureté, et puis doit faire à sçavoir aux parents des defunts submergez à l'adventure, et payer ceux qui sauveront les dits biens, selon le travail et peine qu'ils auront prise, non point à ses dépens, mais des dites choses sauvées; et le surplus ou demeurant, doit le dit seigneur sauver, garder ou faire garder entièrement jusques à un an, si plutost ne viennent ceux à qui appartiennent les dites choses : et le bout de l'an passé, ou plus, s'il plaist au dit seigneur d'attendre, il doit faire vendre publiquement, et au plus offrant les dites choses; et de l'argent receu doit distribuer aux pauvres, et marier pauvres filles, et faire autres œuvres pitoyables selon raison et conscience : et si le dit seigneur prend aux choses quart ny part, il encourra la malediction de notre mère saincte Eglise, et peines susdites, sans jamais avoir rémission, s'il ne fait satisfaction (2).

(31) Si un navire se perd frapant en quelque coste, et il advient que les compagnons se pensant sauver, viennent à la rive de la mer demi noyez, pensant qu'aucun leur ayde; mais il advient qu'aucune fois, en beaucoup de lieux, qu'il y a des gens inhumains, plus cruels et felons que les chiens enragez, lesquels meurtrissent et tuent les pauvres patiens, pour avoir leur argent, leurs vestemens, et autres biens : icelles manières de gens doit prendre le seigneur du lieu, et en faire justice et punition, tant en leurs corps qu'en leurs biens, et doivent estre mis en la mer, et plongez tant ils soient à demy morts, et puis les retirer dehors, et les lapider ou les assomer, comme on ferait les loups ou les chiens enragez.

(32) Si un maître estant sur mer, ou à l'ancre en quelque rade, et par grand tourmente qu'il endure il convient faire

---

(1) *De Incendio, ruina et naufr. de Nafr*, C. Ord. de l'amirauté 1643, art. 11 et 12.; Ord. 1584, art. 20 et 21; Consulat, ch. 252.
(2) V. la loi 2, Cod. *de naufragiis*; Ord. de l'amirauté 1543; Consulat.

jet pour alléger la nef, et l'on jette plusieurs biens hors pour sy sauver, sache que ces biens ainsi jettez sont à celuy qui premier les pourra occuper et emporter : mais il faut entendre et sçavoir, si les marchands, maîtres ou mariniers ont jetté les dites choses, sans avoir espérance ny volonté de jamais les retrouver, et les laissant comme choses perdues et delaissées d'eux, sans jamais en faire poursuite : et ainsi le premier occupant est le seigneur des dites choses.

(33) Si un navire a fait jet de plusieurs marchandises, il est à présumer que la dite marchandise est en coffre, les quels coffres sont fermez et bouchez, ou bien des liures les quels seront bien bouchez et envelopez, de peur qu'ils n'endommagent en la mer ; lors iceluy qui a fait le dit jet a encore intention et vouloir de recouvrer les dites choses : et par ce moyen ceux qui trouveront ces choses sont sujets à restitution à celuy qui en fera la poursuite, ou bien en faire des aumônes pour Dieu, selon le conseil de quelque sage homme discret, selon sa conscience (1).

(34) Si aucun trouve en la mer, ou en l'arene du rivage de la mer, ou fleuves, ou rivieres, aucune chose la quelle ne fut jamais à quelconque, savoir est comme pierres précieuses, poissons et herpes marines, que l'on appelle gaymon, cela appartient à celuy qui l'aura premierement trouvé.

(35) Si aucun va cherchant le long de la coste de la mer, pour pescher, ou trouver or ou argent, et il en trouve, il doit tout rendre sans rien prendre.

(36) Si aucun en allant le long de la rive de la mer pour pescher, ou autrement, et il advient qu'il trouve or ou argent, il est tenu à restitution, mais il se peut payer de sa journée ; ou bien s'il est pauvre il le peut retenir pour luy : voire s'il ne sçait à qui le rendre, il doit faire savoir le lieu ou il a trouvé le dit argent, aux lieux circonvoisins et prochains. Encore doit-il prendre le conseil de ses supérieurs les quels doivent bien regarder et considérer l'indigence et la pauvreté de celuy qui aura trouvé le dit argent, et luy conseiller selon Dieu et conscience.

(37) Touchant les gros poissons à lard, qui viennent et sont trouvez à la rive de la mer, il faut avoir égard à la coutume du païs : car le seigneur doit avoir partie au desir de la cou-

---

(1) L. 2. infine. D. qui levandæ. ad leg. Rhod.

tume, la raison est bonne, car le sujet doit avoir obéissance, et tribut à son seigneur.

(38) Le seigneur doit prendre et avoir sa part desdits poissons à lard, et non en autre poisson : reservé toutes fois la bonne coutume du pays, sur le lieu ou le dit poisson aura esté trouvé, et iceluy qui l'a trouvé n'est tenu sinon de le sauver, et mettre hors du danger de la mer, et incontinent le faire sçavoir au dit seigneur; en le sommant et requérant qu'il vienne ou envoye querir le droit à lui appartenant du dit poisson.

(39) Si le dit seigneur veut, et aussi s'il est de coutume, il pourra faire apporter et amener à celuy qui a trouvé le dit poisson au lieu et à la place publique, là ou l'on tient le marché ou halle, et non ailleurs, et là doit estre le dit poisson mis à prix par le dit seigneur ou son lieutenant selon la coutume, et le prix fait, celui qui n'aura fait le prix, aura son élection de prendre ou de laisser, et si l'un d'eux, *per fas aut nefas*, fait perdre à l'autre la valeur d'un denier, il est tenu de restituer.

(40) Si les frais et coust de l'amenage du dit poisson jusques à la dite place, serait de plus grande somme que ne vaudrait le dit poisson, lors le dit seigneur est tenu de prendre sa part sur le lieu.

(41) Sur les dits frais et mises le dit seigneur doit s'ecotier, car il ne doit pas s'enrichir de la perte ou dommage d'autruy, autrement il peche.

(42) Si d'avanture le dit poisson trouvé est dérobé ou perdu par quelque fortune : après que le dit seigneur l'a visité, ou avant celuy qui l'a trouvé n'y est en rien tenu.

(43) Et en toutes choses trouvées à la coste de la mer, lesquelles autre fois ont esté possédées, come vin, huiles et autres marchandises : et combien quelles ayent esté jettées et délaissées des marchands, et qu'elles doivent estre au premier occupant : toute fois la coutume du pays doit estre gardée comme des poissons, mais s'il y a présemption que ces choses soient d'aucun navire qui soit péri, rompu, ou submergé, lors le seigneur ou l'inventeur ne doivent rien prendre pour le retenir, ains doivent faire comme dit est, sçavoir du bien aux pauvres nécessiteux, ou autrement ils encourrent le jugement de Dieu.

(44) Si aucun navire trouve en pleine mer un poisson à lard, il sera totalement à ceux qui l'ont trouvé, s'il n'y a poursuite,

et nul seigneur ne doit avoir ny prendre part, combien qu'on l'apporte à sa terre (1).

(45) Si une nef par force de temps est contrainte de couper ses cables ou filets par bout, et laissé cables et ancres, et s'en va au gré du vent; ses cables et ancres ne doivent estre perdus à la nef; s'il avait *hoirin* ou *bonneau*, et ceux qui les peschent sont tenus de les rendre s'ils sçavent à qui ils sont; mais ils doivent estre payez de leurs peines selon l'égard de justice, et s'ils ne savent à qui les rendre, le seigneur y prend sa part comme les sauveurs, et n'en font point faire raison, à quoy ils sont tenus : parcequ'il a esté ordonné qu'un chacun maitre de navire aye à mettre et faire graver dessus les hoirins et bonneaux de son navire son nom, ou au dit navire, et du port et havre dont il est; et cela en gardera beaucoup de dommages, et fera grand profit a plusieurs, car tel a laissé son ancre au matin qui se pourra recouvrer au soir, et ceux qui les retiendront seront larrons et pirates.

(46) Généralement si aucune nef par cas d'aucune fortune se romp et se perd; tant le bris, que les autres biens de la dite nef doivent estre reservez, et gardez à ceux à qui ils appartiennent avant le naufrage, cessant toute coutume contraire, et tous participans, prenans ou consentans ausdits naufrages; s'ils sont évesques, ou prélats ou clercs, ils doivent estre dépossédez de leurs offices, et privez de leurs benefices, et s'ils sont laïcs ils encourent les peines susdites.

(47) Et les choses précédentes se doivent entendre, si la dite nef n'exerçait le mestier de pillerie, que les gens d'icelle ne fussent point pirates ou escumeurs de mer, ou bien ennemis de nostre saincte foy catholique, chacun peut prendre sur telle manière de gens, et peut l'on les dérober, et spolier de leurs biens (2).

Tesmoin le scel de l'ile d'Olleron, estably ès contracts de ladite ile, le jour du mardi après la fête saint André, l'an 1265 (3).

---

(1) Ceci consacre contre le principe que la mer n'est pas un domaine particulier, *Seldenus*, de Dominio maris.

(2) V. l'Ord. de l'amirauté de 1584, art. 64. Bacon, de Bell. Sacr. p. 346; le forbans sont pendus par les Anglais, sans formalités, aux vergues du navire.

(3) Cette date a paru fausse à *Seldenus* (*de Dom. maris*, ch. 24). On croit que ce n'est qu'une copie vidimée, qui fut publiée à Rouen, à cette époque.

N°. 209. — LETTRES qui suppriment la coutume existante à Tournay, qui permettait au meurtrier de recouvrer ses droits de bourgeoisie, en payant quatre livres parisis (1).

Paris, 15 décembre 1267. (C. L. XI. 34c.)

N°. 210. — ARRÊT (2) de la cour des pairs qui ordonne que l'évêque de Châlons, pair de France, procédera devant elle sur l'accusation portée contre lui, à cause des personnes tuées dans ses prisons, nonobstant son déclinatoire fondé sur ce qu'il s'agissait d'une action personnelle.

1267. (d'Aguesseau, V, 245.)

N°. 211. — ARRÊT sur les abus des péages, qui décide que les marchands ne peuvent être contraints de les payer, s'ils trouvent passage ailleurs.

1267. (Reg. Olim. p. 277. Velly, Hist. de Fr., VI, 6.)

N°. 212. — JUGEMENT arbitral du Roi, sur une contestation d'entre le comte de Luxembourg et celui de Bar.

Septembre 1268. (Brussel, 362.)

N°. 213. — MANDEMENT OU LETTRES CLOSES, portant injonction aux baillis de chasser des terres du roi, et de faire chasser de celles des seigneurs les Lombards, Caorcins (3) et autres usuriers.

Janvier 1268. (C. L. I, 96.)

---

(1) Le souvenir de cette sage réforme se conserva long-temps dans la ville où il était d'usage que le jour de l'Ascension, le greffier de la commune criât que quiconque avait tué dans le ressort de la justice de Tournay, depuis l'enregistrement des lettres de saint Louis, ne pouvait plus y rentrer. (Histoire de Tournay p. 172. M. Arth. Beugnot, Institutions de st. Louis 380.)
(2) Henrion de Pensey, autor. judiciaire, p. 303.
(3) C'était une société de marchands lombards et florentins, qui, à l'aide de la protection du pape, avaient obtenu la permission de venir faire le commerce en France. Leur scandaleuse avarice ne tarda pas à exciter une indignation générale; enchérissant encore sur les Juifs, ils offraient leur argent à tout le monde, mais ne le prêtaient que sur gages, et prélevaient encore tous les mois

N°. 214. — ÉDIT (1) *sur les élections ecclésiastiques, et libertés gallicanes (ou* PRAGMATIQUE-SANCTION*)* (2).

Paris, mars 1268. (C. L. I, 97.)

Ludovicus, Dei gratiâ, (3) Francorum rex, ad perpetuam rei memoriam. Pro salubri ac tranquillo statu ecclesiæ regni nostri, nec non pro divini cultus augmento, et Christi fidelium animarum salute, utque gratiam et auxilium omnipotentis Dei, cujus soli ditioni, atque protectioni regnum nostrum semper subjectum extitit, et nunc esse volumus, consequi valeamus : Quæ sequuntur, hoc edicto consultissimo in perpetuum valituro statuimus et ordinamus.

(1) Ut ecclesiarum regni nostri, prælati, patroni (4), et benificiorum collatores ordinarii : jus suum plenarium habeant (5), et unicuique jurisdictio debite servetur (6).

(2) Item ecclesiæ cathedrales, et aliæ regni nostri liberas electiones (7), et earum effectum integraliter habeant.

---

un intérêt de dix pour cent. « Ces sangsues publiques, dit Mathieu Paris, (p. 805.) avaient le crédit de faire citer leurs débiteurs à la cour de Rome, qui participant à leur gain jugeait toujours en leur faveur. Saint Louis ne les traita pas plus sévèrement qu'ils ne le furent en Angleterre et en Brabant. (M. Arth. Beugnot. Just. de saint Louis, p. 261.)

(1) On a contesté l'authenticité de cette pièce, mais elle est aujourd'hui généralement reconnue. (Hén., Abr. chr. — M. Arth. Beugnot, Just. de saint Louis, 416 et suiv.)

On appelle communément cet édit *la Pragmatique de saint Louis*. V. ci-dessus les lettres de Philippe I, avec la note. V. aussi la Pragmatique de Charles VII, le Concordat de François Ier. et de Léon X. — La Déclaration du clergé, et l'édit de 1682. — Le Concordat de 1802, et le projet de 1817.

(2) Les princes de la troisième race se dirent *Rois par la grâce de Dieu*. non-seulement par piété, mais encore pour marquer leur autorité souveraine et leur indépendance des papes, qui s'étaient, vers ces temps-là arrogé, sans apparence de raison, le prétendu droit d'excommunier les souverains, et de disposer de leurs royaumes. (Laur.)

(3) Ce mot doit être entendu des patrons ecclésiastiques ; cependant il peut aussi convenir aux laïques. (Laur.)

(4) Le sens de cet article est que le pape ne pourra donner aucune atteinte au droit de conférer des prélats et patrons, par ses réserves, ses grâces expectatives, et ses mandats, *de providendo*, etc. (Laur.)

(5) Cela est dit ainsi, parce que la collation et la provision des bénéfices est de jurisdiction non contentieuse, mais volontaire. (Laur.)

(6) Philippe-Auguste ordonna la même chose par son testament, art. 9. 10.

(7) La cour de Rome ayant fait tous ses efforts pour donner atteinte aux élections, quoique très-canoniques, saint Louis fut obligé de les confirmer, et de les protéger contre ces entreprises. C'est le sens que le parlement donna à cet article dans les remontrances qu'il fit à Louis XI, pour la défense de la pragmatique-sanction de Charles VII. *Cum tempore sancti Ludovici conarentur*

(3) Item simoniæ crimen (1) pestiferum ecclesiam labefactans, a regno nostro penitus eliminandum volumus et jubemus.

(4) Item promotiones (2), collationes, provisiones (3), et dispositiones (4) prælaturarum, dignitatum, vel aliorum quorumcumque beneficiorum, et officiorum ecclesiasticorum regni nostri, secundum dispositionem, ordinationem, determinationem juris communis, sacrorum conciliorum ecclesiæ Dei, atque institutorum antiquorum sanctorum patrum, fieri volumus pariter et ordinamus.

(5) Item exactiones (5) et onera gravissima pecuniarum, per curiam romanam ecclesiæ regni nostri impositas, vel imposita quibus regnum nostrum miserabiliter depauperatum extitit, sive etiam imponendas, aut imponenda levari, aut colligi nullatenus volumus, nisi duntaxat pro rationabili, piâ et urgentissimâ causâ, inevitabili necessitate, et de spontaneo et expresso consensu nostro, et ipsius ecclesiæ regni nostri.

(6) Item libertates, franchisias (6), immunitates, prerogativas, jura et privilegia per inclitæ recordationis Francorum reges prædecessores nostros, et successive per nos ecclesiis, monasteriis atque locis piis, religiosis, nec non personis ecclesiasticis regni nostri concessas, et concessa innovamus (7), laudamus, approbamus, et confirmamus per præsentes.

Harum tenore, universis justiciariis, officiariis, et subditis nostris, ac loca tenentibus, presentibus et futuris, et eorum

---

libertatem electionum infringere, et iis malis de quibus jam diximus, viam aperire, is se principem verè pium, christianum, et catholicum, custodemque et propugnatorem ecclesiarum sibi commissarum præbuit: occurrit enim perniciosissimis conatibus, et consiliis Romanorum, et ecclesias in libertatem vindicavit. (Laur.)

(1) Les élections donnèrent lieu à beaucoup de simonie, et c'est par cette raison que saint Louis la défendit ici, comme une peste très-préjudiciable à l'église. Voyez la pragmatique de Charles VII, titre *de electionibus*, S. *quod si aliter.* (Laur.)

(2) Scilicet *Prælaturarum.* (Laur.)

(3) Scilicet *dignitatum.* (Laur.)

(4) Scilicet *aliorum quorumcumque beneficiorum.* (Laur.)

(5) Ces exactions intolérables, dont saint Louis se plaint, sont détaillées au long, dans l'arrêt de 1406, rapporté dans les œuvres de Du Molin, t. 4, p. 410, que l'on peut voir avec ses Commentaires. Il faut aussi voir à ce sujet l'ancien style du parlement, partie 3e., tit. 37. *De immunitate et reparatione ecclesiarum* p. 623, et le Poëme de la Pragmatique de Charles VII, au §. *Proh dolor!* (Laur.)

(6) Ces mots doivent être entendus par rapport aux exactions et aux entreprises de la cour de Rome. (Laur.)

(7) C'est-à-dire, nous renouvelons. (Laur.)

cuilibet, prout ad eum pertinuerit, districte præcipiendo mandamus, quatenus omnia et singula prædicta diligenter et attente servent, teneant, et custodiant, atque servari, et teneri, et custodiri inviolabiliter faciant, nec aliquid in contrarium quovis modo faciant, vel attentent, seu fieri, vel attentari permittant : transgressores, aut contrafacientes, juxta casus exigentiam tali pœnâ plectendo, quod ceteris deinceps cedat in exemplum.

In quorum omnium et singulorum testimonium, præsentes literas, sigilli nostri appensione muniri fecimus.

Datum Parisius, anno Domini 1268, mense martio.

N°. 215. — LETTRES *de l'apanage fait par le Roi à Philippe son fils ainé* (1).

Paris, mars 1268. (Brussel, XLVI.)

N°. 216. — ORDONNANCE *rendue en parlement contre le blasphême.*

Au parlement de l'Assomption, 1268 ou 1269. (C.L.I, 99.)

(1) Il sera crié par les villes, par les foires, et par les marchiez, chascun mois une fois au moins, que nul ne soit si

---

(1) V. ci-après, p. 356.
(2) Cette Ord. n'est point en forme, mais quand cette formalité manquait, on y joignait une commission du Roi adressée aux baillis et sénéchaux, pour les faire exécuter, et telle fut la commission qui fut jointe à celle-ci.

Ludovicus, etc., tali bailivo.

Cum nos in hoc parlamento Assumptionis beatæ Mariæ Paris. de assensu baronum nostrorum, quamdam ordinationem fecerimus de amovendis blasphemiis, et enormibus juramentis, ac etiam puniendis : quam quidem ordinationem vobis mittimus per latorem præsentium, sub contrasigillo nostro inclusam, mandamus vobis quatenus ordinationem istam per villas, nundinas, et mercata præconisari, et in vestris assisiis publicari faciatis, eamque in vestrâ bailliviâ quandiu nobis placuerit, teneri firmiter et servari.

Et si forte contigerit aliquem de vestrâ bailliviâ aliquid dicere, seu facere contra Deum, aut beatissimam virginem Mariam matrem ejus, adeo horribile, quod de pœnis in prædictâ ordinatione positis, ad illud non sufficiet vindicandum, volumus quod inflictâ eidem propter hoc graviori pœnâ in eadem ordinatione contentâ, res deferatur ad nos, et ipse in prisione nostra nihilominus teneatur quousque nostram super hoc rescripserimus voluntatem.

Partem autem nos contingentem de emendis, quæ provenient in vestrâ bailliviâ de blasphemiis et juramentis hujusmodi, ponetis ad partem, ad nostrum beneplacitum inde faciendum, summam partis ipsius in parlamento omnium sanctorum nobis reddituri in scriptis, ac etiam relaturi quid de blasphemiis interim erit. Actum, etc.

Saint Louis, avant cette Ord., faisait punir les blasphémateurs de la mul-

hardy que il jure par aucuns des membres de Dieu, de Nostre Dame, ne des sainz, ne qu'ils fassent chose par maniere de blasme, ne ne dient vilaine parole, ne par maniere de jurer, ne autrement qui torne à despit de Dieu, de Nostre Dame, ne des sainz, et se il le fait ou dit, lon en prendra vengence, tele comme elle est establie. Et cil qui l'orra, ou sçaura est tenuz de le faire sçavoir à la justice, où il en sera à la mercy au seigneur, qui en porra lever tel amende, comme il verra que bien sera.

(2) Se aucune personne de l'aage de quatorze ans, ou de plus, fait chose, ou dit parole en jurant, ou autrement qui torne à despit de Dieu, ou de Nostre Dame, ou des sainz, et qui fust si horrible qu'elle fust (1) vilaine à recorder, il poira quarante livres ou moins, mès que ce ne soit moins de vingt livres, selon l'estat et la condition de la persone, et la maniere de la vilaine parole, ou du vilain fait, et à ce sera contraint se mestier est. Et si il estoit si poure, que il ne peust poyer la poine desusdite, ne n'eust autre qui pour li la voussist payer, il sera mis en l'eschiele l'erreur d'une luye (2), en lieu de nostre justice, où les gens ont accoustumé de assembler plus communément, et puis sera mis en la prison pour six jours, ou pour huit jours ou pain et à l'eau.

---

lation de membres, car, selon Nangis, qui a écrit sa vie : *Frontem ac deuda linguam ferro candenti inuri, et confodi jubebat.* Et un jour, ayant entendu jurer un bourgeois, il lui fit percer les lèvres. Le pape Clément IV, lui envoya une bulle (12 juillet 1268), qui se trouve au Trésor des Chartes, par laquelle il exhorta ce prince à ne plus user de peines si sévères.

Justinien (Novelle 67), défendit pareillement le vilain serment en ordonnant que persone ne jurerait par la tête, ni par les cheveux de Dieu.

A l'égard de Philippe-Auguste, il avait coutume, au rapport de Rigord, et de Guillaume-le-Breton, de faire payer vingt sols d'amende aux blasphémateurs, ou s'ils ne les avaient pas, de les faire jeter dans l'eau, sans péril de mort. (Laur., Heu., abr. chr. — Montesq. XII. 4.)

(1) Le vilain serment, est comme l'on voit, le blasphème contre Dieu, la Vierge et les Saints. (Laur.)

(2) Au Trésor des Chartes et dans la Thaumassière sur Beaumanoir, p. 3-4, il y a une heure de jour, cette leçon est la bonne, V. Beaumanoir, chap. Ier. Li establissement que li roys fit pour le queman pourfit doit estre fermement gardez par la pourveance des baillis, et entre les autres, il doit estre soigneux de celuy qui fut ses pour les vilains sermens, car il est establi que chil qui jurent vilainement de Dieu et de Nostre Dame doivent estre mis en l'eschielle une eure de jour, en la présence du quemun, pour che que il ait honte et après il soit mie quitte de l'amende, pour che que il a enfreint l'establissement. En cheste amende n'a point de taxation, fors que la volonté du prince. Luyevient de *lux* et signifie jour. (Laur.)

gneurs qui auront justice et qui seront subgiez au souverain, ne li sergens des subgiez es terres des souverains.

(3) Se il avenoit que aucun d'iceluy sage deist, ou feist chose que tournast à despit de Dieu, de Nostre Dame, ou des sainz, qui fust moult horrible, et toutevois ne fust pas si horrible comme celle desusdite, il poira dix livres ou moins, mais que ce ne soit moins de vingt sols, selon la manière du vilain fait, ou de la vilaine parole, et l'estat de la condition de la personne, et à ce sera contrainz, se mestier est. Et s'il est si poure que il ne puisse poyer par luy, ne par autre la poine desus dite, il sera mis en l'eschiele l'erreur d'une luye comme dit est et puis en prison trois jours à pain et à l'eau.

(4) Et se aucun faisoit chose, ou disoit parole, combien qu'elle ne fut pas si vilaine, mais toutesvoies tournast à despit de Dieu, de Nostre Dame, ou des sainz il poira quarante sols, ou moins, mais que ce ne soit moins de cinq sols, selon la maniere du fait, ou de la vilaine parole, et l'estat, et la condition de la persone. Et se il ne peut poyer la peine desusdite, par luy ne par autre, il sera mis en prison un jour et une nuit au pain et à l'eau.

(5) Et se celle persone, qui aura ainsi meffait, ou mesdit, soit de l'aige de dix ans, ou de plus, jusques à quatorze ans, il sera batu par la justice du lieu, tout à nud de verges en apert ou plus ou moins, selon la grieveté du mesfait, ou de la vilaine parole, c'est assavoir li homme par hommes et la fame par fames, sans présence d'homme, (1) se il ne rachetoient la bature, en payant convenable poine, selon la forme desus dite.

(6) Et quand il sera dénoncié à la justice d'aucun, sus qui len mettre tel fait, il sera contraint de respondre tantost de ce. Et s'il noioit le mefait, et preuves fussent prestes, tantost soient oyes, et jurent en la présence de celuy à qui len mettra suz le mefait, soit, ou ne soit le denonceur présent, et selon ce que il sera prouvé, soit, sans delay, justicié cil qui sera atteint du mefait, en la maniere que dit est. Les tesmoins qui seront nommez à ce prouver et ne seront presens, soient contrainz, se mestier est, par prise de corps et de leurs biens, à venir et apporter tesmoignages par leurs sermens de ces choses dites. Et si sont de diverses justices, l'une justice orra les preuves à la requeste de l'autre et renvoira sellé et clos, ce qui sera prouvé, au juge à qui la justice appartiendra, de celuy qui sera accusé, ou denoncié du mefait, ou du mesdit.

---

(1) V. nouv. rep. v°. Exécuteur de la haute justice.

(7) Et de la poine d'argent qui sera levée pour tel mesfait, li denonceurs auront la quarte partie, cil qui commandront et feront la justice l'autre quarte partie, et li sire de la terre l'autre à faire sa volonté. L'autre quarte partie sera gardée pour guesredonner (1), se mestier est à l'esgard de la justice, ceux qui feront à sçavoir les mesfaits et les mesdits de ceux qui seront si pourres que il ne pourront poyer rien.

(8) Et que ces choses soient mieux gardées, li bailliz, li prevoz, li maires des villes et les autres justices desous les seigneurs, jurront que il travailleront loyalement à ce peché abatre selon la fourme desusdite, et cil qui en sera trouvé en defaut il en poira autelle poine d'argent comme il feist, se il eust esté convincu du mesfaist. Mais pour ce ne sera pas cil quite, qui aura mesfait ou mesdit. Et cil qui sera à sçavoir le defaut de celuy qui devra faire la justice, prendra la moitié en la peine d'argent, qui sera pour ce levée.

(9) Et ces choses commande li roi estroitement à garder en sa terre par les bailliz et par les autres justiciers, et ez villes des communes par les justiciers des lieux, et veust que il soit publié en toutes les assises, et ainsi face chascun sire garder en sa terre (2), et crier cil qui ont ban. Et s'il avenait qu'aucun seigneur ne peust justicier comme desus est dit, aucune persone, dont la justice luy appartenist, il doit requerre le prochain seigneur pardessus, et se cil l'en faut, l'autre pardessus se nuls en y a, jusques à nostre justice. Et nous commendons que nos bailliz et nos autres justiciers leur dongnent force et aide, quand il les en requerront, par quoy ils puissent faire la justice. Et est à sçavoir que li sergens du souverain seigneur ne pourront accuser, ne denoncier ez terres aux autres sei-

---

N°. 217. — ORDONNANCE *enjoignant aux juifs, sous peine de confiscation de leurs vêtemens et d'amendes, de porter sur leurs habits un signe qui les distingue des chrétiens* (3).

Paris, mardi avant la Nativité de Saint-Jean-Baptiste, 1269. (C. L. I, 294. Notes.)

Ludovicus, Francorum rex, bailivis, vicecomitibus, senescallis, præpositis, et aliis ubique potestatem à nobis habentes, salutem.

---

(1) Recompenser. (Laur.)
(2) Ainsi Beaumanoir a eu raison de dire que cet établissement était général. (Laur.)
(3) Les pères du concile de Latran (1215), avaient ordonné que les

Quoniam volumus quod judæi a christianis discerni valeant et recognosci, vobis mandamus quatenus, ad requisitionem dilecti nobis in Christo fratris Pauli Christini, de ordine fratrum prædicatorum, imponatis omnibus et singulis judæis utriusque sexus signa. Videlicet unam rotam de feutro, seu panno croceo, in superiori veste consutam, ante pectus et retro, ad cognitionem, cujus rotæ latitudo sit in circumferentia quatuor digitorum, concavitas autem contineat unam palmam. Si quis judæus postmodum sine signo inventum fuerit, inventori vestis ejus superior concedatur. Et nihilominus idem judæus qui sic inventus fuerit sine signo, puniatur usque ad decem libras, ita tamen quod pœna ejus summam non exedat prædictam, et hujusmodi emenda ponatur ad partem per nos, vel de mandato nostro in usus pios.

Actum Parisiis, die martis ante Nativitatem beati Joannis-Baptistæ, anno 1269.

N°. 218. — LETTRE (1) *du Roi aux Régens, portant injonction de faire exécuter les ordonnances contre le blasphême, d'expulser les femmes publiques et de prendre un nouveau serment des membres du conseil.*

Camp d'Aiguemortes, la veille de St.-Jean-Baptiste, 1269. (C. L. I, 104.)

SOMMAIRES.

(1) *Les régens du royaume, les baillis et les prévôts pourront changer ou ajouter à l'ordonnance faite en 1278 contre le vilain serment, et ils auront soin de bannir du royaume ce crime qui n'y est que trop commun.*

(2) *Pour connaître si l'ordonnance contre le vilain serment aura été bien exécutée, on fera rendre compte aux baillis des amendes auxquelles ils auront condamné les blasphémateurs.*

(3) *Tout ce qui reviendra de ces amendes au Roi, sera distribué aux pauvres.*

(4) *Il sera ordonné dans chaque parlement que l'on aura une attention particulière à la punition de ce crime, et ceux qui, à cet égard, ne feront pas leur devoir, seront repris et même punis.*

Juifs porteraient un habit particulier qui les distinguerait des chrétiens. Le concile d'Arles (1234), statua qu'ils porteraient seulement une marque sur leurs habits en lieu apparent, pour les faire connaître. (Traité de la police, liv. 2. 5. V. Establiss. sur les Juifs, 4 septembre 1206, p. du Cange. *In rotd Judeorum.*

(1) Cette lettre fut écrite par saint Louis, lorsqu'il fut sur le point de s'embarquer pour sa seconde croisade. Elle est rapportée par Luc d'Achery,

(5) Les femmes publiques seront chassées, tant des villes que des autres lieux, et le royaume sera purgé de malfaiteurs et de scélérats. Les églises et les personnes ecclésiastiques seront protégées contre les violences. Les droits du Roi et de ses sujets seront défendus. Les plaintes des pauvres seront écoutées, et la justice leur sera rendue exactement.

(6) Les juges qui seront connus pour avoir reçu des présens ne seront pas admis au conseil du Roi, et ceux pareillement qui seront diffamés par des crimes notoires.

(7) Les sermens prêtés au Roi par ceux qui sont de son conseil seront révoqués, et les régens en exigeront de nouveaux de tous, à l'exception des prélats et des évêques.

Ludovicus, Dei gratiâ, Francorum rex, dilectis et fidelibus suis *Matthæo*, abbati sancti Dionysii, et *Simoni* domino Nigellæ, salutem et dilectionem. Quia ad ulciscendas summæ majestatis injurias, illas maximè quæ vergunt in contemptum, et contumeliam redemptoris, tantò validiùs animari condecet, et armari christianos reges et principes, quantò ab ipso majora beneficia receperunt, et seipsos ad ipsius exaltationem nominis et honoris obligatiores esse cognoscunt.

(1) Volumus et præcipimus, ac tam vos qui nostrum locum tenetis, quàm baillivos, præpositos, et alios justitias habentes à nobis, specialiter adjuramus, ut in blasphemos, illos videlicet qui facto, dicto, vel juramento ausi fuerint contumeliosi esse in Dominum majestatis, aut beatam Virginem Dei matrem, à nobis esse ordinata (1) dignoscuntur: aut si fortè circa ea, ad hoc scilicet ut meliùs hujusmodi divina vindicetur offensa, aliquid emendandum fuerit, vel addendum sit, studeatis efficere, quod efficaciter aboleri valeat de regno nostro hujusmodi tam consueti criminis, aut criminosæ consuetudinis corruptela.

(2) Ut autem sæpiùs ad memoriam inducatur, et efficaciter hujusmodi præceptum nostrum servetur, sicut in corde gerimus, et zelamus, in singulis computis nostris inter alia ratiocinia nostra, quæratur et exigatur districtè ab omnibus et

---

dans le tome 2 de son *Spicilège*. On a douté si on la mettrait au rang des Ordonnances, et comme elle contient quelques réglemens, on s'est déterminé à le faire, parce que, pour user des termes de Justinien, *quodcumque Imperator per epistolam constituit, vel cognoscens decrevit, vel edicto præcepit legem esse constat.* Instit. *De jure naturali*, etc. (Laws.)

(1) Par l'Ordonnance de 1268 contre le vilain surment, le blas-

singulis bailliuis, quid habuerunt, vel receperunt de emendis et pœnis hujusmodi blasphemorum, et de his teneantur plenam ibidem reddere rationem.

(3) Quicquid autem inde habitum fuerit, de portione, videlicet nos contingente, in pauperes volumus erogari.

(4) In singulis parlamentis districtè præcipiatur eisdem, ut circa punitionem hujus nefandi sceleris studiosi et vigilantes existant. Qui verò desides et remissi fuerint inventi duriùs arguantur, et secundùm quod bonum visum fuerit districtius corrigantur.

(5) Cæterùm notoria et manifesta prostibula, quæ fidelem populum suâ fœditate maculant, et plures protrahunt in perditionis interitum, penitus exterminari præcipimus, tam in villis (1), quàm extra, et ab aliis flagitiis, et flagitiosis hominibus, ac malefactoribus publicis, terram nostram pleniùs expurgari. Ecclesias (2) etiam et personas ecclesiasticas, à manifestis injuriis et violentiis defensari. Jura nostra, et aliena servari. Querelas pauperum, et miserabilium personarum diligenter audiri. Et tàm ipsis, quàm omnibus aliis, quibus justitiæ debitores sumus, ita reddi quod justum est, justè, fideliter, et maturè; quòd apud illum judicem, qui justicias judicabit, non possimus de neglectâ, dilatâ, vel usurpatâ justitiâ condemnari.

(6) Porrò quia in causis et negotiis audiendis et terminandis frequenter ab illis qui libenter munera (3) accipiunt justitia læditur, prosternitur veritas, judicia subvertuntur, nolumus ut aliquem de tali munerum acceptione notabilem, ad consilium nostrum, in prædictis agendis, aliquatenus admittatis, nec committatur eis aliquid de prædictis, sed cautè elongetis

---

phême n'était pas seulement défendu contre Dieu et la Vierge, mais aussi contre les Saints, qui sont omis ici. V. cette Ordonnance ci-dessus p. 342.

(1) Par cette disposition, le Roi confirmait l'article 34 de son Ordonnance de 1254. Il faut bien observer que le mot *villæ* ne signifiait pas en ce temps-là des maisons de campagne, comme dans la bonne latinité, mais des villes, ainsi qu'il est justifié par l'article 27 de l'Ordonnance française de 1254, et par les deux vers qui suivent de *Rutilius Numatianus Gallus* qui vivait sous Honorius, et qui nous marque que ce mot avait déjà de son temps cette signification. *Itiner.* 1 vers. 223, 224.

Alsia prælegitur tellus, Pirgique recedunt
Nunc villæ grandes, oppida parva prius.

(2) V. ci-dessus, p. 336, l'Ordonn. de 1268, touchant les Élections, art. 2 et 6. (Laur.)

(3) Par cet article, saint Louis réitéra ses défenses faites aux juges par l'article 4 de l'Ordonnance de 1254, de recevoir aucuns présens. (Laur.)

eosdem; et hæc eadem volumus si qui fuerint de criminibus aliis notoriis diffamati.

(7) Juramenta etiam quæ solent fieri ab illis qui de consilio nostro erant, revocari volumus atque præcipimus, ut ea vice nostrâ recipiatis ab illis, et eorum singulis qui consiliis prædictis intersunt, prælatis scilicet episcopis duntaxat exceptis.

Datum in castris apud Aquas-Mortuas, in crastino B. Joannis Baptistæ.

N°. 219. — LETTRES *portant confirmation d'un réglement, sur les salines de Carcassonne.*

Mercredi après la Chandeleur, 1269. (C. L. I, 117.)

N°. 220. — ARRÊT *contre le seigneur de Vierzon, qui le condamne à dédommager un marchand, qui, en plein jour, avait été volé dans un chemin de sa seigneurie* (1).

Parlement de la Chandeleur. 1269. (Ducang., Gloss. V. Pedagium.)

N°. 221. — TESTAMENT (2) *du Roi* (3).

Paris, février 1269. (C. L. XI, 343.)

In nomine sanctæ et individuæ Trinitatis, amen. (4)
Ludovicus, Dei gratiâ, Francorum Rex:

Notum facimus quòd nos per Dei gratiam sani et incolumes testamentum nostrum ordinavimus in hunc modum.

Volumus quidem et præcipimus, quòd omnia debita nostra solvantur, et quòd omnia forisfacta nostra emendentur, et fiant restitutiones nostræ per executores hujus testamenti inferius

---

(1) Telle était la loi, que les seigneurs étaient obligés de faire garder les chemins depuis le soleil levant jusqu'au soleil couché, à cause du droit de péage qu'ils percevaient à ce sujet; on trouve un pareil arrêt rendu contre le comte d'Artois, en 1287. (Bouchel). Cette police était bien ancienne. Capitul. de Charlemagne, 812.(Hen. abr. chr.)

(2) C'est là l'origine de la bibliothèque du roi. — (V. l'hist. des biblioth. de Paris, par M. Petit-Radel et M. Barbier. (Is.)

(3) On lit à la page 380 du titre 1er. de l'Histoire générale de la Maison de France, par Scevole et Louis de Sainte-Marthe : « Par un autre testament qu'il » fit l'année suivante, au mois de juillet, dans son navire dans l'île de Sardai- » gne, après avoir donné à Philippe, son fils aîné, tout ce qu'il aurait lors de son » décès, excepté ce dont il avait disposé il lui recommande Jean et Pierre, ses » frères et serviteurs ; nomme pour exécuteurs son fils Philippe ; Odon, arche- » vêque de Rouen; Pierre, son chambellan; et Bouchard, comte de Vendôme. » On n'a pas d'autres preuves de l'existence de cette pièce.

(4) V. le testament de Louis XVI, qui commence ainsi. (Append., vol., 1814, rec. Isambert.)

nominatos, per se, vel per alios, secundum quod viderint expedire: quibus, si visa fuerint aliqua dubia vel obscura, damus eis potestatem ordinandi et faciendi super hiis, prout inspecta salute animæ nostræ viderint faciendum.

Legamus autem carissimæ uxori notræ *Margaritæ* reginæ, quatuor millia librarum; abbatiæ nostræ Regalis Montis, sexcentas libras.

Libros verò nostros, quos tempore decessûs nostri in Franciâ habebimus, præter illos qui ad usum capellæ pertinent, legamus fratribus prædicatoribus, et fratribus minoribus Paris. Abbatiæ Regalis Montis, et fratribus prædicatoribus Compend. secundùm discretionem et ordinationem executorum nostrorum eisdem æquis portionibus dividendos, præter illos libros quos dicti fratres prædicatores Compend. jam habent.

Item legamus abbatiæ beatæ Mariæ Regalis juxtà Pontif. quadringentas libras; abbatiæ Lilii beatæ Mariæ juxtà Meledunum trecentas libras; domui Dei Paris. centum libras ad usus pauperum ejusdem domûs; domui Dei Pontif. sexaginta libras ad usus pauperum; domui Dei Compend. similiter ad usus pauperum, sexaginta libras; domui Dei Vernon. similiter ad usus pauperum sexaginta libras.

Item legamus ducentis domibus Dei magis indigentibus et plus oneratis duo millia librarum distribuenda unicuique, videlicet secundùm discretionem et ordinationem executorum nostrorum.

Item octingentis leprosariis, duo millia librarum eodem modo distribuenda eisdem, secundùm discretionem et ordinationem executorum nostrorum.

Item legamus domui fratrum minorum Paris. quadringentas libras; aliis autem domibus fratrum minorum in regno Franciæ constitutis, per consilium et ordinationem ministri provincialis Franciæ, nec non gardiani et lectoris Paris. qui pro tempore fuerint vel duorum ex ipsis, sexcentas libras.

Item legamus domui fratrum prædicatorum Paris. quadringentas libras; aliis autem domibus fratrum prædicatorum in regno Franciæ constitutis, per ordinationem et consilium prioris provincialis Franciæ, nec non prioris et lectoris antiquioris domûs Paris. sexcentas libras.

Item legamus abbatiæ S. Victoris, Paris. quinquaginta libras; abbatiæ Victoriæ, juxtà Silvan. quinquaginta libras; aliis autem abbatiis ordinis sancti Augustini magis indigentibus et plus oneratis, in regno Franciæ constitutis, trecentas distribuendas eisdem, secundùm discretionem et ordinationem executorum nostrorum.

Item legamus prioratui S. Mauricii Silvan. quinquaginta libras; abbatiæ Cistercinsi, quinquaginta libras, et aliis vigenti magis indigentibus et plus oneratis abbatiis ejusdem ordinis, trecentas libras distribuendas eisdem secundùm discretionem et ordinationem executorum nostrorum; abbatiæ S. Antonii Paris. C libras; abbatiæ de Parco juxta Crespiacum LX lib.; abbatiæ thesauri b. Mariæ, XL lib.; abbatiæ de Villar, juxta Feritatem XL lib.; abbatiæ de Byaz versùm Peronam, XL lib.; abbatiæ de Salvatorio juxta Laudunum, XL libr.; et aliis abbatiis monialium Cisterciencis ordinis, DC lib. distribuendas magis indigentibus et plus oneratis secundùm discretionem et ordinationem executorum nostrorum.

Item legamus domui sororum Sancti-Dominici, juxta Montem-Argi, XXX lib.; novæ domui sororum ejusdem ordinis ultrà Pontem Rothom. sitæ, LX lib.; abbatiæ Humilitatis b. Mariæ juxta S.-Clodoaldum, L lib.; monialibus, S.-Damiani Remens. XV lib.; monialibus ejusdem ordinis, quæ sunt apud Pruvinum, XV lib.

Item legamus abbatiæ Fontis Ebraudi, C. lib. et triginta; prioratibus Fontis Ebraudi, in regno Franciæ constitutis, CC lib. distribuendas magis indigentibus et plus oneratis, secundùm discretionem et ordinationem executorum nostrorum.

Item domui S. Maturini Paris. ordinis S. Trinitatis et captivorum, LX lib.; fratribus novæ domûs Fontis Bliaudi, ordinis ejusdem, ad usus pauperum XL libras; et aliis domibus ejusdem ordinis in regno Franciæ constitutis, magis indigentibus et plus oneratis, C lib.

Item legamus abbatiæ Premonstr. XXX lib.; abbatiæ Albæ Curiæ, XX lib.; abbatiæ Gaudii-Vallis, XX lib.; et aliis domibus ejusdem ordinis magis indigentibus et plus oneratis, secundùm discretionem et ordinationem executorum nostrorum, C libr.

Item legamus domui Vallis-Scolarium Paris. XL lib.; et aliis domibus ejusdem ordinis, C libras distribuendas eisdem secundùm discretionem et ordinationem executorum nostrorum.

Item legamus domibus ordinis Caturssien. in regno Franciæ constitutis, LX lib. distribuendas similiter secundùm discretionem et ordinationem executorum nostrorum; et fratribus ejusdem ordinis, ad ædificationem novæ domus suæ juxta Paris. C libr.

Item legamus domni de Vicen. Grandis-Montis ordinis, XX libr., fratribus Saccis Paris. LX libr.; fratribus de Monte-Corneli Paris. XX libr.; fratribus heremitis de ordine S. Guillelmi, juxtà Paris. XX libr.; fratribus heremitis de ordine S. Augustini, Paris. XV libr.; fratribus ordinis S. Crucis, XX libr.; fratribus de ordine b. Mariæ matris Christi, Paris. XX lib.

Item legamus ad ædificandum et ampliandum locum Beguinarum Paris. C libr.; et ad sustentationem pauperiorum ex ipsis, XX libr.

Item legamus pauperibus mulieribus Beguinis in regno Franciæ constitutis C libras, per bonos viros quos ad hoc executores nostri viderint ordinandos, distribuendas.

Item pauperibus Beguinis de Cantipatro, juxtà Cameracum, XL libras.

Item legamus filiabus Dei, et mulieribus pœnitentibus Paris. C libr.

Volumus autem quod executores nostri requirant ab omnibus religiosis, et conventibus religiosorum locorum, quibus legata fecimus, quatinus intuitu pietatis singulis annis faciant anniversarium nostrum certâ die obitûs nostri.

Capellanos autem capellæ nostræ Paris. attentè requirimus, ut pro nobis post decessum nostrum, missam quæ pro defunctis fidelibus dicitur, per unum ex concapellanis suis, singulis diebus celebrari faciant in futurum, et anniversarium nostrum die obitûs nostri solemne faciant annuatum.

Item legamus pauperibus mulieribus maritandis vel assignandis, mille libras.

Item legamus DC libras ad burellos emendos pro pauperibus vestiendis, et C libras pro sotularibus pauperibus distribuendis.

Item legamus scolaribus S. Thomæ de Lupara Paris. XV libr.; et pauperibus scolaribus S. Honorati Paris. X libr.; Bonis-Pueris Paris. LX libr.; et minutis scolaribus Paris. CL libr. per priorem fratrum prædicatorum et gardianum fratrum minorum Paris. distribuendas.

Item legamus orphanis, viduis, aut minutis pauperibus duo millia libr.

Item legamus C. L libras pro calicibus, albis, et aliis ornamentis ecclesiasticis emendis et distribuendis per manum executorum nostrorum, pauperibus locis, quæ indigebant in domaniis nostris ubi videbitur bonum esse.

Item legamus servientibus nostris qui nondum sunt à nobis remunerati, vel qui minùs sufficienter remunerati sunt, duo millia libr. distribuend. per manum executorum nostrorum.

Volumus autem et præcipimus, quod omnia supra dicta de mobilibus quæ habebimus in regno Franciæ tempore decessûs nostri, solvantur. Quæ si fortè ad ea solvenda non sufficerent, volumus et præcipimus, ut de venditionibus bonorum nostrorum omnium qui sunt in domaniis nostris, perficeretur solutio omnium prædictorum, tam ex illis venditionibus quæ tunc essent, quàm ex aliis quæ possent fieri in bonis prædictis: ita quod in illis venditionibus nihil præciperet hæres noster, donec omnia prædicta essent plenariè persoluta. Et hæc omnia tenenda et firmiter observanda, hæredem nostrum et terram nostram obligamus.

Præterea volumus et præcipimus ut Clerici nostri et capellani tempore decessûs nostri de nostro existentes hospitio, quibus in aliquo beneficio ecclesiastico provisum non fuerit, habeant et percipiant in bursa hæredis nostri Regis, quælibet eorum XX annuæ pensionis, quousque sibi de beneficiis ecclesiasticis vel alias sit provisum.

De baptisatis nostris tam majoribus quam minoribus quos venire fecimus citrà mare, volumus et precipimus, ut secundùm quod ordinatum est à nobis de provisionibus ipsorum filius noster, qui successurus est nobis in regno, post decessum nostrum providere teneatur eisdem; nisi causa rationabilis obsisteret, quare subtrahi vel minui deberet provisio aliquorum ex ipsis.

Volumus insuper et præcipimus ut provisionem quam fecimus quibusdam honestis mulieribus quæ Beguinæ dicuntur, in diversis civitatibus et villis religiosè degentibus, servet et teneat hæres noster, qui nobis succedet in regno, et eam servari faciat et teneri, quandiù vixerit earum quælibet, quæ videlicet assignatæ non fuerint alias competenter.

Donamus autem et assignamus filiis nostris *Joanni*, *Petro*, et *Roberto*, certas terrarum portiones, secundùm quod in litteris nostris patentibus super hiis confectis plenius continetur; quibus portionibus volumus et præcipimus ipsos fore contentos. Et si fortè contingeret ipsorum aliquem, vel hæredem ejus, sine hærede de corpore suo decedere, portio terræ sibi assignata ad hæredem seu successorem nostrum, quicumque pro tempore regnum tenuerit, revertatur.

Item legamus carissimæ filiæ nostræ *Agneti*, decem millia lib.

Denique volumus, præcipimus et ordinamus, ut præter portiones liberorum nostrorum, nec non restitutiones, emendationes, donationes et legata, quæ vel quas modo vel alias fecimus aut faciemus, seu fieri ordinavimus vel ordinabimus in futurum, tota alia terra nostra, et omnia immobilia ad nos pertinentia totaliter remaneant hæredi nostro, qui nobis succedet in regno. Mobilia vero omnia eidem similiter remanere volumus, dum tamen ea in bonos usus ad honorem Dei et utilitatem regni expendere teneatur.

In his autem et in omnibus suprà dictis, volumus et ordinamus jus alienum per omnia et in omnibus esse salvum.

Hujus autem testamenti nostri executores constituimus dilectos et fideles nostros *Stephanum* episcopum Parisiensem, *Philippum Ebroïcen*, electum S. Dionysii, et Regalis-Montis abbates, qui pro tempore fuerint, et magistrum *Joannem* de *Trecis* et *Henricum* de *Verzel*, clericos nostros archid. in ecclesiâ Bajocensi, quibus ad præmissa omnia exequenda volumus et præcipimus, ut hæres noster, qui nobis succedet in regno, tam ipsis quàm aliis quos deputaverint loco sui, provideat in expensis; quòd si non omnes his exequendis voluerint, vel non potuerint interesse, vel aliquem ex ipsis contingat decedere nominatis, major pars numero superstitum nihilominus potestatem habeat exequendi præmissa.

In cujus rei testimonium, præsentem paginam sigilli nostri fecimus impressione muniri.

Actum Parisiis, anno Domini 1269, mense februarii.

N°. 222. — LETTRES (1), *portant assignat d'un apanage à Robert, comte de Clermont, avec charge de retour à la couronne.*

Paris, mars 1269. (C. L. XI, 342.)

Loys, par la grâce de Dieu, Roi des Frans.

Nous faisons chose cognue tant aux présens comme à venir, que nous à Robert notre fil, et et à ses hoirs de son corps, donnons et assignons ces choses qui dessous sont dénotées après notre décès, à tenir et possessier :

C'est à sçavoir notre chastel de *Clermont*, avec toutes ses appartenances, le *Nueville en Hes*, la forest et les appartenances d'icelle, *Crecey* avec toutes ses appartenances, *Sachy*

---

(1) Elles sont perdues.

avec toutes ses appartenances et tout ce que nous avons à *Gournay* sur *Aronde*, et quelcunques autres choses que nous avons et possessons en la comté de *Clermont*..... et *Mori*, avec les appartenances, fiefs et domaines, et quelcunques autres choses que nous avons illenc.

Et toutes ces choses devant dites y cil *Robert* et si hoirs tenu en fié et hommage lige de nous Roi des Frans ; et de ce seront tenu rendre service dehuz à yceux ; des choses toutes voyes que li comte de *Clermont* ont tenu ou devront tenir des evesques de *Bieauvais* et de l'abbé de *Saint-Denys*, sont tenu tant yceux nòtre fieux, comme le hoir, faire hommage à l'evesque et à l'abbé qui auront esté pour le temps.

Adecertes cette donation et assignation nous faisons, sans les dons, fiez et aumosnes dounées et ottroiées jusques ai ores lieux et terre devant dit, et sauves donations et restitutions, si aucunes en avons fait ou avons ordenné estre faites à yceux, et sauf adecertes et tout le droit d'autruy.

Et si il aura avenu par avanture icelui nostre fil ou l'oir ou les hoirs morir sans hoirs de son corps, toutes les choses devant dites retourneront (1) franchement à nostre hoir ou successeur, que pour le tems aura tenu le royaume. Que ce soit ferme et estable et permanant à tous jours, nous avons fait garnir ces lettres par l'impression de nostre séel.

Fait à Paris, l'an du Seigneur 1269, au mois de mars.

N°. 223.—LETTRES *portant nomination de l'abbé de S. Denis, et du sire de Nesle, comme régens, pendant la nouvelle croisade du Roi.*

Paris, mars 1269. (C. L. XI, 346.)

Ludovicus, Dei gratiâ, Francorum Rex,

Universis ad quos litteræ præsentes pervenerint, salutem

---

(1) Ce droit est stipulé sans distinction de la postérité masculine ou féminine. Les Ord. de Charles VI, nov. 1386, et 12 juillet 1401, stipulent l'exclusion des femmes. Le droit de retrayer les domaines engagés a été accordé pour la première fois, par François Ier., lettres du 26 mars 1543. Les derniers apanages ont été concédés par Louis XV; l'un en octobre 1773, à la maison d'Orléans, l'autre en juin 1776, à monseigneur comte d'Artois. Celui du comte de Provence est éteint par son avènement à la couronne. Les apanages ont été supprimés par les lois des 13 août—21 septembre 1790 et 21 décembre 1790, 6 avril 1791. Mais à la restauration (en 1814), les biens non vendus ont été rendus aux princes apanagés, en sorte qu'ils sont encore régis par la loi des apanages.

Il existe sur la matière un traité en forme de mémoire, in-4°... fort rare, imprimé à 16 exemplaires. On le trouve à la Bibl. de la cour de Cass. et à celle du Conseil d'État. (Is.)

1269.

Notum facimus quod cum ad custodiam, administrationem, defensionem et curam regni nostri in hac nostrae peregrinationis absentiâ dilectos et fideles nostros *Matthæum*, abbatum B. Dionisii, et *Simonem*, dominum Nigellæ, constituerimus loco nostri, sub formâ quæ in litteris nostris super hoc confectis (1) plenius continetur, ne si forte dictum abbatem interim decedere contingeret, ex defectu dispendium sequi posset. Nos in omnibus quæ ad prædicta pertinent exequenda, loco ipsius dilectum et fidelem nostrum *Philippum Ebroïcen* electum (2) substituimus et eandem quam et prædictus abbas obtineat, in omnibus generaliter ac specialiter eidem electo committimus potestatem, donec reversi fuerimus, vel à nobis aut successore regni nostri, sic nos contingat ab hac vitâ migrare, fuerit super hoc aliud ordinatum.

In cujus rei testimonium præsentibus litteris nostrum fecimus apponi sigillum.

Actum Paris., anno Domini 1269, mense martio. (*Scellé.*)

N°. 224. — ORDONNANCE *portant permission à tout seigneur laïc possédant des dîmes dans les lieux qui lui sont immédiatement soumis, de les céder aux églises qui les percevront, sans qu'il soit besoin de prendre le consentement du Roi.*

Paris ou Sens, mars 1269. (C. L. I, 102.)

Loys, par la grâce de Dieu, Roi de France ;
Nous faisons assavoir, tant à cheus qui sont à present, comme à cheus qui sont à venir, que nous pour le regart de l'amour divine, et pour le salut et le remede de nostre ame, et ensement pour le salut et pour la remembrance des ames del roy *Loys*, nostre pere, et de la royne *Blanche* nostre mere, et de nos

---

(1) Par lettres du même jour, il substitua le comte de Ponthieu, pour le cas de décès du sire de Nesle. — *Dupuy*, Traité de la majorité, aux preuves.
(2) C'est là l'origine des apanages, tels qu'ils ont été pratiqués jusqu'à la résolution de 1789. Ils remplacent les anciens partages de la monarchie, et les associations au trône. V. ci-après en 1283, l'opinion d'Hénault sur les apanages, différente en plusieurs points.
Il n'existe point de loi générale sur les apanages. L'édit de février de 1566 sur le domaine, est la seule qui en parle. Les règles de cette importante matière résultent du texte des lettres de concession. Celles de mars 1268, en faveur des 2 premiers fils du Roi, contiennent les mêmes dispositions; Robert, comte de Clermont, est la souche de la maison de Bourbon qui est parvenue à la couronne, en 1589.

autres predecesseurs; et quant il est de nous, nous voulon et octroyon.

Que toutes les persones layes qui ont la possession des dismes des autres gens (1) en nostre terre et en nos fieffemans (2) qui vivent o main et sans main, desquelles dismes les yglises eussent la possession (3), se la gent laie ne les tenissent, ou eussent, qui il les pussent delessier, et donner, ou en quel autre maniere que ce soit droituriere et convenable, et octroier as eglises à tenir les, en perdurableté par nostre octroiance (4) sans requeste nulle, qui en soit fete desormés à nous et à nos successeurs, en telle maniere que nos hoirs (5), ou nos successeurs ne se puissent opposer en nule maniere, encontre, ne nostre octroiement que nous en fesons maintenant, empescher des ore en avant, en nule maniere.

Et que ce soit ferme et estable, et parmaigne en perdurableté, à ces presentes letres nous y feismes mettre nostre seel, ce fut fet en l'an Nostre Seigneur, MCCLXIX, el mois de mars.

---

(1) C'est-à-dire, ce semble, qui possèdent des dîmes, comme pouvaient d'autres personnes, en sorte que cette Ord. doit être entendue des dîmes inféodées, ou tenues en fief. (Laur.)

(2) Ainsi cette Ord. n'avait pas lieu dans les terres des barons qui pouvaient amortir. (Laur.)

(3) Comme ces dîmes étaient des fiefs, il était impossible de les transmettre aux églises, sans faire des abrègemens, des extinctions, ou des amortissemens qui étaient alors défendus. (Laur.)

(4) Sans cette Ord. la dîme vendue ou aumônée aux églises par le vassal, serait retournée au même état au seigneur suzerain. (Laur.)

(5) Ce qu'ils auraient pu faire sans cela, ces abrègemens de fiefs, ou ces amortissemens étant en quelque façon des aliénations du domaine de la couronne.

Quant à l'origine des dîmes, quelques-uns l'attribuent à Charles Martel, parce que dans le temps de l'irruption des infidèles dans les Gaules, il fut dans la nécessité de prendre des biens ecclésiastiques pour entretenir ses troupes.

Mais leur véritable origine vient de ce que les grands seigneurs qui s'emparèrent des bénéfices, des cures, et même des dîmes, et qui les donnèrent ensuite en fief aux gentilshommes, en usèrent de même à l'égard des dîmes.

Il arriva aussi dans ce pillage des biens ecclésiastiques que les églises donnèrent en fief de leurs fonds et de leurs dîmes aux seigneurs qui étaient les plus puissans, à la charge de les défendre contre ces invasions.

Ces dîmes inféodées furent enfin autorisées par l'église, pourvu qu'elles fussent antérieures au concile de Latran tenu sous Alexandre III; toutes celles postérieures furent supprimées.

Mais saint Louis, pour diminuer le nombre de celles qui étaient antérieures au concile de Latran, ordonna avec sagesse qu'elles pourraient être restituées aux églises, sans le consentement des seigneurs supérieurs immédiats et médiats, et sans le consentement du roi même. V. l'Ord. de Louis-le-Hardi, de 1279, sur les amortissemens. (Laur.)

1269.

N°. 225. — LETTRES *de fondation de l'hôpital des Quinze-Vingts* (1).

1269. (Hist. de Paris par Dulaure III, 271.)

N°. 226. — ORDONNANCE *qui enjoint au roi d'Angleterre de punir comme ils le méritent ceux qui, en Gascogne, se rendent coupables d'un crime digne de mort, sans avoir égard aux coutumes du pays* (2).

Sans date. (Cartul. Ms. de saint Louis. I, 476.)

N°. 227. — ORDONNANCE *qui déclare que les démêlés qui s'élèveraient entre les villes, châteaux et villages et les barons, ou bourgeois ne rompraient pas la paix de l'état.*

Sans date. (Reg. des Chartres, reg. 34, acte 42.)

N°. 228. — ORDONNANCE *notant d'infamie ceux qui auraient, par de vils moyens, interposé la faveur de quelque grand, pour obtenir un emploi de judicature, conformément à la loi de ambitu, au Code Théodosien.*

Loyseau. (Traité des offices; L. IV, chap. 7, no. 64, p. 478.)

N°. 229. — ORDONNANCE (3) *portant qu'on ne mettra les bêtes dans les champs que trois jours après que les moissons en auront été enlevées, afin que les pauvres gens puissent glaner.*

Sans date. (Bouteiller, Somme rurale, I, 88.)

---

(1) Il existe une bulle du pape Alexandre IV, relative à l'érection de cette maison. (Hist. de Paris, III, 269.) On a dit, mais sans preuve, que ce fut en faveur des gentilshommes à qui les Sarrasins avaient crevé les yeux, qu'eut lieu cette fondation. (Hen. abr. cir.)

(2) C'était une coutume en Gascogne, qu'un homme qui avait commis quelque crime digne de mort, mais qui n'avait pas été pris sur le fait ou en fuyant, ni été convaincu par deux ou trois témoins, ou qui ne s'était pas avoué coupable, fut renvoyé simplement, s'il affirmait son innocence en jurant sur le corps d'un saint ou d'une sainte. En d'autres endroits de la Gascogne, les coupables se tiraient d'affaire en payant trois cents sous. Plusieurs fois ces coutumes furent appliquées pendant que saint Louis régnait. Ce prince s'en plaignit aux gens du roi d'Angleterre qui était aussi duc de Guyenne; ils répondirent qu'ils ne pouvaient aller contre ces coutumes. Saint Louis put alors sur lui de les abroger. (M. Arthur Beugnot. Just. de saint Louis, p. 235.)

(3) Cette ordonnance ne nous est pas parvenue.

N°. 230. — MANDEMENT *aux baillis pour la recherche des coutumes* (1).

Sans date. (Cart. Ms. de saint Louis, Bibl. du roi, tom. 1er., p. 458.)

On fera une enquête des coutumes, de la manière suivante.

On appellera plusieurs hommes sages, à l'abri de tout soupçon, et dès qu'ils seront venus, on leur présentera par écrit les questions auxquelles ils ont à répondre : ils jureront de dire et de rapporter fidèlement, par la bouche de l'un d'entre eux, ce qu'ils savent touchant la coutume de leur pays ; le serment prêté, ils se retireront à l'écart, délibéreront, et feront le rapport de leur délibération ; ils diront comment ils ont vu s'établir cette coutume, par quelle cause, dans quel temps, s'il fut jugé conformément ; aucune circonstance ne sera omise : on rédigera le tout, qui sera clos du sceau des enquesteurs, et envoyé au parlement.

N°. 231. — ORDONNANCE *du parlement* (2) *du royaume, et de l'eschiquier et des jours de Troyes, et des autres choses qui y sont accessoires.*

Sans date. (Cartul. Hist. de saint Louis par de Camps, Ms. de la Bibl. du Roi, tom. 1er., p. 460.)

N°. 232. — ASSEMBLÉE *du clergé, par laquelle on demande que le Roi contraigne les excommuniés a se faire absoudre avant de mourir : le Roi répond qu'il l'ordonnera après avoir vérifié les causes de l'excommunication* (3).

Sans date. (Ducange, Observ. sur saint Louis, p. 40.)

---

(1) M. Arth. Beugnot, p. 307, regarde cette mesure comme un moyen pris par saint Louis, pour arriver à la rédaction de ses établissemens.

(2) L'authenticité de cette pièce informe et sans date, qu'on suppose extraite du Trésor des Chartes, reg. 34, n°. 73, est, avec raison, contestée par l'Académie des Inscriptions et Belles-Lettres ; car ni les jours de Troyes ni l'Echiquier de Normandie n'étaient encore établis. (Rapport sur les prix de 1820.) M. Arth. Beugnot, Hist. de saint Louis, p. 154, en avait conclu que la permanence du parlement, attribuée à Philippe-le-Bel, était due à saint Louis.

(3) Origine de l'appel comme d'abus. (Arth. Beugnot, Instit. de saint Louis, p. 181, 183.) — L'Avocat général Servin, disait que s'il eût connu celui qui avait introduit l'appel comme d'abus, il lui aurait fait ériger une statue. (Ferrière, dictionn. de droit. I. 89.)

1270.

N°. 232. (bis.) — ORDONNANCE *touchant la levée des Tailles, dans les villes du Roi.*

(Sans date.) (C. L. 1, 291.)

Soient eslûs trente hommes, ou quarante ou plus ou mains, bons et loiaus, par le conseil des prestres et de leur parroisses et d'autres hommes de religion, et ensement des bourgeis et des autres preudommes, selon la cantité et la grandeur des Villes.

Et ceux qui seront en telle maniere Elûs, jureront sur les Saintes Evangiles, que icheux d'entreus meismes ou d'autres preudommes d'icheles-Villes meismes esliront de siques à douze hommes d'icheux, qui seront les meilleurs à ycele taillie asseer, et les autres douze hommes nommés jureront sur les Saintes Evangiles, que bien et diligeaument il asserront ladite tailliée (1), ne n'épargneront nul, ne il n'engraveront nul, par haine, ou par amour, ou par priere, ou par criente, ou en quelconques autre maniere que ce soit. Et asserront la dite tailliée à leur volenté la livre, égaument. Et la moitié des choses meubles sera aproisié à la moitié des choses non meubles.

En l'assise devant ladite tailliée, et ensement. o les 12. hommes dessus nommés, seront eslûs 4. bons hommes, et soient escripts les nons segreement, et soit fet si segrement que leur eslection ne soit peuplée à ame qui vive, ains soit gardée comme chose segrée de si atant que ycheus 12. hommes aient la taillie assise desus dite, si comme nous avons dit, pardessus. laquele chose fete devant que la taillie soit peuplée par escripture et fete, les 4. hommes qui sont eslûs des 12. pour la tailliée faire loiaument, n'en doivent mot dire de si atant que les 12. hommes leur aient fet fere serement pardevant la justice, que il par leur serement bien et loialment asserront la tailliée desus dite, en la fourme et en la maniere que les devant dis 12. hommes l'auront ordené et fet selon l'Ordenance que nous avons dit pardevant.

(1 Ces sortes de tailles s'imposaient quelquefois pour le Roy dans ses villes, mais le plus souvent pour les affaires des villes mesmes. V. Beaumanoir, ch. 50. p. 269. (Laur.)

FIN DU PREMIER VOLUME.

ADDENDA ET CORRIGENDA.

PRÉFACE. page vj, lig. 13, au lieu de *que toute entière*, lisez *depuis que toute entière*.

— lig. 17, au lieu de *et qui permet*, lisez *et qui promet*.

viij, lig. 13, au lieu de *en la combinant*, lisez *en les combinant*.

xiij, lig. 27, effacez le mot *nationales*.

xiv, lig. 3, au lieu de *Visigots*, lisez *Visigoths*.

xxviij, lig. 14, au lieu de *mais il l'a divisa*, lisez *mais il le divisa*.

xxxij, lig. 7, au lieu de *plus que Fontanon*, lisez *non plus que Fontanon*.

xxxviij, lig. 32, au lieu de *ont employé deux volumes*, lisez *dix*.

xlj, lig. 22, au lieu de *et les tables ou matières*, lisez *tables des matières*.

lxvi, lig. 28, au lieu de *dans le chap. Ier.*, lisez *dans le chap. II*.

TEXTE. page 30, lig. 6, au lieu de *Sigibert*, lisez *Sigebert*.

34, lig. 39, au lieu de *histoire, V, 638*, lisez *histor. V, 638*.

185, au haut de la page, au lieu de 1174, lisez 1194.

188, lig. 31, au lieu de *le roi*, lisez *l'empereur*.

212, après la lig. 18, ajoutez *Mémoire des Pairs, par Lancelot*, 1720, p. 22.

221, lig. 39, au lieu de *Berrial*, lisez *Berriat*.

224, lig. 15, au lieu de *code Colbert*, lisez *mss. de Colbert*; et après la ligne 17, ajoutez : *Preuves des mémoires des Pairs, par Lancelot, in-folio,* 1720, p. 29.

234, lig. 9, au lieu de *Tonlouse*, lisez *Toulouse*.

267, supprimez la ligne 4, et lisez *juin 1250. Trésor des Chartes, Layette Britannia*, n. 3. *Reg. 12, fol. 40. Martène (C. Ier., p. 129). Preuves des mé-*

moires des Pairs, par Lancelot, Paris, 17..
p. 38. — Brussel, XXXIII.

page 275, lig. 3, au lieu de 1255, lisez 1254.
302, lig. 6, après le mot *scialis*, ajoutez *quod*.
355, lig. 30, au lieu de *substitiua*, lisez *substitua*.
— la note 2 doit être placée à la page 353.
357, lig. pénultième, au lieu de *Just*, lisez *Inst*.
361, lig. 6, au lieu de N. 223, lisez 222.
369, not. 1, après 1160, supprimez *lettres c. d.*
378, not. 4, ligne 3, au lieu de *transcrit*, lisez *cite*.
644, not. 2, au lieu de *XI. 277*, lisez *I. l. 278*.
681, la ligne 24, à supprimer entièrement.
710, not. 1, au lieu de 117 et 118, lisez 717.
719, lig. 18, au lieu de *par*, lisez *pour*.